"十三五"全国高等院校民航服务专业规划教材

民航运输管理

主　编◎钟波兰
副主编◎龙海燕　兰　琳　温宝琴
主　审◎王益友

Managemet of
Civil Aviation Transportation

清华大学出版社
北京

内 容 简 介

本教材基于民航运输生产实践，以民航运输生产组织与管理为主线，认知民航运输与民航运输管理，了解民航运输系统及民航运输管理系统，熟悉相关机构的基本组织与职能，清楚彼此的协作和发展关系，有计划、有组织地开展民航运输生产与运营，严格民航运输质量管理与控制，实现民航运输安全生产。本教材的特色体现在紧扣民航运输职业岗位需求，遵循其实用性、科学性和先进性，综合应用典型案例，对课程所涵盖的知识、原理和方法进行系统分析和合理安排，各项目内容丰富，包括知识目标、能力目标、引导案例、知识链接、案例、项目拓展、项目小结及项目训练与测试。

该教材适合民航运输、民航物流、机场运行、民航安全、空中乘务、民航商务等相关民航服务与管理类专业学生学习，也可以作为民航运输类企业培训教材。

本书封面贴有清华大学出版社防伪标签，无标签者不得销售。
版权所有，侵权必究。举报：010-62782989，beiqinquan@tup.tsinghua.edu.cn。

图书在版编目（CIP）数据

民航运输管理 / 钟波兰主编. —北京：清华大学出版社，2020.5（2025.2重印）
"十三五"全国高等院校民航服务专业规划教材
ISBN 978-7-302-54969-7

Ⅰ.①民… Ⅱ.①钟… Ⅲ.①民航运输—航空运输管理—高等学校—教材 Ⅳ.①F560.8

中国版本图书馆 CIP 数据核字（2020）第 030687 号

责任编辑：杜春杰
封面设计：刘　超
版式设计：文森时代
责任校对：马军令
责任印制：宋　林

出版发行：清华大学出版社
网　　址：https://www.tup.com.cn，https://www.wqxuetang.com
地　　址：北京清华大学学研大厦 A 座　　　　邮　编：100084
社 总 机：010-83470000　　　　　　　　　　邮　购：010-62786544
投稿与读者服务：010-62776969，c-service@tup.tsinghua.edu.cn
质量反馈：010-62772015，zhiliang@tup.tsinghua.edu.cn
印 装 者：三河市君旺印务有限公司
经　　销：全国新华书店
开　　本：185mm×260mm　　　印　张：25　　　字　数：582 千字
版　　次：2020 年 7 月第 1 版　　　　　　　　印　次：2025 年 2 月第 4 次印刷
定　　价：69.80 元

产品编号：083826-02

"十三五"全国高等院校民航服务专业规划教材
丛书主编及专家指导委员会

丛 书 总 主 编　刘　永（北京中航未来科技集团有限公司董事长兼总裁）
丛 书 副 总 主 编　马晓伟（北京中航未来科技集团有限公司常务副总裁）
丛 书 副 总 主 编　郑大地（北京中航未来科技集团有限公司教学副总裁）
丛 书 总 主 审　朱益民（原海南航空公司总裁、原中国货运航空公司总裁、原上海航空公司总裁）
丛 书 英 语 总 主 审　王　朔（美国雪城大学、纽约市立大学巴鲁克学院双硕士）
丛 书 总 顾 问　沈泽江（原中国民用航空华东管理局局长）
　　　　　　　　　汪光弟（原上海虹桥国际机场副总裁）
丛 书 总 执 行 主 编　王益友［江苏民航职业技术学院（筹）院长、教授］
丛 书 艺 术 总 顾 问　万峻池（美术评论家、著名美术品收藏家）
丛 书 总 航 空 法 律 顾 问　程　颖（荷兰莱顿大学国际法研究生、全国高职高专"十二五"规划教材《航空法规》主审、中国东方航空股份有限公司法律顾问）

丛书专家指导委员会主任
　　　　　关云飞（长沙航空职业技术学院教授）
　　　　　张树生（国务院津贴获得者，山东交通学院教授）
　　　　　刘岩松（沈阳航空航天大学教授）
　　　　　宋兆宽（河北传媒学院教授）
　　　　　姚　宝（上海外国语大学教授）
　　　　　李剑峰（山东大学教授）
　　　　　孙福万（国家开放大学教授）
　　　　　张　威（沈阳师范大学教授）
　　　　　成积春（曲阜师范大学教授）

"十三五"全国高等院校民航服务专业规划教材编委会

主 任 高　宏（沈阳航空航天大学教授）　　　杨　静（中原工学院教授）
　　　　 李　勤（南昌航空大学教授）　　　　　李广春（郑州航空工业管理学院教授）
　　　　 安　萍（沈阳师范大学）　　　　　　　彭圣文（长沙航空职业技术学院）
　　　　 陈文华（上海民航职业技术学院）

副主任 兰　琳（长沙航空职业技术学院）　　　郭勇慧（哈尔滨幼儿师范高等专科学校）
　　　　 庞庆国（中国成人教育协会航空服务教育培训专业委员会）
　　　　 郑　越（长沙航空职业技术学院）　　　郑大莉（中原工学院信息商务学院）
　　　　 徐爱梅（山东大学）　　　　　　　　　黄　敏（南昌航空大学）
　　　　 韩　黎［江苏民航职业技术学院（筹）］　曹娅丽（南京旅游职业学院）
　　　　 胡明良（江南影视艺术职业学院）　　　李楠楠（江南影视艺术职业学院）
　　　　 王昌沛（曲阜师范大学）　　　　　　　何蔓莉（湖南艺术职业学院）
　　　　 孙东海（江苏新东方艺先锋传媒学校）　戴春华（原同济大学）
　　　　 施　进（盐城航空服务职业学校）　　　孙　梅（上海建桥学院）
　　　　 张号全（武汉商贸职业学院）　　　　　周孟华（上海东海学院）

委 员（排名不分先后）
　　　　 于海亮（沈阳师范大学）　　　　　　　于晓风（山东大学）
　　　　 王丽蓉（南昌航空大学）　　　　　　　王玉娟（南昌航空大学）
　　　　 王　莹（沈阳师范大学）　　　　　　　王建惠（陕西职业技术学院）
　　　　 王　姝（北京外航服务公司）　　　　　王　晶（沈阳航空航天大学）
　　　　 邓丽君（西安航空职业技术学院）　　　车树国（沈阳师范大学）
　　　　 龙美华（岳阳市湘北女子职业学校）　　石　慧（南昌航空大学）
　　　　 付砚然（湖北襄阳汽车职业技术学院，原海南航空公司乘务员）
　　　　 朱茫茫（潍坊职业学院）　　　　　　　田　宇（沈阳航空航天大学）
　　　　 刘　洋（濮阳工学院）　　　　　　　　刘　超（华侨大学）
　　　　 许　赟（南京旅游职业学院）　　　　　刘　舒（江西青年职业学院）
　　　　 杨志慧（长沙航空职业技术学院）　　　吴立杰（沈阳航空航天大学）
　　　　 李长亮（张家界航空工业职业技术学院）杨　莲（马鞍山职业技术学院）
　　　　 李雯艳（沈阳师范大学）　　　　　　　李芙蓉（长沙航空职业技术学院）
　　　　 李　仟（天津中德应用技术大学，原中国南方航空公司乘务员）
　　　　 李霏雨（原中国国际航空公司乘务员）　李　姝（沈阳师范大学）
　　　　 邹　昊（南昌航空大学）　　　　　　　狄　娟（上海民航职业技术学院）
　　　　 宋晓宇（湖南艺术职业学院）　　　　　邹　莎（湖南信息学院）
　　　　 张　进（三峡旅游职业技术学院）　　　张　驰（沈阳航空航天大学）
　　　　 张　琳（北京中航未来科技集团有限公司）张　利（北京中航未来科技集团有限公司）
　　　　 张媛媛（山东信息职业技术学院）　　　张程垚（湖南民族职业学院）
　　　　 陈烜华（上海民航职业技术学院）　　　陈　卓（长沙航空职业技术学院）
　　　　 周佳楠（上海应用技术大学）　　　　　金　恒（西安航空职业技术学院）
　　　　 郑菲菲（南京旅游职业学院）　　　　　周茗慧（山东外事翻译职业学院）
　　　　 胥佳明（大连海事大学）　　　　　　　赵红倩（上饶职业技术学院）
　　　　 柳　武（湖南流通创软科技有限公司）　胡　妮（南昌航空大学）
　　　　 柴　郁（江西航空职业技术学院）　　　钟　科（长沙航空职业技术学院）
　　　　 唐　珉（桂林航天工业学院）　　　　　倪欣雨（斯里兰卡航空公司空中翻译，原印度尼西亚鹰航乘务员）
　　　　 高　青（山西旅游职业学院）　　　　　高　熔（原沈阳航空航天大学继续教育学院）
　　　　 郭雅萌（江西青年职业学院）　　　　　高　琳（济宁职业技术学院）
　　　　 黄　晨（天津交通职业学院）　　　　　黄春新（沈阳航空航天大学）
　　　　 黄紫葳（抚州职业技术学院）　　　　　黄婵芸（原中国东方航空公司乘务员）
　　　　 崔祥建（沈阳航空航天大学）　　　　　曹璐璐（中原工学院）
　　　　 梁向兵（上海民航职业技术学院）　　　崔　媛（张家界航空工业职业技术学院）
　　　　 彭志雄（湖南艺术职业学院）　　　　　梁　燕（郴州技师学院）
　　　　 操小霞（重庆财经职业学院）　　　　　蒋焕新（长沙航空职业技术学院）
　　　　 庞　敏（上海民航职业技术学院）　　　李艳伟（沈阳航空航天大学）
　　　　 史秋实（中国成人教育协会航空服务教育培训专业委员会）
　　　　 范钰顺（四川传媒学院）　　　　　　　杨　琴（上饶职业技术学院）
　　　　 刘文珺（南昌航空大学）　　　　　　　张贺滕（山东外事职业大学）
　　　　 王永霞（潍坊职业学院）

出 版 说 明

随着经济的稳步发展，我国已经进入经济新常态的阶段，特别是十九大指出：当前中国社会的主要矛盾已经转化为人民日益增长的美好生活需要和不平衡不充分的发展之间的矛盾，这客观上要求社会服务系统要完善升级。作为公共交通运输的主要组成部分，民航运输在满足人们对美好生活的追求和促进国民经济发展中扮演着重要的角色，具有广阔的发展空间。特别是"十三五"期间，国家高度重视民航业的发展，将民航业作为推动我国经济社会发展的重要战略产业，预示着我国民航业将会有更好、更快的发展。从国产化飞机 C919 的试飞，到宽体飞机规划的出台，以及民航发展战略的实施，标志着我国民航业已经步入崭新的发展阶段，这一阶段的特点是以人才为核心，而这一发展模式必将进一步对民航人才质量提出更高的要求。面对民航业发展对人才培养提出的挑战，培养服务于民航业发展的高质量人才，不仅需要转变人才培养观念，创新教育模式，更需要加强人才培养过程中基本环节的建设，而教材建设就是其首要的任务。

我国民航服务专业的学历教育，经过 18 年的探索与发展，其在办学水平、办学结构、办学规模、办学条件和师资队伍等方面都发生了巨大的变化，专业建设水平稳步提高，适应民航发展的人才培养体系初步形成。但我们应该清醒地看到，目前我国民航服务类专业的人才培养仍存在着诸多问题，特别是专业人才培养质量仍不能适应民航发展对人才的需求，人才培养的规模与高质量人才短缺的矛盾仍很突出。而目前相关专业教材的开发还处于探索阶段，缺乏系统性与规范性。已出版的民航服务类专业教材，在吸收民航服务类专业研究成果方面做出了有益的尝试，涌现出不同层次的系列教材，推动了民航服务的专业建设与人才培养，但从总体来看，民航服务类教材的建设仍落后于民航业对专业人才培养的实践要求，教材建设已成为相关人才培养的瓶颈。这就需要我们以引领和服务专业发展为宗旨，系统总结民航服务实践经验与教学研究成果，开发全面反映民航服务职业特点、符合人才培养规律和满足教学需要的系统性专业教材，积极有效地推进民航服务专业人才的培养工作。

基于上述思考，编委会经过两年多的实际调研与反复论证，在广泛征询民航业内专家的意见与建议、总结我国民航服务类专业教育的研究成果后，结合我国民航服务业的发展趋势，致力于编写出一套系统的、具有一定权威性和实用性的民航服务类系列教材，为推进我国民航服务人才的培养尽微薄之力。

本系列教材由沈阳航空航天大学、南昌航空大学、郑州航空工业管理学院、上海民航职业技术学院、长沙航空职业技术学院、西安航空职业技术学院、中原工学院、上海外国语大学、山东大学、大连外国语大学、沈阳师范大学、曲阜师范大学、湖南艺术职业学院、陕西师范大学、兰州大学、云南大学、四川大学、湖南民族职业学院、江西青年职业学院、天津交通职业学院、潍坊职业学院、南京旅游职业学院等多所高校的众多资深专家和学者共同打造，还邀请了多名原中国东方航空公司、原中国南方航空公司、原中国国际航空公司和原海南航空公司中从事多年乘务工作的乘务长和乘务员参与教材的编写。

目前，我国民航服务类的专业教育呈现着多元化、多层次的办学格局，各类学校的办学模式也呈现出个性化的特点，在人才培养体系、课程设置以及课程内容等方面，各学校之间存在着一定的差异，对教材也有不同的需求。为了能够更好地满足不同办学层次、教学模式对教材的需要，本套教材主要突出以下特点。

第一，兼顾本、专科不同培养层次的教学需要。鉴于近些年我国本科层次民航服务专业办学规模的不断扩大，在教材需求方面显得十分迫切，同时，专科层面的办学已经到了规模化的阶段，完善与更新教材体系和内容迫在眉睫，本套教材充分考虑了各类办学层次的需要，本着"求同存异、个性单列、内容升级"的原则，通过教材体系的科学架构和教材内容的层次化，达到兼顾民航服务类本、专科不同层次教学之需要。

第二，将最新实践经验和专业研究成果融入教材。服务类人才培养是系统性问题，具有很强的内在规定性，民航服务的实践经验和专业建设成果是教材的基础，本套教材以丰富理论、培养技能为主，力求夯实服务基础，培养服务职业素质，将实践层面行之有效的经验与民航服务类人才培养规律的研究成果有效融合，以提高教材对人才培养的有效性。

第三，落实素质教育理念，注重服务人才培养。习近平总书记在党的十九大报告中强调，"要全面贯彻党的教育方针，落实立德树人根本任务，发展素质教育，推进教育公平，培养德智体美全面发展的社会主义建设者和接班人"，人才以德为先，以社会主义价值观铸就人的灵魂，才能使人才担当重任，这也是高校人才培养的基本任务。教育实践表明，素质是人才培养的基础，也是人才职业发展的基石，人才的能力与技能附着在精神与灵魂，但在传统的民航服务教材体系中，包含素质教育板块的教材较为少见。根据党的教育方针，本套教材的编写考虑到素质教育与专业能力培养的关系，以及素质对职业生涯的潜在影响，首次在我国民航服务专业教学中提出专业教育与人文素质并重、素质决定能力的培养理念，以独特的视野，精心打造素质教育教材板块，使教材体系更加系统，强化了教材特色。

第四，必要的服务理论与专业能力培养并重。调研分析表明，忽视服务理论与人文素质所培养出的人才很难有宽阔的职业胸怀与职业精神，其未来的职业生涯发展就会乏力。因此，教材不应仅是对单纯技能的阐述与训练指导，更应该在不淡化专业能力培养的同时，强化行业知识、职业情感、服务机理、职业道德等关系到职业发展潜力的要素的培养，以期培养出高层次和高质量的民航服务人才。

第五，架构适合未来发展需要的课程体系与内容。民航服务具有很强的国际化特点，而我国民航服务的思想、模式与方法也正处于不断创新的阶段，紧紧把握未来民航服务的发展趋势，提出面向未来的解决问题的方案，是本套教材的基本出发点和应该承担的责任。我们力图将未来民航服务的发展趋势、服务思想、服务模式创新、服务理论体系以及服务管理等内容重新进行架构，以期能对我国民航服务人才培养，乃至整个民航服务业的发展起到引领作用。

第六，扩大教材的种类，使教材的选择更加宽泛。鉴于我国目前尚缺乏民航服务专业更高层次办学模式的规范，各学校的人才培养方案各具特点，差异明显，为了使教材更适用于办学的需要，本套教材打破了传统教材的格局，通过课程分割、内容优化和课外外延化等方式，增加了教材体系的课程覆盖面，使不同办学层次、关联专业可以通过教材合理组合，以获得完整的专业教材选择机会。

本套教材规划出版品种大约为四十种，分为：① 人文素养类教材，包括《大学语文》《应用文写作》《艺术素养》《跨文化沟通》《民航职业修养》《中国传统文化》等。② 语言类教材，包括《民航客舱服务英语教程》《民航客舱实用英语口语教程》《民航实用英语听力教程》《民航播音训练》《机上广播英语》《民航服务沟通技巧》等。③ 专业类教材，包括《民航概论》《民航服务概论》《中国民航常飞客源国概况》《民航危险品运输》《客舱安全管理与应急处置》《民航安全检查技术》《民航服务心理学》《航空运输地理》《民航服务法律实务与案例教程》等。④ 职业形象类教材，包括《空乘人员形体与仪态》《空乘人员职业形象设计与化妆》《民航体能训练》等。⑤ 专业特色类教材，包括《民航服务手语训练》《空乘服务专业导论》《空乘人员求职应聘面试指南》《民航面试英语教程》等。

为了开发职业能力，编者联合有关 VR 开发公司开发了一些与教材配套的手机移动端 VR 互动资源，学生可以利用这些资源体验真实场景。

本套教材是迄今为止民航服务类专业较为完整的教材系列之一，希望能借此为我国民航服务人才的培养，乃至我国民航服务水平的提高贡献力量。民航发展方兴未艾，民航教育任重道远，为民航服务事业发展培养高质量的人才是各类人才培养部门的共同责任，相信集民航教育的业内学者、专家之共同智慧，凝聚有识之士心血的这套教材的出版，对加速我国民航服务专业建设、完善人才培养模式、优化课程体系、丰富教学内容，以及加强师资队伍建设能起到一定的推动作用。在教材使用的过程中，我们真诚地希望听到业内专家、学者批评的声音，收到广大师生的反馈意见，以利于进一步提高教材的水平。

丛 书 序

《礼记·学记》曰："古之王者，建国君民，教学为先。"教育是兴国安邦之本，决定着人类的今天，也决定着人类的未来。企业发展也大同小异，重视人才是企业的成功之道，别无二选。航空经济是现代经济发展的新趋势，是当今世界经济发展的新引擎。民航是经济全球化的主流形态和主导模式，是区域经济发展和产业升级的驱动力。发展中的中国民航业有巨大的发展潜力，其发展战略的实施必将成为我国未来经济发展的增长点。

"十三五"正值实现我国民航强国战略构想的关键时期，"一带一路"倡议方兴未艾，"空中丝路"越来越宽阔。高速发展的民航运输业需要持续的创新与变革，同时，基于民航运输对安全性和规范性要求比较高的特点，其对人才有着近乎苛刻的要求，只有人才培养先行，夯实人才基础，才能抓住国家战略转型与产业升级的巨大机遇，实现民航运输发展的战略目标。我国民航服务人才发展经历多年的积累，建立了较为完善的民航服务人才培养体系，培养了大量服务民航发展的各类人才，保证了我国民航运输业的高速持续发展。与此同时，我国民航人才培养正面临新的挑战，既要通过教育创新提升人才品质，又需要人才培养过程精细化，把人才培养目标落实到人才培养的过程中，而教材作为专业人才培养的基础，需要先行，以发挥引领作用。教材建设发挥的作用并不局限于专业教育本身，其对行业发展的引领、专业人才培养方向的把握，人才素质、知识、能力结构的塑造以及职业发展潜力的培养具有不可替代的作用。

我国民航运输发展的实践表明，人才培养决定着民航发展的水平，而民航人才的培养需要社会各方面的共同努力。我们惊喜地看到，清华大学出版社秉承"自强不息，厚德载物"的人文精神，发挥品牌优势，投身于民航服务专业系列教材的开发，改变了民航服务教材研发的格局，体现了其对社会责任的担当。

本套教材组织严谨，精心策划，高屋建瓴，深入浅出，具有突出的特色。第一，从民航服务人才培养的全局出发，关注了民航服务产业的未来发展趋势，架构了以培养目标为导向的教材体系与内容结构，比较全面地反映了服务人才培养趋势，起到了良好的统领作用；第二，使教材的本质——适用性得到了回归，体现在每本教材均有独特的视角和编写立意，既有高度的提升、理论的升华，也注重教育要素在课程体系中的细化，具有较强的可用性；第三，引入了职业素质教育的理念，补齐了服务人才素质教育缺少教材的短板，可谓对传统服务人才培养理念的一次冲击；第四，教材编写人员参与面非常广泛，这反映出本套教材充分体现了当今民航服务专业教育的教学成果和编写者的思考，形成了相互交流的良性机制，势必会对全国民航服务类专业的发展起到推动作用。

教材建设是专业人才培养的基础，其与教材服务的行业的发展交互作用，共同实现人才培养—社会检验的良性循环，是助推民航服务人才培养的动力。希望这套教材能够在民航服务类专业人才培养的实践中，发挥更积极的作用。相信通过不断总结与完善，这套教材一定会成为具有自身特色的、适应我国民航业发展要求并深受读者喜欢的规范教材。

原海南航空公司总裁、原中国货运航空公司总裁、原上海航空公司总裁

朱益民

2017年9月

前　言

"民航运输管理"是以适应民航运输职业岗位要求为出发点，培养民用民航运输生产与管理岗位人员所需具备的专业知识、专业能力和职业素养为目标而编写的。

教材内容以民航运输的生产组织与管理为主线，基于民航运输生产实践，从民航运输管理的特点与目标出发，围绕民航运输生产的计划、组织、协调与控制过程，系统介绍了民航运输系统与民航运输管理系统，重点分析了民航运输计划管理、民航运输生产组织管理、民航运输质量管理、民航运输安全管理以及国际民航运输管理等。本教材强调民航运输过程管理的重要性，要求高度关注和严格控制民航运输生产过程，在介绍民航运输管理基本知识、基本原理和方法的同时，有针对性地结合民航运输生产与管理的实际情况，综合应用实践数据与典型案例，探讨技术前沿和热点问题。

全书共分为八个项目，每个项目的内容结构安排都包括知识目标、能力目标、引导案例、知识链接、案例、项目拓展、项目小结及项目训练与测试，结构合理、内容翔实，实用性强，是一本理论结合实务的教材。

参与本教材编写的教师不仅具有丰富的民航运输管理及相关课程的教学经验，而且具有在民航公司、机场等民航运输单位的实践经历，这为教材内容的组织与编写带来了便利。钟波兰担任了项目1、项目2、项目4及项目5的编写工作；兰琳编写了项目3；龙海燕编写了项目6与项目8；温宝琴编写了项目7。钟波兰负责本教材编写的具体框架安排及组织与统稿，王益友先生担任主审。在教材编写过程中，王益友先生就教材的结构与内容安排曾多次提出宝贵意见，并提供了大量的参考书籍和资料。

本教材既可以作为高等院校民航运输、民航物流、空中乘务、机场运行、民航安全、民航商务等专业的教材，也可以作为在一线从事民航运输的民航公司、机场、民航运输代理等相关岗位工作人员及管理人员的参考用书与培训教材。

编者
2020年1月

CONTENTS 目录

项目一 民航运输管理认知 ... 1

任务1 走进民航运输 ... 3
一、民航运输的概念 ... 3
二、民航运输的特点 ... 3
三、民航运输的分类 ... 4
四、民航运输业的经济特性与主要经济技术指标 ... 7

任务2 民航运输业的发展 ... 13
一、世界民航运输业的发展 ... 13
二、中国民航运输业的发展 ... 23

任务3 认知民航运输管理 ... 29
一、民航运输管理的概念与特点 ... 29
二、民航运输管理的外部环境 ... 29
三、民航运输管理的目标 ... 30
四、民航运输管理的主要内容 ... 30

项目小结 ... 42
项目训练与测试 ... 42

项目二 民航运输系统 ... 45

任务1 民航运输系统的组成 ... 46
一、民航运输企业 ... 47
二、民用机场 ... 47
三、空中交通服务系统 ... 47
四、民航运输保障企业 ... 48

任务2 民航运输企业 ... 48
一、民航运输企业的概念与特点 ... 48
二、民航运输企业的分类 ... 49
三、民航运输企业的组织结构 ... 52

四、民航运输企业的设立与运行 54
　任务3　民用机场 55
　　一、机场的定义及其构成 55
　　二、机场的分类 60
　　三、机场的级别 60
　　四、机场的建设选址与规划 63
　　五、机场运行与管理 65
　任务4　空中交通服务系统 71
　　一、空中交通管制服务 71
　　二、飞行情报服务 76
　　三、告警服务 79
　任务5　民航运输保障企业 82
　　一、航空油料供应企业 82
　　二、航空器材供应企业 84
　　三、民航信息服务企业 86
　项目小结 93
　项目训练与测试 93

项目三　民航运输管理系统 97

　任务1　国际民航运输管理机构 99
　　一、国际民航组织 99
　　二、国际航空运输协会 105
　　三、国际机场理事会 108
　　四、国际航空电信协会 110
　　五、国际货运代理协会联合会 111
　任务2　国内民航运输管理组织 113
　　一、中国民用航空局 113
　　二、中国航空运输协会 116
　　三、中国民用机场协会 118
　任务3　空中交通管理系统 119
　　一、空中交通管理机构 119
　　二、现行行业管理体制 120
　　三、空域管理 121
　　四、空中交通流量管理 124
　　五、空中交通管理规则 127
　项目小结 131

项目训练与测试 131

项目四 民航运输计划管理 135

任务1 民航运输生产计划 137
一、计划的目的与意义 137
二、民航运输生产计划的概念 138
三、民航运输生产计划的主要内容 138
四、民航运输生产计划的制订流程 138

任务2 航班计划 139
一、航班计划的分类 139
二、航班计划的要素 141
三、航班计划的编制步骤 145
四、航班计划的编制规则 152
五、航班计划的申报、审批与公布 154

任务3 客货销售计划 155
一、航班客运销售计划 156
二、航班货运销售计划 156

任务4 机队配置与维修计划 156
一、机队配置问题 157
二、机队配置计划 157
三、飞机维修计划 160

任务5 飞机排班计划 163
一、飞机排班的问题 163
二、飞机排班的基本原则 164
三、飞机排班的工作流程 165

任务6 机组排班计划 167
一、机组 167
二、机组排班 168
三、影响机组排班的因素 168
四、机组排班计划的编制方法与规则 169

任务7 航班飞行计划 174
一、航班飞行计划的概念 174
二、航班飞行计划的制订 174
三、航班飞行计划的主要内容 174

项目小结 177
项目训练与测试 177

项目五 民航运输生产组织管理 180

任务1 航班运行组织与调度 183
一、航班运行生产组织 183
二、航班运行生产调度 184

任务2 客源组织 189
一、开发客票种类 189
二、拓宽客票销售渠道 190
三、常旅客计划 191

任务3 旅客运输组织流程 194
一、出港航班旅客运输组织流程 195
二、进港航班旅客运输组织流程 196

任务4 旅客运输常见问题与处理 198
一、航空旅客运输不正常与业务处理 198
二、特殊旅客运输问题 199

任务5 货源组织 206
一、适合航空运输的货物种类 206
二、货源分布与货流 207
三、货源组织途径 208

任务6 货物运输组织流程 211
一、出港航班货物运输组织流程 211
二、进港航班货物运输组织流程 215

任务7 货物运输常见问题与处理 217
一、货物漏装 217
二、货物漏卸 218
三、中途拉卸 218
四、货物错卸 218
五、货物少收 218
六、货物多收 219
七、错贴（挂）货物标签 219
八、有货无单 219
九、有单无货 219
十、货物破损 219

任务8 不正常航班管理 223
一、不正常航班的界定 223
二、不正常航班产生的原因 223

三、关于不正常航班的法律法规 ... 225
四、不正常航班的生产组织与管理 ... 226
项目小结 ... 236
项目训练与测试 ... 237

项目六 民航运输质量管理 ... 240

任务1 民航运输质量管理基础 ... 242
一、过程 ... 242
二、产品 ... 242
三、质量 ... 244
四、产品、过程与质量的关系 ... 247
五、质量管理 ... 247
六、民航运输服务 ... 247
七、民航运输服务质量 ... 248

任务2 民航运输质量管理体系 ... 249
一、ISO 9000 质量管理标准体系 ... 249
二、民航运输服务质量管理体系 ... 255

任务3 民航运输质量分析方法 ... 271
一、Excel 分类统计法 ... 271
二、因果图和对策表 ... 273
三、PDCA 循环法 ... 275

任务4 民航运输质量控制 ... 277
一、过程控制 ... 278
二、分类控制 ... 280
项目小结 ... 283
项目训练与测试 ... 283

项目七 民航运输安全管理 ... 285

任务1 航空安全管理基础 ... 287
一、我国民航安全的发展现状 ... 287
二、民航安全的相关概念 ... 288
三、民航安全管理理念 ... 290
四、民航安全管理体系 ... 293

任务2 影响航空安全的因素 ... 299

一、人为因素与民航安全管理 299
　　二、环境因素与民航安全管理 315
　　三、管理因素与民航安全管理 324
　任务 3　民航运输突发事件及应急处置 331
　　一、民航应急管理概述 331
　　二、突发事件的一般处置程序 332
　　三、危险品泄露事件应急处置 334
　　四、航空器发现爆炸物或受到爆炸物威胁事件应急处置 334
　　五、航空器紧急迫降事件应急处置 335
　　六、航空器被劫持事件应急处置 336
　项目小结 340
　项目训练与测试 341

项目八　国际民航运输管理 343

任务 1　国际航权 345
　一、航权的概念 345
　二、九大航权 345
　三、航权开放的价值 351
任务 2　国际航空运输公约 353
　一、国际航空运输基本公约 353
　二、国际航空运输业务类公约 355
　三、航空安全公约 360
任务 3　国际民航运输市场准入管理 363
　一、概念 363
　二、业务经营管理 364
　三、运力管理 364
任务 4　国际民航运输管理体制 365
　一、国际民航运输管理体制的概念与特征 365
　二、国际民航运输管理体制的法律基础 365
　三、国际航空运输管理体制的类型 368
项目小结 373
项目训练与测试 373

参考文献 375

项目一

民航运输管理认知

 **知识目标**

> - 掌握民航运输的概念、特点以及民航运输的分类。
> - 掌握民航运输业的经济特性与主要经济技术指标。
> - 了解世界及我国航空工业与民航运输业的发展。
> - 熟悉民航运输管理的概念、特点以及民航运输管理的外部环境。
> - 理解民航运输管理的目标及主要内容。

 **能力目标**

> - 会比较民航运输与其他运输方式的异同，判断货物是否选择民航运输。
> - 能根据主要经济技术指标分析民航运输业的发展状况。
> - 会分析民航运输业发展的外部环境，明确现阶段民航运输管理的目标和任务。

引导案例

人类挑战天空的新纪元

谈到航空，大家会想到飞行，谈到飞行，大家就会想起莱特兄弟，莱特兄弟指的是奥维尔和威尔伯这两位美国人。他们原本是自行车商人。

他们试飞成功的飞机是 12 马力 4 气缸发动机飞机，命名为"飞行者号"。该机是一架双翼飞机，上层翼为单面拱形机翼，下层翼为上凸下平机翼，翼展长 13.2 米，结构是木制构架和皮质蒙皮。此飞机在 1903 年 12 月 17 日试飞，实现了 4 次成功载人飞行，最长的一次留空时间近 1 分钟，飞行距离 260 米。

奇迹发生在 1903 年 12 月 17 日。这天清晨，美国北卡罗来纳州的基蒂霍克还在沉睡，天气寒冷，刮着大风，空旷的沙滩上静静地停放着一个带着巨大双翼的怪家伙，这就是人类历史上第一架飞机——"飞行者 1 号"，如图 1-1 所示。在当天的最后一次飞行中，威尔伯在 30 千米的风速下，用 59 秒飞了 260 米。人们梦寐以求的载人空中持续动力飞行终于成功了！不幸的是，几分钟后，一阵突然刮来的狂风把"飞行者 1 号"掀翻了，飞机严重损坏，但它已经完成了历史使命。人类的动力航空史就此拉开了帷幕。

图 1-1 飞行者 1 号

1904—1905 年，莱特兄弟又相继制造了"飞行者 2 号"和"飞行者 3 号"。1904 年 5 月 26 日，"飞行者 2 号"进行了第一次试飞。1905 年 10 月 5 日，"飞行者 3 号"进行了一次时间最长的试飞，飞了 38.6 千米，留空时间最长达 38 分钟——这说明莱特兄弟的飞机已经较好地解决了平衡和操纵问题。1906 年，莱特兄弟在美国的飞机专利申请得到承认。

他们开启了挑战天空的新纪元。

资料来源：飞行者一号[EB/OL]. [2019.5.31]. https://baike.baidu.com/item/%E9%A3%9E%E8%A1%8C%E8%80%85%E4%B8%80 E5%8F%B7/10021717?fr=aladdin. 经整理

任务 1　走进民航运输

一、民航运输的概念

民航运输简称"空运"，它是在具有航空线路和机场的条件下，利用航空器作为载运工具运送旅客及货物的一种运输方式，实现人和物在不同地点和时间之间的移动。

航空器是指在大气层以内依靠空气浮力由人控制飞行的飞行器，如飞机、滑翔机、气球、风筝，以及能在大气层内飞行的导弹和火箭等。

民航运输业是指运用航空器从事民航运输及航空器维修与保障服务的相关领域。

二、民航运输的特点

民航运输同其他运输方式相比，有以下一些相似性。

（1）都需要交通基础设施和载运工具。

（2）运输改变的是运输对象在空间上的位移，实现物流的空间效用，为社会大众提供交通运输服务。

（3）运输服务的商品属性是通过产品使用人在运输市场的购买行为最后实现的，尽管具有社会公益服务的特点，但它是一种具有成本的有偿服务行为。

（4）运输的生产过程即为消费过程，产品不能储存，没有卖掉的座位或吨位照样被提供出来，但不会产生收益。

（5）购买前不能对质量进行判断，只能在消费的过程中去感受。

相对其他运输方式，民航运输有以下一些不同的特点。

（1）运行速度快，可实现国际性的快速运输。现代喷气式客机巡航速度为 800～900 km/h，距离越长，民航运输所能节约的时间越多，快速的特点也越显著。民航运输缩短了人类交往的空间距离，是远距离出行的首选交通方式，是社会经济发展中与外界进行快捷交流的重要途径，不仅加快了全球范围的人际交流和物资流通速度，而且促进了国家和区域之间的经济、科技、文化和教育的交流与发展，增进了社会成员之间的相互了解，促进了人类社会文明的进步与发展。

（2）载运工具是飞机，飞机是高科技产品，成本高，加上飞机机舱容积和载重量都比较小，导致运价较高，属于资金密集型产业。

（3）航路由导航系统规定，且有不同的高度层，不需要像公路、铁路那样占用大量的土地资源，且受地形限制较小。

（4）机场是重要的运输活动场所，成为民航运输与陆路运输的衔接点。

（5）舒适度高。喷气式客机的巡航高度一般在 10 000 m 左右，飞行不受低空气流的影响，平稳舒适。

（6）飞机在空中飞行，能够跨越地理障碍，可以将地面上任何距离的两个地方联结起来，实现定期或不定期通行。尤其在对灾区的救援、供应以及边远地区的急救等紧急任务中，民航运输已成为必不可少的手段。

（7）需要通过与铁路、公路等运输方式联运，才能实现门到门的运输。

（8）具有高技术、高风险特性。科学技术的进步以及对飞机适航性的严格要求，有利于减少或避免民航运输事故的发生。

（9）政治敏感性强。航空运输涉及国家政治、国家安全、外交和国际贸易等多个领域，是极具政治敏感性的公共服务业。民航运输特别是国际民航运输发达与否，标志着一个国家或地区的政治稳定、对外开放、经济繁荣以及社会文明的程度。同时，它具有极高的准军事性，航空公司、机场和空域管理部门随时都为国家安全、国防建设和维护社会稳定等需要服务。

知识链接 1-1 （见二维码）

三、民航运输的分类

根据不同的分类标准，民航运输可以划分为不同的类型。

（一）按运输的地域范围分类

1. 国内民航运输

所谓国内民航运输，是指根据当事人订立的民航运输合同，运输的出发地、约定的经停地和目的地均在中华人民共和国境内的运输。国内民航运输主要在国内航线上进行，国际航线的国内载运权航段的民航运输也是国内民航运输。

2. 国际民航运输

所谓国际民航运输，是指根据当事人订立的民航运输合同，无论运输有无间断或者有无转运，运输的出发地、约定的经停地和目的地之一不在中华人民共和国境内的运输。国际民航运输主要在国际航线上进行，国际航线是通过政府间的双边航空运输协定建立的，在运输过程中为保证国际航行的安全和效益，必须按统一的程序和规则进行广泛的国际合作和协调。中国的国际民航运输始于 1950 年 7 月，当时和苏联合办的中苏民用航空公司开辟了以北京为始发点到苏联赤塔、伊尔库茨克和阿拉木图三条国际航线。

（二）按运输的对象分类

1. 航空旅客运输

航空旅客运输的运送对象是旅客，即利用航空器作为载运工具将旅客从一地运往另一地，包括商务旅客运输和休闲旅客运输。对于商务旅客运输，航空公司经常推出高性价比的服务产品以满足商务旅客的需求。例如，向商务旅客提供商务经济座，或用经济舱的价格支付享受高于经济舱标准的服务。商务经济座往往位于机舱最前端，可享受更宽敞的座椅空间、精心准备的美味餐饮、更高比例的积分返还及更多的尊享服务。

2. 航空货物运输

航空货物运输的运送对象是货物，即利用航空器作为载运工具将一地的货物运往另一地，包括普通概念下的航空货物运输、航空邮件运输和航空快递运输。

1）普通概念下的航空货物运输

普通概念下的航空货物运输的运送对象是普通物品，因民航运输速度快、成本高，所以民航运输的货物通常是时效性强、附加值高的货物。

2）航空邮件运输

航空邮件运输是指利用航空器运送邮件，包括函件与包裹等，函件又包括信函、明信片、航空邮简、印刷品、盲人读物等。根据《国内邮件处理规则》，邮件按处理时限分为普通邮件、邮政快件和特快专递邮件。普通邮件是按一般时限规定传递处理的邮件；邮政快件是一种优先处理，具有明确的时限要求，限时到达的邮件；特快专递邮件是以最快速度传递并通过专门组织进行收寄、处理、运输和投递的邮件。

3）航空快递运输

快递又称速递或快运，航空快递运输是指航空快递企业以航空运输为主要运输方式，通过自身的独立网络或以联营合作（即联网）收取收件人的快件，并按照向发件人承诺的时间将其送交指定地点或者收件人，掌握运送过程的全部情况，并能将即时信息提供给有关人员查询的门到门或者桌到桌的速递服务。航空快递的收件范围主要有文件和包裹两大类，其中文件主要是指商业文件和各种印刷品。这是一种最快捷的运输方式，特别适用于各种急需物品和文件资料。

（三）按运输的组织形式分类

1. 班机运输

班机运输是按班期时刻表，以固定的机型沿固定航线、按固定时间执行运输任务的运输方式。当待运客货量较多时，还可以组织沿班机运输航线的加班飞行。

按照业务对象的不同，班机运输可以分为客运航班和货运航班。

1）客运航班

客运航班通常采用客货混合型飞机，以运送旅客为主，同时也搭载货物，但货舱容量较小，运价较贵。因航期固定，便于收、发货人确切掌握货物起运和到达的时间，这对市场上急需的商品、鲜活易腐货物以及贵重商品的运送是非常有利的，尤其有利于客户安排鲜活商品或急需商品的运送。

2）货运航班

货运航班只承揽货物运输，大多使用全货机，通常是由某些规模较大的专门的航空货运公司或一些业务范围较广的综合性航空公司在货运量较为集中的航线开辟货运航班业务。

2．包机运输

包机运输是指民用航空运输使用人为一定的目的包用公共航空运输企业的航空器进行载客或载货的一种运输形式，其特点是包机人需要和承运人签订书面的包机运输合同，并在合同有效期内按照包机合同使用航空器，包机人不一定直接参与民航运输活动。

包机运输方式可以分为整架包机和部分包机两种形式。

1）整架包机

整架包机即包租整架飞机，指航空公司按照与租机人事先约定的条件及费用，将整架飞机租给包机人。如果运送的对象是货物，包机人一般要在货物装运前一个月与航空公司联系，以便航空公司安排装载和向起降机场及有关政府部门申请、办理过境或入境的有关手续。包机的费用一次一议，随国际市场供求情况变化，原则上包机运费按每一飞行千米固定费率核收费用，并按每一飞行千米费用的80%收取空放费。因此，大批量货物使用包机时，均要争取来回程都有货载，这样费用比较低，如果只使用单程，运费比较高。货物全部由包机运出，弥补没有直达航班的不足，且不用中转，节省时间和多次发货的手续，减少货损、货差或丢失的现象，在空运旺季能缓解航班紧张状况。

2）部分包机

部分包机方式在航空货物运输组织中采用较多，适用于托运不足一架整机舱位，但货量又较大的货物运输。通常由几家货运公司或发货人联合包租一架飞机，或者由航空公司把一架飞机的舱位分别卖给几家货运公司装载货物。部分包机通常有固定时间表，但因其他原因往往不能按时起飞。

相对于班机运输来说，包机运输可以由承租飞机的双方议定航程的起止点和中途停靠的空港，因此更具灵活性，且费率低于班机，但各国政府为了保护本国航空公司利益，常对从事包机业务的外国航空公司实行各种限制，使包机的活动范围比较狭窄，降落地点受到限制，如果需降落到非指定地点外的其他地点时，要向当地政府有关部门申请，同意后才能降落。

3．专机运输

专机运输是指为某人或某事进行特别飞行的民用航空运输。例如国家元首出访、紧急救助等采用专机运输。执行专机任务通常有一套完整的流程，要求准备充分，保障严密。

（四）按航线结构分类

1．干线航空运输

干线运输是指运输网络中起骨干作用的线路运输，干线航空运输通常是指省会级城市或大型机场（如深圳、青岛等机场）之间的民用航空运输。干线运输客货运量大，通常采用大中型飞机，航班密度大，航线飞行距离往往为 800 千米以上。

2．支线航空运输

支线是相对于干线而言的，支线航空运输通常是指省会以下级别城市及其周边地区的民用航空运输，如昆明至大理、长沙至张家界航线。航线客货流量相对较小，航班密度较低，通常采用 100 座以下的小型飞机，相当一部分支线连接枢纽机场，构成中枢辐射型航线网络的一部分，为大型机场的干线航空运输提供客货集散功能。

四、民航运输业的经济特性与主要经济技术指标

（一）民航运输业的经济特性

民航运输业不仅具有提供公共运输服务、增进社会交流、促进社会文明进步与发展等社会特性，也具有与其他交通运输方式共同的和独特的经济特性。

1．区域性

历年的民航运输统计数据可以反映民航运输与区域政治地位、产业结构、对外贸易、旅游资源等因素密切相关。例如，我国的京津冀、长三角、珠三角地区民航运输发展良好。民航运输为区域经济发展与对外开放架设了便捷通道，但区域经济发展为民航运输提供了充足的客货运输需求，彼此相互促进与发展。

以 2017 年为例，根据民航局发布的统计公报，从旅客运输量来看，全国民航运输机场完成旅客吞吐量 11.48 亿人次，其中东部地区完成旅客吞吐量 6.14 亿人次，占全国民航运输机场旅客吞吐量的 53.5%，超过一半；东北地区完成旅客吞吐量 0.72 亿人次，占全国民航运输机场旅客吞吐量的 6.3%；中部地区完成旅客吞吐量 1.22 亿人次，占全国民航运输机场旅客吞吐量的 10.6%；西部地区完成旅客吞吐量 3.40 亿人次，占全国民航运输机场旅客吞吐量的 29.6%，如图 1-2 所示。

在货物运输方面，2017 年全国民航运输机场完成货邮吞吐量 1 617.73 万吨，其中东部地区完成货邮吞吐量 1 215.89 万吨，占全国民航运输机场货邮吞吐量 75.2%，达到四分之三；东北地区完成货邮吞吐量 54.74 万吨，占全国民航运输机场货邮吞吐量的 3.4%；中部地区完成货邮吞吐量 102.61 万吨，占全国民航运输机场货邮吞吐量的 6.3%；西部地区完成货邮吞吐量 244.49 万吨，占全国民航运输机场货邮吞吐量的 15.1%，如图 1-3 所示。

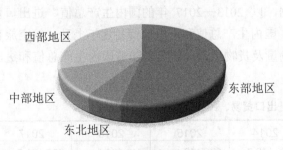

图 1-2　各地区旅客吞吐量比例图

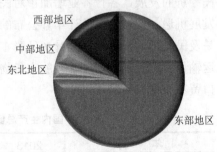

图 1-3　各地区货邮吞吐量比例图

2. 季节性

民航运输具有季节性特征。相当一部分航空旅客来自旅游业，即休闲旅客，旅游业的季节性特征带来民航运输的季节性变化。同时，生产与消费的季节性变化也使航空货物运输表现出季节性特点。根据中国民航局的统计数据，以 2017 年为例（见表 1-2），旅客运输的高峰主要是在 8 月，这是旅游业发展的高峰期，第三季度和第四季度的旅客运输量与旅客运输周转量高于第一季度和第二季度，除了旅游业影响外，因下半年经济贸易往来使商务旅客增加也是其中的原因之一；货物运输的最高峰是在 11 月和 12 月份，其次是 9 月份和 10 月份，第四季度的货物运输量与货物运输周转量高于前三季度，说明这是生产与消费的旺季；从运输总周转量来看，运输总周转量的高峰是第三季度和第四季度，这两个季度平均每月的运输总周转量达到 94.3 亿吨千米，而第一季度的月平均运输总周转量为 84.6 亿吨千米，第三季度的货物运输量虽然比第四季度低，但旅客运输量比第四季度高。

表 1-2　2017 年我国民航运输月度数据表

月　份	旅客运输量/万人	旅客运输周转量/亿人千米	货物运输量/万吨	货物运输周转量/亿吨千米	运输总周转量/亿吨千米
1 月	4393.1	781.6	56.5	18.4	86.6
2 月	4278.9	743.4	41.8	14.1	79.2
3 月	4430.5	761.7	58.9	20.2	88.1
4 月	4402.3	754.7	57.5	20.1	87.1
5 月	4497.6	766.9	59.9	21.2	89.4
6 月	4372.6	753.0	58.1	20.6	87.4
7 月	4860.0	840.5	54.8	19.7	92.6
8 月	5046.4	869.8	57.1	19.9	95.0
9 月	4654.6	800.9	64.4	21.4	92.8
10 月	4883.2	832.9	62.0	21.9	95.8
11 月	4645.5	797.0	66.7	23.0	94.2
12 月	4665.6	821.7	66.1	22.6	95.6

资料来源：中国民航局数据统计

3. 经济同步增长性

经济同步增长性是指民航运输伴随国内生产总值和进出口贸易的增长而同步增长。国民经济的发展，各行各业增加了对民航运输的需求，从而为民航运输提供了广阔的市场和发展机遇。根据中国统计年鉴公布的数据，以 2013—2017 年的国内生产总值、进出口贸易及民航运输量的数据来看（见表 1-3），国内生产总值和进出口贸易逐年上升，航空旅客运输量、旅客运输周转量、航空货物运输量及货物运输周转量均随着国内生产总值和进出口贸易的增长而增长。

表 1-3　国内生产总值、进出口贸易、民航运输量年度数据表

年　份	2013	2014	2015	2016	2017
国内生产总值/亿元	588 018.8	636 138.7	686 449.6	743 585.5	827 121.7

续表

年　份	2013	2014	2015	2016	2017
进口货物/亿元	121 037.5	120 358.0	104 336.1	104 967.2	124 789.8
出口货物/亿元	137 131.4	143 883.8	141 166.8	138 419.3	153 311.2
进出口总额/亿元	258 168.9	264 241.8	245 502.9	243 386.5	278 101.0
旅客运输量/万人	31 936	35 397	43 618	48 796	55 156
旅客运输周转量/亿人千米	5 656.8	6 334.2	7 282.6	8 378.1	9 513.0
货物运输量/万吨	561.3	594.1	629.3	668.0	705.9
货物运输周转量/亿吨千米	170.29	187.77	208.07	222.45	243.55

资料来源：中国统计年鉴

4. 密度经济性

密度经济性是指在一个固定大小的民航运输网络中，随着生产数量的增加，单位成本下降。因此，航空公司经常通过提高飞机平均日利用率、航班乘坐率，增加某航线的航班频率等措施来降低成本，提高收益。据我国民航统计，2017 年，全行业在册运输飞机平均日利用率为 9.49 小时，比 2016 年增加 0.08 小时。其中，大中型飞机平均日利用率为 9.63 小时，比 2016 年增加 0.06 小时；小型飞机平均日利用率为 7.04 小时，比 2016 年增加 0.4 小时。2017 年，正班客座率平均为 83.2%，比 2016 年提高 0.6 个百分点；正班载运率平均为 73.5%，比 2016 年提高 0.8 个百分点。2017 年，全行业累计实现营业收入 7 460.6 亿元，比 2016 年增长 15.3%，利润总额 652.3 亿元，比 2016 年增长 71.7 亿元。其中，航空公司实现营业收入 5 333.8 亿元，比 2016 年增长 11.9%，利润总额 408.2 亿元，比 2016 年增长 32.6 亿元；机场实现营业收入 958.0 亿元，比 2016 年增长 14.6%，利润总额 154.0 亿元，比 2016 年增长 30.9 亿元；保障企业实现营业收入 1 168.8 亿元，比 2016 年增长 35.1%，利润总额 90.1 亿元，比 2016 年增长 8.1 亿元。运输飞机平均日利用率及正班客座率与载运率的提高使民航运输企业的单位成本降低，增加了民航运输收益。同样，高频率的飞行班次不仅方便了旅客，更重要的是提高了运输效率和效益。

5. 规模经济性

民航运输与其他运输方式一样，具有规模经济性。规模经济是指通过扩大生产规模而使经济效益增加的现象，即随着运输量的增加，虽然变动成本增加，但固定成本不变，因此单位生产成本下降。

规模经济通常是以"成本—产出"弹性来计量的，如果规模经济存在（成本增加低于产出增加的比例），边际成本就会低于平均成本，反之亦然。如果边际成本低于平均成本，就存在规模经济，所以分析企业集团是否产生了规模不经济问题，实际上就是分析比较边际成本与平均成本，边际成本和平均成本是两个重要的概念。企业总成本（TC）由两个要素组成：固定成本（FC）和变动成本（VC）。当企业生产规模扩大时，生产成本将发生变化，固定成本不变，变动成本将随产量变化而变化。但这并不意味着生产规模越大越好，因为规模经济追求的是能获取最佳经济效益的生产规模。超过一定的规模，原有的民航运输资源满足不了生产的需要，使劳动力、原材料、设备等供应紧张或出现环境污染，相应导致单位生产成本提高。有观点认为，规模不经济是由管理不经济造成的，没有规模不经济，只有管理不经济；企业的发展都有一个最佳规模点，管理好的企业，这个点就会后移，企业规模可以做大。

（二）主要经济技术指标

社会经济运行中，每个行业都有每个行业的特殊性，每个行业也有区别于其他行业的独特的评价指标。民航运输业属于资本密集型行业，科技含量高，运行复杂，评价指标多样。

1. 运输量指标

运输量指标，也叫载运量指标，反映航空公司一定时期运输生产的实际完成情况。

常用的指标有旅客运输量、旅客运输周转量、货物运输量、货物运输周转量、运输总周转量，以及收入客千米、收入货运吨千米、收入吨千米、机场客货吞吐量等指标。

1）民航运输量

民航运输量是指民航运输企业在一定时间内使用航空器运送旅客与货物的数量，即旅客运输量与货物运输量。

旅客运输量是民航运输企业一定时期完成的旅客运输人数。

货物运输量是民航运输企业一定时期内完成的货物承运重量。

客运按人计算，货运按吨计算。

2）民航运输周转量

航空运输周转量是指航空运输企业承运的旅客人数或货物重量与运输距离的乘积。该指标不但考虑了运输的数量，而且考虑了运输的里程。

民航运输总周转量包括旅客运输周转量和货物运输周转量。

旅客运输周转量是运输旅客的数量和运输距离的乘积，单位是人千米或客千米。

货物运输周转量是运输货物的重量和距离的乘积，单位是吨千米。

运输总周转量是旅客运输周转量折算成吨千米后与货物运输周转量相加之和。

国际民航组织的换算标准为每位旅客按 90 千克计算（包括手提和托运行李），即 1 客千米相当于 0.09 吨千米。

$$运输总周转量（吨千米）=货物运输周转量+0.09×旅客运输周转量$$

有民航运输量指标反映运输规模，为什么还要用到周转量这个概念呢？

这是因为民航运输企业的本质是实现旅客和货物从甲地到乙地的位移，仅用运输人数和承运的货物重量，不能全面反映出民航运输企业的运输生产状况。简单地说，民航运输不仅要运得多而且要能运得远。

举个例子说明其作用。根据 ATW（《航空运输世界》）2013 年对全球主要航空公司运营情况的排名，俄罗斯航空公司 2013 年旅客运输量为 3 139 万人次，排名第 25 位，但加入位移要素，其旅客周转量达到了 850 多亿客千米，排名上升至第 18 位，上升了 7 个位次。这主要是由于俄罗斯地广人稀，旅客运输数量虽然较其他公司低，但加入飞行航段距离这一位移要素，其旅客周转量的排名大幅上升，更全面反映了其旅客运输的综合能力。

运输总周转量指标除了用来横向比较民航运输企业的综合实力外，更主要的是用于一国或地区的民航主管部门或民航组织衡量其所辖范围内航空企业的运输生产规模，反映该辖区民航运输的总体发展情况。例如，我国民航运输企业官方公布的数据里，很少有运输总周转量的数据，但民航局公布的季度或年度运输生产报告，一定会有运输总周转量数据，它综合反映了我国民航运输工作的总体规模和情况。

3）收入客千米、收入货运吨千米以及收入吨千米

在运输量这一指标体系中，民航运输企业经常会用到收入客千米、收入货运吨千米以及收入吨千米三个指标，衡量其实际完成的运输工作，它们也最常出现在民航运输企业官方公布的数据中。

收入客千米是各航段付费购票的旅客人数乘以航段距离后加总。

收入货运吨千米是付费运输的货物重量乘以航段距离后加总。

收入吨千米是将付费乘客人数折算成重量，加上付费货物重量后乘以航段距离再加总，它反映客货运的综合完成情况。

这三个运输量指标前面都加上了"收入"二字，表明这是航空公司运输资源有偿使用取得的生产业绩，剔除了不收费乘客和货物重量的影响，真实地反映了航空公司作为市场经济的主体，企业化经营所完成的实际运输情况。

4）机场客货吞吐量

机场客货吞吐量是指在一定时间内进出某机场的旅客与货物的数量，包括旅客吞吐量与货物吞吐量。该指标是反映机场运营情况的重要指标。

2. 载运力指标

载运力指标反映民航运输企业的运输供给能力。通常包括可用座千米、可用货运吨千米和可用吨千米三个指标。

1）可用座千米

可用座千米是各航段可提供的座位数与航段距离乘积后的加总，也称作可用客千米、可提供客千米。

2）可用货运吨千米

可用货运吨千米是各航段可提供的货物业载与航段距离乘积后的加总。

3）可用吨千米

可用吨千米是飞机可提供的最大商务载重量与航段距离乘积后的加总。

运载能力指标，表明民航运输企业作为承运人，按最大商务载量核算时理论上能实现的总飞行里程。它除了有助于对民航运输企业的运输能力进行横向比较外，更主要的作用是为核算载运率指标做铺垫。

3. 载运率指标

载运率是指航空器在执行飞行任务时的实际载运量和最大载运能力的比值。该指标反映了飞机载运能力的利用程度，即用来反映民航运输企业运输资源的利用效率，是企业制订航班计划、开展航班组织运营工作的主要依据。

常用的指标有客座利用率、货物载运率及综合载运率。

1）客座利用率

客座利用率是收入客千米与可用座千米的比值，反映运输飞行中的座位利用程度。

2）货物载运率

货物载运率是收入货运吨千米与可用货运吨千米的比值，表示运输中货运舱位的利用程度。

3）综合载运率

综合载运率是将航空公司客货运输情况进行汇总，用收入吨千米除以可用吨千米所得到的比值，综合反映运载能力的利用程度。

载运率指标的高低，是民航运输企业的安全管理水平、市场营销能力、品牌影响力、经营管理等多方面因素共同作用的结果。

4．收入指标

收入指标是考察民航运输企业业务收入能力和运价水平的指标。它又可以分为两组指标。

第一组指标包括客千米收入、货运吨千米收入以及吨千米收入三个指标，除了可以用来评价民航运输企业销售收入水平外，还可以用来反映客货运的价格水平。

第二组指标包括可用座千米收入、可用货运吨千米收入和可用吨千米收入，也是反映民航运输企业收入水平的指标。与第一组中的客公里收入等三个指标相比，它们对应的分子都一样，但其名称前面都增加了"可用"二字，分母则分别替换成了可用座千米、可用货运吨千米和可用吨千米。

1）客千米收入、货运吨千米收入以及吨千米收入

客千米收入是民航运输企业一定时期内客运收入与旅客周转量之比，计量单位是元/人千米，表示民航运输企业运输每名旅客每千米取得多少收入，在民航运输企业官方数据中也称之为客运人千米收益或每收入（费）客千米收益。

货运吨千米收入是民航运输企业一定时期内货运收入与货运周转量的比值，表示每吨货物运输每千米取得的收入，计量单位是元/吨千米。

吨千米收入是客货运的综合，即民航运输企业一定时期内运输收入与运输总周转量的比值。由于民航运输企业客运和货运的经营方式有很大区别，运价制定的依据也不同，因此这个指标更多被民航主管部门用来统计民航运输总体平均收入水平。

2）可用座千米收入、可用货运吨千米收入和可用吨千米收入

可用座千米收入是航空运输企业一定时期内客运收入与可用座千米之比，计量单位是元/可用座千米。

可用货运吨千米收入是民航运输企业一定时期内货运收入与可用货运吨千米的比值。

可用吨千米收入是民航运输企业一定时期内运输收入与可用吨千米的比值。

比较客千米收入和可用座千米收入两个指标，来说明这两组指标的细微区别。由于客千米收入和可用座千米收入的分子相同，均为客运收入，分母分别是旅客周转量和可用座千米，而旅客周转量一定小于可用座千米，因此客千米收入一定大于可用座千米收入。

我国民航运输企业现行国内客票价格是以每人每千米 0.75 元作为基准价的，上浮不得超过 25%，即不超过 0.94 元，下浮不设限。假设某民航运输企业某年客千米收入是 0.6

元/人千米，一是说明该民航运输企业当年每名旅客每千米收入 0.6 元，二是与基准票价 0.75 元/人千米相比略低，说明其市场销售中会出现一定幅度的折扣，票价水平低于规定水平。若该国大部分民航运输企业都是这个状况，说明该国民航运输的市场化程度较高，垄断性较低，属于航空买方市场，旅客能享受到较充足的民航运输资源并有较充分的话语权。同年，该企业可用座千米收入是 0.48 元，表明该企业在每个座位上每千米的飞行实现了 0.48 元收入，反映了每个座位的收入水平。

总之，客千米收入和可用座千米收入都可以用来衡量民航运输企业的业务收入水平，只是前者强调的是针对实际运输旅客的营收，反映实际营收状况，且具备衡量票价水平的功能；后者强调的是针对可提供座位的营收，体现了审慎原则和资源利用程度。

5．成本指标

成本指标是考察民航运输企业成本水平的。它也分为两组：第一组包括客千米成本和吨千米成本；第二组是衡量业务成本的常用指标，包括可用座千米成本和可用吨千米成本。

1）客千米成本和吨千米成本

客千米成本是业务成本费用与旅客周转量的比值，反映每名旅客运输每千米成本是多少。

吨千米成本是业务成本费用与运输总周转量的比值，即每吨载重运输每千米的成本是多少，是反映单位运输周转量成本水平的指标。

2）可用座千米成本和可用吨千米成本

可用座千米成本是业务成本费用除以可用座千米，表明民航运输企业每个座位每千米的成本水平。

可用吨千米成本是业务成本费用与可用吨千米的比值，反映运输企业的单位成本水平。

客票收入的来源是乘机旅客，每运输一个旅客才会有收入，而不是每设置一个座位就有收入，所以评价收入的业务指标，通常选取客千米收入而不是可用座千米收入更具有现实意义。同理，衡量客运成本的是座位，虽然每运输一个旅客会有成本，但更重要的是民航运输企业每设置一个座位就会有成本，所以评价运营成本的指标选取可用座千米成本比客千米成本更为科学。

6．航班正常率指标

航班正常率是指按照班期时刻表正常运行的航班数与计划航班数的百分比。该数值的高低体现了民航运输企业的生产组织水平，是考核民航运输企业运营状况的重要指标。例如，2017 年全国客运航空公司共执行航班 403.9 万班次，其中正常航班 289.5 万班次，经计算得出全国平均航班正常率为 71.68%。

任务 2　民航运输业的发展

一、世界民航运输业的发展

世界民航运输伴随着航空工业的进步与发展，经过一个多世纪的不懈努力，经历了不平凡的发展过程。

（一）世界航空工业的发展

航空工业是指研究、开发、生产和维修航空器及所载设备和地面保障设备的相关工业领域。航空工业的发展是民航运输业发展的物质基础与保障。

知识链接 1-2 （见二维码）

1. 风筝发明

从远古时代开始，人类就在幻想像鸟类一样飞翔，制造像鸟类一样的飞行物，成了多少代人不懈的追求。早在两千多年前的中国，通过风筝的发明，人们在实践中验证了重于空气的人工制造的物体在空中飞行的可能。

案例 1-1

关 于 风 筝

关于第一只风筝是如何发明的事实现在已经难以追溯，在互联网上键入"风筝"（或Kite）一词进行搜索，我们可以找到数以百计的网页，但是对于何时由何人发明风筝一说并无定论，而如此之多的关于风筝的论述和记载却反映出风筝作为第一代飞行物，除了其对飞行研究的历史贡献外，其本身特有的魅力使其为广大群众所喜爱，仍具有较强的生命力。

比较典型的关于第一只风筝来历的说法有以下两种。

（1）风筝大约出现在 3 000 年以前的中国，是人们用竹或丝绸为原料制作的。最初的灵感来自在草帽上绑上两根飘带可以防止草帽被吹落的偶然发现，于是风筝的原型出现了。

（2）传闻春秋战国时（距今 2 400 多年前），东周哲人墨翟（前 478—前 392 年）曾研究试验了三年，终于用木板制作了一只木鸟，并且飞了一天。

尽管当时人们并不知道空气动力学的原理，但通过风筝的发明，人们在实践中验证了重于空气的人工制造的物体在空中飞行的可能性，飞行不再是上帝带给鸟儿的唯一赏赐，这为航空探索创造了广阔的想象空间。

资料来源：刘成. 民航运输系统运行解码[M]. 上海：上海交通大学出版社，2008.

2. 氢气球与热气球的出现

1766 年，一种只有空气密度十四分之一的气体"氢"被英国科学家亨利·卡文迪许成功分解，"氢"元素因为密度小于空气，可用来提升地球上的物体。捷克斯·查尔斯于 1783 年 8 月 27 对第一架氢气球进行了不载人的飞行试验，后来安装了安全阀、压舱平衡物（沙），以及覆盖在气球上部进行重力平均分布用的网绳和下部的吊篮，他的气球是现代氢气球的原型。氢气球当前多用于儿童玩具或喜庆放飞用。较大的氢气球用于飘浮广告条幅，也叫空飘氢气球，气象上用氢气球探测高空，军事上用氢气球架设通信天线或发放传单。

1783年法国造纸商蒙戈菲尔兄弟制造出第一架使用热空气能够飞到305米以上的实验热气球，同年11月21日，在巴黎穆埃特堡进行了世界上第一次载人空中航行，热气球飞行了25分钟，比莱特兄弟的飞机飞行早了120年。

到19世纪，气球开始有各种用途。20世纪80年代西方的热气球被引入中国。1982年美国著名刊物《福布斯》杂志总编辑史提夫·福布斯的父亲马尔康姆·福布斯先生驾驶热气球后转摩托车旅游来到中国，自延安到北京。

现代热气球在吊篮中安装有简单的飞行仪表、燃料罐和喷灯等设备。从地面升空时，点燃喷灯，将空气加热后从气囊底部开口处充入气囊。升空飞行后，通过控制喷灯的喷油量操纵气球的上升或下降。现今乘热气球飞行已成为人们喜爱的一种航空体育运动。此外，热气球还常用于航空摄影和航空旅游。

3. 滑翔机时代

1801年，英国的乔治·凯利爵士研究了风筝和鸟的飞行原理，于1809年试制了第一架真正意义上的滑翔机，1847年，凯利又制作了一架大型的滑翔机，并两次把一名10岁的男孩带上天空，一次是从山坡上滑下，一次是用绳索拖曳升空，飞行高度为2~3米。4年后，由人操纵的滑翔机第一次脱离拖曳装置飞行成功，飞行了约500米远。凯利对飞行原理、空气升力及机翼的角度、机身的形状、方向舵、升降舵、起落架等都进行了科学的研究和试验，他首次把飞行从冒险的尝试上升为科学的探索，凯利是对飞机进行系统科学研究的第一人。

继凯利之后，德国的土木工程师李林塔尔设计的滑翔机把无动力载人飞行试验推向高潮。奥托·李林塔尔为德国工程师和滑翔飞行家，世界航空先驱者之一，他最早设计和制造出实用的滑翔机，人称"滑翔机之父"。从1871年起，他就热衷于研究和制造滑翔机，他利用所有余暇研究空气动力学，试制飞机和驾机试飞。他所著的《鸟类飞行——航空的基础》一书被后来的飞行探索者奉为经典之作。1891—1896年，李林塔尔共制作了5种单翼滑翔机和2种双翼滑翔机，先后进行了2 000多次飞行试验。1896年8月9日，他驾驶滑翔机在里诺韦山遭遇强风而坠落，次日死去。他留给后人的最后一句话是："必须做出牺牲。"

滑翔机大多没有动力装置，是重于空气的固定翼航空器，可以由飞机拖曳起飞，也可以用绞盘车或汽车牵引起飞，还可以从高坡上下滑到空中。在无风情况下，滑翔机在下滑飞行中依靠自身重力的分量获得前进动力，这种损失高度的无动力下滑飞行称为滑翔。在上升气流中，滑翔机可像老鹰展翅那样平飞或升高，通常称为翱翔。现代滑翔机主要用于体育运动，分初级滑翔机和高级滑翔机。前者主要用于训练飞行，后者主要用于竞赛和表演，有的还可以完成各种高级空中特技，如翻跟斗和螺旋等。

4. 动力飞行时代

1903年12月17日，莱特兄弟发明的世界第一架载人动力飞机"飞行者号"，在美国卡罗来纳州飞上蓝天。"飞行者号"以12马力4缸活塞发动机为动力，用链条带动两个螺旋桨，长6.5米，翼展13.2米，飞机总重280千克。"飞行者号"成功实现了4次载人飞行,最长的一次留空时间近1分钟,飞行距离260米。这预示着动力飞行时代的来临,一个历史就这样被开创了,几千年的梦想在这一刻得到了实现。和莱特兄弟同时代的先锋们有出生于巴西的阿尔贝托·桑托斯·杜蒙、出生于丹麦的雅各布·埃尔哈默、出生于南非的约翰·韦斯顿,以及法国的布雷里奥、法布尔等,1907年中国的冯如研制了"冯如一号",但试飞未成功,1911年1月研制了"冯如二号",并于1月18日试飞成功,最高时速为104千米。

案例 1-2

中国首创飞行大家——冯如

1884年,冯如生于广东恩平牛江渡区杏圃村一个贫农家庭里。他从小喜欢制作风筝和车船等玩具,对神话故事尤其是飞天故事更是满心向往。1894年,在美国旧金山做小生意的舅舅回家省亲,见冯如一家生活困苦,决定把冯如带到美国去谋生,不久即到达美国的西部城市旧金山。光绪二十七年(1901),冯如到纽约一家工厂半工半读,学习机械制造。

1903年,当得知莱特兄弟发明了飞机后,冯如决心要依靠中国人的力量来制造飞机。他得到了当地华侨的赞助。光绪三十二年(1906),冯如从纽约回到旧金山时,日俄战争刚结束,根据日俄订立的《朴次茅斯和约》,俄国将中国旅顺、大连及中东铁路"转让"给日本。冯如得知后,一心寻求救国之道,潜心钻研航空技术。1907年9月,在旧金山以东的奥克兰设立了飞机制造厂。

光绪三十四年(1908)4月,冯如制造出第一架飞机,进行试飞时,没有成功。接着,奥克兰的厂房失火,工厂的材料、设备全被焚毁,冯如陷于困境之中。5月,冯如租得奥克兰市东九街359号的一间小屋子作为厂房,定名为广东制造机器厂。1909年2月,冯如制造出第二架飞机,飞机试飞,已经升空数米,突然坠落,冯如未受伤。9月21日下午,冯如又进行了试飞。10月,冯如正式成立广东飞行器公司,由自己担任总机器师,并公开招募优先股份,招得优先股东67人,筹得股金5 875美元。

1910年7月,冯如根据寇蒂斯"金箭"和莱特兄弟的"飞行者一号",制作了一架飞机,10月至12月,冯如驾驶它在奥克兰进行飞行表演获成功,并受到孙中山先生和旅美华侨的赞许,同时获得美国国际航空学会颁发的甲等飞行员证书。冯如按原计划,将"广东制造机器公司"改名为"广东飞行器公司",决心迁回广州。1911年1月,"广东制造机器公司"终于制成一架"顿异前制"飞机。1月18日,冯如驾驶这架飞机,在奥克兰市的圣佛兰西斯科海湾岸边的艾劳赫斯特广场公开试飞。

1911年2月22日,冯如率领广东飞行器公司的技术人员朱竹泉、司徒璧如、朱兆槐,连同飞机两架(其中一架在装配中)及制造飞机的器材等设备,乘船离开旧金山回国。

宣统三年(1911)3月22日,抵达香港。清政府两广总督张鸣岐特派宝璧号军舰到香港迎接,并将飞机和机器安置在广州郊区燕塘。1911年11月9日,辛亥革命广州光复,冯如被革命当局任命为陆军飞机长。1912年8月25日,冯如在广州燕塘飞行表演中不幸失事牺牲,被追授为陆军少将,遗体安葬在黄花岗,并立碑纪念,被尊为"中国首创飞行大家"。

图1-4　冯如的飞机试飞

资料来源:https://baike.baidu.com/item/%E5%86%AF%E5%A6%82/162530?fr=aladdin。

5.喷气时代

第一次世界大战期间,飞机通过参与战争由弱小到强壮,由简单到复杂,金属蒙皮出现,发动机性能提升,飞机载重增加。大战结束后,欧洲首先将军机改装为民用飞机,流线型金属机身、可收放起落架和多台发动机配置出现,驾驶舱布局改进,活塞式发动机从水冷向风冷转变,采用硬铝使飞机的重量更轻。飞机最大速度达500千米/小时,升限约7 000米,航程超过3 000千米,运载能力超过2 000千克以上。航空工业不仅服务于军事,而且广泛服务于民航运输业。

第二次世界大战期间,活塞式发动机的螺旋桨飞机发展达到了顶峰,激波和音障的存在被认识到。1939年德国第一架装有涡轮喷气发动机的飞机He-178成功试飞,人类在飞机发展史上迈出了新的一步。1945年年初,第二次世界大战欧洲战场的主要战事结束,荷兰发现了航空大发展的商机,荷兰皇家航空公司从美国政府手中租用了14架C-54军用型运输机,改装成客机。其后,军机改客机的市场显著增长。同时,苏联和美国也各自开发出采用喷气式发动机的新一代战斗机,如F-80、雅克-15、米格-9、米格-15、F-86、F-100及米格-19等,速度突破1 000千米/小时。

此后,航空工业迅速发展,成为欧美经济发展的重要支柱产业。1949年,第一架装备有涡轮喷气式发动机的民用客机诞生,即英国的德哈维兰DH-106彗星号。1956年苏联的涡轮式喷气客机图-104试飞成功。1954年美国的波音707首飞,达到连续近10小时9 000千米的续航能力,150吨的起飞全重、装饰豪华的客舱,一个更辽阔的世界展现在人们面前。

1970年,继波音707、727后的第三代喷气式飞机747下线,突出特点是飞机的大载客量和高舒适性。后来波音又不断推出多个载量和航程级别的客机。20世纪70年代是大型客机辈出的时代,先是道格拉斯公司推出的DC-10飞机,然后是洛克希德公司的L-1011,再然后是空中客车公司推出了A300。此后,空客系列不断推出。

2007年,空中客车公司推出了A380大型远程运输飞机,其最大容量可承载850名乘客。空客公司的崛起和空客飞机的推出,彻底改变了民用航空工业的市场格局。

如今，航空工业已经成为一个国家科学技术水平、综合国力以及国际地位的重要象征。航空工业的发展，为民航运输业的发展提供了载运工具、技术和维修力量。同时促进了社会和经济的发展，也为民航运输业不断提供客货运输市场；反过来，民航运输业的发展，促进了民航运输能力的增长需求，为航空工业提供了重要市场，推进了航空工业的迅速发展。因此，航空工业与民航运输业之间呈现相互促进发展的唇齿相依关系。

（二）世界民航运输业的发展历程

世界民航运输业的发展经历了以下几个重要的发展阶段。

1. 形成期

世界航空运输业的形成期是 1918—1937 年。

1918 年，第一次世界大战结束，这是民航运输发展史上的重要转折点。

1918 年 3 月，在苏联的基辅和奥地利的维也纳之间开通了世界上第一条国际邮运航线，服务于航空邮政业务的国际定期航班运输。1918 年 5 月，在美国国会的资助下，美国邮政部在纽约和华盛顿之间开设了一条定期邮政航班航线。

1919 年 1 月，德国建立了第一条国内商业航空线，从汉堡到阿莫瑞卡。同年 2 月，德国在柏林至魏玛之间开辟了欧洲第一条定期客运航线，航程 192 千米，飞行时间 2 小时。1919 年间德国共开辟了 9 条商业航线，运送旅客达 1 574 人。1919 年 3 月，法国在巴黎至比利时布鲁塞尔之间开辟了世界上第一条国际定期航班航线。1919 年 9 月，英国和法国在伦敦与巴黎之间开辟了世界上第一条两国对飞的国际定期航线。

1921 年，英国政府向经营伦敦至巴黎航线的英国公司汉德利·佩季公司提供了 25 000 英镑的资助。

除了德国、英国、法国外，其他欧洲国家也纷纷发展自己的民航运输业，特别是意大利，发展速度很快。

1927 年 10 月，泛美航空公司建立了美国第一条国际邮政航路——美国至哈瓦那的航线，预示着全球航空网的发展。

1937 年泛美航空公司建立了世界上最大的航线网，它不仅运营加勒比地区和南美太平洋沿岸航线，而且把触角延伸到了欧洲。

该阶段的民航运输业处于发展初期，飞机性能虽然在不断改善和提升，但飞行技术和维护技术不太成熟。人们认识到了民航运输发展的战略意义和巨大潜力，但经营管理没有经验，大多数航空公司处于亏损状态，依靠政府的经济资助和财政补贴开展运营。

航空工业技术的进步不断给民航运输业带来发展生机，机场应运而生。机场不再是简单的为飞机起降、加油和维修提供场所的平地，机场设施不断改善，建有候机楼，机场服务概念开始出现，现代机场的雏形初现端倪。

业界重视民航运输安全，逐步开展有关机载设备、气象预报、夜航设备、空中交通管制、地面服务保障、通讯导航等领域的研究。

航空的国际法规逐步开始建立。在此期间通过的《巴黎航空公约》，是世界航空史上第一部法典，对维护国际航空秩序和促进民航运输业的有序发展发挥了极其重要的作用。

2. 发展期

世界航空运输业的发展期是 1938—1957 年。

1938 年第二次世界大战爆发，由于战争的需要，美国和欧洲一些国家政府宣布航空公司国有化，航空运输为战争服务。

虽然因战火许多开辟的民用客货运输航线处于停滞状态，但战争的强烈需求刺激了航空工业的研究与发展，使得航空材料、飞机及发动机的设计和制造、通信导航等领域的技术更加先进，成为推动民用航空运输的新动力。

随着国际政治经济形势的发展，民用航空的国际法规也不断得到完善。1944 年 12 月 7 日，52 个国际代表在芝加哥签署了《国际民用航空公约》，明确了国家主权原则，为国际民用航空运输业的安全有序发展提供了法律保障，直至今日，该公约仍是民用航空发展的国际基本大法。

1945 年第二次世界大战结束，航空公司如雨后春笋般诞生。民航运输市场竞争激烈，民航运输业快速发展。欧美国家为进一步发展经济，鼓励开辟区域航线以及地方航线，对航空公司给予财政支持和补贴，航空公司迅速成长。

同时民用航空运输业的竞争激发了航空工业产品的市场需求，飞机制造商们不惜代价研究新型飞机和航空设备。

1952 年开始，喷气式飞机投入商业运营，使得航空运力明显增加。

3. 成熟期

世界航空运输业的成熟期是 1958—1977 年。

1958 年，美国波音公司的喷气式客机 707 投入商业运营，其以飞行速度和各项技术性能的优越性逐步取代以往的运输机，且为开拓海外运输市场提供了运输保障。

1964 年，波音 727 型运输机投入运营，此后，大批喷气式运输机进入民用航空运输市场。

1969 年，世界上喷气式运输机占整个民用航空运输机队的 90%，这标志着民用航空运输业进入喷气式运输机时代。民航运输能力显著增强，关键技术取得突破，例如，飞行数据记录器（黑匣子）、气象雷达、避撞系统等得到普遍应用，安全性能提高。飞机的载运能力、航行距离、飞行速度、飞行舒适性也显著提高。

1970 年，美国泛美航空公司将波音 747 投入商业运营，这是一种 400 座宽体客机，巡航速度超过 10 000 千米/小时。

1973 年开始，中东国家实行石油禁运，航空燃油价格大幅上扬，运营成本提高，利润下滑，许多航空公司出现亏损。同时油价的上涨导致其他行业的生产成本提高，进而发生世界性的经济衰退，航空运力出现过剩，给民航运输市场带来巨大冲击。到 1978 年，世界各地区的定期航班运输总周转量和运营效率不断下滑，基于此，西方业界开始考虑民航运输管理体制的变革。

4. 变革期

世界航空运输业的变革期是 1978—1997 年。

随着民航运输需求的发展和运输技术的不断革新，民航管制的弊端逐渐显现，放松管制的呼声越来越高。1978年10月24日美国颁布《航空业放松管制法》,宣示了美国国内航空自由化政策的正式实施。放松管制法强调政府减少对航空业的控制,通过采取航空公司自由进入市场和扩展业务、放开票价、不再限制合并等措施引导企业依靠市场力量进行自由竞争,期望最大限度地通过竞争的压力使航空公司不断改善经营管理,提高运输服务水平,同时降低成本,简化管理程序,力求建立高效率、低价格的民航运输体系。

放松管制对美国民航业的发展产生了深远的影响。放松管制后,新航空公司接踵成立,大量航空公司涌入民航运输市场,少则每年几家,多则每年有20多家,从1978年至1986年,共出现198家新航空公司,但也带来了美国航空公司的倒闭和兼并重组浪潮,在此期间,共有160多家航空公司破产、倒闭或被兼并。在美国诸多航空公司处于凄苦境况之中时,低成本航空公司却生机盎然,蓬勃发展,成为美国乃至世界民航业发展的新趋势。低成本航空公司的兴起,源于美国西南航空公司。美国西南航空公司是在1971年6月18日,由罗林·金与赫伯·凯莱赫创建,首航从达拉斯到休斯敦和圣安东尼奥,是一个简单配餐而且没有额外服务的短程航线。公司的不少做法以前曾被很多航空公司视为"不正规",在相当长一段时间里曾经被其他航空公司所不屑,但几年内迅速扩张和发展,成为以美国国内城际间航线为主的航空公司,创造了多项美国民航业纪录,利润净增长率最高,负债经营率较低,资信等级为美国民航业中最高。西南航空公司为自己锁定的战略明智地躲避了与美国各大航空公司的正面交锋,而另辟蹊径去占领别人不屑去争取但又是潜力巨大的低价市场。公司采用明确的市场定位,即公司只开设短途的点对点的航线,时间短,班次密集。一般情况下,如果你错过了西南航空的某一趟班机,你完全可以在一个小时后乘坐西南航空的下一趟班机,这样高频率的飞行班次不仅方便了那些每天都要穿行于美国各大城市的上班族,更重要的是,在此基础上的单位成本的降低才是西南航空所要追求的。同样为了节约时间,西南航空的机票不用对号入座,乘客们可像在公共汽车上那样就近坐下。美国西南航空公司为旅客提供他们所希望的服务需求:低票价、可靠安全、高频度和便利的航班、舒适的客舱、一流的常旅客项目、顺利的候机楼登机流程以及友善的客户服务。同时航空自由化让更多美国航空公司进入国际化时代,美联航、美航和达美航空凭借强大的国内客源和枢纽航线网络成为国际航空公司。

放松管制后,民航安全逐步提升,1975—1978年每百万次飞行的平均事故为11次,1979—1989年每百万次飞行的平均事故为6次,而到了20世纪90年代,每百万次飞行的平均事故继续下降。

后来放松管制在世界各国和地区间逐步展开,加拿大政府早期对国内民航运输业实施的是管制政策,航线、航班安排和服务水平及运价等完全由政府管制,规定同一条航线不允许多家航空公司经营,从1978年开始,加拿大政府逐步放松对民航运输业的管制。

1985年,欧共体在卢森堡召开理事会议,为制定全面改善共同体制度的单一欧洲法展开谈判,次年2月17日,成员国签署了旨在成立欧盟的《单一欧洲法》,尽管《单一欧洲法》的重点是机构改革和确立欧洲经济联盟计划,但它有力地推动了欧共体成员国之间实现民航运输自由化的进程。1987年,欧洲民用航空会议首先建议采取行动放松欧洲民航运输市场管制,清除原先市场准入和竞争机制的障碍,创立真正的单一市场。根据欧盟市场一体化的要求，欧盟内所有国家的航空管理体制开始实施自由化。

1986年以后，日本政府开始对民航运输业实施部分放松管制政策，首先是同一航线根据运量规模实行两家以上企业经营，后来逐步放开运价。

1992年8月13日，美国政府运输部出台了关于"开放天空"的政府令。天空开放是对国际民航运输市场的通航点、承运人、班次、以远权、机型、运价管理、地面服务和机票销售系统等业务权，以及航空公司所有权和控制权、空中交通管制等领域不限制，以保证航空公司在国际民航市场上拥有自由经营的权利。天空开放对保障自由竞争、促进市场发展发挥了巨大作用。经历了国内自由化改革洗礼后的美国航空公司竞争力明显较强，天空开放往往更有利于美国航空公司占领国际市场，因此美国政府积极主动与其他国家签订天空开放协议。自从1992年与荷兰签署了第一个开放天空协议后，美国主导了开放天空浪潮，先后与包括欧盟在内的114个国家和地区签署了天空开放协议，将双方航空公司在两国间国际航线的经营限制降到最低程度，航线、班次、票价及时刻等由各公司的商业决策自定。

1997年，美国开始将天空开放的重点转向亚洲市场，首先选择了与其有自由航空关系的国家和地区，如新加坡、日本等。美国与日本达成取消两国在民航运输方面大部分限制的自由化协议，这成为美国进军亚洲市场的关键一步，使得美国航班能以日本作为经停点，接着飞往亚洲其他地区，从而串起大范围的亚洲市场。美国西北航空和美联航充分使用第五航权获得日本以外的其他亚洲地区的市场份额。

在此期间，亚洲航空公司受到严重的挤压，但亚太地区的民航运输发展保持较好的增长势头，亚太地区国家的定期航班运输周转量在世界份额中所占比例从1978年的13.5%增长至1997年的25.3%。

5. 重组期

世界航空运输业的重组期是1998年至今。

放松管制后，航空公司在自由市场条件下经营，由于竞争日益激烈，运输价格不断下降，传统的利润空间不再存在，单纯依靠技术改进取得的收益无法抵消价格下降的影响，航空公司的经营水平更是随着两次中东战争、"9·11"恐怖袭击、伊拉克战争等一系列事件的发生而大幅波动和震荡，显示出其脆弱性。航空公司需要寻求新的经营战略和管理模式来实现盈利。

航空公司联盟出现了，航空公司通过联盟方式整合全球性资源，信息共享，提高资源的利用率，扩大民航运输规模，实现联盟航空公司成员之间航线网络全球性互补，运价互惠，地面保障和机务维修互助。这种广泛而深入的合作，有助于降低成本，扩大利润空间，提高运输服务质量，增强国际竞争力。目前，世界上规模较大的航空公司联盟有星空联盟、寰宇一家、天合联盟。

星空联盟（Star Alliance）成立于1997年，总部位于德国法兰克福，是世界上第一家全球性航空公司联盟。星空联盟的英语名称和标志代表了最初成立时的法兰克五个成员：北欧航空（Scandinavian Airlines）、泰国国际航空（Thai Airways International）、加拿大航空（Air Canada）、汉莎航空（Lufthansa）以及美国联合航空（United Airlines）。这个前所未有的航空联盟将航线网络、贵宾候机室、值机服务、票务及其他服务融为一体。无论客户位于世界何处，都可以提高其旅游体验。星空联盟的标语是"地球联结的方式"（The way the Earth connects）。

寰宇一家（One world）是1999年2月1日正式成立的国际性航空公司联盟，由美国航空、英国航空、国泰航空、澳洲航空、原加拿大航空五家分属不同国家的大型国际航空公司发起结盟，其成员航空公司及其附属航空公司亦在航班时间、票务、代码共享（共挂班号、班号共享）、乘客转机、飞行常客计划、机场贵宾室以及降低支出等多方面进行合作。

天合联盟（SkyTeam）是航空公司所形成的国际航空服务网络。2000年6月22日由法国航空公司、达美航空公司、墨西哥国际航空公司和大韩航空公司联合成立天合联盟（曾译为空中联队），总部位于阿姆斯特丹。2004年9月与飞翼联盟（也译为航翼联盟）合并后，荷兰皇家航空公司以及美国西北航空公司亦成为其会员。天合联盟航空会员来自世界各大国家，中国成员有中国东方航空公司、中华航空公司和厦门航空公司。自2019年1月起原天合联盟航空公司中国南方航空退出天合联盟。目前，天合联盟的19家成员航空公司每天大约有14 500架次航班飞175个国家的1 150个目的地，年载客量超过6.3亿。

三大联盟图标如图1-5所示。

图1-5　三大联盟图标

上述三家航空联盟主要是在客运领域进行合作。与此同时，为了发展航空货物运输，全球性的货物联盟成立了，即WOW货物联盟与天合联盟货运。

WOW货物联盟（WOW Cargo Alliance）是全球性的货物联盟，于2000年由SAS货物小组、汉莎货运航空和新加坡航空货运建立。2002年日航货运加入WOW货物联盟。WOW联盟与天合货运联盟竞争。

天合联盟货运成立于2000年，2000年9月，已与天合联盟客运航空联盟建立合作关系的四家航空公司强强联手，共同开拓货运市场。墨西哥航空公司货运、法国航空公司货运、达美航空物流以及韩国大韩航空公司货运宣布创立天合货运联盟。2001年4月，捷克航空公司货运加入天合货运联盟。2001年8月，意大利航空公司货运加入天合货运联盟。2001年11月，法国航空公司货运、达美航空物流和韩国大韩航空公司货运共同成立美国货运销售合资公司，联合各销售团队的优势，为客户打造集中化的预订和服务中心，提供全面的航线网络以及针对美国出口货物的标准产品线等便利服务。2002年10月，天合货运联盟推出新的产品和服务计划：Equation（特快货运）、Cohesion（正点货运）、

Variation（专业货运）和 Dimension（一般货运），旨在扩展联盟在全球的业务覆盖范围并提供客户至上的产品解决方案。2003 年 8 月，重新启动 skyteamcargo.com，新增了加强型跟踪和检索、航空公司航班时刻表、动态产品栏等内容，更加便于客户使用网站的各大主要功能。2004 年 5 月，法国航空公司与荷兰皇家航空公司完成合并，凭借其骄人的运营总收入和旅客运输量成为当时全球最大的航空公司。2004 年 9 月，荷兰皇家航空公司货运加入天合货运联盟。2005 年 5 月，产品创新仍在继续。天合货运联盟推出 Variation Pharma，为运输医药产品提供理想的解决方案。2005 年 9 月，美国西北航空公司货运加入天合货运联盟。2008 年 4 月，达美航空公司收购美国西北航空公司，一举成为全球最大的商业航空公司。2010 年 11 月，中国南方航空公司货运加入天合货运联盟。2011 年 5 月，俄罗斯国际航空公司加入天合货运联盟。2012 年 10 月，中华航空公司加入天合货运联盟。2013 年 6 月，中国货运航空公司加入天合货运联盟。2013 年 11 月，阿根廷航空公司货运加入天合货运联盟。

机场出现私有化。机场属于社会公共基础设施，是一个总体上不盈利但又是国家社会经济建设中不可缺少的重要部分。在民航运输发展的过程中，机场因管理不善或因地方经济落后，机场经营出现亏损，需要政府投入大量资金以维持机场正常运营和扩大机场吞吐能力，长此以往，机场成了政府的经济负担和管理包袱，于是，一些国家开始探索机场商业化经营以及机场私有化的可能性。目前机场私有化或民营化有多种形式，如股份制、经营权转让、BOT（建设—运行—移交）方式或联合经营方式等。

知识链接 1-3 （见二维码）

2003 年 12 月，美国签署《世纪航空再授权法案》，宣布在 2025 年之前建立"新一代航空运输系统"，即建设一个能够根据全球用户需求提供服务的、允许所有团体进入全球经济、民用和军用运行能够无缝融合的航空运输系统。

2005 年 11 月，欧洲启动"欧洲天空一体化空中交通管理研究计划"，其战略目标是广泛运用先进的卫星通信导航技术，提高空中交通管理和通信能力，使欧洲空中交通管理一体化，提高欧洲民航运输整体安全水平和民航运输能力。

当前，相当规模的全球性航空工业以及航空运输业已经形成，未来的发展任重而道远。

二、中国民航运输业的发展

（一）中国航空工业的发展

中国航空工业从 20 世纪 50 年代艰难起步，从小到大、从弱到强，形成了专业门类齐全，科研、试验、生产相配套，具备研制生产当代先进航空装备能力的高科技工业体系。

1. 艰难起步

1951 年 4 月，当时的政务院下发了《关于航空工业建设的决定》，标志着新中国航空工业正式建立。第一个五年计划期间（1953—1957 年），国家投入大量资金，创办了一批航空高等院校，建设了 13 个重点骨干企业，初步建立起航空制造体系和人才培养体系，使航空工业迅速完成由修理到制造的过渡。1953 年 5 月 15 日，中苏两国政府签订了关于苏联援助中国建设 141 个重点工业项目的协议（1955 年增加到 156 个），其中航空工业建设项目 13 个。

1954 年 7 月 3 日，新中国生产的第一架飞机初教-5 在南昌首飞成功；8 月 16 日，新中国第一台航空发动机爱姆-11 在株洲试制成功，这是中国航空工业从修理走向制造的里程碑。

1956 年 5 月 28 日，中国试制的第一种喷气发动机涡喷-5 在沈阳试制成功；7 月 19 日，第一架喷气歼击机歼-5 在沈阳首飞成功。

1957 年 12 月 10 日，中国试制的第一架多用途民用飞机运-5 在南昌首飞成功。

1958 年 5 月，新中国自行设计的第一台涡喷发动机喷发-1A 在沈阳试制成功；7 月 16 日，中国自行设计制造的第一架飞机歼教-1 在沈阳首飞成功；12 月 14 日，中国试制的第一架直升机直-5 在哈尔滨首飞成功。

1959 年 4 月，中国第一种超声速歼击机歼-6 甲（仿米格-19Π）及其发动机通过国家鉴定验收，投入批量生产；9 月 27 日，中国自己装配的轰炸机轰-6 在哈尔滨首飞成功；9 月 30 日，歼-6 飞机在沈阳首飞成功。

2. 自主发展

中国航空工业的自主发展时期是 20 世纪 60—70 年代。

1960 年 11 月 17 日，中国制造的第一代大型液体火箭发动机 71 号在北京通过典型试车。

1962 年 1 月，中国自行设计制造的初级教练机初教-6 定型投产，该机为部队培养了数以万计的飞行员。

1965 年 6 月 4 日，中国自行设计的首架喷气式对地攻击机强-5 首飞成功。

1966 年 1 月 17 日，两倍声速国产歼-7 飞机在沈阳首飞成功，标志着中国具备了自行制造第二代歼击机的能力；9 月 25 日，轰-5 轻型轰炸机在哈尔滨首飞成功，中国从此拥有了生产喷气轰炸机的能力。

1968 年 12 月 14 日，中国仿制的高亚音速中型轰炸机轰-6 甲在西安首飞成功，1969 年转入成批生产。

1969 年 7 月，中国自行设计的第一架高空高速歼-8 飞机在沈阳首飞成功。

1971 年 6 月 10 日，中国第一架空中预警飞机"空警 1"号在陕西首飞成功。

1974 年 12 月 25 日，中国自制的第一架中型运输飞机运-8 在陕西首飞成功。

1976 年 4 月 3 日，中国自行设计的水轰-5 飞机在湖北首飞成功。

1978 年，中国航空工业提出科研先行的方针和飞机发展"更新一代、研制一代、预研一代"的目标。

3. 全面改革

中国航空工业的全面改革是在 20 世纪 80—90 年代。党的十一届三中全会之后，中国航空工业逐步调整工作重点，在全面推进各项改革的同时，进行了大规模的"军转民、内转外"的战略转变，开创出了一个改革开放、保军转民、实行战略转移的新时代。

1980年9月26日，中国自行设计制造的大型喷气客机运-10在上海首飞成功，12月15日新型高空无人驾驶侦察机无侦-5研制成功。

1984年6月12日，多用途高空高速全天候的歼-8Ⅱ飞机在沈阳首飞成功。

1985年3月31日，上海航空工业公司和美国麦道公司在上海签署合作生产25架MD-82飞机的合同。1989年3月，双方再签署组装10架MD-82/83的合作生产协议。

1985年12月11日，直-8在景德镇首飞成功，使我国跻身于世界上少数能生产大型直升机的国家行列。

1988年10月30日，中国第一代武装直升机直-9W在景德镇首飞成功；12月14日，中国第一代超声速歼击轰炸机"飞豹"在西安首飞成功。

1990年6月24日，歼-8飞机主动控制技术（ACT）验证机数字式纵轴电传操纵系统闭环首飞成功，标志着中国有了自己先进的飞行控制系统；11月21日，中国和巴基斯坦联合投资研制的K8基础教练机首飞成功。

1994年12月20日，中国第一部全波形多功能火控雷达——"神鹰"PD机载雷达首次装机试飞成功。

1997年8月，中国研制的第一架共轴式单人直升机"蜜蜂16"在北京首飞成功。

1998年9月26日，中国自行开发的第一代实用地效飞行器DXF100在湖北首飞成功，1999年6月12日，在浙江投入运营。

4. 跨越世纪

中国航空工业的跨越世纪阶段是1999—2008年。

1999年，中国航空工业总公司一分为二，分别组建了中国航空工业第一集团公司和中国航空工业第二集团公司。此后十年间，中国航空工业掌握了第三代战斗机和发动机、涡扇支线客机、先进直升机的研发技术，使我国跻身于能够研制先进歼击机、直升机等航空装备的少数国家之列。

2000年3月2日，新舟60支线飞机在陕西首飞成功，12月21日中国自行研制、具有完整自主知识产权的直-11军民两用轻型直升机通过国家设计定型审查。这是我国直升机工业从引进专利生产、测绘仿制、改进改型走向自行研制的里程碑。

2002年5月20日，中国自行研制的第一台具有完全自主知识产权、技术先进的航空发动机"昆仑"涡喷发动机通过国家定型鉴定，中国成为继美国、俄罗斯、英国、法国之后世界上第五个能够独立研制航空发动机的国家。

2003年4月，中国自主开发研制的第一款新型专用武装直升机首飞成功。

2006年3月13日，中国自主研制的"猎鹰"新一代高级教练机首飞成功。

2007年12月21日，中国首架自主知识产权的新支线喷气客机ARJ21-700总装下线。

2008年10月9日，中国新一代涡桨支线客机——"新舟"600首飞成功。中国商用飞机有限责任公司于2008年5月11日揭牌成立，国家大型客机研制项目正式启动。

5. 重组之变

2008年11月6日，原中国航空工业第一集团公司和第二集团公司重组成立了新的中国航空工业集团公司。在整合之初，中国航空工业集团公司明确提出了"两融、三新、五化、万亿"长期发展战略，中国航空工业发展进入了崭新的阶段。

2010年3月18日中国首架大型民用直升机AC313首飞成功。

航空工业大力发展民用飞机，自主研制AG600大型水陆两栖飞机，系列发展新舟60、新舟600、新舟700等新舟系列支线飞机，AC311、AC312、AC313、AC322、AC352等AC系列民用直升机，大力发展AG50、AG100教练机、AG300等AG系列，运-12系列、小鹰500、海鸥300、SF50轻型公务机、西锐系列通用飞机，全力支持C919大型客机、ARJ21新支线飞机的发展。今天，中国航空工业致力于为交通运输提供先进民用航空装备。

（二）中国民航运输业的发展历程

中国民航运输业发展至今主要经历了以下四个阶段。

1. 创建期

中国航空运输业的创建期是1949—1978年。

1949年11月2日，中共中央政治局会议决定设立民用航空局，受空军指导。11月9日，中国航空公司、中央航空公司总经理刘敬宜、陈卓林率两公司员工在香港光荣起义，并率领12架飞机回到北京、天津，为新中国民航建设提供了一定的物质和技术力量。

1950年，新中国民用航空初创时，仅有30多架小型飞机，年旅客运输量仅1万人，运输总周转量仅157万吨千米。

1958年2月27日，中国民用航空局划归交通部领导。1958年3月19日，将中国民用航空局改为交通部的部属局。

1960年11月17日，中国民用航空局改称"交通部民用航空总局"，为部属一级，是管理全国民用航空事业的综合性总局，负责经营管理运输航空和专业航空，直接领导地区民用航空管理局的工作。

1962年4月13日，中国民用航空局改名为中国民用航空总局。1962年4月15日，中央决定将民用航空总局由交通部属改为国务院直属局，其业务工作、党政工作、干部人事工作等均归空军负责管理。

这一时期，民航由于领导体制几经改变，民航运输发展受政治、经济影响较大，1978年，航空旅客运输量仅为231万人，运输总周转量3亿吨公里。

案例 1-3

两 航 起 义

"两航"系原中国航空股份有限公司（简称"中航"）与中央航空运输股份有限公司

（简称"央航"）的简称。

中航 1930 年 8 月 1 日正式成立，由国民政府交通部与美商中国飞运公司订约合营，总资本为国币 1 000 万元，中方股份占 55%，美方占 45%。1933 年 4 月，飞运公司将股权转让给美国泛美航空公司。1945 年 7 月中、美双方合约期满，12 月续签新约 5 年，中方股份增至 80%，美方减为 20%。公司最高权力机构为董事会。从 1947 年 5 月起，刘敬宜任第 11 任总经理。中航在其成立、存在的 20 年间，在技术设施和业务经营方面都领先于其他航空公司。

央航前身为欧亚航空股份有限公司，1931 年 2 月正式成立，由国民政府交通部与德国汉莎航空股份有限公司合办，总资本为国币 300 万元，分 3 000 股，中方认购 2 000 股，德方 1 000 股。1933 年 8 月资本增加到 510 万元，中方持 3 400 股，德方持 1 700 股。第二次世界大战爆发后，1941 年 7 月，中德两国中断外交关系，同年 8 月，国民政府交通部接管了"欧亚"的德方股份，并改为国营。1943 年 2 月，国民政府交通部与航空委员会合作改组"欧亚"为中央航空公司。同年 3 月，中央航空公司正式成立，陈卓林为总经理。

1949 年 11 月 9 日，中航和央航的 2 000 多名员工在香港宣布起义，随后在两家公司总经理刘敬宜和陈卓林的率领下，乘坐潘国定机长驾驶的 CV-240 型飞机由香港直飞北京，其余 11 架飞机（3 架 C-16 型，8 架 C-47 型）由陈达礼机长带队从香港直飞天津，为新中国民用航空事业发展提供了宝贵的物质条件和技术基础。两航起义归来的大批技术业务人员，成为新中国民航事业建设中一支主要技术业务骨干力量。

资料来源：两航起义（爱国主义革命斗争）[EB/OL]．[2019.5.31]．https://baike.baidu.com/item/%E4%B8%A4%E8%88%AA%E8%B5%B7%E4%B9%89/4537555?fr=aladdin．经整理

2．发展期

中国航空运输业的发展期是 1978—1987 年。

1978 年 10 月 9 日，邓小平同志指示民航要用经济观点管理。

1980 年 2 月 14 日，邓小平同志提出民航一定要企业化。同年 3 月 5 日，民用航空脱离军队建制，实行企业化管理。其间中国民航局政企合一，既是主管民航事务的政府部门，又是直接经营民航运输、通用航空业务的全国性企业，下设北京、上海、广州、成都、兰州（后迁至西安）、沈阳六个地区管理局。全民航共有运输飞机 140 架、机场 79 个。1980 年，我国民航全年旅客运输量仅 343 万人，全年运输总周转量 4.29 亿吨千米，居新加坡、印度、菲律宾、印尼等国之后，列世界民航第 35 位。

1984 年，国家做出关于改革经济体制的决定，民航运输正孕育着一场新的变革。

3．改革期

中国航空运输业的改革期是 1987—2002 年。

1987 年，中国政府决定对民航业进行以航空公司与机场分设为特征的体制改革。主要内容是将北京、上海、广州、西安、成都、沈阳六个地区管理局的民航运输和通用航空相关业务、资产和人员分离出来，组建了六个国家骨干航空公司，实行自主经营、自负盈亏、平等竞争。六个国家骨干航空公司分别是中国国际航空公司、中国东方航空公司、中

国南方航空公司、中国西南航空公司、中国西北航空公司、中国北方航空公司。

1989年7月成立以经营通用航空业务为主并兼营民航运输业务的中国通用航空公司。

在组建骨干航空公司的同时，组建了民航华北、华东、中南、西南、西北和东北六个地区管理局。

民航运输服务保障系统也按专业化分工的要求相应进行了改革。1990年，组建了专门从事航空油料供应保障业务的中国航空油料总公司，该公司通过设在各机场的分支机构为航空公司提供油料供应。属于这类性质的单位还有从事航空器材（飞机、发动机等）进出口业务的中国航空器材公司，从事全国计算机订票销售系统管理与开发的计算机信息中心，为各航空公司提供民航运输国际结算服务的航空结算中心，以及飞机维修公司、航空食品公司等。

二十多年中，我国民航运输总周转量、旅客运输量和货物运输量年均增长分别达18%、16%和16%，高出世界平均水平两倍多。2002年，民航行业完成运输总周转量165亿吨千米、旅客运输量8 594万人、货邮运输量202万吨，国际排位进一步上升，成为令人瞩目的民航大国。

4．重组期

中国航空运输业的重组期是2002年至今。2002年3月，中国政府决定对中国民用航空业进行重组，主要内容有以下几方面。

（1）航空公司与服务保障企业的联合重组。民航总局直属航空公司及服务保障企业合并后于2002年10月11日正式挂牌成立，组成六大集团公司，分别是中国航空集团公司、东方航空集团公司、南方航空集团公司、中国民航信息集团公司、中国航空油料集团公司、中国航空器材进出口集团公司。成立后的集团公司与民航总局脱钩，交由中央管理。

（2）民航政府监管机构改革。民航总局下设七个地区管理局，即华北地区管理局、东北地区管理局、华东地区管理局、中南地区管理局、西南地区管理局、西北地区管理局、新疆管理局，对民航事务实施监管。

（3）机场实行属地管理。按照政企分开、属地管理的原则，民航总局对90个机场进行了属地化管理改革：民航总局直接管理的机场下放所在省（区、市）管理，相关资产、负债和人员一并划转；民航总局与地方政府联合管理的民用机场和军民合用机场，属民航总局管理的资产、负债及相关人员一并划转所在省（区、市）管理；首都机场、西藏自治区区内的民用机场继续由民航总局管理。2004年7月8日，随着甘肃机场移交地方，机场属地化管理改革全面完成，也标志着民航体制改革全面完成。

近年来，国家大力投资民用航空建设。2020年，民航机场将超过240个，预计到2030年，中国将实现超过95%的县级以上城市100千米区域范围内的大众得到民航运输服务。

随着我国经济发展及居民收入水平和消费水平的升级，未来航空需求将保持高速增长。一是我国巨大的休闲旅客航空需求；二是中国经济的发展使商务旅客需求也会保持平稳增长；三是航空货运的发展潜力巨大，长期看，我国民航运输需求快速增长的动力十足，民航运输业发展趋势良好，中国将从民航大国发展成为民航强国。

任务3 认知民航运输管理

一、民航运输管理的概念与特点

民航运输管理是指按照航空运输规范,对民航运输生产过程及其相关信息进行的计划、组织、协调与控制。

因民航运输产品具有公共服务性、无形性等特征,民航运输管理的特点如下。

(1)注重过程管理,高度关注和严格控制民航运输的生产过程。

(2)强调动态管理,因为民航运输的生产能力是相对固定的,但民航运输需求是波动的,民航运输计划须随着运输市场的变化而动态调整。

(3)重视技术管理,技术的革新与变化有利于提高民航运输的效率、稳定性和安全性。

(4)质量管理是民航运输的生命线。

(5)安全管理尤其重要。

二、民航运输管理的外部环境

民航运输管理的外部环境包括政治环境、社会与文化环境、经济环境、技术环境、自然环境等。

(一)政治环境

政治环境主要包括发展民航运输业的国家政治、安全形势、行业政策、准入准出限制、管理机构、旅游业政策、优惠政策等,在某些国家和地区甚至需要了解碳排放限制、噪声限制和夜间宵禁等法规。

民航运输是具有高度政治敏感性的行业。例如,1978年美国政府的"航空公司放松管制政策"对美国民航产生了深远的影响;2001年12月11日我国政府加入WTO以后,"天空开放"政策使我国民航运输市场产生了历史性变化;2001年"9·11"事件促进全球民航安全管理体系的建设,又如,世界金融危机、国际贸易保护主义抬头对国际航空市场产生了深远的影响;国内突飞猛进的高铁对民航运输市场产生了冲击;欧盟征收航空碳排放税政策等对民航运输产生了影响。

(二)社会与文化环境

社会与文化环境主要包括地区人口规模、分布与结构、受教育水平、种族结构、宗教、消费观念与习惯、旅游偏好等,主要反映目标客户对产品的需求及对相关产品的接纳认可度。此外，还包括民航运输过程中需发生的合作伙伴关系，如代理人、航空公司联盟成员、机场甚至军方及客户关系等。

（三）经济环境

经济因素主要包括国家经济基础和发展规划、GDP、进出口贸易、区域经济及产业结构、居民可支配收入、国际汇率、市场价格及结算方式等。经济因素能够反映目标市场规模和发展潜力及居民实际消费能力。从产业结构来看，有利于民航运输发展的主要产业包括旅游业、高科技产业、科教文化事业、金融、商贸服务等行业。同行业竞争因素和可替代性产品竞争因素也会对航空运输产生影响。

（四）技术环境

技术环境主要包括各种硬技术和软技术。硬技术有与民航运输有关的各种新技术、新设备；软技术有民航运输信息系统、信息规范、通信标准及其他技术支持等。

（五）自然环境

自然环境主要包括地理环境和气象环境。就民航运输而言，地理环境因素对民航运输的影响相对较小，民航运输可以跨越地理障碍，这是地面运输所无法比拟的。气象环境因素已经成为现代民航运输发展中不可忽视的重要因素之一，自然气象条件不仅会对航班正点和航班运输飞行产生影响，而且国际关注的关于航空碳排放对大气臭氧层的影响问题，已经上升到国家发展战略和国际战略高度，直接影响民航运输的发展。

三、民航运输管理的目标

民航运输管理的目标可以从不同的角度加以阐述。

（1）从国民经济的角度看，合理组织民航运输，有助于提高民航运输的效率，降低民航运输的成本，抑制航空运价，发挥民航运输在国民经济中的重要作用。

（2）从民航运输企业的角度看，实现以最小的生产成本达到顾客满意的服务水平，通过民航运输合理化、效率化程度的提高，降低民航运输费用，提高企业利润。

（3）从民航运输技术的角度看，重点体现在发展民航运输技术，改善民航运输环境，改进民航运输作业，提高民航运输的稳定性、安全性。

（4）从客户或消费者的角度来看，其目标是确保民航运输的准时性、安全性、舒适性、低成本与便利性。

四、民航运输管理的主要内容

根据民航运输管理的目标，围绕民航运输生产过程，民航运输管理主要包括如下内容。

1）民航运输系统

航空运输系统的构成包括民用航空运输企业、民用机场、空中交通服务系统以及民航运输保障企业等。民航运输企业利用航空器为广大旅客和货主提供空中运输服务；民用机场为航空器的起飞、降落、滑行、停放以及其他活动提供设施设备与场所，为旅客及货物的民航运输提供地面保障服务；空中交通服务系统通过导航与情报服务等确保航空器的安全、有序飞行；民航运输保障企业提供民航运输所需的航空油料、航空材料以及民航信息服务等。

2）民航运输管理系统

民航运输管理系统主要包括国际民航运输管理机构、国内民航运输管理组织以及空中交通管理系统。国际民航运输管理机构主要有国际民航组织、国际航空运输协会、国际机场理事会、国际航空电信协会及国际货运代理协会联合会等；国内民航运输管理组织主要包括中国民用航空局、中国航空运输协会及中国民用机场协会等；空中交通管理系统主要涉及空中交通管理机构、现行行业管理体制及空中交通规则等。

3）民航运输计划管理

计划管理是民航运输管理的首要内容。民航运输生产计划主要包括航班计划、机队配置与维修计划、客货销售计划、飞机排班计划、机组排班计划和航班飞行计划等。其中，航班计划是民航运输生产的重要计划，它规定了民航运输生产的总任务；机队配置与维修计划的制订是民航运输企业运力的基本保障；客货销售计划的制订有利于充分利用民航运输企业的运力，提高飞机的载客率与载货率；飞机排班计划、机组排班计划以及航班飞行计划是在航班计划的基础上编制的，确保航班计划的正常实施。

4）民航运输生产组织管理

民航运输生产组织过程是民航运输生产计划的具体实施过程。航班运行包括空中运输飞行服务和地面保障服务，其组织与调度是一个复杂的系统工程，需要多个部门分工协作共同完成。民航运输生产的主要任务是客货运输，其组织管理工作包括客源组织与货源组织、旅客运输与货物运输生产服务过程组织，以及旅客运输与货物运输常见问题的处理，等等。在航空运输过程中，常因天气原因等导致航班运行不正常，即不正常航班。不正常航班生产组织与管理是民航运输生产组织管理的重要内容，当发生不正常航班时，需要分析不正常航班产生的原因，尽可能减少航班不正常给民航运输生产带来的不利影响，因为其组织管理的成效直接关系到民用航空运输企业（航空公司）的信誉，影响客户的满意度。

5）民航运输质量管理

民航运输质量管理是对民航运输质量保障和质量持续改进的组织性过程管理。质量管理的首要任务是根据客户需求明确民航运输服务规范与要求，即建立质量标准，各项服务工作按照相应的服务标准有条不紊地进行。同时在提供运输服务的过程中，及时发现问题，并采取相应的措施解决问题，恰当运用各种质量分析与控制工具有效地进行质量监控与管理，提高客户满意度。

6）民航运输安全管理

民航运输安全管理是在航空运输的全过程进行持续的危险识别和风险管理，避免事故的发生，将安全风险降低至最低水平或可以接受的范围之内。安全管理的首要任务是识别影响航空运输安全的相关因素以及可能会出现的危险；然后采取有力的措施避免危险事件的发生，维持一定的安全水平，达到安全管理的目标；一旦出现危及安全的突发事件时，根据突发事件的性质采取相应的应急处理程序，将损失降低到最小。

7）国际民航运输管理

国际民航运输管理是根据国际航空运输法律规范对各国之间的航空运输相关事宜进行有效协商和管理，避免各国之间在航空运输方面的摩擦并促进其合作，使国际航空运输业务建立在机会均等的基础上，实现互利双赢或多赢，从而促进国际民航运输安全、健康、经济、有秩序地发展。

项目拓展

中国民航发展的关键问题

全球经济风云莫测，中国经济增速放缓，结构调整，改革攻坚，进入"新常态"时期。新常态下"一带一路""自贸区""城镇化及经济带""互联网+""中国制造 2025""双创"等国家改革开放发展战略对于民航发展带来大机遇的同时，也提出了新挑战。

分析市场，展望未来，中国民航发展应该关注以下关键问题。

1. 中国宏观经济与民航产业发展

2015 年中国经济增速下降到 7%左右，更有国外激进机构预测中国经济增速低于 5%，面临"人口红利"逐步消失、"中等收入陷阱"的发展阶段。中国经济增速放缓，经济结构调整，改革开放进入攻坚阶段，中国经济进入"新常态"。所谓"新常态"，就是经济发展速度从高速增长转为中高速增长，经济结构不断优化升级，发展动力从要素驱动、投资驱动转向创新驱动。

"新常态"给中国带来新的发展机遇和新挑战。新常态下经济增速虽然放缓，实际增量依然可观，中国经济增量依然占到全球增量的三分之一，中国经济在全球范围依然举足轻重，中国民航业也不例外。中国民航市场的需求量和中国航空产业的需要量在全球范围内举足轻重，中国民航业的国际化发展对于全球民航业意义重大。新常态下经济增长更趋平稳，增长动力更为多元，行业竞争力和效率要素以及创新要素尤显重要。中国民航业需要挖掘市场开放潜力和优质服务能量。新常态经济结构优化升级，发展前景更加稳定。中国民航业需要在交通运输结构和综合交通体系中充当对外开放的排头兵。新常态政府大力简政放权，市场活力进一步释放。中国民航业应该在航空市场自由化和行业监管负面清单基础上提高行政管理和执法的效率和水平。

中国宏观经济发展中，国企改革和金融改革都进入关键的攻坚阶段。2015 年 8 月 24 日中共中央、国务院发布《关于深化国有企业改革的指导意见》，提出按照"四个全面"战略布局的要求，以经济建设为中心，坚持问题导向，继续推进国有企业改革，切实破除体制机制障碍，坚定不移做强做优做大国有企业。国企改革顶层设计方案出炉，首次鼓励国有企业整体上市，从"管企业"到"管资本"，多年来围绕国资委"管人、管事、管资

"产"的争议终于有了新结论。国企产权将由政府控制的单一主体变为多元主体,有助于国企形成股东会、董事会和管理层相互制衡的现代企业公司治理结构。资本市场可以发挥国资布局和调整的作用,将资源进一步向优质的上市国企集中,将国资布局到有盈利前景、有利于经济转型的高端设备制造和现代服务业中去。鼓励国有企业整体上市,鼓励股权多元化、国企重组整合,让资本市场浮想联翩。中国航空企业和中国的机场集团都面临国企改革的全面影响,从混合制股权多元化治理,到 PPP 投资模式,从国有企业的资产管理新模式,到民航产业兼并收购,以及行业管理的市场化转型都会对未来中国民航业发展和国际竞争力产生深远影响。

金融改革一定伴随人民币的国际化进程,不出意外,2015 年 11 月底人民币会被 IMF 纳入 SDR,人民币国际化过程中融资风险监管以及汇率波动会对中国的金融市场和实体经济带来深远影响。据中国人民银行披露,截至 2015 年 8 月底,中国广义货币发行量高达约 1 356 908 亿元,而同期中国外汇储备高达约 35 574 亿美元,均居全球第一。据中国商务部披露,2014 年累计实现非金融类对外直接投资 1 028.9 亿美元,同比增长 14.1%。中国外管局公布的数据,2014 年中国海外游支出由 2013 年的 1 290 亿美元上升至 1 650 亿美元。据贝恩咨询公司介绍,中国购物者占全球个人奢侈品购买量的 29%。金融改革将使中国人民币的国际影响力越来越大。例如,加快金融体制改革,提高金融服务实体经济效率;健全商业性金融,开发性金融,政策性金融,合作性金融分工合理、相互补充的金融机构体系;构建多层次、广覆盖、有差异的银行机构体系,扩大民间资本进入银行业,发展普惠金融;积极培育公开透明、健康发展的资本市场;开发符合创新需求的金融服务,推进高收益债券及股债相结合的融资方式;推进汇率和利率市场化,提高金融机构管理水平和服务质量,降低企业融资成本;规范发展互联网金融;加快建立巨灾保险制度,探索建立保险资产交易机制。

中国民航在新常态下发展速度会不会放缓?国企改革对现有的中国民航企业竞争格局有什么影响?金融改革资金供给与流通对资本密集型的民航业有什么影响?

2. 国家战略与中国民航发展

未来十年,中国必将超越美国成为全球第一经济大国。古希腊的哲学家修昔底德曾预言,当一个崛起的大国与既有的统治霸主竞争时,双方面临的危险多数以战争告终。中国崛起如何应对或避免"修昔底德陷阱",是当前全球政治经济博弈的重点。2015 年国际态势绝对丰富多彩,各种力量此起彼伏不亦乐乎。国际货币组织(IMF)年中对于人民币特别提款权进程语焉模糊,"亚投行"横空出世,西方世界反响强烈,积极响应。中美两国战略合作关系已经确立。中国作为全球贸易大国,谁想封杀中国都不可能,同时也预示中国国际化贸易面临的巨大挑战。中国政府积极参与全球经济治理,积极参与网络、深海、极地、天空等新领域国际规则制定。十八大以来,中国制定了一系列的国家战略,积极应对国际政治经济形势变化。

"一带一路"是"丝绸之路经济带"和"21 世纪海上丝绸之路"的简称,贯穿欧亚大陆,东边连接亚太经济圈,西边进入欧洲经济圈。"一带一路"在国内外引起了强烈的反响,正在从中国倡议的愿景转变成为"共商、共建、共享"的积极行动,它必将对世界政治经济格局和秩序产生重大而深远的影响。"一带一路"开放策略实现"政策沟通、设施联通、贸易畅通、资金融通、民心相通"五通模式,促进欧亚利益共同体的共同繁荣,立体模式的航空大通道和现代航空大都市经济圈发展不仅重要而且不可或缺。发展航空经济辐射圈带动区域经济的国际化接轨是"一带一路"倡议实施落地的必然选择,高附加值贸易流通的航空运输成为国际开放的竞争力基础。发展中国的航空经济辐射圈需要在政治和经济稳定条件下,建立先进的互联互通的信息通道和一流的基础设施,培育广泛的贸易网络和通道,同时需要开放透明的政治金融商业环境、健康的食品和空气环境,要使得中国主要城市成为世界一流的旅游和商务必不可少的目的地。航空经济的产业聚集能力和航空运输高效快捷的优势,能够打造中国"一带一路"节点城市的国际竞争力。

经济自由贸易区是中国对外开放的新举措。2013年8月,国务院正式批准设立中国(上海)自由贸易试验区。上海自贸区肩负中国经济新一轮改革开放的重大使命,有利于推动机场的客货吞吐量提升,促进上海机场国际航空枢纽建设。2014年到2015年10月,可以看到上海浦东机场的客货两旺,增长迅猛,尤其是国际业务量。2015年3月中国第二批自贸区公布。广东自贸试验区将以深化粤港澳合作为重点,进一步推动粤港澳服务贸易自由化,同时加快经贸规则与国际对接。中国(天津)自由贸易试验区作为第二批自贸区中面积最大、北方首个自贸区,战略定位将挂钩京津冀协同发展,重点发展融资租赁业、高端制造业和现代服务业。福建自由贸易试验区作为大陆与台湾距离最近的省份,重点突出对接台湾自由经济区以及建设海上丝绸之路。

全球范围内中国合作自贸区包括中国—东盟自贸区,是我国对外商谈的第一个也是最大的自贸区,于2010年全面建成,有力地促进了双边经贸关系,展现了发展中国家互利互惠、合作共赢的良好模式。目前,双方的经济总量已接近13万亿美元,占亚洲近60%。双方贸易投资合作日益密切,已形成你中有我、我中有你、相互依存的发展格局。2015年1—10月中国东盟双边贸易总额达3 792亿美元,双方累计相互投资已超过1 500亿美元。目前,中国是东盟最大的贸易伙伴,东盟是中国第三大贸易伙伴。2015年2月25日,中韩双方完成中韩自贸协定全部文本的草签,对协定内容进行了确认。至此,中韩自贸区谈判全部完成。中韩自贸区谈判于2012年5月启动。2014年11月,中韩两国元首在北京共同宣布结束实质性谈判。中韩自贸协定是我国迄今为止涉及国别贸易额最大、领域范围最为全面的自贸协定。当前中日韩自贸区谈判进程在加速进行。中日韩自由贸易区是一个由人口超过15亿的大市场构成的三国自由贸易区。自由贸易区内关税和其他贸易限制将被取消,商品等物资流动更加顺畅,区内厂商往往可以降低生产成本,获得更大的市场和收益,消费者则可以获得价格更低的商品,中日韩三国的整体经济福利都会有所增加。中澳两国政府2015年6月正式签署中澳自贸协定,协定将在两国立法机构批准后正式生效。

在中国国际合作自贸区中,中国民航的国际化程度必须与之相适应,中国民航的国际航线规划布局和国际航空业务量发展必须把握机遇,承担责任,同时中国的国际航空枢纽更应该承担起基本的义务和责任。

城镇化和经济带是中国政府现代化经济升级(农业社会向现代工业社会升级)的重大

区域发展战略。交通运输作为经济社会发展的基础和纽带，对城市群的形成和发展有重要的支撑和引导作用。随着航空运输在综合交通体系中的地位日益突出，城镇化发展将激发对航空运输的巨大需求。作为航空运输网络节点的机场对拓展城市群之间的交通发挥重要作用，是城市群连通航空网络覆盖国内、拓展国际、融入全球化体系的关键通道，以机场为核心的临空经济区更成为我国众多城市群经济发展的新增长极。

同样，互联网+，"大众创业万众创新"也会给民航业带来新的生机。

3. 民航发展策略与重点方向

"十三五"是中国改革开放的攻坚战，对于中国民航业也不例外。世界多极化、经济全球化、文化多样化、社会信息化深入发展，世界经济在深度调整中曲折复苏，新一轮科技革命和产业变革蓄势待发，全球治理体系深刻变革，发展中国家群体力量继续增强，国际力量对比逐步趋向平衡。同时，国际金融危机深层次影响在相当长时期依然存在，全球经济贸易增长乏力，保护主义抬头，地缘政治关系复杂变化，传统安全威胁和非传统安全威胁交织，外部环境不稳定，不确定因素增多。我国发展仍处于可以大有作为的重要战略机遇期，也面临诸多矛盾叠加、风险隐患增多的严峻挑战。必须准确把握战略机遇期内涵的深刻变化，更加有效地应对各种风险和挑战，继续集中力量把自己的事情办好，不断开拓发展新境界。实现"十三五"时期发展目标，破解发展难题，培育发展优势，必须牢固树立创新、协调、绿色、开放、共享的发展理念。坚持创新发展、协调发展、绿色发展、开放发展、共享发展，是关系我国发展全局的一场深刻变革。

中国民航经过几十年的发展取得了辉煌成绩，中国已经成为全球仅次于美国的第二大航空市场。但是民航业务量发展基本平稳，综合交通中占比上升不大；相对于高铁高速稳健发展而后劲十足，民航在交通结构调整中贡献不大，还没有起到应有的作用，发挥应有的价值。民航需要大力发展业务规模服务经济。在中国低成本航空发展潜力巨大，阻力、压力同样大。民航货运发展依然压力很大，航空货运枢纽布局会初步成型。民航需要在全球开放布局中为高价值贸易做出贡献。机场建设需要提速，投资和业务成长是瓶颈。机队规模（包括通航机队）快速增长；飞行员数量高速增长，需要专业做大、科学做强。民航服务质量改善和运营效率提升尚需不断努力，同时行业经营竞争力和服务竞争力需要不懈努力。民航安全需要继续保持水平。当前航空业务规模发展低于预期，结构发展不平衡，开放不够，活力不足。民航投资相对较小，基础建设相对滞后，连续20年中国机场建设落后规划目标，关注不足，魄力不够。航空服务水平改善不大，发展质量面临瓶颈，对于管理精细化、监管信息化提出更高、更大的要求和挑战。当前，中国的年度人均乘机次数只有0.3，低于全球平均的0.5，更低于欧洲的1.5和美国的2.4。中国民航国际业务周转量只能排名全球第五、第六，总量只与韩国和中国香港相当，这与人口大国、贸易大国的地位极不适应。中国民航航班延误大约要占到整体航班量的三分之一，治理航班延误任重道远，使得航空旅行快捷经济的优势和价值大打折扣。

民航"十三五"规划需要全面协调新常态下民航业务量发展速度问题、国际市场的竞争力和国家贡献问题、经营效率和服务的全球竞争力问题，以及庞大业务量下安全生产和行业立体监管问题。

4. 中国航空企业金融与资本市场创新

航空产业链复杂程度高、资金需求量大,航空运输企业的成长对于资本市场的依赖和金融创新要求就格外重要。

机场的建设要在航空网络中发挥效应,在基础建设初期和业务发展阶段,建设投资和经营绩效都面临很大的挑战。中国中小机场亏损面大,建设资金短缺,业务增长缓慢,经营压力大。未来中国机场建设的金融问题依然是不容回避的首要问题。2014年年底,中国拥有的民用通航机场202个,而与中国陆地面积大体相当的美国拥有民用通航机场接近600个,中国的人口是美国的四倍以上。未来20年,中国将超越美国成为全球最大的航空市场,航空交通运输的需求潜力对于航空机场网络是一个很大的挑战。机场属地化作为一个政策尝试并没有彻底解决中国机场投资建设问题。伴随国家金融改革和国家资产管理投资改革的进一步深化,对于中国民航机场基础建设带来很好的尝试机会和想象空间。关注区域一体化机场群整体规划和协调发展,发挥区域航空网络效应,中国大中型机场的规模、效率、服务方面能否形成专业化分工的经济枢纽以及国际化全球最佳航空枢纽?引进非国有资本的小型机场投资模式,能否试水成功?小型机场的业务量盈亏点如何可持续实现?

航空公司核心运营资产是资金密集的飞机,航空公司的发展严格受机队规模的制约,飞机资产的资金密集也使得航空公司是全球进入门槛较高且资产负债率较高的行业。金融资产创新模式带给航空业发展新机会和新机遇,金融租赁和经营租赁模式让航空公司可以凭借财务杠杆拥有庞大的机队而快速发展。当前,全球航空公司运营的商业机队中,租赁飞机的数量已经占到三分之一;当前,每年新飞机订单和新交付飞机大约一半以上的飞机产权隶属于飞机金融租赁公司。现在,全球拥有最大商业机队的不是航空公司,而是飞机租赁公司。中东的阿联酋航空拥有全球最大的空客和波音宽体机的运营机队和订单,阿联酋航空当前运营的231架飞机中经营租赁134架,占到58%,金融租赁/贷款81架,占到35%,真正自己拥有的飞机16架,整体占比不足7%。这样的资本安排和生产资料安排借助外部资本杠杆的力量成就了其豪华机队的高速成长之梦,阿联酋航空自创建第三年开始连续盈利,2014年阿联酋航空净利润在全球航空公司排名第三。中国是未来亚太增长最快的航空市场之一,中国的飞机租赁公司也在不断发展壮大,中国航空市场的改革开放和中国飞机租赁市场的发育,一定应该助推中国航空公司的资产结构变化,在中国"大众创业,万众创新"的国家战略之下,中国出现以租赁飞机为主的"虚拟运营航空公司"也未尝不可。

春秋航空和吉祥航空陆续上市,股价增长4~5倍,市值接近500亿元。凭借资本市场的力量,春秋航空和吉祥航空机队规模得以高速扩张,支撑其业绩持续发展。同样对于所有的航空企业和机场,资本助力一定可以带来不一样的辉煌。

5. 全球航空业务发展与中国民航业国际化

在全球亚太、欧洲和北美三大航空市场中,中国作为全球第一大贸易国、全球第二大经济体和全球第二大航空国,中国民航的地位特殊。不容回避,中国民航的国际化能力和水平尚处于较低水平的阶段,无论是中国航空公司的国际业务发展,还是中国国际航空枢纽的国际吞吐量贡献。在中国坚持改革开放的国家大战略下，中国民航业的国际化应该成为支撑国家全球化战略发展的发动机和火车头，以及门户开放的桥梁和窗口，更应该承担起必要责任和担当。

"十三五"期间，中国民航应该立足亚太打造全球国际航空枢纽，需要在国际旅客吞吐量和国际货邮吞吐量方面超越周边取得竞争优势，北上广三大国际枢纽都需要持续不懈的创新和努力。中国的国际枢纽需要在天空开放政策下航空连接度上协调规划发展，适应中国经济的全球布局发展，同时也需要在枢纽服务效率方面向全球最佳服务机场的标杆——新加坡樟宜机场、韩国仁川机场和中国香港机场学习和超越，我们可喜地看到，上海浦东机场的国际业务量在自贸区政策下高速发展和成长。围绕"一带一路"和中国新城镇化建设，中国民航业还要建立一批专业化分工的区域型国际航空枢纽以及国际货运枢纽，我们看到了中原河南郑州机场不懈的努力和优异的表现。

中国民航2015/2016年冬春航季（2015年10月25日至2016年3月26日）航班计划，国内航空公司每周共安排内地航班54 956班、港澳台航班4 015班、国际航班8 810班，国际航班同比增长迅猛。

在内地航线航班方面，国内39家航空公司共安排航班每周54 956班，与2014/2015年冬春航季相比增长6.2%。在港澳台航线航班方面，内地48个航点与香港间每周安排2 121班，与2014/2015年冬春航季相比仅增长0.1%。内地22个航点与澳门间每周安排496个客运航班。两岸航空公司已安排大陆51个航点与台湾桃园等7个航点间的定期客运航班每周共1 398班，大陆10个航点与台湾桃园间的定期货运航班每周共138班。

在国际航线航班方面，共有21家国内航空公司安排国际航班每周8 810班，其中客运8 046班，与2014/2015年冬春航季相比增长高达47%，货运764班，与2014/2015年冬春航季相比增长10%；通航国家56个，通航城市138个，其中，新增亚的斯亚贝巴、约翰内斯堡、哈瓦那、素叻他尼4个国外通航点。此外，共有58个国家的123家外国航空公司安排119个国外城市与我国48个城市通航，每周共安排5 976个航班，其中客运4 962班，货运1 014班。在新辟航线方面，国内航空公司还在本航季新开辟了西宁—西安—香港、哈尔滨—济南—香港、长沙—香港3条港澳台航线。除此之外，国内航空公司还计划新辟57条国际客运航线，如北京—新西兰奥克兰、广州—基督城、上海浦东—布里斯班、厦门—悉尼等。

中国民航的国际化发展次序沿着港澳台航线、日韩航线、东南亚航线，以及欧美航线逐级发展。当前港澳台总量趋稳，日韩航线、东南亚和亚太航线还处于高速发展中，未来欧美经济合作和国际旅游会成为重点，同样未来非洲大陆也需要不断开垦培育。相对日本和韩国对于欧美航线的网络连接和经营能力，中国需要超越的路还很长。

6. 中国航空客运及货运发展分析

航空客运市场发展围绕两个重点问题：一是航空的大众化趋势，以及低成本航空的高速成长问题；二是航空高端旅客的差异化精准服务问题。

航空大众化趋势伴随飞机技术的进步、人均收入的提高以及低成本航空的大力发展而成为推动民航业成长的主要动力。低成本航空带动航空大众化消费是全球航空业发展的必然趋势。当前全球低成本航空市场份额28%，欧美超过三分之一，东南亚更是占到半壁江山，和中国同属亚太和发展中国家的印度经过十年的发展低成本航空的市场份额超过60%。在中国低成本航空的市场份额只有7%左右。中国属于发展中国家，人均收入只有欧美发达国家的四分之一到八分之一，在中国大力发展低成本航空的需求和潜力应该更加迫切和旺盛。"十三五"期间大力发展中国的低成本航空应该是民航业客运发展的一个重要任务。从全球范围看，低成本航空在天空开放政策下能够高速增长而且平均盈利水平表现优异，低成本航空的鼻祖美国西南航空连续43年盈利而成为美国国内最大的航空运输企业，爱尔兰瑞安航空不仅是欧洲最大的低成本航空，还是欧洲最赚钱的航空公司。价格竞争是市场竞争的基本手段，同时低成本航空是航空业与其他运输手段（高铁、高速公路）竞争互动的利器，低成本航空成功的背后是成本有效管控的精益管理，以及多级票价下高客座率的收益管理，这些现代科学管理手段带动民航业整体的不断创新和超越。

中长途运输而言，高端舱位以及高端旅客服务是航空公司经营的重点和利润的基石。高端旅客是航空公司差异化服务以及收入和利润的重要来源，有针对性地做好高端旅客服务可以大幅改善航空公司的竞争力和盈利能力。全球范围内高端航空旅客大约占整体航空旅客的6%左右，但是高端航空旅客的收入贡献达到30%左右，也就是说，高端旅客平均收入贡献是普通旅客平均收入贡献的四倍以上。随着经济水平和人均收入的增加，消费市场多元分化，航空高端市场还会不断扩大。满足价值贡献和客户价值不对称分布的二八定律，这对航空公司的营销和服务提出较高的要求，需要航空公司根据旅客特征精准化经营、差异化服务，来全面提升公司的整体经营能力和水平。高端旅客票价高，座位奢华。高端旅客服务从营销开始，到机场等待和休息、安检值机登机、旅程服务、机上娱乐和机上餐饮、出关和行李领取等待方面都要下功夫全面提升服务水平和品质。高端舱位的平均客座率高于普通舱位，这也是航空公司精准化营销能力检验的结果。做好高端旅客个性化差异服务，尤其是高端商务旅客以及高端重点旅客的精准化营销和差异化服务，自然能够带来突出的企业价值和利益。高端旅客的航空服务阿联酋航空、土耳其航空、新加坡航空、全日空航空、国泰航空、日本航空、法国航空、汉莎航空、英国航空、新西兰航空、澳洲航空、维珍大西洋航空等公司都是较好的样板和榜样，值得中国航空公司不断学习和超越。

航空货运速度快，附加值高。全球航空货运大约占到1%的全球贸易运输总量，贸易货值却能够占到三分之一以上。亚太是全球航空货运最发达的地区，中国在亚太的经济社会地位举足轻重而不可替代，中国航空货运发展潜力巨大，虽然当前中国的国际航空货运竞争力还落后于周边。航空货运还是高科技产业全球化产业链高效运转的基本链条，而且能够促进快递业务跨区域发展。欧美航空货运已经开始专业化分工，形成专业化的航空货运枢纽，如美国的孟菲斯、德国的法兰克福、荷兰的阿姆斯特丹等，以及专业化的航空货运公司，如美国的联邦快递和联邦速递，欧洲的汉莎货运等。中国航空货运发展潜力无限巨大而且全球范围内绝无仅有，但是中国航空货运的发展，无论是综合航空公司的货运业务、大型机场的货运业务、专业化的航空货运公司，还是专业化的航空货运枢纽的发展，都要把握机遇、培育能力、逐步提升。中国顺丰航空已经拥有23架全货机机队，中国的郑州正在凭借中原地域位置优势大力发展综合航空交通枢纽。中国的航空货运在高科技集中的珠三角地区带给深圳机场和广州机场很大的机遇，同样给京津冀地区和长三角地区，以及西部、中部地区带来发展的预期。

7. 中国旅游（出入境）行业分析

旅游业是支撑商业航空成长的两个最重要支柱之一，而且对外旅游市场是民航国际化业务发展的主要需求动力要素。伴随中国经济的发展和人均收入的增加，中国旅游消费，尤其是国际旅游市场高速发展和繁荣，需要民航业航线网络和航空运力的大力支持与协同作用。

当前中国旅游已经从少数人的奢侈品，发展成为大众化、经常性消费的生活方式。国内旅游从 1984 年约 2 亿人次增长到 2014 年的 36 亿人次，增长了 17 倍。入境游客从 1978 年的 180.92 万人次增长到 2014 年 1.28 亿人次，增长了近 70 倍。国家旅游局公布的 2015 年旅游业发展预期目标为：国内旅游 39.5 亿人次，增长 10%；旅游入出境 2.48 亿人次，增长 4.6%，其中入境 1.28 亿人次，与上年基本持平；出境 1.2 亿人次，增长 10%。国内旅游收入 3.3 万亿元，增长 12%；国际旅游收入 580 亿美元，增长 3%；旅游总收入 3.66 万亿元，增长 11%。

中国出入境游双双过亿，但是出入境游的优势区域依然集中于港澳台地区。

根据国家旅游局的统计信息，入境游旅客港澳台占比 80% 左右，外国人占比只有 20% 左右，而且最近三年来，外国人入境游总数还在连续下降，我们的旅游资源和旅客服务行业值得整体反思。而旅游收入贡献中外国人贡献接近 60%，吸引外国游客意义重大，而且压力巨大。中国入境游外国旅客中，主要来源于韩国、日本、越南、美国、俄罗斯、蒙古、菲律宾、马来西亚、新加坡、印度、加拿大、德国、泰国、澳大利亚、英国、印度尼西亚和法国等国家。其中韩国、越南、印度、泰国、法国保持增长，美国基本平稳，日本、俄罗斯则大幅下滑。韩国 2014 年已经超越日本成为来华旅游第一大国，这与中韩广泛的合作贸易及紧密的文化交流息息相关。

中国出境游目的地港澳台大约占到 70% 左右，意味着真正意义上的出境国外游客只占到整体客源的 30% 左右，整个出境旅游的行为还是表现出以短途旅游为主的特点。港澳台之外，日本和韩国成为中国游客旅行的主要目的地，以及中国成为日韩最大的旅游入境国。同时东南亚旅游因为总体费用压力较小而发展迅猛。对于欧美旅游和海岛休闲旅游逐渐兴起，持续稳步增长中。中国游客在欧美旅游消费，尤其是奢侈品的购买力让欧美当事国羡慕而惊恐。

开放的中国是全中国人民的福祉，中国的对外开放是全球化流通的双向活动。"外面的世界很精彩，我想去看看"，这将是大多数富裕起来的中国人的全球梦，同时中华文明源远流长，中国经济发展日新月异，"我家大门常打开，开怀容纳天地"，也要成为全球朋友的来华商务旅游的愿望。

未来伴随中国经济的持续发展，以及中国中产阶级的崛起，中国出国游已经可以成为一道亮丽的风景线。中国游客国际购物威力巨大，同时反映出中国国内市场产品供应以及相关高端产品关税价格的扭曲。中国已经加入 WTO 多年，中国的自由贸易区也在大力扩展中，中国"全球工厂"的地位成就国际化消费国家，自由贸易政策国际接轨和商业环境改善，以及自然生态环境优化，一定能够增强中国的市场实力和吸引力，家门口能买到的东西，家门口可以享受到的服务，为什么需要不远万里跨国追寻？而且常常是中国制造。

中国入境游人数增长缓慢，甚至是除去港澳台以外区域持续下滑，尤其应该深刻反思我们的旅游环境和旅游管理政策。自然景观的高额门票以及旅游景点的消费欺诈是我们发展全球旅游必须摒弃和跨越的门槛。中国国际机场高大上的零售业务萧条零落，与迪拜机场、樟宜机场、香港机场人流川动的零售繁荣卓越形成鲜明对比，海南旅游岛战略已经实施多年，国内多个机场72小时免签政策也已经落地，要让旅游放大的价值发挥作用，还必须在经营发展模式和服务理念上狠下功夫。

航空安全、高效、快捷，让人类全球化生活旅行成为可能，同时航空服务在长距离跨越区域方面优势明显而且不可替代。航空发展推动旅游发展，同样旅游发展是航空发展业务量的重要保障，旅游促进航空运营效率提升。旅游双向流通，无论是"走出去"的还是"迎进来"的便捷方式都使航空飞行尤为重要而且不可替代。国际城市的国际化水平与城市的通航点辐射范围直接关联，旅游景点的游客数量与旅游景点的吸引力和客源丰富度高度关联。全球最繁忙航线排名第一的是韩国首尔金浦机场到韩国济州岛之间的航线，也让济州岛成为韩国乃至北亚的主要旅游胜地。中国诸如济州岛这样可以挖掘的资源不知道有多少。迪拜国际机场、香港国际机场和樟宜国际机场的国际旅客吞吐量超过当地人口的十倍，成就其国际航空枢纽地位并不断收获包括旅游零售的附加经济价值。航空联通全球、收获开放价值，这应该成为中国新时代民航国际化发展的契机和共识。

8. 中国物流（快递业）行业分析

2015年双11是天猫"双11"购物狂欢节第七个年头，全天天猫的总成交额达到912.17亿元，当天累计物流订单超过4.68亿件，参与成交的国家和地区达到232个。如果加上其他网站，包括京东、苏宁、国美、当当等，中国2015年双11电商总成交额突破1 000亿元，物流订单超过5亿件，这样的购物狂欢节已经远远超过美国感恩节及圣诞季的购物总量。中国电子商务的高速发展给中国的快递业和航空货运带来发展的机遇。

2014年中国快递业务快速增长。全年快递服务企业业务量完成139.6亿件，同比增长51.9%；快递业务收入完成2 045.4亿元，同比增长41.9%。其中全年同城快递业务量完成35.5亿件，同比增长55.1%；实现业务收入265.9亿元，同比增长59.8%。全年异地快递业务量完成100.9亿件，同比增长52.0%；实现业务收入1 130.6亿元，同比增长36.4%。全年国际及港澳台快递业务量完成3.3亿件，同比增长24.7%；实现业务收入315.9亿元，同比增长16.7%。同城、异地、国际及港澳台快递业务量占全部比例分别为25.4%、72.3%和2.3%，业务收入占全部比例分别为13.0%、55.3%和15.4%。与2013年相比，同城快递业务比例继续上升。

东部、中部、西部市场占比基本稳定。全年东部地区完成快递业务量114.5亿件，同比增长53.2%；实现业务收入1 694.3亿元，同比增长41.3%。中部地区完成快递业务量14.8亿件，同比增长49.2%；实现业务收入191.6亿元，同比增长44.3%。西部地区完成快递业务量10.3亿件，同比增长42.4%；实现业务收入159.5亿元，同比增长45.3%。东部、中部、西部地区快递业务量比重分别为82.0%、10.6%和7.4%，快递业务收入比重分别为 82.8%、9.4%和 7.8%。

民营快递企业持续快速发展。全年国有快递企业业务量完成 18.7 亿件，实现业务收入 300 亿元；民营快递企业业务量完成 119.5 亿件，实现业务收入 1 541 亿元；外资快递企业业务量完成 1.4 亿件，实现业务收入 204.2 亿元。国有、民营、外资快递企业业务量市场份额分别为 13.4%、85.6%和 1.0%，业务收入市场份额分别为 14.7%、75.3%和 10.0%，与 2013 相比，民营快递企业市场份额持续提升。

快递业务量排名前五位的省份依次是广东、浙江、江苏、上海和北京，其快递业务量合计占全部快递业务量的比重达到 69.4%。快递业务收入排名前五位的省份依次是广东、上海、浙江、江苏和北京，其快递业务收入合计占全部快递业务收入的比重达到 70.7%。快递业务量排名前十五位的城市依次是广州、上海、北京、深圳、杭州、金华（义乌）、东莞、苏州、成都、南京、泉州、武汉、温州、宁波和台州，其快递业务量合计占全部快递业务量的比重达到 62.6%。

2014 年全行业拥有国内快递专用货机 67 架，比 2013 年年末增加 13 架，其中顺丰航空和中邮航空各 19 架。这与国际巨头联邦速递和联邦快递 500～700 架货运机队相比还非常弱小。

国务院 2015 年 10 月 23 日印发《关于促进快递业发展的若干意见》。这是国务院出台的第一部全面指导快递业发展的纲领性文件，提出了促进快递业发展的总体要求、重点任务和政策措施。提出中国快递业发展的四大目标：① 到 2020 年，快递市场规模稳居世界首位，基本实现乡乡有网点、村村通快递，快递年业务量达到 500 亿件，年业务收入达到 8 000 亿元；② 建设一批辐射国内外的航空快递货运枢纽，形成具有国际竞争力的大型骨干快递企业；③ 国内重点城市间实现 48 小时送达，国际快递服务通达范围更广、速度更快，服务满意度稳步提高；④ 年均新增就业岗位约 20 万个，全年支撑网络零售交易额突破 10 万亿元，日均服务用户 2.7 亿人次以上，基本建成普惠城乡、技术先进、服务优质、安全高效、绿色节能的快递服务体系，形成覆盖全国、联通国际的服务网络。

1979 年中国引入快递这一全新的服务理念和运行模式，经过三十多年的发展壮大，今天的中国快递行业已经形成了一个规模庞大的产业，并呈现出由国企阵营、民企阵营、外资阵营三分天下的格局。国有阵营以中国邮政 EMS 为主导。民营阵营由以低价、电商为主的低端市场的"四通一达"（即申通、圆通、中通、百世汇通和韵达快递）和以商业快件为主占据高端市场的顺丰速运两部分组成。外资阵营以业内著名的"四大天王"（即 Fedex、DHL、UPS、TNT）为首，占据着中国国际快递业务 80%的市场份额。

在国际航空货运中美国的联邦包裹和联邦快递独领风骚，而且成为全球快递物流业的名副其实的大哥大。在国际航空货运枢纽中，美国孟菲斯排名第一，香港机场排名第二，上海浦东国际机场全球排名第三，北京首都机场排名 13，广州白云机场排名 18，深圳宝安机场排名 23，成都双流机场排名 42，上海虹桥机场排名 50。在中国入围的全球前 50 家货运机场中，基本围绕北京、上海、广州三大城市，深圳有比邻香港的优势，内陆西部地区只有成都双流机场入榜，中部区域没有一家机场进榜。

资料来源：赵巍. 中国民航发展的 11 个关键问题（上篇）[EB/OL]. (2015-11-25). http://news.carnoc.com/list/329/329898.html、http://news.carnoc.com/list/330/330394.html.

项目小结

本项目主要涉及民航运输与民航运输管理的基础知识,分析了民航运输与民航运输管理的基本概念与特点,重点对民航运输分类、民航运输业的经济特性与主要经济技术指标、民航运输管理的外部环境、民航运输管理的目标与主要内容进行了阐述,并对航空工业及民航运输的发展历程进行了介绍。通过本项目的学习,学生可以对民航运输与民航运输管理的基础知识有一定的认识和了解,为以后的学习打下基础。

项目训练与测试

一、思考题

1. 比较民航运输与其他运输方式的异同。
2. 根据不同的分类标准区分民航运输的种类。
3. 民航运输业的经济特性表现在哪些方面?
4. 何谓民航运输管理?有何特点?
5. 谈谈民航运输管理的主要内容。

二、讨论分析题

1. 熟悉课本知识,利用网络资源,进一步了解航空工业与民航运输的发展历程及其相互关系。
2. 阅读本项目中的案例,搜集资料,分析近三年民航运输业发展的主要经济技术指标、发展特性与发展趋势,以及民航运输业与国民经济发展的关系。
3. 调查分析民航运输业发展的外部环境,明确现阶段民航运输管理的目标和任务。

三、自我测试

(一)单选题

1. 研制、生产和修理航空器的工业是(   )。
   A. 航空工业   B. 航天工业   C. 民航运输业   D. 以上都不是
2. 以飞机作为运输工具,以民用为宗旨,以航空港为基地,通过一定的空中航线运送旅客和货物的运输方式是(   )。
   A. 公路运输   B. 军事运输   C. 民航运输   D. 铁路运输
3. 按班期时刻表,以固定的机型沿固定航线、按固定时间执行运输任务的运输方式为(   )。
   A. 班机运输   B. 包机运输   C. 专机运输   D. 加班运输
4. 通过扩大生产规模而引起经济效益增加的现象,即随着运输量的增加,单位生产成本下降,表现出民航运输的(   )。
   A. 密度经济性   B. 区域性   C. 规模经济性   D. 经济同步增长性
5. 运输货物的重量和距离的乘积,单位是吨千米,这是指(   )。
   A. 货物运输量   B. 货物重量   C. 民航运输量   D. 货物运输周转量

6. 执行某具体航班任务的航空器实际业务载重与可提供的最大业务载重能力的比值，反映飞机综合载运能力的利用程度，这是指（　　）。

　　A．航班载客率　　B．航班载运率　　C．民航运输量　　D．民航运输周转量

7. 飞行技能和飞机维护技术不太成熟；经营管理没有经验，大部分航空公司处于亏损状态，依靠政府经济资助和财政补贴开展经营。该发展阶段是（　　）。

　　A．形成期　　　　B．发展期　　　　C．成熟期　　　　D．变更期

8. 大批喷气式飞机进入民航市场，进入喷气式运输机时代，运输能力增强，关键技术取得突破，例如，飞行数据记录器（黑匣子）、气象雷达、避撞系统等得到普遍应用，安全性能提高。该发展阶段是（　　）。

　　A．形成期　　　　B．发展期　　　　C．成熟期　　　　D．变更期

9. 资源整合、降低运行成本、扩大市场规模化经营以提高国家竞争力。如航空公司联盟、机场私有化、空中交通一体化等。该发展阶段是（　　）。

　　A．形成期　　　　B．发展期　　　　C．成熟期　　　　D．重组期

10. 国家经济基础和发展规划、GDP、进出口贸易、区域经济及产业结构、居民可支配收入、国际汇率、市场价格及结算方式等反映的是民航运输管理的（　　）。

　　A．政治环境　　　B．经济环境　　　C．社会与文化环境　　D．技术环境

（二）多选题

1. 航空货物运输是利用航空器作为载运工具将一地的货物运往另一地，包括（　　）。

　　A．普通意义上的航空货物运输　　　B．航空邮件运输
　　C．航空快递运输　　　　　　　　　D．邮件与包裹运输

2. 民航运输业的经济特性包括（　　）。

　　A．季节性　　　B．区域性　　　C．规模经济性　　　D．密度经济性

3. 世界航空工业经历的发展时期包括（　　）。

　　A．氢气球与热气球的出现　　　　　B．滑翔机时代
　　C．动力飞行时代　　　　　　　　　D．喷气时代

4. 世界民航运输业经历的发展时期包括（　　）。

　　A．形成期　　　B．发展期　　　C．成熟期　　　D．重组期

5. 反映民航运输企业的运营规模的指标有（　　）。

　　A．载运率　　　B．航班正常率　　C．民航运输量　　D．民航运输周转量

6. 民航运输的特点包括（　　）。

　　A．速度快

　　B．适合时效性强的货物运输

　　C．成本高

　　D．能够跨越地理障碍，受地域、地形条件限制的程度小

7. 民航运输管理的特点有（　　）。
   A. 注重过程管理　　　　　　B. 强调动态管理
   C. 安全管理尤其重要　　　　D. 质量管理是生命线
8. 民航运输管理的外部环境包括（　　）。
   A. 政治环境　　　　　　　　B. 社会与文化环境
   C. 经济环境　　　　　　　　D. 技术环境

参考答案　（见二维码）

课件　（见二维码）

项目二

民航运输系统

知识目标

- 掌握航空运输系统的基本构成。
- 认知我国航空运输系统的运行特点。
- 掌握航空运输系统各组成部分的特点、角色与功能。
- 了解航空运输系统各组成部分彼此的协作关系。

能力目标

- 能根据我国民航规章分析设立公共航空运输企业应当具备的基本条件。
- 会根据民航运输系统各组成部分彼此的协作关系分析航空公司如何与机场合作才能实现共赢。
- 会分析机场建设与临空经济发展的关系。
- 会分析国内民航运输保障企业在民航运输系统中的角色特点与经营模式。

引导案例

我国成全球第二大航空运输系统

据新华社电,2015 年,中国国际客运量和新开国际航线数量增速均在 30％以上,创下历史新高,已成为全球第二大航空运输系统。

这是中国民用航空局副局长董志毅昨天（2016 年 9 月 25 日）在四川成都召开的第 22 届世界航线发展大会上透露的。该大会由英国博闻集团主办,成都双流国际机场承办,来自全球 350 多家航空公司、1200 多家机场、200 多家政府机构和国际组织的约 3500 位代表参会。自 1995 年创办以来,先后在伦敦、阿姆斯特丹、哥本哈根、迪拜、温哥华、芝加哥等城市举办过,成都是继 2009 年北京之后,中国第二个举办该大会的城市。

截至 2015 年年底,我国已与 118 个国家签订了双边运输协定;20 家中国航企从中国飞往全球 53 个国家 138 座城市,129 家境外航企从 126 座城市飞往中国 57 座城市。

环球飞行咨询公司高级顾问理查德·伊万斯非常看好亚洲和中国航线发展的未来。他说,2009 年只有 15 条航线从中国出发到欧洲,现在有 235 条航线,来自中国 14 个城市。中国在航线和服务数量上已经有了翻倍增长,很多去欧洲的航线来自中国的二线城市,如成都、武汉、重庆,这些城市还有很多去北美的航线。

资料来源：我国成全球第二大航空运输系统[EB/OL].（2016-09-27）.[2019.5.31]. http://www.cannews.com.cn/2016/0927/158926.shtml.

任务 1　民航运输系统的组成

民航运输系统由民航运输企业、民用机场、空中交通服务系统以及民航运输保障企业等机构组成。

目前，在中国民航运输系统中，包括拥有专业化机队的民航运输企业，具有先进跑道与设施设备、配套齐全的民用机场，基于卫星通信导航的空中交通服务系统，以及为航空运输提供保障服务的民航运输保障企业，包括航空油料供应、航空器材供应、民航信息服务等保障企业。通过彼此的合理分工、紧密合作和协调运行，形成了全球性的现代民航运输系统。

一、民航运输企业

民航运输企业是我们通常所指的航空公司，它是民航运输生产的主体，是民航运输系统直接面向旅客或货主的最主要部分，旅客或货主的不满主要针对民航运输企业，即使航班延误是由恶劣天气或飞机流量管理造成的，也会造成旅客或货主对民航运输企业的抱怨。旅客或货主通过与民航运输企业的直接接触感受到民航运输企业的服务质量，包括客票销售、行李或货物运输手续的办理、机上的服务等。民航运输企业的服务质量取决于民航运输服务的每个环节，从机型的选择、航线的规划、航班计划、机务维修到运行控制、旅客或货物运输及信息服务等，处处体现出民航运输企业的服务质量与管理水平。目前，我国民航运输企业提供的服务产品包括客运、货运及通用航空服务产品等，民航运输企业在提供航空运输服务的过程中，不断扩大市场经营的范围和领域，特别是国际航空运输近年来发展迅猛。为确保航空运输企业的服务质量与安全，在对民航运输企业的设立、经营许可认定及运行合格审定等方面，国家都有严格的规定和程序。

二、民用机场

民用机场是民航运输生产和社会的衔接，是民航运输企业与周边地区公众运输服务的桥梁，是民航运输活动的主要场所，是陆—空交通的节点。机场主要提供四项服务：一是保障飞机与机场用户的安全，包括空中交通管制、飞机进近和着陆、气象服务、通信、警察与保安、消防与急救（包括搜寻和救援）、各种设施的维护等；二是航空运输地面作业，即与飞机运输有关的活动，如清洁、动力的提供，装卸行李和货物，安排旅客准时、舒适地上下飞机等；三是商业活动，包括经营商店、饭店、报摊、停车场、电影院、保健中心、理发店、会议中心、宾馆等；四是通过提供方便、快捷的地面交通设施联结市区，使旅客及货物顺利到达机场。

三、空中交通服务系统

空中交通运输服务系统是对航空器的空中活动提供导航和空中交通管制服务的系统，其主要任务是防止飞机在空中相撞，防止飞机在跑道滑行时与障碍物或其他行驶中的飞机、车辆相撞，保证飞机按计划有秩序地飞行，提高飞行空间的利用率。为完成这些任务，必须制定一套规则，即确定出若干空中航路，使接受服务的飞机依靠目视、无线电通信和导航手段来执行这些规则，按一定顺序从各自机场起飞，进入航路并保持飞机间的一定距离间隔，到达终点前脱离航路并按一定顺序降落。空中交通运输服务系统有先进的导航系统、通信系统、监视系统和数据系统。导航系统为驾驶员提供定位信息，协助控制飞行，随时了解飞行情况，并及时向飞行员下达指令；通信系统为航行安全、正常、高效和经济的运行提供电信服务，包括航空固定通信和航空移动通信；监视系统的作用是监视本控制空域飞机飞行状况及进港离港的飞机；数据系统不但能随时了解飞机的位置、航线、速度、机号并及时发出必要指令，还与邻近控制中心联网及时交流信息。空中交通服务系统除指挥中心外，还有航线交通控制站、终端交通控制站和飞行服务站，能同时服务多架运输飞机的起降和航行，以保障飞行秩序和安全。

四、民航运输保障企业

民航运输保障企业虽然没有直接参与航空旅客与货物运输的相关环节，但为民航运输生产提供保障服务，包括提供航空油料、航空材料及航空信息服务等，是民航运输系统不可或缺的组成部分。

任务 2　民航运输企业

一、民航运输企业的概念与特点

民航运输企业是指符合国家法律规定，能够独立承担民事责任，使用民用航空器从事民航运输服务生产和经营活动的社会经济组织，即通常意义上的航空公司。根据《民用航空货物运输术语（GB/T 18041—2000）》标准，航空运输企业是以盈利为目的，使用民用航空器运送旅客、行李、邮件或者货物的企业法人。使用的航空器可以是他们自己拥有的，也可以是租来的，他们既可以独立提供运输服务，也可以与其他民航运输企业合作或者组成联盟。企业的规模可以从只有一架运输机到拥有数百架客货运输飞机，以提供各种类型的全球性服务的国际航空运输企业。

由于民航运输经营的特殊性，民航运输企业不同于一般的企业，它具有自身的鲜明特点。具体表现在以下几方面。

（1）企业资本投入大，属于资本密集型行业，进入市场的必备条件要求高。先不谈航空运输的公共设施投入，就以飞机的购置成本为例：当前一架波音 747-400，价格大约是 1.5 亿美元；一架空客 A380，价格大约是 2.4 亿美元；小型飞机，一般每架在 5 000 万美元以上。

（2）安全是最重要的企业运输服务质量考评指标，要求具有极高的安全管理水平，力求零缺陷、零差错、零失误。

（3）技术要求高，无论是在生产工具、设备操作、系统运行等方面均体现高端科学技术要求，要求专业人员具备较高的专业技能与技术水平。

（4）行业监管严格，属于高度政策管制行业，企业的设立、航线的开设及各种运行标准、资质均需取得政府的批准。

（5）国际化程度高，国际化与跨区域运营是民航运输企业的显著特征，因此企业运营不仅受国内因素的影响，还受国际因素的影响。

二、民航运输企业的分类

根据不同的分类标准，民航运输企业可以划分为不同的类型。

（一）按业务范围分类

根据业务范围不同，民航运输企业可以分为客货兼营的民航运输企业、航空货物运输企业及通用航空运输企业。

（1）客货兼营的民航运输企业。通常是指以各种航空飞行器为运输工具为乘客和货物提供民用航空运输服务的企业，即以航空器进行经营性客货运输的企业。通常是客运为主，货运为辅，如我们所熟悉的民用航空公司，包括中国国际航空股份有限公司、南方航空股份有限公司、东方航空股份有限公司等。

（2）航空货物运输企业。当前是指专门从事普通概念下的航空货物运输以及航空邮件运输、航空快递运输等业务的企业。例如，中国货运航空有限公司（简称"中货航"）成立于1998年7月30日，是中国民用航空局批准成立的专营航空货邮的专业货运航空公司。由中国东方航空股份有限公司和中国远洋运输总公司共同投资成立。总部设立于上海虹桥国际机场，并同时在上海浦东国际机场设有基地，该公司拥有众多货运航线，并经营着中国东方航空股份有限公司（以下简称"东航"）客机腹舱的货运业务，为全球客户提供货物运输、处理及中转等服务。又如，中国邮政航空有限责任公司是国内首家专营特快专递邮件和货物运输的航空公司；顺丰航空有限公司是由深圳市泰海投资有限公司和顺丰速运（集团）有限公司合资组建的民营航空货运公司，直接为顺丰速运（集团）有限公司的航空快递运输业务服务。

上述两类民航运输企业从事的航空运输活动是国家公共交通运输的重要组成部分，它与国家铁路、公路、水路以及管道运输共同组成国家交通运输系统。

案例 2-1

不断成长的顺丰速运

顺丰速运于1993年3月26日在广东顺德成立，是一家主要经营国际、国内快递业务的港资快递企业，为广大客户提供快速、准确、安全、经济、优质的专业快递服务。顺丰速运是中国速递行业中投递速度最快的快递公司之一。

1996年，顺丰开始涉足国内快递。顺丰的快递是深港货运的"自然延伸"，最初的产品基本是深港件，需求增长很快，顺丰像一块海绵疯狂吸收着快递市场无处不在的养分。

一位最早加入顺丰团队的老业务员回忆说："那时候顺丰只有十几个人，大家围在王卫身边，同吃同住，每天的任务就是跑市场，我们这些业务员都像疯了一样，每天早出晚归，骑着摩托车在大街小巷穿梭。"很快，顺丰以顺德为起点，将网络的触角延伸至广东省以外，通过向长三角地区复制业务模式，进而扩张到华中、西南、华北，延展到香港、台湾，直至国际。

2002年成立总部之前，顺丰在全国总共有180多个网点，虽然华东和华北市场进入不深，但名声已经在外。成立总部不久的顺丰便遭遇了SARS。2002年年底到2003年上半年，顺丰的大本营广东成为SARS肆虐的重灾区。幸运的是，对于快递行业来说，SARS更像是一个机遇。因为很多人选择了足不出户，快件的投递量一度反而有所增加。不过，对于顺丰刚刚起步的全国扩张战略，这毕竟是一个巨大的考验。疫情期间，航空公司的生意非常萧条。2003年年初，借航空运价大跌之际，顺丰顺势与扬子江快运签下合同，成为国内第一家使用全货运专机的民营速递企业。扬子江快运的5架737全货机全部由顺丰租下，其中3架用于承运自己的快件。这种全货机载重15吨，往返于广州、上海、杭州的3个集散中心之间。除了专机以外，顺丰还与多家航空公司签订协议，利用国内230多条航线的专用腹舱，负责快件在全国各个城市之间的运送。

2010年，顺丰开通了收派服务，覆盖韩国全境。2010年，顺丰在新加坡设立营业网点，覆盖了新加坡（除裕廊岛、乌敏岛外）的全部区域。

2015年5月6日在环渤海、长三角、珠三角三大经济圈中的7个城市——北京、上海、广州、深圳、东莞、苏州、杭州推出"顺丰次晨"服务，并做出时效承诺，在指定的服务范围和时间内寄递的快件将于次日10:30前送达，若超时派送，则主动抵免运费。7月13日起，顺丰将"次晨"业务增开包括天津、武汉、南京、成都、重庆等30个城市区域范围。2015年5月，顺丰速运在北上广深杭等7城开通"顺丰次晨"，时隔两月，顺丰将"次晨"的范围进一步扩张。据统计，此次开通后，"顺丰次晨"将覆盖全国16个省市、37个城市。2017年7月，顺丰已与百度外卖达成业务合作，将为百度外卖在北京、上海、广州、深圳等10余个城市的部分商圈提供餐饮外卖配送服务。

2019年2月2日，国家邮政局发布2018年快递服务时限准时率测试结果，顺丰速运在排行榜中各项均为第一名。

当前，顺丰是国内领先的快递物流综合服务商。经过多年发展，已初步建立为客户提供一体化综合物流解决方案的能力，为客户提供仓储管理、销售预测、大数据分析、金融管理等一揽子解决方案。顺丰同时还是一家具有网络规模优势的智能物流运营商。经过潜心经营和前瞻性战略布局，顺丰控股已形成拥有"天网+地网+信息网"三网合一、可覆盖国内外的综合物流服务网络。顺丰采用直营的经营模式，由总部对各分支机构实施统一经营、统一管理，保障了网络整体运营质量。顺丰将经营理念定位于"成就客户，推动经济，发展民族速递业"，积极探索客户需求，不断推出新的服务项目，为客户的产品提供快速、安全的流通渠道。

资料来源：顺丰速运 [EB/OL]．[2019.5.31]．https://baike.baidu.com/item/顺丰速运/7616601?fr=aladdin．经整理

（二）按资产结构分类

根据资产结构，民航运输企业可以分为国有民航运输企业、中外合资民航运输企业及民营民航运输企业。

（1）国有民航运输企业。国家对其资本拥有所有权或者控制权，包括国有全资和国资控股的民航运输企业，如中国国际航空股份有限公司、南方航空股份有限公司、东方航空股份有限公司、四川航空股份有限公司、上海航空股份有限公司等。据《2017年民航业发展统计公报》，我国国有控股的民航运输企业达43家。

（2）中外合资民航运输企业。依照中国法律的规定，中外合资民航运输企业是中国合营者与外国合营者在中国境内共同投资、共同经营并按投资比例分享利润、分担风险及亏损的民航运输企业。如2004年12月15日注册登记成立的翡翠国际货运航空有限责任公司，是由深圳航空有限责任公司、德国汉莎货运航空公司、德国投资与开发有限公司共同投资组建的中国民航运输业内第一家中外合资专业货运航空公司，深圳航空有限责任公司拥有51%的股权，德国汉莎货运航空公司拥有25%的股权，德国投资与开发有限公司拥有24%的股权。又如2008年6月投入运营的银河国际货运航空有限公司是由中外运空运发展股份有限公司（51%）、大韩航空有限公司（25%）、新韩投资（11%）和韩亚投资（13%）四家共同出资组建，合资期限为30年，注册资本为6 500万美元，总投资19 500万美元。主要从事国内和国际航空货邮运输。由于航空货运市场的持续不景气，这两家公司先后停止运营。

（3）民营民航运输企业。相对于国有企业而言，民营民航运输企业是非公有制的民航运输企业。事实上，它是除国有独资、国有控股及外商投资以外的民航运输企业，公司资本来源于民间经济实体。2005年1月15日起施行的《公共航空运输企业经营许可规定》极大地激发了民间资本投资民航运输的热情。我国先后批准成立了十多家民用航空运输企业，如春秋航空有限公司、奥凯航空有限公司、幸福航空有限公司等。主要经营支线民航客运及航空邮件与货物运输。

（三）按经营的地域范围分类

根据经营的地域范围，航空运输企业可以分为国际民航运输企业与国内民航运输企业。

（1）国际民航运输企业。国际民航运输企业指经营业务扩展到国际航线，即旅客、行李、邮件或货物的起讫点、经停点中有一点在一国境外的航空运输。国际民航运输企业根据政府间的双边航空运输协定，经营国际航线运输业务。在运输过程中为保证国际航行的安全和效益，必须按照统一的程序和规则进行广泛的国际合作和协调。当前我国的国际民航运输企业有中国国际航空股份有限公司、南方航空股份有限公司、东方航空股份有限公司、海南航空股份有限公司等。

（2）国内民航运输企业。国内民航运输企业指经营的地域范围主要是在国内，从事国内航空客货运输业务，即经营首都至各省会城市、省会与省会城市之间以及省会城市到省级以下的城市之间的客货运输业务。

三、民航运输企业的组织结构

（一）传统民航运输企业的组织结构

传统的民航运输企业组织结构一般有四大模块，通常包括市场、运营、财务及行政与人事，如图 2-1 所示。一是市场模块部分，即为公司发展起前导作用的规划发展部、市场营销部与采购部等，具体业务包括战略规划与决策、市场调研分析与营销及采购管理。对于民航运输企业，飞机是企业运营的基本工具，需要根据市场需求与发展战略在以下几方面做出决策：企业达到多大的机队规模，是自购还是租赁，自购与租赁的比例是多少。同时还需要引进与之配套的设备与设施，这些都需要预先筹划。企业提供的运输产品不仅需满足现有顾客需求，还需开发潜在的顾客需求，即创造顾客与顾客需求，因此在激烈的市场竞争中需进行科学的调研与预测，进行产品决策与产品设计，合理布局航线，同时使设计的产品与开发的具体航线、航班有机结合，形成有效的供给等。二是运营模块部分，这是民航运输企业日常管理的重心，是企业战略得以实现的基础，是产品供给与顾客消费的实际过程，运营部门主要包括地面服务保障部、安全保卫部、运行指挥中心、飞行管理部、货运部、客运部、机务工程部等，运行的核心是安全与高效。三是财务模块部分，包括资金筹划部与财务部等，资金筹划部门负责经费的筹集，财务部门合理测定成本与收益，配合销售部门合理制定运价，最大限度让渡顾客价值，同时自负盈亏，实现企业预期的利润目标。四是行政与人事模块部分，包括后勤部、人力资源部及办公室等。此外，根据企业运营的需要，在各地设有办事处、基地等。

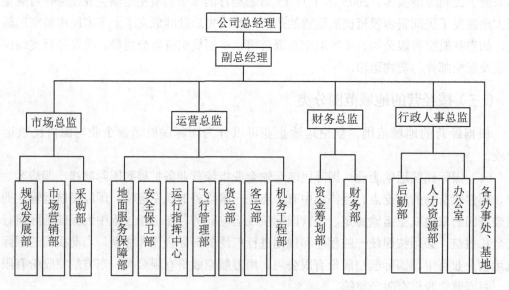

图 2-1　某传统民航运输企业的组织结构图

（二）现代民航运输企业的组织结构

随着经济全球化，民航运输业发展迅猛，民用航空运输面临的内外环境发生了深刻变化。

民航运输市场由卖方市场逐步转变为买方市场；大多数民航运输企业进行了公司制、股份制改造，多家航空公司股票在境内外上市，投资主体由单一走向多元，企业组织结构在原有的基础上发生了变化与重组，由职能化向过程化转变，强调以服务为中心，以信息技术为支撑的组织构建方式，改变仅由职能划分部门给组织带来的弊端，由垂直化向扁平化转变，精简中间管理层，撤销一切对价值增值或主要目标毫无贡献的职能部门。如图2-2所示。

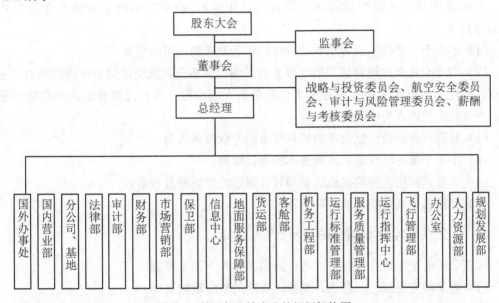

图2-2 某民航运输企业的组织机构图

现代民航运输企业通常设有代表股东利益的董事会，根据股东大会决议负责对公司的资产、投资与发展战略进行决策，对公司日常经营进行监督。公司总经理带领经营管理团队，负责经营公司资产，进行日常运行管理，使民航运输企业通过合理经营获得利润，实现资产增值。

股东大会是公司的权力机构。股东大会依法对公司重大事项做出决策，包括决定经营方针与投资机会，审议批准公司的年度财务预算方案、决算方案，审议批准公司的利润分配与亏损弥补方案，选举和更换董事、监事并决定其薪酬，修订公司章程，等等。

董事会是公司的经营决策中心，受股东大会的委托，辅助经营和管理公司的法人财产，对股东大会负责。董事会通常设董事长、副董事长、独立非执行董事及董事会秘书。

董事会下根据企业需要设专门委员会，如战略与投资委员会、审计与风险管理委员会、薪酬与考核委员会。在审计与风险管理委员会、薪酬与考核委员会中，独立董事一般超过二分之一，其中审计与风险管理委员会往往全部由独立董事担任委员。下设的各委员会均制定工作细则并按工作细则开展工作。

监事会由股东代表监事和职工代表监事组成，股东代表监事由股东大会选举和罢免，职工代表监事由企业职工民主选举产生。

总经理等高级管理人员负责组织企业的经营管理活动，总经理主要依据法律、法规、规章和企业章程以及股东大会、董事会的授权行使职权。

四、民航运输企业的设立与运行

（一）设立民航运输企业的基本条件

根据我国《公共航空运输企业经营许可规定》，设立公共航空运输企业应当具备下列条件。

（1）不少于3架购买或者租赁并且符合相关要求的民用航空器。

（2）负责企业全面经营管理的主要负责人应当具备公共航空运输企业管理能力，主管飞行、航空器维修和其他专业技术工作的负责人应当符合涉及民航管理的规章的相应要求，企业法定代表人为中国籍公民。

（3）具有符合涉及民航管理的规章要求的专业技术人员。

（4）不少于国务院规定的注册资本的最低限额。

（5）具有运营所需要的基地机场和其他固定经营场所及设备。

（6）民航总局规定的其他必要条件。

（二）公共航空运输企业的经营许可认定

实施公共航空运输企业经营许可，应当遵循以下基本原则。

（1）建立和完善统一、开放、竞争、有序的航空运输市场。

（2）符合国家航空运输发展和宏观调控政策。

（3）保障航空运输安全、提高运输服务质量和维护消费者合法权益。

（4）坚持公开、公平、公正的原则。

申请公共航空运输企业经营许可，应当按照《公共航空运输企业经营许可规定》将相关申请材料提交所在地民航地区管理局初审。民航地区管理局收到申请人的申请材料后，将其置于民航总局网站，供申请人、利害关系人及社会公众查阅和提出意见。利害关系人和社会公众如有意见，应当自上网公布之日起10个工作日内提出意见。民航地区管理局应当自收到申请人的申请材料之日起20个工作日内，提出初审意见并连同申报材料报民航局。对申请人的经营许可申请没有重大异议的，民航局应当自受理其申请之日起10个工作日内做出准予经营许可的初步决定，并将其置于民航局网站，供申请人、利害关系人及社会公众查阅和提出意见。民航局应自受理申请之日起20个工作日内做出是否准予经营许可的决定。民航局对准予经营许可的，应当自做出决定之日起10个工作日内，向申请人颁发经营许可证。

（三）公共航空运输企业运行合格审定

设立公共航空运输企业的申请人在获得公共航空运输企业经营许可后正式投入航线运营之前，必须按照民航局的相关规定完成运行合格审定。目前我国公共航空运输承运人运行合格审定的主要依据有：《小型航空器商业运输运营人运行合格审定规则》（CCAR-135）、《大型飞机公共航空运输承运人运行合格审定规则》（CCAR-121）和《一般运行和飞行规则》（CCAR-91）。根据规定，运行合格证申请人根据其运行航空器规格及相关要求，向其主营基地所在地的民航地区管理局提交申请，并同时提交规定的相关材料，包括审查活动日程表、运行手册、训练大纲及课程、运行管理人员资料、飞机及运行设施设备的购买或者租用合同复印件等。申请人经过民航管理当局组织的运行合格审查并符合规定的全部条件后，可以取得民航局颁发的小型或大型飞机公共航空运输承运人运行合格证。运行合格审定的目的，旨在保障民航运输企业从管理、技术、人员和生产组织等方面必须达到安全运行水平。

任务 3 民 用 机 场

一、机场的定义及其构成

机场，亦称空港或航空站，是供航空器起飞、降落和地面活动而划定的地域或水域，包括域内的各种建筑物和设备装置。民用机场是公共基础设施，是民用航空和整个社会的结合点，世界上大多数机场是地方政府管辖下的半企业性质的机构。

机场一般由飞行区、航站区（客货服务区）和延伸区组成。

（一）飞行区

飞行区是机场内供飞机起飞、着陆、滑行和停放的地面区域及其上空对应所需净空区域。地面部分除了跑道、滑行道和停机坪以外，还包括一些提供维修服务和空中交通管制服务的设施和场所，如机库、指挥塔台、应急救援中心等。

1. 跑道

跑道是机场工程的主体，是供飞机起降的一块长方形区域。它提供飞机起飞、着陆、滑跑以及起飞滑跑前或着陆滑跑后运转的场地。跑道必须有足够的长度、宽度、强度、粗糙度、平整度以及规定的坡度。机场的构型主要取决于跑道的方位、数目以及跑道与航站区的相对位置。跑道方位即跑道的走向，飞机最好是逆风起降，方位的确定主要与当地风向有关，一般与当地常年主导风向一致，同时也受到周围地形、机场发展规划、可用面积大小及相邻机场状况的影响。跑道数目取决于航空运量的大小，运输不很繁忙且常年风向相对集中的机场，只需要单条跑道；运输繁忙的机场需要两条或多条跑道，其跑道的布置形式可以是平行、交叉或开口 V 形，非平行跑道可以避开较大的侧风，平行跑道的间距、交叉跑道的交叉点的位置对跑道容量（单位时间内可能容纳的最大飞机运行次数）是有影响的。

2. 滑行道

滑行道是机场内供飞机滑行的规定通道。滑行道的主要功能是提供从跑道到候机楼区的通道，使已着陆的飞机迅速离开跑道，不与起跑滑跑的飞机相互干扰，且尽量避免延误随即到来的飞机着陆。滑行道还提供飞机由候机楼区进入跑道的通道。滑行道系统包括主滑行道、进出滑行道、飞机机位滑行通道、机坪滑行道、辅助滑行道、滑行道道肩及滑行带。主滑行道又称干线滑行道，是飞机往返于跑道与机坪的主要通道，通常与跑道平行。进出滑行道又称联络滑行道，是沿跑道的若干处设计的滑行道，旨在使飞机尽快脱离跑道。出口滑行道与跑道正交，快速出口滑行道与跑道的夹角介于 25°～45°，最好取 30°，可以使飞机以较高速度由快速出口滑行道离开跑道，不必减到最低速度。

3. 停机坪

停机坪是飞机停放和旅客登机的地方，因此又分为停放机坪和登机机坪。飞机在登机机坪进行旅客登机、货物装卸和加油等，在停放机坪过夜、维修和长时间停放。停机坪的面积要足够大，以保证进行作业的车辆和人员的行动，机坪上用漆标出运行线，使飞机按照一定的线路进出滑行道。

（二）航站区

航站区是机场内办理航空客货运输业务和供旅客、货物地面运转服务的区域，主要由三部分组成：① 航站楼、货运站；② 航站楼、货运站前的交通设施，如道路、停车场或停车楼等；③ 站坪，是航站楼及货运站与飞机的联结地带。

在考虑航站区具体位置的确定时，机场的跑道条数和方位是制约航站区定位的最重要因素。航站区与跑道的位置关系是否合理，直接影响机场运营的安全性、经济性和效率。一般布置在从它到跑道起飞端之间的滑行距离最短的地方，并尽可能使着陆飞机的滑行距离也最短，缩短到港飞机从跑道出口到机坪、离港飞机从站坪至跑道起飞端的滑行距离，以提高机场运行效率，节约油料。交通量不大并只设一条跑道的机场，航站区宜靠近跑道中部；有两条平行跑道且间距较大的机场，一般将航站区设在两条跑道之间；若机场具有两条呈 V 字形的跑道，通常将航站区布置在两条跑道所夹的场地上；如果机场交通量大，需要三条或四条乃至更多跑道时，构形更复杂，航站区的位置既要考虑缩短飞机的离港、到港滑行距离，又要争取飞机在离开或驶向停机坪时避免跨越其他跑道，且尽可能避免飞机在低空经过航站上空，以免发生事故而造成重大损失。

1. 航站楼

航站楼是航站区的主体建筑，是一个地区或国家的窗口，特别是国际机场，航站楼在一定意义上就是一个国家的大门，代表着国家的形象。因此，在建筑上要求它具有一定的审美价值、地域或民族特色。在航站楼建筑设计上，我国历来比较注重其外形、立面的民族和地方特色或象征意义，而世界发达国家更重视航站楼内的功能、环境效应、艺术氛围及人与自然的和谐统一。不管采用何种设计风格，归根结底，它是服务于航空客运的功能性交通建筑物，需本着方便旅客、利于运营和管理的原则展开。

1）航站楼的规模与布局

在规模、总体布局上，航站楼的规模与布局需与当前以及不远的将来的客运量相适应，并具有未来扩展的灵活性，使扩建时尽可能较低程度地影响航站楼的运营。在构形上，便于空侧与飞机、路侧与地面交通进行良好衔接，能便利、迅速和舒适地实现两种交通方式的转换。

航站楼的具体规划过程大致分为三个阶段：一是确定设计旅客量，即根据预测的年旅客量初步估计航站楼的规模，确定各项设施所需建筑面积时，应依据高峰小时旅客量来计算；二是估算面积，我国目前实际控制数为高峰小时旅客 $14\sim30\ m^2$（国内航线）或 $24\sim40\ m^2$（国际航线）；三是制订总体布局方案，估算出各单元设施面积后，结合匡算的航站楼面积，按不同功能区对各项设施进行组合。组合时，各功能分区既要具有相对独立、互不干扰的特点，又能实现方便、迅捷的联系，确保流程简捷、明确、流畅，不同类型的流程有良好的分隔，各控制点的设施容量均衡协调，使旅客、行李的处理迅速、准确。

2）航站楼的基本设施

航站楼的基本设施包括车道边、大厅、安全检查设施、政府联检设施、候机室、行李处理设施、机械化代步设施、登机桥（廊桥）、商业经营设施、旅客信息服务设施及其他设施等。

车道边是航站楼陆侧边缘外，在航站楼进出口附近所布置的一条狭长地带，其作用是使接送旅客的车辆在航站楼门前能够驶离车道，作短暂停靠，以便上下旅客、搬运行李。

大厅用以实现的功能包括旅客值机、交运行李、旅客迎送与等候、安排各种公共服务设施等。通常一进大厅就能看见值机柜台，旅客在值机柜台办理值机手续、将行李称重、挂标签并托运。值机区域的面积、柜台的数量及布置方式，与高峰小时客流量、旅客到达航站楼的时间分布、柜台工作人员办理手续的速度及行李处理设施水平等诸多因素有关。

安全检查设施设在值机区和出发候机区之间，具体控制点可根据流程类型、旅客人数、安检设备和安检工作人员数量等做灵活的布置。常用的安检设备有磁感应门、X 光机、手持式电子操纵棒等。

政府联检设施包括海关、边防和卫生检疫，是国际旅客必须经过的关卡。

候机室是出发旅客登机前集合、休息的场所，通常分散设在航站楼登机门位附近。候机室要为下机旅客提供通道，使之不干扰出发旅客。候机室还应设验票柜台。

行李处理设施方便旅客在航站楼内准确、快速、安全地托运和提取行李。进出港行李的流程是严格分开的。

机械化代步设施常见的有电梯、自动扶梯、自动人行步道等。

登机桥是航站楼登机门位与飞机舱门的过渡通道，是以金属外壳或透明材料做的密封通道，桥本身可以水平移动、前后伸缩、高低升降。采用登机桥可使下机、登机的旅客免受天气、飞机噪声、发动机喷气吹袭等因素影响，也便于机场工作人员对出发、到达旅客客流进行组织和疏导。

商业经营设施既作为对旅客服务的航站楼的有机构成部分，又作为机场当局创收的一个重要渠道。商业经营项目繁多，如免税商场、银行、保险、会议厅、健身房、娱乐室、影院、书店、理发店、珠宝店、旅馆、广告、餐厅、托幼所等。

旅客信息服务设施主要包括旅客问询系统、航班信息显示系统、广播系统、时钟等。

航站楼的使用者可以分为四类：旅客与迎送者、航空公司人员、机场当局及有关工作人员、商业经营者。

2．货运站

货运站是承运人与托运人、收货人进行货物交接、运费结算等的场所，是连接货物与承运飞机的唯一通道，为货物提供从陆侧到空侧的转换服务，在航空货运中担当着空陆衔接的重要角色。

1）货运站的基本功能

货运站的基本功能体现在以下四个方面。

（1）存储功能。机场空侧与陆侧的货流量通常是不平衡的，一定的存储能力有助于协调空侧与陆侧的货流量。

（2）货物处理。例如，对出港货物，按照目的地进行分拣并转换成利于运输的大件（集装形式）；对进港货物，进行拆箱并分拣，便于配送或不同的货主提货。除了分拣及拆、装箱外，对空运货物还要进行称重、测量、贴标签、清点、鉴别、安检、包装、码放等操作。

（3）装卸搬运。即出港货物从货运站装上飞机，进港货物从飞机转到货运站。

（4）办理货运手续和货运文件。托运、提货、出库、入库等均需在货运站办理各种手续和有关货运文件，如货物托运书、航空货运单、货邮舱单、装机单、贵重物品交接单、特种货物机长通知单、中转舱单、货物分批发运单等。

2）货运站的布局

货运站的布局依据机场总体规划确定，其具体位置应既不干扰旅客航站区，又便于机坪运货飞机的货运作业操作。货运站一般设有供运货卡车、顾客汽车使用的停车场、综合办公楼（办理托运、提货、查询、海关等业务）、货仓、装箱和拆箱区、作业车辆（叉车、铲车、拖车、升降平台车、吊车等）停放和维修区等。

3）货运站的规模和设施水平

货运站的规模和设施水平需要考虑货物种类、货流量特性、运货飞机情况及货物地面处理设备的选择及其机械化、自动化程度。

（1）货物种类。货运站收到的出港货物，根据集装情况可以分为两类：一类是散件托运货物，这些货物需经货运站分拣、打包、集装等操作后，再装上飞机；另一类是已装入集装箱的货物，这些货物在货运站只需很少的处理工作。这两类货物各占比例多少，即所处理货物的集装化程度对设备选择及设备的机械化、自动化程度起决定作用，空运货物的种类对货运站的设计和设施布置产生重要影响。

根据运输时间的要求，航空运输货物可以分为三类：一是紧急货物，此类货物对运输时间、速度要求很高，如血清、血浆等；二是限期货物，此类货物本身有一定的时限性，也要求较快的运输，如鲜花、鲜活水产品、报纸等；三是计划性货物，即货主在进行成本分析以后，觉得采用空运仍然合算，发运的速度要求没那么高，在时间上相对宽松些。

根据货物本身的特点，航空运输货物可以分为普通货物和特种货物两大类。其中，特种货物包括生物制品、植物或植物产品、活体、骨灰、灵柩、鲜活易腐物品、贵重物品、枪械、弹药及危险品等，特种货物中的危险物品，按其危险程度分为九大类：一是爆炸品；二是易燃、有毒气体；三是易燃、自燃、遇水易燃固体物质；四是易燃液体；五是氧化剂和有机过氧化物；六是毒性物质和传染性物质；七是放射性物质；八是腐蚀性物质；九是杂类。

不同的货物类型对货运设施的要求不同，例如鲜活、易腐物品要求有恒温室、冷藏室或冷冻室，危险品要求有危险品仓库，空运牲畜（活体动物）要求有活体动物存放区等。

（2）货流量特性。货流量及货流峰值是货运站设计的重要依据，会同时影响到货运站的运营。

货流量的大小决定了货运站的规模和收益，而货流峰值特性要求货运站有足够的货物转运与仓储能力，空侧、陆侧的货流量大致均衡将有利于货运站的运营，但这种均衡的要求并不很严格，可利用货运站的仓储能力进行调配、缓冲。一般来说，允许货物在货运站的最长存储时间是有限制的，出港货物存储时间应不多于一天，到港货物应不多于三天，货运站一般通过对超期存储货物收取罚金来保证库容的有效利用，以促使提货人尽快提货，托运人准时交货。

通常货运站空侧货流峰值与载货飞机的到达、出发时刻有关，而陆侧货流峰值则与收货人、托运人的提货、送货时间有关，一般情况下，这两个时间是很难吻合的，即空侧和陆侧的流量峰值不在同一时间发生。因此，在设计货运站时，需要对货流特性进行详细调查和预测，以确保建成后的货站规模及设施的选择、布置与实际货流特点相适应。

（3）运货飞机与地面运输设备特性。运货飞机包括客货两用机与专用货机，为适应货物运输，运货飞机在设计上采取了一系列专用设施，包括传输装置、限动锁紧装置和导向装置、拦阻装置、装卸装置、系留装置等。与货物装卸有关的是传输装置和装卸装置，传输装置用于货物在机舱内的移动和转向，有集装传输装置和散货传输装置。装卸装置通常包括吊车、绞盘和货桥等。

在设计机场货运站时，一般会考虑运货以货机为主，还是客货两用机为主，并注意具体的载运货物的机型。不同的机型对货运站的设施、装卸运输设备的要求不同，当以客货混装方式为主时，装卸货一般在客机坪进行，这就要求货运站尽可能靠近客机坪，并采取装卸货与飞机乘客上下飞机、飞机地面运输服务同时进行的作业方式，并配置合适的器具。如果货运站主要为货机服务，为避免与客机坪作业的相互干扰，则可专设远离客机坪的货机坪，并使货机邻近货运库，以方便运输。

地面运输设备的特性，特别是机械化、自动化水平的程度在很大程度上决定了货运站的货物处理能力。

（三）延伸区

延伸区包括飞机维修区、油库区、航空食品加工区、航空公司和机场单位办公区、生活区，有些经济发达城市还衍生出空港物流园、空港经济开发区等，延伸区是由机场航空运输保障服务和运营而产生的相关区域。

二、机场的分类

民用机场可以按照航线业务范围、在民航运输网络系统中所起的作用、机场所在城市的性质与地位、旅客乘机的目的等划分为不同的类型，具体如表2-1所示。

表2-1 机场分类表

分类依据	机场类别	各类机场的特点
按航线业务范围	国际机场	有国际航班进出，设有海关、边防检查（移民检查）、卫生检疫和动植物检疫等政府联检机构。国际机场又分为国际定期航班机场、国际不定期航班机场和国际定期航班备降机场
	国内机场	专供飞国内航线的机场
	地区机场	我国内地城市与港、澳等地区之间航班飞行使用的机场
按机场在民航运输网络系统中所起的作用	枢纽机场	国际国内航线密集，在航线网络中发挥枢纽作用的机场
	干线机场	连接枢纽机场，空运量较为密集
	支线机场	空运量较少，多供本省区内航线或邻近省区支线飞行的机场
按机场所在城市的性质、地位	Ⅰ类机场	全国经济、政治、文化中心城市机场，是全国航空运输网络和国际航线的枢纽，运输业务繁忙，如北京、上海、广州三大城市的机场
	Ⅱ类机场	省会、自治区首府、直辖市和重要的经济特区、开放城市和旅游城市，或经济发达、人口密集城市的机场，可以建立跨省、跨区域的国内航线，有的开辟少量国际航线，也称干线机场
	Ⅲ类机场	国内经济比较发达的中小城市，或一般的对外开放和旅游城市的机场，如青岛、温州、三亚等城市的机场
	Ⅳ类机场	省、自治区内经济比较发达的中小城市和旅游城市，或经济欠发达，但地面交通不便城市的机场，也称为支线机场
按旅客乘机的目的	始发/目的地机场	位于航线的起点或终点，旅客出发机场或到达的目的地机场
	经停机场	位于航线的经停点，飞机停驻时间很短，没有或很少有始发航班飞机，绝大多数是过境旅客，一般为技术经停，如给飞机加油等
	中转机场	提供中转服务的机场，即旅客下飞机后，立即转乘其他航线的航班飞往目的地

三、机场的级别

由于机场所在城市的经济、政治、文化发展不同，机场的发展战略和设计规划也不同，机场的飞行区等级、跑道导航设施等级和航站业务量规模大小不同。

（一）飞行区等级

飞行区等级划分主要按照跑道的参数，即跑道的长度和宽度来进行划分。

跑道的长度是机场的关键参数，是机场规模的重要标志，它直接与飞机起降安全有关。跑道长度的设计主要根据预计使用该机场飞机的起降特性,特别是要求跑道最长的那种机型的构形与性能特点。此外,跑道长度还与飞机起降质量与速度、跑道条件(跑道表面状况、纵向坡度等)及机场所在环境、气象条件等有关。当海拔高、空气稀薄、地面温度高时,发动机的功率就会下降,因而需要加长跑道,例如,拉萨贡嘎机场虽运量不大,但跑道长为 4 000 m。

跑道的宽度取决于飞机的翼展和主起落架的轮距。飞机在跑道上滑跑、起飞、着陆不可能总是沿着中心线,可能会有偏离,因此需要有足够的宽度,但也不宜过宽,以免浪费土地。

飞行区等级代号由一个数字和一个字母组成。数字表示跑道长度,分别是"1、2、3、4","1"小于 800 m,"4"表示 1800 m 及以上。字母表示跑道宽度,从 A 到 F 越往后越大。这就构成了如 1A,2A,…,3C,4C,4D,4E,4F 等飞行区技术等级。具体参数如表 2-2 所示。

表 2-2 飞行区等级代码

数码	跑道长度/m	字码	翼展/m	主起落架外轮间距/m
1	$L<800$	A	$FL<15$	$T<4.5$
2	$800 \leqslant L<1200$	B	$15 \leqslant FL<24$	$4.5 \leqslant T<6$
3	$1200 \leqslant L<1800$	C	$24 \leqslant FL<36$	$6 \leqslant T<9$
4	$L \geqslant 1800$	D	$36 \leqslant FL<52$	$9 \leqslant T<14$
		E	$52 \leqslant FL<65$	$9 \leqslant T<14$
		F	$65 \leqslant FL<80$	$14 \leqslant T<16$

跑道的性能和相应的设施决定了什么种类的机型可以使用这个机场,进而影响机场的规模。目前,飞行区的最高等级是 4F,这个级别的机场可以起降各种大型飞机,最大可起降客机空客 A380。飞行区等级对应的起降机型如表 2-3 所示。

表 2-3 与飞行区等级匹配的飞机

飞行区等级	最大可起降飞机举例
4F	空客 A380 等四发远程宽体超大客机
4E	波音 747 全重、空客 A340 等四发远程宽体客机、大型双发客机波音 787、波音 777、空客 A330
4D	波音 767、波音 747 减重、空客 A300 等双发中程宽体客机
4C	空客 A320、波音 737 等双发中程窄体客机
3C	波音 733、ERJ、ARJ、CRJ 等中短程支线客机

随着国民经济的发展、对外贸易交流合作的深入,国内机场的建设也发展很快,目前国内部分 4F 机场如表 2-4 所示,其实各机场的跑道一直在建设和改造,以适应飞机机型不断升级和航空运输规模不断扩大的市场需求。

表 2-4　国内部分 4F 机场

机 场 名 称	IATA 代码	跑道长度、宽度指标/m
北京首都国际机场	PEK	3 800×60、3 200×50、3 800×60
上海浦东国际机场	PVG	4 000×60、3 800×60（两条）、3 400×60
重庆江北国际机场	CKG	3 600×60、3 200×45、3 800×60
广州白云国际机场	CAN	3 800×60、3 600×45、3 800×60
昆明长水国际机场	KMG	4 500×60、4 000×45
成都双流国际机场	CTU	3 600×60、3 600×45
武汉天河国际机场	WUH	3 400×60、3 600×60
郑州新郑国际机场	CGO	3 400×60、3 600×60
天津滨海国际机场	TSN	3 200×45、3 600×75
杭州萧山国际机场	HGH	3 400×60、3 600×45
深圳宝安国际机场	SZX	3 400×45、3 800×60
西安咸阳国际机场	XIY	3 000×45、3 800×60
南京禄口国际机场	NKG	3 600×45、3 600×60
长沙黄花国际机场	CSX	3 800×60、3 200×45
桂林两江国际机场	KWL	3 200×75
香港国际机场	HKG	3 800×60（两条）
台北桃园国际机场	TPE	3 800×60、3 660×60

注：各机场跑道在不断建设和升级改造中

（二）跑道导航设施等级

跑道导航设施等级是按照配置的导航设施能提供飞机以何种进近程序飞行来划分的，反映飞行安全和航班正常保障设施的完善程度。

跑道根据是否提供飞机用仪表进近程序飞行，可分为非仪表跑道与仪表跑道。

1．非仪表跑道

非仪表跑道是供飞机用目视进近程序飞行的跑道，代字为 V。

2．仪表跑道

仪表跑道是供飞机用仪表进近程序飞行的跑道。可分为四类，即非精密进近跑道、Ⅰ类精密进近跑道、Ⅱ类精密进近跑道、Ⅲ类精密进近跑道，具体如表 2-5 所示。

跑道配置导航设备的标准，需要根据机场性质、地形和环境、当地气象、起降飞机类型及年飞行量等因素进行综合研究确定。同一机场的不同跑道可能配置不同标准的导航设备。

表 2-5　仪表跑道分类表

跑道导航设施等级		特　征
仪表跑道（供飞机用仪表进近程序飞行的跑道）	（1）非精密进近跑道	装备相应的目视助航设备和非目视助航设备的仪表跑道，能足以对直接进近提供方向性引导，代字为 NP
	（2）Ⅰ类精密进近跑道	装备仪表着陆系统和（或）微波着陆系统以及目视助航设备，能供飞机在决断高度低至 60 m 和跑道视程低至 550 m 或能见度低至 800 m 时着陆的仪表跑道，代字为 CAT Ⅰ

续表

跑道导航设施等级		特 征
仪表跑道（供飞机用仪表进近程序飞行的跑道）	（3）Ⅱ类精密进近跑道	装备仪表着陆系统和（或）微波着陆系统以及目视助航设备，能供飞机在决断高度低至30 m和跑道视程低至350 m时着陆的仪表跑道，代字为CAT Ⅱ
	（4）Ⅲ类精密进近跑道	装备仪表着陆系统和（或）微波着陆系统的仪表跑道，可引导飞机直至跑道，并沿道面着陆及滑跑。根据对目视助航设备的需要程度又可以分为三类，代字分别为CAT ⅢA、CAT ⅢB、CAT ⅢC。 CAT ⅢA：精密进近和着陆最低标准的决断高低于30 m，或无决断高；跑道视程不小于200 m。 CAT ⅢB：精密进近和着陆最低标准的决断高低于15 m，或无决断高；跑道视程小于200 m但不小于50 m。 CAT ⅢC：精密进近和着陆最低标准无决断高和无跑道视程的限制

（三）航站业务量规模等级

根据航站的年旅客吞吐量（KQ）或货邮吞吐量（HQ）的数量划分机场等级。它反映了机场的繁忙程度和经济效益，当年旅客吞吐量与年货邮吞吐量不属于同一等级时，可按较高者定级。划分的标准可参考表2-6。

表2-6 航站业务量规模等级

航 站 等 级	年旅客吞吐量/万人次	货邮吞吐量/千吨
小型	$KQ<10$	$HQ<2$
小中型	$10 \leqslant KQ<100$	$2 \leqslant HQ<12.5$
中型	$100 \leqslant KQ<500$	$12.5 \leqslant KQ<100$
大型	$500 \leqslant KQ<1\,000$	$100 \leqslant KQ<500$
特大型	$KQ \geqslant 1\,000$	$KQ \geqslant 500$

四、机场的建设选址与规划

民用机场的规划与建设应当符合全国民用机场布局规划。民用机场及相关空管工程的建设应当执行国家和行业有关建设法规和技术标准，履行建设程序。中国民用航空局负责全国民用机场建设的监督管理，民航地区管理局负责所辖地区民用机场建设的监督管理。

（一）机场选址

运输机场场址应当符合下列基本条件。

（1）机场净空、空域及气象条件能够满足机场安全运行要求，与邻近机场无矛盾或能够协调解决，与城市距离适中，机场运行和发展与城乡规划发展相协调，飞机起落航线尽量避免穿越城市上空。

（2）场地能够满足机场近期建设和远期发展的需要，工程地质、水文地质、电磁环境条件良好，地形、地貌较简单，土石方量相对较少，满足机场工程的建设要求和安全运行要求。

（3）具备建设机场导航、供油、供电、供水、供气、通信、道路、排水等设施、系统的条件。

（4）满足文物保护、环境保护及水土保持等要求。

（5）节约集约用地，拆迁量和工程量相对较小，工程投资经济合理。

运输机场选址报告应当按照运输机场场址的基本条件提出两个或三个预选场址，并从中推荐一个场址。民航局对选址报告进行审查，对预选场址组织现场踏勘。选址报告应当由具有相应资质的评审单位组织专家进行评审。

（二）总体规划

总体规划应当遵循"统一规划、分期建设，功能分区为主、行政区划为辅"的原则。规划设施应当布局合理，各设施系统容量平衡，满足航空业务量发展需求。运输机场总体规划目标年近期为10年，远期为30年。

运输机场总体规划应当符合下列基本要求。

（1）适应机场定位，满足机场发展需要。

（2）飞行区设施和净空条件符合安全运行要求。飞行区构型、平面布局合理，航站区位置适中，具备分期建设的条件。

（3）空域规划及飞行程序方案合理可行，目视助航、通信、导航、监视和气象设施布局合理、配置适当，塔台位置合理，满足运行及通视要求。

（4）航空器维修、货运、供油等辅助生产设施及消防、救援、安全保卫设施布局合理，直接为航空器运行、客货服务的设施靠近飞行区或站坪。

（5）供水、供电、供气、排水、通信、道路等公用设施与城市公用设施相衔接，各系统规模及路由能够满足机场发展要求。

（6）机场与城市间的交通连接顺畅、便捷；机场内供旅客、货运、航空器维修、供油等不同使用要求的道路设置合理，避免相互干扰。

（7）对机场周边地区的噪声影响小，并应编制机场噪声相容性规划。机场噪声相容性规划应当包括：针对该运输机场起降航空器机型组合、跑道使用方式、起降架次、飞行程序等提出控制机场噪声影响的比较方案和噪声暴露地图；对机场周边受机场噪声影响的建筑物提出处置方案，并对机场周边土地利用提出建议。

（8）结合场地、地形条件进行规划、布局和竖向设计；统筹考虑公用设施管线，建筑群相对集中，充分考虑节能、环保；在满足机场运行和发展需要的前提下，节约集约用地。

民航地区管理局负责所辖地区运输机场总体规划的监督管理。运输机场所在地有关地方人民政府应当将运输机场总体规划纳入城乡规划，并根据运输机场的运营发展需要，对运输机场周边地区的土地利用和建设实行规划控制。

五、机场运行与管理

根据《民用机场管理条例》,民用机场是公共基础设施。各级人民政府应当采取必要的措施,鼓励、支持民用机场发展,提高民用机场的管理水平。国务院民用航空主管部门依法对全国民用机场实施行业监督管理。地区民用航空管理机构依法对辖区内民用机场实施行业监督管理。民用航空管理部门、有关地方人民政府应当加强对运输机场安全工作的领导,督促机场管理机构依法履行安全管理职责,协调、解决运输机场安全工作中的问题。机场管理机构应当依照国家有关法律、法规和技术标准的规定,保证运输机场持续符合安全运营要求。

(一)飞行区运行管理

飞行区的运行关系到飞行的安全,为确保飞行区内的活动安全、有序、高效,飞行区一般设有独立的运行中心。其运行工作主要是管理飞行区内的活动,保持跑道和滑行道道面的整洁、无障碍以及上空的净空条件;保障飞机地面滑行顺利到位,安排飞机机位和登机门;保证地面车辆有序移动。

1. 道面巡视

飞机在跑道上高速滑跑,如果道面出现超标准的裂缝、鼓泡或者有外来物将严重影响飞行安全。道面巡视是飞行区运行工作的重要内容,特别是跑道道面的巡视尤为重要。

衡量道面好坏程度的常用指标有道面的强度、摩擦力及道面外来物的污染水平。

跑道道面的强度是根据机场需要起降的最大飞机的能力计算出作用在每平方厘米跑道上的压力而获得的,根据压力大小,相应可以采用土跑道、沥青跑道和混凝土跑道道面三种,这在跑道设计和施工过程中已经确立。

道面的摩擦力是为减小飞机落地刹车减速过程中飞机轮胎的打滑现象而设计的。特别是在多雨地区,为防止在下雨时飞机出现滑水现象,道肩设计的坡度会较大,同时跑道还会开槽以增加摩擦。

道面外来物污染可能是刮大风吹过来的大的沙石,更多的是飞机刹车时轮胎上的橡胶颗粒的脱落,必须得到及时清理,因为这些都会影响飞机刹车。

巡视人员如果发现跑道道面需要维护,需及时通知工程部门进行有效的维护。

2. 地面滑行引导

滑行引导既要保证落地飞机在安全的情况下快速脱离跑道到达停机位,同时也要保证离港的飞机有序列队进入跑道起飞。

在小型机场,滑行通常由航行管制统一指挥。而在大型机场,机场运行部门配备有专门的通信频道指挥滑行,特别是繁忙机场,因有多条跑道,可能需要多个频道来分别指挥各个方向滑行的飞机。地面滑行引导对飞机来说特别重要,特别是在天气恶劣的时候,地面滑行的安全将更依赖精准的指挥和清晰的地面标志。

例如,1977年3月27日,发生在洛斯洛德斯机场(Los Rodeos Airport)的两架波音747客机在跑道上相撞的事故,除因为地面标志不清晰外,地面滑行引导不当也是重要的原因之一。

3. 地面（机坪）车辆管制

地面（机坪）车辆管制是机场运行管理的重要内容。在飞行区内，除了飞机以外，各种地面服务车辆，如货物拖车、加油车、加水车、电瓶车、清洁车、机舱餐食服务车等，其数量可能远远多于飞机的数量，这些机动车辆为飞机提供各种配套服务，所以必须接近飞机。为了使飞机和机动车辆有序移动、避免冲突，运行部门必须监控引导飞机和机动车辆都按照各自的滑行路线进行滑行。如果机坪内的地面车辆与飞机滑行发生冲突，必须优先保障飞机的滑行。为了避免出现地面车辆撞飞机的事故，地面车辆管制工作是来不得半点马虎的，特别是天气恶劣，大雾能见度低的时候，地面车辆管制工作须高度重视。

4. 机场净空维护

机场空域内，由于飞机起飞、着陆需要做更多的机动飞行，所以整个机场的上空和附近区域应该有比较好的净空条件，尤其是在跑道两端净空要求更高，不能有障碍物。民用机场所在地应当按照国家有关规定划定民用机场净空保护区域，并向社会公布。

空中障碍物包括三类：第一类是地形和固定建筑物。为保证机场有好的净空条件，机场应该选择在没有明显影响飞机进港和出港地形条件的地方，机场的净空面内应该严格按照规划要求不建设超高的建筑；第二类障碍物是非法入侵的飞行物。如各类气球、无人机等，因此在机场附近的飞行物也需要进行管制。第三类障碍物是鸟类。特别是水草丰茂的湖区附近，鸟类危险非常大，机场运行部门需要采取各种驱鸟技术驱赶鸟类以保证飞机运行安全。

根据《民用机场管理条例》，禁止在民用机场净空保护区域内从事下列活动。

（1）排放大量烟雾、粉尘、火焰、废气等影响飞行安全的物质。

（2）修建靶场、强烈爆炸物仓库等影响飞行安全的建筑物或者其他设施。

（3）设置影响民用机场目视助航设施使用或者飞行员视线的灯光、标志或者物体。

（4）种植影响飞行安全或者影响民用机场助航设施使用的植物。

（5）放飞影响飞行安全的鸟类，升放无人驾驶的自由气球、系留气球和其他升空物体。

（6）焚烧产生大量烟雾的农作物秸秆、垃圾等物质，或者燃放烟花、焰火。

（7）在民用机场围界外 5 m 范围内，搭建建筑物、种植树木，或者从事挖掘、堆积物体等影响民用机场运营安全的活动。

（8）国务院民用航空主管部门规定的其他影响民用机场净空保护的行为。

（二）航站区运行管理

航站区运行管理的中心目标是确保旅客和货物能安全、便利、高效地出港和进港，其运行管理的范围既包括供旅客和货物办理手续和上下飞机的航站楼，也包括站坪、车道边、停车设施（停车场或停车楼）、站前地面交通及相应公共设施等。

机场管理机构对机场的安全运行实施统一协调管理，负责建立健全机场安全运营责任制，组织制定机场安全运行规章制度，保障机场安全制度的有效实施，督促安全检查工作,加强安全巡逻和预警,及时发现并消除安全事故隐患。民航运输企业及其他驻场单位应当按照各自的职责,共同保障运输机场的安全,并承担相应的责任,发生影响运输机场安全运营情况的,应当立即报告机场管理机构。

航站区内的安保措施包括旅客身份要进行多次识别,行李必须经过 X 光机透视,还需使用金属探测和其他安全技术再次确认,同时在确保旅客和货物运输安全的前提下,尽可能提高运输的便利性与高效性。

根据国际民航组织的定义,便利性是指可以给航空运输服务的提供带来更容易、更快速的措施和资源的整合。

便利性意味着更有效的设施与设备装置、更高效的运行流程,一方面减少、简化、消除不必要的手续,另一方面对那些不能简化的手续实现自动化,以保证飞机和旅客或货物能迅捷和无阻碍地通过,避免旅客和货物在航站区拥堵或不必要的等候,确保高质量的运行服务。例如,旅客可以快速到达机场和相应的航空公司柜台;到达候机楼门口后可以快速办理登机手续;相应的安全检查和证照控制能够快速和有效;到达和中转手续能够快速便捷,到达手续一般以第一件行李提取的速度来计算,以检验机场到达保障的能力,而中转则不仅包括行李提取,还包括转机程序是否一目了然、转机通道是否快捷、转机中的证照控制是否到位等,特别是要进行国际转机,流程设计与海关、移民等政府机关的配合非常重要。此外,特殊服务通道健全,从残疾人到乘坐专机的重要旅客都能得到悉心的照顾。

(三)延伸区的管理

延伸区内有飞机维修区、油库区、航空食品加工区,有驻场航空公司和机场单位办公区与生活区,有些经济发达城市还衍生出空港物流园、空港经济开发区等,都是由机场航空服务和运营而产生的相关区域。这些区域范围内的任何企业和部门都要遵守《中华人民共和国航空法》、《民用机场运行安全管理规定》及《民用机场管理条例》等的相关规定。

案例 2-2

粤港澳大湾区世界级机场群加快建设,临空经济发展如火如荼

"建设世界级机场群"是《粤港澳大湾区发展规划纲要》(以下简称《规划纲要》)提出的"构建现代化的综合交通运输体系"的重要内容之一。《规划纲要》还提出,建设深圳、珠海通用航空产业综合示范区,推进广州、深圳临空经济区发展。

航空是现代交通和经济的"激活器"。粤港澳大湾区目前有香港、澳门、广州、深圳和珠海五大机场,构成了大湾区的骨干航空力量。数据显示,2018 年,五大机场旅客吞吐量合计超过 2 亿人次,货邮吞吐量超过 830 万吨,运输规模位于全球湾区机场群之首。据国际航空运输协会预测,到 2030 年,粤港澳大湾区客货运需求量将分别达到 3.87 亿人次、2 000 万吨。时不我待,只争朝夕。加快临空经济建设,已成为上述城市参与建设粤港澳大湾区的重大机遇、重要抓手。

1. 广州依托国家临空经济示范区，打造具有国际竞争力的航空产业集群

广州白云国际机场是我国三大航空枢纽之一，发展临空经济基础雄厚，如今已有近1.2万家企业在广州临空经济区集聚。"我们一定紧抓粤港澳大湾区建设重大机遇，按照《规划纲要》要求，对标国际一流，依托国家临空经济示范区，促进国际航空枢纽功能不断提升、综合交通网络体系不断完善、临空高端产业加快集聚、重大项目建设加速推进。"广州空港经济区管委会党组书记、主任孙秀清说。

临空高端产业加速集聚进一步拓展飞机零部件制造、客改货、智能维修等产业链。2018年以来，位于广州临空经济区的广州飞机维修工程有限公司计划着手进一步提升维修产能和技术水平。"三期机库工程、飞机附件维修基地工程、飞机PMA零部件制造中心厂房建设等一系列项目计划已提上日程。借力粤港澳大湾区的发展，建成后将进一步加强和巩固我们在临空高端产业上的优势，实现'打造世界一流航空维修企业'的发展目标，为大湾区航空产业发展发挥积极作用。"广州飞机维修工程有限公司战略发展部总监李龙享说。

随着近年粤港澳大湾区城市的快速发展，国际航空枢纽能级提升带来的高端资源正在广州加速集聚。目前，广州空港经济区已有纳税主体数量近1.2万家，仅2018年，广州空港经济区推动洽谈招商项目就达96个，已落户、落地和签约项目23个，投资总额近160亿元。

"广州临空经济区初步形成了飞机维修、航空物流、跨境电商、通用航空及飞机租赁等临空高端产业集聚的态势。"孙秀清告诉记者，随着空客、波音全球两大飞机制造企业客改货项目相继落户，广州空港正逐步成为国内乃至国际重要的飞机维修基地。

2018年，广州白云国际机场完成旅客吞吐量6 974.3万人次，同比增长5.9%；完成货邮吞吐量189.1万吨，同比增长6.2%。近3年来，两项指标均位于国内第3位，其中，2018年旅客吞吐量全球排名第13位。不仅如此，随着白云机场二期扩建项目（T2航站楼等）、商务航空服务基地（FBO）等基础设施的投入使用，广州国际航空枢纽能级正不断提升，广州飞往全球各地越来越便捷。2018年，白云国际机场的国际及地区旅客吞吐量达到1 732万人次，同比增长9%。截至2018年9月底，广州已开通美洲8个通航点、欧洲11个通航点、非洲5个通航点、澳洲8个通航点、亚洲56个通航点，覆盖了欧美主要航空枢纽城市。2018年世界航线发展大会举办期间，广州又达成新开通28条国际航线的合作意向。

按照《规划纲要》要求，继续强化国际航空枢纽规划建设，对标国际先进，加快城际轨道、高快速路等基础设施建设，完善旅客便捷出行、货物高效运输的立体化综合交通体系，优化综合服务功能，提升广州国际航空枢纽能级和全球影响力，致力于发挥机场聚集高端资源要素的优势，依托临空经济示范区，科学谋划布局航空总部、航空物流、飞机维修、航材制造、跨境电商、飞机租赁及配套生活服务等临空产业，打造具有国际竞争力的航空产业集群。

如今，白云机场正在加快推进三期扩建工程（第四、第五跑道及T3航站楼）建设。为增强大湾区各城市通达的便利性，广州正在推动第二机场高速等高速公路和穗莞深城际

新白广段等轨道交通建设。此外，白云机场综合保税区二期正在加紧建设中，建成后，将成为粤港澳大湾区又一对外贸易重大合作的发展平台。

2. 深圳持续推进临空经济区内产业调整和布局优化，建设空港新城

沿着广深沿江高速一路向南进入深圳，上空不断传来强气流声，飞机频繁起落彰显出深圳宝安国际机场的高速运转与繁忙程度。东侧深圳国际会展中心的工地上，钢制的框架已全面封顶，一座崭新的"城市新客厅"初现雏形。

当下，位于深圳市宝安西北部的空港新城正如火如荼地建设中。依托区位优势和雄厚的制造业基础，空港新城将以在建的深圳国际会展中心为核心，规划以会展为核心驱动和战略性节点，结合空港、高铁等区域性交通支撑，发展会展商贸、创新研发、国际物流等与临空经济紧密相关的功能业态和产业集群。

在深圳宝安国际机场，繁忙的航空器每天都在双跑道上载着货物起飞、降落，承载着深圳临空经济的腾飞。2018 年，深圳机场全年实现旅客吞吐量 4 934.9 万人次、货邮吞吐量 121.9 万吨、起降航班 35.6 万架次。全年新增 15 个国际客运通航城市，新开洲际航线数居内地机场首位。一条条航线的延伸，一座座空港的崛起，在方便人们出行、让这个世界"变小"的同时，也为城市经济发展搭建了新平台。在物流带动、产业集群、园区配套的发展模式下，深圳持续推进临空经济区内产业调整和布局优化，助力临空经济建设。

如今，在深圳市宝安区，已有顺丰速运、联邦快递、中外运、万港物流、德国汉莎、现代港口等 5 900 多家国内外知名物流企业集聚，形成了全球 100 强物流区域总部企业、A 级物流企业、第三方和第四方物流企业等各类物流业态并生的企业组团结构。

随着粤港澳大湾区建设逐步推进，深圳临空经济迎来新的发展机遇。民航中南地区管理局局长胡振江表示，深圳机场将继续擦亮"特区招牌"，以新发展理念引领深圳民航高质量发展；要积极融入粤港澳大湾区建设，打造全球领先的世界级机场群；要继续强基固本，进一步提升安全保障能力和服务质量。

2018 年 12 月，宝安大空港新兴产业集聚区正式规划为深圳第二批八大新兴产业集聚区之一。该集聚区规划工业用地面积 9.51 平方千米，地处广佛肇、深莞惠、珠中江三大城市圈交会处，距南沙、前海自贸片区直线距离均约 20 千米，是广深港澳科技创新走廊在深圳的第一站。发展临空经济是空港新城的定位之一。按照计划，未来大空港新兴产业集聚区将重点发展航空航天、海洋产业，建成一批航空总部企业基地和供应链管理中心；集聚一批具有国际影响力的基地航空公司、临空服务企业和科技创新企业；培育一批符合新兴经济与科技发展趋势的高新技术产业化项目；初步形成航空航天、海洋产业等新兴产业集群，形成百亿级产业集聚区，到 2020 年预计累计投资额 500 亿元。深圳市宝安区提出，到 2020 年，大空港地区将基本完成新城核心区开发建设，初步形成具有一定国际影响力的空港都市区，达到"空间之核"的定位，同时，借助粤港澳大湾区高端产业领域国际化的科技资源，以政策为先导，引领创新型产业宏观发展，加快向价值链高端迈进，构建开放创新型现代产业体系；到 2030 年，基本建成开放合作、高端引领、创新驱动、环境优美的国际一流空港都市区。

3. 珠海航空产业园不断迈向高端，建设一流的通用航空产业综合示范区

2019年2月24日，记者来到位于珠海市斗门区莲洲镇的珠海通用机场。该机场已正式通过竣工验收，上半年可实现通航，将助力珠海打造成服务粤港澳大湾区、辐射华南及港澳地区的一流通用航空产业综合示范区。

从新材料研究到无人机飞行试验场建设，经过10年的发展，如今的珠海航空产业园已成为通用航空产业集聚的重要区域，正不断向更全面的产业链条延伸。

2018年10月，一架重100多千克的大载重无人直升机持续在空中盘旋4小时50分钟，创下了国内旋翼机无地效悬停滞空飞行时间纪录。这一产品正是由珠海本土企业——珠海隆华直升机科技有限公司研制的。这款XV-5型长航时多用途无人直升机适用于侦查、管道线网及河道的巡检、应急搜救、察打一体等任务。

隆华直升机是珠海航空产业园的代表企业之一。飞行试验是无人机产业研发生产的重要一环。为满足企业对规范的试飞场地、合法的飞行空域和专业的飞行服务机构等的需求，珠海航空产业园规划建设了珠海（金湾）飞行服务中心。该中心依托无人机试飞基地，面向粤港澳大湾区乃至华南无人机产业发展提供开放服务，打造集试飞试验、无人机监管、科学研究、人才培训、检测认证、教育培训等功能为一体的无人机产业聚集综合示范区。

除了为企业做好服务，珠海还把目光投向航空产业的上游配套，成立金湾新材料研究院，进一步加强新材料领域的研究应用，打造航空航天产业加速器及人才智库和新材料产业创新基地，促进航空产业发展。珠海航空产业园党委书记、金湾区委书记阳化冰表示："作为粤港澳大湾区内唯一的航空产业专属经济园区，航空产业园10年来已经培育出全球最大水陆两栖飞机'鲲龙'AG600这样的国之重器，建成了赛斯纳、西锐等国际领先通用飞机的生产线，下一步将继续围绕通用飞机研发生产丰富产品线、扩展产业链，同时加快航空服务、航空配套、工业级无人机产业发展，形成向研发设计、保障维护、现代服务业延伸的高端产业体系，打造国内知名的航空产业示范园区和工业级无人机产业聚集区。"

驾车从江珠高速莲洲出口一路向西，大约4千米即到达2018年年底刚完成首期建设的珠海通用机场。目前通用机场正有序开展行业验收相关准备工作，计划2019年上半年实现通航。作为广东省重点建设项目，区别于常见的民航运输机场，珠海通用机场可承接飞行培训、公共服务、低空旅游、商务和私人飞行等通用航空运营服务。

按照战略定位，珠海通用机场是粤港澳大湾区机场体系的重要组成部分。该机场还将作为重要的公共服务基础设施，在政府应急救援中扮演重要角色。未来，珠海通用机场将构建与市内外旅游景点间的低空旅游通道，培育航空俱乐部、公商务飞行、短途运输和航空物流等新兴业态，初步建立商务和私人飞行、短途客货运和航空物流的飞行网络。此外，维修保障业务、通用航空会展、整机组装试飞、零部件制造等关联产业及外延服务也将成为下一步瞄准的重点。依托珠海通用机场这一平台，珠海发展通用航空产业有了更完善的条件，打造服务大湾区、辐射华南及港澳地区的一流通用航空产业综合示范区，向产业链中高端迈进也有了更足的底气。

资料来源：世界级机场群加快建设，临空经济发展如火如荼[EB/OL]．（2019-02-25）．http://news.carnoc.com/list/483/483905.html.

任务 4　空中交通服务系统

航空器是在有限的空间、有限的时间和有限的条件下起飞、降落和飞行的，飞机从起飞到降落，一直处在空中交通管制之下，严格按预定时间、航线、高度、速度飞行，受机场空域管制中心、沿途航路管制中心和终点机场空域管制中心的指挥与调度。

空中交通服务包括空中交通管制服务、飞行情报服务和告警服务。

一、空中交通管制服务

空中交通管制服务的目的是防止航空器与航空器相撞及在机动区内航空器与障碍物相撞，维护和加快空中交通的有序流动。

（一）飞行规则

按照驾驶术和领航术划分，可以把飞行分为两大类：目视飞行和仪表飞行。对应于这两种不同的飞行种类，分别有相应的飞行规则：目视飞行规则和仪表飞行规则。为了保证飞行安全，在这两种飞行规则下，都必须保持飞机之间的足够距离。

1．目视飞行规则

目视飞行规则是在可见天地线和地标的条件下，能够帮助判明航空器飞行状态和目视判定方位的飞行规则。

1）实施目视飞行的条件

一般情况下，只有在昼间，飞行高度在 6 000 m 以下，巡航表速在 250 km/h 以下的航空器，云下飞行，低云量不超过 3/8，并且符合规定的目视气象条件时，方可按照目视飞行的最低安全间隔和高度的规定飞行。

2）目视气象条件的规定

目视气象条件是能见度、距云的距离和云高等于或大于规定的目视最小数值的气象条件。即规定航空器与云的水平距离不得小于 1 500 m，垂直距离不得小于 300 m；高度 3000 m（含）以上，能见度不得小于 8 km；高度 3 000 m 以下，能见度不得小于 5 km。

3）目视飞行安全间隔的规定

在同一航线、同一高度飞行时的目视飞行安全间隔规定如下。

（1）巡航表速 250 km/h（不含）以下的航空器，航空器之间的距离不得小于 2000 m。

（2）巡航表速 250 km/h（含）以上的航空器，航空器之间的距离不得小于 5000 m。

（3）超越前面的航空器时，应当从其右侧，保持 500 m 以上的间隔超越。

不同高度飞行的航空器，航空器之间的垂直距离不得小于 300 m。

机长对保持航空器之间的间隔、距离和航空器距地面障碍物的安全高度是否正确负责。

4）目视飞行的最低安全高度

飞行的最低安全高度是保证航空器不与地面障碍物相撞的最低飞行高度。

机场区域内目视飞行最低安全高度规定如下。

（1）巡航表速 250 km/h（不含）以上的航空器，按照机场区域内仪表飞行最低安全高度的规定执行。

（2）巡航表速 250 km/h（含）以下的航空器，距离最高障碍物的真实高度不得小于 100 m。

航线目视飞行最低安全高度规定如下。

（1）巡航表速 250 km/h（不含）以上的航空器，按照航线仪表飞行最低安全高度的规定执行。

（2）巡航表速 250 km/h（含）以下的航空器，通常按照航线仪表飞行最低安全高度的规定执行；低于最低高度层飞行时，距航线两侧各 5 km 地带内最高点的真实高度，平原和丘陵地区不得低于 100 m，山区不得低于 300 m。

2．仪表飞行规则

仪表飞行规则是完全或部分地按照航行驾驶仪表，判定航空器飞行状态及其位置的飞行。通常在仪表飞行气象条件（低于目视气象条件）下飞行时，或者在云层、云上目视气象条件下飞行时，或者在夜间飞行时，或者高度在 6 000 m 以上飞行时，必须按照仪表飞行规则的规定飞行。按仪表飞行的航空器，必须具有姿态指引、高度指示、位置判断和时钟等设备。在仪表飞行规则运行中使用的甚高频全向信标设备必须符合飞行规则的要求。

机场区域内仪表飞行最低安全高度规定如下。

（1）在机场区域内，以机场导航台为中心，半径 46 km 扇区范围内，距离障碍物的最高点，平原不得小于 300 m，丘陵、山区不得小于 600 m。

（2）航空器利用仪表进近程序进入着陆过程中，不得低于进近程序规定的障碍飞行高度。

航线仪表飞行最低安全高度规定如下：航路、航线飞行或者转场飞行的安全高度，在高原和山区应当高出航路中心线、航线两侧各 25 km 以内，最高标高 600 m；在其他地区应当高出航路中心线、航线两侧 25 km 以内，最高标高 400 m。

受性能限制的航空器，其航路、航线飞行或者转场飞行的安全高度，由有关航空管理部门另行规定。

（二）管制空域

在物理学上，空间分成空气空间和外层空间。空气空间通常称为空域，是环绕地球的大气空间，是航空器活动的主要场所。与此相对应的是外层空间，也称为宇宙空间或外太空。空气空间分为两大类：一是各国领土之内的陆地和水域之上的空气空间，即国家领空；二是国家领土之外的陆地和水域之上的空气空间，也称为公空。

现代航空法规定，在空气空间实行领空制度，一个国家对其领空享有完全的和排他的主权。同时，空域具有诸多的自然属性和社会属性，其中自然属性是在自然力作用下形成的固有物理、化学特性，社会属性特征表现为人类对空域资源的占有、分配、使用及其相关的制度安排，这也是空域区别于空间的根本属性。因此，航空领域对空域的定义是"地球表面以上的，可以供航空器飞行使用的，一定范围内的空气空间"。

管制空域是根据空域内的航路结构和通信、导航、监视和气象保障能力来划分的，以便对空域内的航空器飞行提供有效的空中交通管制服务。在我国空域内，沿航路、航线地带和民用机场区域设置管制空域，包括高空管制空域、中低空管制空域、进近管制空域和机场管制地带。

1. 高空管制空域

在我国境内标准大气压高度 6 000 m（不含）以上的空间，可以划设高空管制空域。在此空域内飞行的航空器必须按照仪表飞行规则飞行，并接受空中交通管制服务。

2. 中低空管制空域

在我国境内标准大气压高度 6 000 m（含）至其下某指定高度的空间，可以划设中低空管制空域。在此类空域内飞行的航空器，可以按照仪表飞行规则飞行，并接受空中交通管制服务；对符合目视气象条件的，经航空器驾驶员申请，并经过相应的管制单位批准，也可以按照目视飞行规则飞行，并接受空中交通管制服务。

3. 进近管制空域

进近管制空域通常是指在一个或者几个机场附近的航路、航线汇合处划设的、便于进场和离场航空器飞行的管制空域。它是高空管制空域或者中低空管制空域与机场管制地带之间的连接部分，其垂直范围通常在 6 000 m（含）以下、最低高度层以上，水平范围通常为半径 50 km 或者走廊进出口以内的除机场塔台管制区以外的空间。在此空域内飞行的航空器，可以按照仪表飞行规则飞行，并接受空中交通管制服务；如果符合目视飞行规则的条件，经航空器驾驶员申请，并经相应的管制单位批准，也可以按照目视飞行规则飞行，并接受空中交通管制服务。

4. 机场管制地带

机场管制地带通常包括起落航线和最后进近定位点之后的航段，以及第一个等待高度层（含）以下至地球表面的空间和机场机动区。在此类空域内飞行的航空器，可以按照仪表飞行规则飞行，并接受空中交通管制服务；对符合目视气象条件的，经航空器驾驶员申请，并经塔台管制室批准，也可以按照目视飞行规则飞行，并接受空中交通管制服务。

（三）空中交通管制服务的运行组织形式

空中交通管制服务的运行组织形式基本是机场管制、进近管制、区域管制为主线的三级空中交通服务体系。

机场管制服务是向在机场机动区内运行的航空器以及在机场附近飞行且接受进近和区域管制以外的航空器提供的空中交通管制服务。机场管制服务应当由塔台管制单位负责提供。

进近管制服务是向进场或者离场飞行阶段接受管制的航空器提供的空中交通管制服

务。进近管制服务应当由进近管制单位负责提供。如果没有设立单独的进近管制单位，进近管制服务可以由主要负责提供机场管制服务的塔台管制单位提供，或者由主要负责提供区域管制服务的区域管制单位提供。

区域管制服务是向接受机场和进近管制服务以外的航空器提供的空中交通管制服务。区域管制服务应当由区域管制单位负责提供。如果没有设立区域管制单位，区域管制服务可以由主要负责提供进近管制服务的单位提供。在区域管制单位和进近管制单位不能提供区域管制服务时，区域管制服务可以由塔台管制单位提供。

（四）空中交通管制服务工作的基本要求

空中交通管制主要是为已进入活动阶段的航空器提供良好的管制服务，管制服务工作责任重大，服务工作的优劣直接影响飞行的安全和正常与否。

1. 做好飞行的组织和保障工作

根据任务性质、机型特点、天气、地形、飞行活动情况及主要障碍物的关系位置、高度，按照飞行条例、管制工作细则及有关规定，考虑最复杂、最困难的情况做好多种预案，研究和制订保证飞行正常进行的工作计划，报告或通报飞行动态，使空、地之间和各项服务保障部门之间密切配合，协调一致地进行工作。

实施空中交通管制服务要力争主动，力避被动，做到准确、及时和不间断，掌握管制飞行的主动权和控制飞机活动的自由权，从而有效地防止一切相撞事故的发生。及时通报和掌握各种与飞行和空中交通管制服务有关的情报，对可能发生的问题，早有预见；针对飞行情况的变化，灵活机动地处置。在实施空中交通管制服务过程中，需统筹兼顾、审时度势、灵活机动地使空中交通处于安全、合理、连续及严格运行的管制之中。

2. 提高单位时间内有限区域的空中交通容纳量

随着航空事业的发展，飞行量迅速增加，需要有效地利用空间与时间。提高单位时间内有限区域的空中交通容纳量，成为空中交通管制服务工作十分重要的技术性问题。对于一个机场、一个区域或一条航路，在同样的管制设备和导航设备条件下，单位时间内的容纳量不是无限的。按照设备和技术条件的差异，只能允许接近或达到最大的流量。所以，空中交通流量不能盲目地增加，必须合理地控制，科学地提高机场和空间的利用率。

当空中交通容纳不可再增加时，必须将此情况及时地通知有关单位和有关负责人，限制飞向该地区飞机的起飞时间，并指定准许飞入该区的时间和调配事项，以保证空中交通保持合理的流量和有秩序地进行。空中交通管制单位在计划飞行时，就应当进行周密的计划、合理的安排，与相邻及有关的空中交通管制部门密切协作、互通动态、互相配合，主动、灵活地采取最简便的方法，在符合技术要求的条件下，在最短的时间内，能够通过更多的飞机架次。

3. 为飞行提供保障安全的情报、措施和建议

空中交通管制人员在安全生产中充当业务总管的角色，必须对航空各部门工作的基本常识熟悉了解，如对飞行、机务、通信、气象、运输服务、场务、油料等各方面的工作性质及其与安全生产的关系，以及这些单位的一般工作程序、工作状况等都要有所了解，更

重要的是对规章制度的记忆要熟练，运用要灵活自如，对航路情况、机场条件以及各种机型的性能特点，都要有比较广泛的知识。这样，才能保证在各种不同情况下为飞行提供可靠有效的措施和建议。

当空中交通管制员发现驾驶员不能执行管制指令时，应迅速查明原因，除因特殊原因、特殊情况外，都应予以警告，并令其严格执行管制指令；对严重违规行为或引起不安全者，应依照有关规定予以严肃处理，使各个生产保障单位能够合理地调度和科学地管制协调，使之更好地为安全生产服务。

4. 保障导航设备的正常有效运转

飞行中，无论驾驶员的技术高低和天气条件好坏，都要使用导航设备，以保证领航的精确程度。地面导航设备的开启和工作变动情报完全由管制员根据飞机飞行的需要来掌握。为了保证飞机沿预定航线飞行以及正确地进近和着陆，空中交通管制员必须根据飞机的位置报告和雷达资料，准确地掌握飞机的位置，及时通知地面导航设备的开启、关闭时间。

在导航设备为空中飞机提供导航的过程中，空中交通管制员应该不间断地注意其设备的工作情况，必要时应监听其信号。当收到空中报告导航设备工作不正常时，应立即通知导航勤务部门进行检查。在检查或排除故障的过程中，不得影响正常导航。当飞机发生特殊飞行情况或遇险时，空中交通管制员应立即组织该机活动范围内可以利用的导航设备开启或者准备开启，保证该机处于可靠的导航条件之下，以利于特殊情况的处置。任何已经提供飞行使用的地面导航设备，未经值班管制员的许可不得关机，受条件限制的导航台，如工作过程中必须更换机器时，应事先通知飞行员。在飞机进行着陆的过程中，一般不允许更换正在工作中的导航设备，以防止发生误会，影响飞行安全。

在相邻管制区，空中交通管制员之间要有协调措施，保证导航工作连续进行；在飞机飞入或者飞离管制区后，能够提供不间断的导航服务。

（五）空中交通管制单位

空中交通服务由空中交通管制单位提供，这些管制单位包括：空中交通服务报告室；机场塔台管制单位，（简称"塔台管制单位"）；进近管制单位；区域管制单位；民航地区空管局运行管理单位；民航局空中交通管理局运行管理单位。

为了提供空中交通管制服务，管制单位的主要工作内容包括：① 获取航空器飞行计划和有关变化的情况，以及航空器飞行动态；② 根据掌握的信息，确定航空器位置及其相对关系；③ 发布空中交通管制许可与指令，提供飞行情报，防止受管制的航空器相撞，维持空中交通秩序，加速空中交通流量；④ 当航空器可能与其他管制单位管制下的航空器发生冲突时，或者在将航空器移交给其他管制单位之前，应当向该管制单位进行必要的通报协调。

各空中交通管制单位应当履行下列职责。

（1）空中交通服务报告室负责受理和审核飞行计划的申请，向有关管制单位和飞行保障单位通报飞行计划和动态。

（2）塔台管制单位负责对本塔台管辖范围内航空器的推出、开车、滑行、起飞、着陆和与其有关的机动飞行的空中交通服务。

（3）进近管制单位负责一个或者数个机场的航空器进、离场及其空域范围内其他飞行的空中交通服务。

（4）区域管制单位负责向本管制区内受管制的航空器提供空中交通服务，负责管制并向有关单位通报飞行申请和动态。

（5）民航地区空管局运行管理单位负责统一协调所辖区域内民航空中交通管制工作，监控所辖区域内民航空中交通管理系统的日常运行情况，协调处理所辖区域内特殊情况下的飞行，承担本地区搜寻援救协调中心职责。

（6）民航局空中交通管理局运行管理单位负责统一协调全国民航空中交通管制工作，监控全国民航空中交通管理系统的日常运行情况，协调处理特殊情况下的飞行，承担民航局搜寻援救协调中心职责。

二、飞行情报服务

飞行情报服务的目的是向飞行中的航空器提供有助于安全和有效地实施飞行的建议和情报。但飞行情报服务不改变航空器驾驶员的责任。

（一）情报服务内容

飞行情报服务应当提供下列有关各项情报。

（1）重要气象情报和航空气象情报。

（2）关于火山爆发前活动、火山爆发和火山灰云的情报。

（3）关于向大气释放放射性物质和有毒化学品的情报。

（4）关于无线电导航设备可用性变化的情报。

（5）关于机场及有关设施变动的情报，包括机场活动区受雪、冰或者深度积水影响等情况的情报。

（6）关于无人自由气球的情报。

（7）起飞、到达和备降机场的天气预报和天气实况。

（8）在进近管制区、机场塔台管制区中运行的航空器可能发生相撞危险的情报。

（9）对水域上空的飞行，并经驾驶员要求，尽可能提供任何有用的情报，例如该区内水面船只的无线电呼号、位置、真航迹、速度等。

（10）其他任何可能影响安全的情报。

情报工作的基本内容包括以下几方面。

（1）收集、整理、审核民用航空情报原始资料和数据。

（2）编辑出版一体化航空情报资料和各种航图等。

（3）制订、审核机场使用细则。

（4）接收、处理、审核发布航行通告。

(5) 提供飞行前和飞行后的航空情报服务以及空中交通管理工作所必需的航空资料与服务。

(6) 负责航空地图、航空资料及数据产品的提供工作。

(7) 组织实施航空情报人员的技术业务培训。

(二) 情报服务机构

民用航空情报服务工作由民用航空情报服务机构实施,并在指定的职责范围内提供民用航空情报服务。民用航空情报服务机构由民航局设立或者批准设立,包括全国民用航空情报中心、地区民用航空情报中心及机场民用航空情报单位。

1. 全国民用航空情报中心

全国民用航空情报中心应当履行的职责有以下几方面。

(1) 协调全国民用航空情报的运行工作。

(2) 负责与联检单位、民航局有关部门、民航局空管局有关部门等原始资料提供单位建立联系,收集航空情报原始资料。

(3) 审核、整理、发布《中国民航国内航空资料汇编》、《中华人民共和国航空资料汇编》、航空资料汇编补充资料、航空资料通报、《军用备降机场手册》,负责航图的编辑出版和修订工作。

(4) 提供有关航空资料和信息的咨询服务。

(5) 负责我国航空情报服务产品的发行。

(6) 负责国内、国际航行通告、航空资料和航空数据的交换工作,审核指导全国民航航行通告的发布。

(7) 负责航行通告预定分发制度的建立与实施。

(8) 承担全国航空情报自动化系统的运行监控。

(9) 向各地区民用航空情报中心提供航空情报业务运行、人员培训等技术支持。

2. 地区民用航空情报中心

地区民用航空情报中心应当履行的职责有以下几方面。

(1) 协调本地区民用航空情报的运行工作。

(2) 收集、初步审核、上报本地区各有关业务部门提供的航空情报原始资料。

(3) 接收、处理、发布航行通告,指导检查本地区航行通告的发布工作。

(4) 组织实施本地区航空资料和数据的管理。

(5) 负责本地区航空情报自动化系统的运行监控。

(6) 向本地区机场航空情报单位提供航空情报业务运行、人员培训等技术支持。

地区民用航空情报中心可同时承担所在机场民用航空情报单位的职责。

3. 机场民用航空情报单位

机场民用航空情报单位应当履行的职责有以下几方面。

(1) 收集、初步审核、上报本机场及与本机场有关业务单位提供的航空情报原始资料。

（2）接收、处理、发布航行通告。

（3）组织实施本机场飞行前和飞行后的航空情报服务。

（4）负责本单位及本机场空中交通管理所需的航空资料、航空地图的管理和供应工作。

全国民用航空情报中心、地区民用航空情报中心、国际机场民用航空情报单位提供24小时航空情报服务；其他航空情报服务机构在其负责区域内，航空器飞行的整个期间及前后各90分钟的时间内提供航空情报服务。民用航空情报服务机构安排航空情报员在规定的服务时间内值勤。航空情报服务机构需要建立工作差错追究制度，制订相应的应急预案，每年组织应急演练。

此外，航空情报服务机构的办公场所设在便于机组接受航空情报服务的位置，并具备下列基本条件。

（1）航空情报服务机构应使用配置统一的航空情报自动化处理系统和连接航空固定电信网的计算机终端。

（2）配备符合提供航空情报服务工作需要的，持有有效航空情报员执照的专业技术人员。

（3）设有值班、飞行准备和资料存储等功能的基本工作场所。

（4）配备满足工作所需的办公、通信和资料存储等基本设施设备和工具。

（5）配备本单位所需的民用航空情报服务产品，与航空情报工作紧密相关的法规标准和规定，供咨询和飞行前讲解使用的参考图表和文件等。

（6）国际机场及其他对外开放机场的航空情报服务机构应当配备与之通航国家的航空资料以及相关的国际民航组织出版物。

（三）情报服务产品

航空情报服务产品由全国民用航空情报中心编印发行。航空情报服务产品应当综合配套，并保证准确和完整。

航空情报服务产品分为基本服务产品和非基本服务产品。基本服务产品包括《中华人民共和国航空资料汇编》、《中国民航国内航空资料汇编》、《军用备降机场手册》以及航空资料汇编补充资料和航空资料通报；非基本服务产品是指根据民航发展和用户需要制作或者发布的专用航空资料。

（四）情报服务质量

组织实施航空情报工作必须认真贯彻执行"保证安全第一，改善服务工作，争取飞行正常"的方针，不断地提高航空情报工作的质量和服务水平。《民用航空情报工作规则》是依据《中华人民共和国民用航空法》和《中华人民共和国飞行基本规则》制定的，是组织实施民用航空情报工作的依据。提供民用航空情报服务以及其他与民用航空情报工作有关的单位和个人应当遵照执行。中国民用航空局负责统一管理全国民用航空情报工作，民航地区管理局负责监督。

情报服务机构应当建立航空情报质量管理制度，并对运行情况实施持续监控。情报服务质量管理制度应当包括航空情报工作各阶段实施质量管理所需的资源、程序和方法等，确保航空情报的可追溯性、精确性、清晰度和完整性。

三、告警服务

告警服务的目的是向有关组织发出需要搜寻援救航空器的通知，并根据需要协助该组织或者协调该项工作的进行。

（一）紧急情况的三个阶段

根据航空器紧急程度、遇险性质，可将紧急情况分为情况不明、告警、遇险三个阶段，具体分析如下。

1．情况不明阶段

情况不明阶段是指以下任意一种情形。

（1）30分钟未能与航空器建立或者保持正常的通信联络。

（2）航空器在预计到达时间以后30分钟内仍未到达。

符合以上条件，但管制单位能够确认航空器及其机上人员安全的除外。

当出现上述情况时，管制员要立即报告值班领导，同时按照失去通信联络的程序继续进行工作，采取搜寻措施，设法同该航空器沟通联络。

2．告警阶段

告警阶段是指以下任意一种情形。

（1）在不明阶段之后，继续设法和该航空器建立通信联络而未能成功，或者通过其他有关方面查询仍未得到关于该航空器的消息。

（2）已经取得着陆许可的航空器，在预计着陆时间后5分钟内尚未着陆，也未再取得通信联络。

（3）收到的情报表明，航空器的运行能力已受到损害，但尚未达到可能迫降的程度。

（4）已知或者相信航空器受到了非法干扰。

在这种情况下，通知救援单位做好援救准备，并报告值班领导；开放通信、导航、雷达设备进行通信搜寻服务；通知航空器所能到达的区域或者机场的管制室，开放通信、导航、雷达设备，提供扩大通信搜寻服务；调配空中有关航空器避让，通知处于紧急状态的航空器改用紧急波段，或者通知其他航空器暂时减少通话或改用备份频率；当处于紧急状态的航空器尚无迫降危险时，根据航空器的情况和所处条件，及时提供有利于飞行安全的指示，协助机长迅速脱险；保留通话录音和记录，直至不再需要时为止；当遇到非法干扰或者被劫持时，按照预定程序进行工作。

3．遇险阶段

遇险阶段是指以下任意一种情形。

（1）在告警阶段之后，进一步试图和该航空器联络而未成功，或者通过广泛的查询仍无消息,表明该航空器已有遇险的可能性。

(2) 认为机上燃油已经用完,或者油量不足以使该航空器飞抵安全地点。

(3) 收到的情报表明,航空器的运行能力已受到损害,可能需要迫降。

(4) 已收到的情报表明或有理由相信该航空器将要或已经迫降。

符合以上条件,但有充足理由确信航空器及其机上人员未受到严重和紧急危险的威胁并不需要立即援助者除外。

在该种情况下管制员应立即报告值班领导,通知有关报告室和管制室,以及当地空军、军区、人民政府,尽可能通知该航空器所属单位;将遇险航空器的推测位置和活动范围或者航空器迫降地点通知援救单位,在海上遇险时,还必须通知海上援救中心;如果航空器在场外迫降时,航空器接地前,应当与航空器通信联络,接地后,如有可能应当查清迫降情况和所在地点;根据情况,可指示在遇险地点附近飞行的航空器进行空中观察,或者根据主管领导的指示在搜救中心的统一部署和领导下,派遣航空器前往遇险地点观察和援救;保留通话录音和记录,直至不再需要时为止。

(二)告警服务单位

告警服务由民航局指定的管制单位提供。管制单位提供告警服务的航空器包括:① 已接受其空中交通管制服务的航空器;② 如可行,已申报飞行计划或者了解情况的其他航空器;③ 已知或者相信受到非法干扰的航空器。

当航空器发生紧急情况时,管制单位应当通知援救协调单位,相关信息包括:① 航空器所处情况不明、告警或者遇险的阶段情况;② 报警的机构及人员;③ 紧急状况;④ 飞行计划中的重要资料;⑤ 进行最后一次联络的单位、时间和所用方式;⑥ 最后的位置报告及其测定方法;⑦ 航空器的颜色和显著标志;⑧ 运输的危险品情况;⑨ 报告单位所采取的任何措施以及其他有关事项。当发生遇险情况时,管制单位应当立即按规定通知有关援救协调单位,同时应尽快通知航空器的运营人。航空器处于不明或告警阶段后,应当尽可能先通知运营人,然后通知有关援救协调单位。

案例 2-3

台风"玛莉亚"来袭,福建空管全方位准确护航

2018 年第 8 号超强台风玛莉亚于 7 月 11 日 9:10 在福建省福州市连江沿海登陆,登陆时中心风力已达 14 级(42 m/s)。玛莉亚给福建省境内带来爆发性降水,也打破了 7 月极大风速记录,地处沿海的福州长乐国际机场更是遭遇狂风暴雨,福建空管分局管制区域内航班正常运行受到严重影响,登陆当日,福州长乐国际机场取消航班达 178 架次。玛莉亚来势汹汹,福建空管分局安全保障迎来巨大挑战。

1. 凡事预则立

福建空管分局在台风来临前,多次组织会议,部署防汛抗台工作,秉承生命至上的理念,分局提出了人员安全第一、设备保障正常的要求。考虑到这次台风的强度,分局做了

充分的保障预案,保障人员充分备份、设备提前加固、后勤物资准备充足。

面对强台风天气可能带来的复杂情况,技术保障部提前储备了沙袋、雨衣、雨鞋等各种防台物资,加固门窗封堵,对排水沟等室外设施、备用电源、油机、防雷 SPD 设备进行全面巡查,偏远台站备足食物、柴油等。气象台拆除废弃卫星接收装置,做好防风抗台准备,并对内外场重点设备设施进行多次全面巡检。7 月 11 日凌晨,本场航班运行结束,结合此次台风情况和以往抗台经验,为了防范塔台出现险情,分局决定关闭塔台所有设备并采取防风防水保护措施。技术保障部相关人员加班加点在塔台现场有条不紊地关闭各系统,在后勤服务中心的协助下铺盖了防水篷布并捆扎,确保设备万无一失。

管制运行部积极配合航空公司,做好正班航班以及通用航空的调机转场避台工作,并合理安排值班力量,以最充沛的精力迎接玛莉亚的挑战。此外,管制运行部及时收集、统计补班航班信息,分析预测台风过境后的流量高峰时段,适时增开管制扇区,加强值班力量。

气象台预报室密切跟踪、时刻关注台风变化,不断调整对其未来发展的预期,组织常规天气会商和临时会商,并于 7 月 8 日 15:00 发布 8 号超强台风玛莉亚第一份天气通报,为航空气象用户提供及时、准确的台风信息及决策支持。

后勤服务中心提前做好应急抢险准备,加强应急物资储备,集结抢险队伍,食堂管理室做好应急食品和水的储备工作,确保台风过程中随时提供餐饮保障,并认真落实食品安全及燃气管道安全等工作。物业管理室对分局各主要楼宇区域进行排查,重点查看配电房、机房、楼顶屋面等区域,及时加固大院的活动物品,防止大风吹落的物体造成人员伤害及财物损失,对办公大楼楼顶到地下排水管道进行排查疏通,落实门窗全关闭。车辆管理室做好应急保障准备工作,检查车况车库,并且提前沟通快线公司,做好台风期间班车运行保障工作。要求中心各科室立即全面开展台风来临前的安全大排查。

2. 人心齐,泰山移

玛莉亚登陆后,管制运行部值班管制员立即协同机场公司和相关航空公司,进一步确认航班计划,预计最早运行航班将于 15:45 落地福州长乐国际机场。

在气象台及时而准确的信息支持下,分局立即组织技术保障部、管制运行部、气象台和后勤服务中心人员,对塔台进行抢修、防水处理,为塔台设备的重新开放做好充分的准备。福州塔台设备重启工作从中午 12:00 开始,技术保障部组织技术人员,按照手册要求,启动塔台对空指挥设备。13:21,塔台所有设备正常开机,具备对空指挥能力。技术保障部在 13 时左右各岗位相继完成对室内外设施的检查,确认各系统运行正常。受玛莉亚影响,福州长乐国际机场通行能力下降 30%,管制运行部积极与相关管制单位协调航班放行时刻,时刻准备迎接大流量。

福建空管分局上下一心、团结一致、行动迅速,在最短的时间内,消除玛莉亚造成的不利影响,为广大人民群众持续提供优质的空中交通管制服务。

资料来源:台风"玛莉亚"来袭,福建空管全方位准确护航[EB/OL].(2018-07-12). http://news.carnoc.com/list/453/453865.html.

任务5 民航运输保障企业

民航运输系统除了民航运输企业、民用机场、空中交通服务系统以外,还包括航空油料供应、航空器材供应、民航信息服务等保障企业。

一、航空油料供应企业

民用航空油料是指为民用航空器及其部件提供动力、润滑、能量转换并适应航空器各种性能的特殊油品,包括航空燃油、航空润滑油、航空润滑脂、航空特种液及添加剂等。

(一)航空油料的生产与供应

民航所需要的航油资源一直被作为国家重要的战略物资,航油资源实行国家计划单列,专项管理。凡是未经国家政府部门批准,未获得民航系统成品油经营批准证书的企业,不得擅自采购和销售航油。

1. 航空油料生产

民航航油生产使用计划由中国航空油料集团公司制定后向国务院计划管理部门(原国家计委、现国家经贸委)统一申报,并负责向各航油供销企业及使用单位统衡和协调供应。航油计划得到批准后,国家计划部门向中石化、中石油系统在全国的各大石油炼油厂下达生产计划(不足部分可采购进口航油),中国航空油料集团公司派驻代表在各大炼油厂的代表处负责生产计划落实和协调配合、油品检验及对外运输。合格的航空油料将被运输到机场储油库或离机场较近的中转油库。

2. 航空油料运输

航空油料的运输以铁路运输为主,水路运输、公路运输和管道运输为辅。例如,水路运输有华东地区航油运至广东与海南,进口航油运至沿海港口,以及航油沿长江的上下运输,等等;管道运输有天津港口至北京首都机场输油管道等。

运输到达目的地后,经检验合格、接卸并储入机场储油库或中转油库内,中转油库通常设在大型机场或特定地区内。一般情况下,机场储油库或中转油库通过输油管道将航空油料供应到机场内的使用油库,也称航空加油站,小的机场可直接使用加油车。

3. 航空油料加注

飞机能够在天上翱翔,取决于许多因素,但必须有动力推动却是人们不用怀疑的,飞机为获取动力的耗油是很惊人的,每小时耗油量为几吨至十几吨。飞机飞一次加多少油由飞机的机型、飞行距离等因素决定,有时同一架飞机不同的航线加油量也不相同。但是每一架飞机,也就是说,每一种机型的飞机都有它的最大载油量。如波音747-400型飞机最大载油量约为170吨,波音767-200型飞机最大载油量约为60吨,波音707型飞机一次加满油约为65吨。由此可见,如果按照飞机的最大载油量加油或飞机飞长距离航线,有些飞机飞一次就要加几十吨甚至上百吨的航油，如何又快又好地给飞机加油，是航空油料供应部门需要解决的问题。

航空加油站隶属于中国航空油料集团公司，有非常专业的加油人员和加油设施，会根据机场供油设施状况、飞机停机位和飞机加油数量等因素决定是采用罐式加油车加油还是采用管线加油车加油。由于大型的现代化机场停机坪多建有管线加油设备，所以在近停机位的飞机及大型飞机均采用管线加油方式，远停机位飞机及中小型飞机多采用罐式加油车加油。

但由于现代大型飞机越来越多，油箱容量很大，而且飞机停站时间很短，一般规定回程飞机停 60 分钟，过站飞机限停 30 分钟，其中加油时间规定为 22 分钟，所以油罐加油车慢慢让位于管线加油车。管线加油车是将燃油从储油库经地下管道输至停机坪的加油井后，用软管连接油井将油加至飞机油箱内。这种方法缩短了加油时间，减少了燃油蒸发和被污染的可能性，安全高效。但修建输油管道、加油井和购买管线加油车的基础费用昂贵。

飞机的加油方式有两种：一种是翼下（压力）加油；另一种是翼上（重力）加油。采用翼上加油方式的主要是小型飞机，现在民航航班的飞机大部分为采用翼下加油（即压力加油）方式的大型飞机。

飞机的加油过程是由各部门协同配合完成的。机场的飞行管理部门或调度部门负责提供飞机的加油量；航行签派员负责提供飞机加入油料的牌号、规格和油载平衡表；地面油料部门负责飞机油箱的加油操作；机组人员负责检查油品质量，复核加油数量，并在油品质量保证书和飞机加油单上签字。具体的加油操作由航空油料公司工作人员负责完成，他们负责连接加油车与飞机机翼之间的加油导管和接头，并按各类飞机规定的加油工作压力和流速安全地给飞机加入合格的油品。

（二）航空油料供应企业——中国航空油料集团有限公司

1. 企业概况

中国航空油料集团有限公司是以原中国航空油料总公司为基础组建的国有大型航空运输服务保障企业，是国内最大的集航空油品采购、运输、储存、检测、销售、加注为一体的航油供应商。

目前中国航油控股、参股 20 多个海内外企业，构建了遍布全国的航油、成品油销售网络和完备的油品物流配送体系，在全国 215 个机场、海外 46 个机场拥有供油设施，为全球 300 多家航空客户提供航油加注服务，在 25 个省、市、自治区为民航及社会车辆提供汽柴油及石化产品的批发、零售、仓储及配送服务，在长三角、珠三角、环渤海湾和西南地区建有大型成品油及石化产品的物流储运基地。

中国航油已成为亚洲第一大航油供应商。2017 年 7 月，以 2016 年营业收入 245.881 亿美元荣登《财富》世界 500 强第 439 位。

2. 主要业务

1）航油业务

航油业务是中国航油的核心业务，其经营主体是中国航空油料有限责任公司。中国航空油料有限责任公司于 2005 年 9 月 22 日成立。公司下设 6 个地区公司、2 个直属公司、22 个分公司、108 个供应站，在中南地区以及烟台、南京、三亚等地以控股或参股方式设立了 9 个合资公司。在全国石油、石化公司炼油厂设有 30 多个代表处。在全国 160 多个机场为 190 余家国内外航空公司提供供油服务。以航油业务为核心，积极开展相关多元化业务，面向国际，通过资本运作、资源整合、品牌经营和集团化运作，实现持续、快速、健康增长。

2）油化贸易业务

油化贸易业务是中国航油的主营业务，其经营主体是中国航油集团石油有限公司。中国航油集团石油有限公司成立于 2004 年 10 月，为集团公司全资子公司，其前身为中国航油集团陆地石油有限公司，2009 年 11 月更名为中国航油集团石油有限公司。主要经营成品油批发、零售、仓储及石化制品贸易。目前在全国设立了 25 家子公司，在全国大部分中心城市及其周边城市建立了零售终端网络，配套的油库、铁路专用线、水路运输码头等基础设施完备，具有较完善的油化产品经销网络。

3）物流业务

物流业务是中国航油的主营业务，其经营主体是中国航油集团物流有限责任公司。中国航油集团物流有限责任公司于 2007 年 12 月 12 日在上海注册成立，为集团公司全资子公司，负责对中国航油物流业务和物流资产进行统一经营管理，是国内航油水运市场的主要承运商，致力于打造专业化物流管理团队和高度一体化的油品配送体系。公司下设航运、码头、仓储、管输等业务项目，在全国设有 7 个分、子公司，拥有油轮 37 艘，营运航线 45 条，航油水运市场控制力已超 90%。

4）国际业务

国际业务是中国航油的主营业务，其经营主体是中国航油（新加坡）股份有限公司。中国航油（新加坡）股份有限公司于 2001 年 12 月 6 日，在新加坡交易所主板挂牌上市，主要从事航油贸易和相关业务的实业投资，是集团公司境外航油供应的主要渠道。此外，中国航油还在境外设立了香港公司和北美公司，重点拓展北美、欧洲、亚太等区域的航油市场。

二、航空器材供应企业

飞机在运行中所有的零部件会出现各种类型的故障，为了维持飞机正常飞行，提高航空运输的效率，保障航空运输服务的安全、有序、高效进行，所有航空公司都会根据不同情况储备一定数量的航空器材。航空器材主要包括航空技术装备及其维护修理所需器材、航空地面勤务保障专用设备及工具、航空科研实验专用仪器及器材，是航空保障物资的总称。具体有飞机机体及其零备件、航空发动机及其零备件、航空仪表电气设备及其零备件、航空氧气设备及其零备件、航空无线电电子设备及其零备件、航空标准件及轴承等。

（一）航空器材的生产与供应

1. 航空器材的生产

世界航空工业经过百余年的发展，在市场上已成高度垄断态势。其中美国在技术上全面处于世界领先地位，而欧洲的航空产品国际市场竞争力强，俄罗斯是世界上极少数能够研制各类航空产品的国家之一，加拿大、日本、乌克兰等国家在局部技术、某些产品领域也具有一定的特色和优势。而我国经过几十年的努力，目前已建立起较为完整的航空技术体系、产品谱系和产业体系，尤其是近几年在军用飞机、民用飞机、小型无人机、通航飞机等领域取得了重大成果，特别是 C919 大型客机是我国按照国际民航规章自行研制、具有自主知识产权的大型喷气式民用飞机。但与美国、欧洲等发达国家相比，我国航空装备制造业仍存在一定程度的差距。《中国制造 2025》指出，在航空装备领域，我国要：加快大型飞机研制，适时启动宽体客机研制，鼓励国际合作研制重型直升机；推进干支线飞机、直升机、无人机和通用飞机产业化；突破高推重比、先进涡桨（轴）发动机及大涵道比涡扇发动机技术，建立发动机自主发展工业体系，开发先进机载设备及系统，形成自主完整的航空产业链。

2. 航空器材的进出口贸易

航空器材的进出口贸易范围包括飞机、发动机、各种器材与设备及特种车辆的进出口、租赁、维修、寄售以及与民用航空有关的各种工业产品和原材料的进出口业务，也包括从事与此相关的招投标、国内外投融资、技术咨询、培训、服务、展览、航空表演业务，建立航材共享平台，开展合资经营、合作生产、加工装配以及多种形式的对外贸易。

3. 航空器材租赁

航空器材租赁是随着民航运输业的长期发展而繁荣起来的。租赁的标的物主要为飞机、发动机、模拟器、特种设备以及航材设备等，其中飞机租赁是租赁的重要领域之一，是航空公司（或承租人）从租赁公司（或直接从制造厂家）选择一定型号、数量的飞机，并与租赁公司（或出租人）签订有关租赁飞机的协议。在租期内，飞机的法定所有者（即出租人）将飞机的使用权转让给承租人，承租人以按期支付租金为代价，取得飞机的使用权。租赁的主要方式有融资租赁、经营租赁、减税租赁、杠杆租赁、售后回租等。从 1970 年到 2017 年，从全球市场来看，采用租赁飞机开展运营能给航空公司带来更大的灵活性和现金流优势，租赁飞机已经成为当前和未来航空公司引进飞机的首选方式。

（二）航空器材供应企业——中国航空器材集团有限公司

1. 公司概况

中国航空器材集团有限公司（简称"中国航材"）是国务院国有资产监督管理委员会管理的中央企业，是专门从事飞机采购及航空器材保障业务的专业公司。公司的前身是中国航空器材公司，1980 年 10 月经国家进出口管理委员会批准成立，是中国民航系统成立的第一家公司。1996 年 3 月更名为中国航空器材进出口总公司。2002 年 10 月，民航运输及服务保障企业联合重组，成立了三家航空运输集团公司和三家航空服务保障集团公司，中国航空器材进出口集团公司作为三家航空保障集团公司之一，经国务院批复正式组建。2007 年 12 月更名为中国航空器材集团公司。2017 年，完成公司制改制，建立了现代企业制度下的董事会管理体系，更名为中国航空器材集团有限公司。

中国航材是国内最大的、中立的、第三方飞机采购及航材保障综合服务提供商，主要业务涉及航空器整机保障服务、航空器材保障服务、技术装备及机场业务保障服务、通用航空发展及保障服务等领域，在航空业界具有较高的知名度和良好的品牌形象，与国内各航空公司以及国际知名的飞机制造厂商、发动机制造厂商、航材供应商等均保持着长期的密切合作。

2. 主要业务

1）航空器整机保障服务

核心业务是飞机批量采购、飞机租赁、航空工业合作及航空培训等。在飞机批量采购或飞机引进工作中，依托国家政策支持和奇龙飞机租赁的市场化运作，研究航空市场，整合集团各种资源，为发改委、民航局等提供高水平服务，并拓展工业合作、航空培训及海外业务。重要业务是飞机批量采购，机型主要包括 A320s、A330、A350、A380、B737、B777、B787。重点企业有爱尔兰奇龙航空租赁有限公司、华欧航空培训有限公司。

2）航空器材保障服务

航空器材保障服务板块涵盖富余航材处置、消耗件保障、周转件保障、发动机保障、AOG 支援和航空维修，运用信息技术，创新推进航材共享平台建设，打造中国民航新型航材保障体系，优化行业资源配置，创新供应链管理模式，提供经济高效的航材保障解决方案。重点企业有中国航空器材有限责任公司、北京凯兰航空技术有限公司及华欧航空支援有限公司。

3）技术装备及机场业务保障服务

技术装备及机场业务保障服务领域旨在搭建一个覆盖空港建设（运输机场、通用机场）、咨询规划（机场工程咨询与设计、造价咨询、招标采购）、支援保障（导航技术、机场特种设备保障、机场地面综合保障服务、民航展会、航空地毯、信息化保障）及能源管理（合同能源管理、碳资产、节能减排政策咨询、能源审计、优化节能设计、节能技术新产品）的一站式专业平台，同时不断提升飞机内饰一站式集成能力。重点企业有中国民航技术装备有限责任公司、北京中航空港建设工程有限公司、北京航空工艺地毯有限公司。

4）通用航空发展及保障服务

以市场为导向，构建通航制造、销售、运营、保障、维修、运营、培训及通航机场规划建设发展格局，打造成为具备承担国家通航产业重大项目、具备领先应急救援能力、具有较强市场竞争力的通航产业"国家队"。重点企业有东方通用航空有限责任公司、中国航材集团通用航空服务有限公司。

三、民航信息服务企业

民航信息扮演着民航行业神经中枢的角色，是民航业务生产链条中不可或缺的重要组成部分。

（一）民航信息服务

民航信息的服务对象主要包括国内外航空公司、机场、销售代理、旅行社、酒店及民航国际组织等,并通过互联网进入社会公众服务领域。业务范围包括航空信息技术服务、结算及清算服务、分销信息技术服务、机场信息技术服务、航空货运物流信息技术服务、旅游产品分销服务、公共信息技术服务,以及与上述业务相关的延伸信息技术服务等。目前,信息技术服务随着信息科技的不断进步与发展,形成了相对完整、丰富、功能强大的信息服务产品线和面向不同对象的多级系统服务产品体系,极大地提高了行业参与者的生产效率。

(二)民航信息服务企业——中国民航信息集团有限公司

1. 企业概况

中国民航信息集团有限公司(简称"中国航信")正式组建于 2002 年 10 月,是专业从事航空运输旅游信息服务的大型国有独资高科技企业。其前身为中国民航计算机信息中心,至今已有三十余年的发展历史。中国民航信息网络股份有限公司是在 2000 年 10 月,由中国民航计算机信息中心联合当时所有国内航空公司发起成立,2001 年 2 月在香港联交所主板挂牌上市交易。2008 年 7 月,中国民航信息集团有限公司以中国民航信息网络股份有限公司为主体,完成主营业务和资产重组并在香港成功整体上市。作为市场领先的民航运输旅游业信息技术和商务服务提供商,被行业和媒体誉为"民航健康运行的神经",是全球第三大 GDS(航空旅游分销系统提供商),拥有全球最大的 BSP(开账与结算计划)数据处理中心。

2. 主要业务

1)航空信息技术服务

信息技术服务由一系列的产品和解决方案组成,为中国商营航空公司和 300 多家外国及地区商营航空公司提供电子旅游分销服务(ETD)(包括航班控制系统服务(ICS)和计算器分销系统服务(CRS))、机场旅客处理系统服务(App),以及与上述核心业务相关的延伸信息技术服务。包括但不限于:支持航空联盟的产品服务、发展电子客票和电子商务的解决方案、为商营航空公司提供决策支持的数据服务以及提高地面营运效率的信息管理系统等服务。

2)结算及清算服务

结算及清算服务覆盖航空运输旅游业收入结算领域的全部环节,包括客运、货运航空公司、代理人收入结算及财务服务、第三方支付服务、酒店结算服务、IATA BSP 数据处理服务、清算服务、系统研发、系统运行及维护、系统灾难备份、IT 集成等多项服务。拥有国内外航空公司客户 30 余家,机场客户近 60 家,清算网络成员 160 余位,并为全球 50 多个国家和地区的 BSP 提供 7×24 小时业务及技术支持服务。

3)分销信息技术服务

分销网络是由七千余家旅行社及旅游分销代理人拥有的六万余台销售终端组成的,并通过 SITA(国际航空电讯集团)网络与国际所有 GDS(全球分销系统)和 113 家外国及地区商营航空公司实现高等级联结和直联,覆盖了国内外 400 多个城市,并通过遍布全国各地的 40 余个地区分销中心和分布在亚洲、欧洲、北美洲的 7 个海外分销中心,为旅行社、旅游分销代理人提供技术支持和本地化服务。

此外还有机场信息技术服务、航空货运物流信息服务及公共信息技术服务等。公司进一步完善航空信息技术服务及其延伸服务，将研发重点与行业方向和客户需求紧密接轨，力求满足商营航空公司在旅客服务、辅助服务、电子商务及国际化等方面对信息技术解决方案的需求。

项目拓展

低成本航空公司与机场如何合作才能共赢

21世纪初，在亚洲建立低成本航空公司被认为是幼稚的举措且不被业界看好。时至今日，亚洲低成本航空公司仍然不得不利用现有而且不匹配的机场基础设施来证明自己的实力。

迄今为止，低成本航空公司在东南亚已占60%的座位数，且在东盟国家内的航班量也超过60%，并都开辟了非全服务型航空公司执飞的城市对。低成本航空公司没有复制全服务型航空公司的航线，但发展的规模和速度令全服务型航空公司望尘莫及。

虽然如此，但是在亚洲地区低成本航空公司的发展不如预期，也许有各种各样的原因，但单从机场方面来看，由于大部分机场的建设只是满足全服务型航空公司，并没有顾及低成本航空公司的特别需求，所以这在某些程度上就抑制了低成本航空公司的扩张和与其相关地区经济的发展。

毫无疑问，机场设施配套工程不仅仅能助力低成本航空公司的发展，同时也关系到它们能否顺利在流程里实施它们的服务理念。

低成本航空公司要发展，需要机场提供适合它们经营模式的区域，这种模式有别于机场长期以来为全服务型航空公司所设计的标准流程。而低成本航空公司需要提供未来发展的规划来证实实力，同时还需要提供依据来论证合作如何能让机场获益。这当然不是简单的机场与航空公司互惠，而是除了双方获益以外，能否带动地区经济的发展。

低成本航空公司能降低成本就能刺激机场的发展，同时也能扩大机场的旅客运输量。智能的候机楼设计意味着机场能获得更高的资金回报率。

为保障双方的利益，航空公司和机场可考虑达成协议，保证机场设施和费用的改变将能满足需求并带来更大的旅客运输量。

这种合作模式并不复杂。在欧洲和其他地区航空公司—机场的合作伙伴关系是非常重要的，但是在亚洲这才刚刚开始，地区最大的国际低成本航空公司——亚洲航空公司（Air Asia）一直呼吁建立低成本机场和候机楼。

亚洲航空集团公司CEO兼创始人托尼·菲尔南德斯（Tony Fernandes）2015年9月在曼谷CAPA（亚太航空中心）低成本机场运行会上特别呼吁要探究这个话题。菲尔南德斯开玩笑地说这是最重要的演讲之一，因为他试图阐述低成本航空公司运营最理想的条件是什么。菲尔南德斯强调，机场的基础设施能满足航空公司需求的话一定能助力增长。

亚洲航空公司也许是最大且呼吁最强烈的航空公司，但它并不是孤军作战。亚洲其他一些低成本航空公司的主管们，如中国香港快递（HK Express）的安德鲁·考恩（Andrew Cowen）、亚洲杰星航空公司（Jetstar Asia）的巴拉顿（Barathan Pasupathiand）、泰国亚洲航空公司的萨蓬·彼勒威尔德（Tassapon Bijleveld）及中国台湾虎航的关栩（Kwan Yue）也联合起来表达他们的需求。

他们的需求大同小异，但略有差异。他们联合起来的目的就是希望机场倾听他们的需求。

那么，低成本航空公司到底需要什么？

1. 解决低成本航空公司的需求首先要承认它们的差异

不是每一家酒店都是香格里拉品牌（Shangri-La），不是每一辆汽车都是罗斯莱斯（Rolls-Royce）。把这两部分限制在昂贵的品牌上将大幅度降低产量。家乐福（Carrefour）和沃尔玛（Wal-Mart）就像低成本航空公司的模式一样，以量取胜。

航空公司经营模式从全服务型转到低成本是有区别的，但是机场却倾向于遵循它们为全服务型航空公司提供服务的模式，它们不会细细研究它们所提供的模式是否真正符合全服务型航空公司的需求，那低成本航空公司就更不用说了。

根据亚洲航空公司的说法，最讽刺的就是在其大本营吉隆坡国际机场 2 号航站楼（KLIA2）。这个低成本候机楼所建造的廊桥和复杂的行李系统压根儿不是亚航所期待的，但亚航不得不使用它。KLIA2 的业主（MAHB）如何考量外界无法知晓：项目大大超预算且延误。菲尔南德斯先生没有回避他和业主之间破碎的关系，但他也赞扬与亚航合作的其他一系列机场，当然不包括 KLIA2。

在他演讲幻灯片附录里提到"香港支持航空业发展的举措"。一些城市的运行者可能会发现这个话题很矛盾，但是菲尔南德斯先生在报告里点明了 MAHB 所失去的机遇。

2. 机场要避免沦为"大厦情结"的受害者

各国政府标志性的愿望和航空公司以及旅客的需求始终存在差异。这也正在亚洲乃至世界最大的航空公司和低成本航空公司市场——中国上演。新候机楼和机场建设发展速度接近疯狂。然而这些设施往往遵循同样的方式进行设计，更可悲的是只投政客们所好。

航空公司感到十分沮丧。纵然是为全服务型航空公司而建立的设施也常常是过度且浪费。在中国各个省之间也存在着竞争，地方政府都希望引起中央政府的重视，地方政府都期待展示一个与众不同的候机楼，当然不是廉价的设施。

然而目前在中国一些惯有的思维模式也在悄然改变：上海正计划建立第三个机场，且机场设计的特色就是注重低成本，可惜未来的路还漫长。

当今中国最具代表性也是最大的低成本航空——春秋航空公司（Spring Airlines）为改造其上海的设施与机场方经常发生碰撞。虽然这与其他低成本航空公司所遇到的情况相比只是小巫见大巫了，但在中国来说已经是一场革命了。

低成本航空公司发展面临的挑战是多方面的，其中一部分就是决策者层面接触全球标准的机会有限，在很多企业里仅有最高层的管理人员有国际旅行经验。其实这对于企业的决策是非常不利的，这自然造就了高成本的供应商只推销他们自己认为最好的部分的机会。

创造低成本基础设施的关键是需要满足用户最基本的需求，且投资方也要有能力预测市场最迫切需要的部分。

菲尔南德斯先生向机场方列明亚洲航空公司所有的要求，但结果是令人沮丧的。为加快中转时间和减低成本，亚航不要求机场提供旅客登机廊桥。其实这个需求也能使机场得益，甚至有直接的好处，因为假如航空公司的单位成本能降低就能带来更大的客流量；没有廊桥，停机坪能停更多飞机，当然可以加快资金的回笼。

在登机范围内有一块集中停靠的区域将能充分利用空间且避免航班之间的空域浪费。对于机场方来说，这也意味着把商店集中在一起：就是利用一个有效的设计把旅客都集中在那里（事实上一些为全服务型航空公司提供服务的机场也按照这种模式来建造，仅在起飞前一小时才宣布登机口）。

根据统计，低成本航空公司能让乘客在机场消费比全服务型航空公司的乘客多：因为有限的登机口选择能让乘客在机场选择更多的食品或零售。提前办理登机和截止时间就能让旅客在机场待更长的时间。菲尔南德斯先生说在 KLIA2 麦当劳的收入是东南亚地区最高的。

3. 自助服务能减少航空公司成本和使用机场的空间，但机场方需要优化流程

近年来低成本航空公司在技术层面已经做了很多改革，菲尔南德斯先生的愿景就是让乘客可以在家打印登机牌甚至行李牌。

瑞安航空公司收取行李费，目的是希望旅客减少托运行李的数量，对于亚航来说行李费是典型的附加费用，并不是战术的改变而是市场存有差异的。行李费是亚航单一最大的附加收入，2015 年第一季度这项收费约占附加收入的 56%。所以行李托运是亚航及与其合作的机场未来发展需要慎重考虑及磋商的内容。

处理托运行李，亚航选择简单而且手动的行李系统。其旧的低成本候机楼登机柜台沿着外墙而设，柜台因出发厅而调整，行李距离机场停放处或外场特定行李车停放点只有几米的距离，一旦办理登机柜台关闭，行李车就把行李运到飞机——或者更准确说是飞机停泊点，行李有可能比飞机先到停靠点。没有复杂的行李输送带，因为通过输送带传送，行李有延误的风险，现在的 KLIA2 就存在这种风险。

亚航承认自助服务是好的，因为这是一个更快更有效率的流程。自助服务不仅有利于航空公司及机场，同时也适合现代且活跃的旅行者；安全检查应该考虑采取同样的方法，推广电子护照和面部自动识别程序。因为更快的安全检查将为旅客造就一个更愉快的体验，假如旅途愉快且不受影响，旅客将更愿意选择多出行。此外，更快的安全检查意味着旅客在机场购物的时间更长。

这些都是航空公司能直接控制的项目，但需要机场方配合。

4. 低成本航空公司与低成本候机楼或机场成功的合作典范比比皆是

从低成本航空公司的角度看，亚航基地机场流程的设计是失败的。但地区范围内仍有很多成功的典范，其向世人展示的是低成本与低廉的截然不同。例如，在日本低成本也能创造传奇，那里凡是能用来坐的物品，甚至是火车上的坐垫都能加热，这就是人性化的体现、优质服务的典范，令世人称颂。

在东京不远处的茨城机场（Ibaraki Airport）是一个低成本机场。但机场的设计是可以

满足全服务型航空公司长期运营的需求，但价格低廉。大阪关西机场（Osaka Kansai）和冲绳县的那霸机场（Naha Okinawa）是按照日本新低成本航空公司乐桃航空（Peach）的需求建造的，非常切合实际用途。

2015年东京的成田机场（Tokyo Narita）启用了自己的低成本候机楼，这可能是目前最棒的低成本候机楼，它甚至比一些专门提供给全服务型航空公司的机场设施还要完善。很多需要花销的项目都被剔除掉（独立式的空调机都被用人造的树叶装饰的壁版遮挡着），这种做法在日本实属罕见；此外，仿照赛车道系统而考虑的道路指引设计引起国际上广泛的注意。

在成田机场，低成本运力大部分都集中在低成本候机楼。但是对于营运商来说，规模大的低成本航空公司都搬到低成本候机楼，只是部分小的低成本航空公司仍留在传统候机楼。

与低成本候机楼相比，更多的低成本航空公司仍选择在传统候机楼运行，因为这些航空公司仍没有尝到成本效益的甜头。

大阪关西机场为支持本地乐桃航空公司和日本捷星航空公司（Jetstar Japan）的运行，与春秋航空（Spring Airlines）协力在关西为往返中国的航班打造了一个枢纽。针对中国人出境游多变的状况，关西机场反应敏捷并采取措施。对于中国的航班，收取降落的费用是微不足道的，因为机场需要的是旅客在机场免税店的消费。

这种做法却又引发了另外一个话题。

一家低成本航空公司，如春秋或瑞安航空公司，能从减收费用中获益，但机场方也寄望于机场免税店的收入，因为物品必须带上飞机。所以瑞安航空公司与机场有商务协议书，乘坐其航班的旅客可以把免税商品带上飞机，不违反携带的相关规定。

5. 航空公司和机场的合作关系涉及方方面面，不单是合作双方

航空公司、机场与合作方的利益或许一致，或许有差异。这样的合作能成为一方与另一方谈判的筹码（例如航空公司与地面代理人就会要求更多的摆渡车），或有助于解决航空公司与机场都急需解决的问题（如交通管制）。

但是当前的问题是几乎没有企业愿意参与此事。香港快运（HK Express）CEO 安浩恩（Andrew Cowen）表示他最担忧的是美其名为低成本机场或低成本候机楼，但提供服务的供应商都处于单垄断或双垄断局面，价格不低且提供差异化的服务非常有限。

地面服务商的服务程序也许有他们的短板。事实上，在亚洲地区劳工并没有想象得那么充足。例如，香港机场就很难吸引工人，因为这些工人宁愿选择开货车往返中国大陆；也无法吸引工程技术人员，因为这些工程技术人员不愿意到边远且工作时间长的机场工作。

虎航 CEO 关栩说，虎航有一条航线时刻和航权都能够支持定期航班的增长，但就是地面代理没有足够的人员支持航班的增长。移民局人手也不够。这就成为机场当局不允许航空公司增班的理由，还特别要求航空公司的旅客在移民局官员正常上班时间内通关。

泰国亚航 CEO 萨蓬·彼勒威尔德（Tassapon Bijleveld）特别提到当他希望增加航班时，一些机场视其为不便，极不愿意。

事实上机场当局已经忘掉了他们的核心目标。地区的发展、经济的增速及社会的需求与机场运作不匹配是普遍存在的现象。亚航集团正在选定的机场推出衔接航班服务。

很多机场都希望其能发展成为枢纽机场，然而一些机场却不能有效地与航空公司合作且无法带来更多的客人。例如，台北桃园机场和香港机场，对于使用登机桥和远机位的收费没有多大的差异，这就令航空公司缺乏不使用登机桥的激情。

政府的干预也让事情更复杂化，交通管制更会引起广泛投诉。在某些地区，低下的效率阻碍了发展。更具体地说，航管的延误将损害航空公司对准点的承诺，这不仅伤害了航空公司，同时也为出行的旅客带来困扰。航空政治又是一个因素，这不但包括航权，而且还有第三国的代码共享合作。

但是，新加坡的经验是成功的，其开放的天空政策允许阿联酋航空公司在樟宜机场与亚洲捷星航空公司合作（捷星航空拥有31个代码共享/联营的合作伙伴）。

6. 是否需要一个低成本机场、一个低成本候机楼或一个满足各种航空公司需求的混合基础设施，目前仍在争论之中

验证这如何产生也许没有任何价值。亚洲低成本航空公司发展相对迟缓，但它有前车之鉴，可以去其糟粕取其精华。易捷航（easyJet）和瑞安航的经验就是：为了加深与合作方的沟通和理解，向合作方承诺：未来假如他们的旅客结构发生变化，他们仍坚持使用低成本设施。

在亚洲几乎没有航空公司愿意沿用亚航选择的地面模式。规模更小的航空公司初始的阶段总倾向使用机场现有的设施，但希望流程更有效。中国香港快运期待机场能基于每天的时间段有差异收费，这样的话有助于机场充分利用非高峰时间段；中国台湾虎航提到在一个机场的经历，那个机场夜航的收费昂贵，因为那个时间段几乎不能提供服务，机场失去了吸引其他营运商来减轻成本的机会。

事实上，低成本航空公司与机场开展合作，机场方第一步是要承认低成本航空公司模式，继而肯定它不是麻烦而是经营的方式，反之低成本航空公司要为机场方带来更多客运量，这也是共赢的关键所在。

在可比的基础上，低成本航空公司的飞机座位数和载运量要比传统航空公司多和大。

然而，投资机场是充满争议的，机场管理者不总是与航空公司的观点一致。机场方可能拥有特许权的合同且能延续多年。而航空公司却需要逐年核算收益。对于投资者来说有不同的途径获得回报。但当给投资者提建议时不能仅仅是为满足旅客的需要而提及低成本或全服务型模式，还应该包括地区人口的状况以及未来地区发展的潜力。

低成本航空公司的模式能证明正确的合作伙伴关系可以很快改变现状。例如，谁也没有预测到由于中国游客的猛增带来日本机场的兴旺。不仅如此，就算在一个相对成熟的市场也能刺激增长。例如，易捷航和瑞安航在伦敦机场发展迅猛，从而换取更低的收费。它们经营的口号是：让今天的价格刺激明天的增长。

与时俱进，亚洲的机场在市场上采取更加精明的营销策略，从当初依靠城市来销售到目前做市场，它们在市场上描述其差异的原因和能提供的优质服务的项目，这包括政策、旅游机构等。

在欧洲，机场能与合作方共同努力，协助航空公司开辟新的航线并提供便利。但在亚洲，一个企业也许拥有无数个机场，祈求类似的合作关系也能创造令人振奋的客流量。

航空公司和机场方另一个可商榷的合作内容是不重复免税服务项目。

7. 一个东盟签证将对东盟成员国内旅游产生巨大的影响

从理论上来说，机场方应该与航空公司和政府部门密切配合，使乘客旅程更简便些。亚航强烈支持东盟组织（ASEAN），因为东盟在成员国之间正实行开放天空政策。

在亚洲实现一个类似无国界申根型的共同体还为时过早，但是菲尔南德斯先生倡议一个东盟国家通用的签证。例如，一个来自中国或印度的游客在东盟旅行就需要多重的签证，这大大限制了计划在东盟多国旅游的旅客，中国和印度这两个国家的人口接近25亿，出行的人员每年都在增加。没有类似的签证，将给多国游带来很多障碍。

菲尔南德斯先生呼吁全体东盟成员国共同努力，与其专注于亚洲国家之间的分歧，倒不如关注共同点，建立有益的合作关系。他也付诸行动，把一架飞机漆成东盟国的图案。目前欧洲还没有一家航空公司的飞机漆成申根国图案。

8. 关注合作和共同的目标将带来互利互惠共赢的新局面

因为航空公司与机场经营的目标和远景很难等同，所以令彼此之间的合作关系不但受制且不稳固。确切来说，机场方理解和认同低成本航空公司模式，并能采取措施配合其发展战略前路茫茫。

对于机场方来说，赢得航空公司的心等同于赢得座位，也就是说，航空公司能给机场带来更多的客流量。可悲的是，在许多情况下，机场运营者的重点却没有放在这个目标上。

不可否认的是，经济效益对地区发展，甚至以政府为主导的机场经营越来越有影响力。

资料来源：低成本航空公司与机场如何合作才能共赢[EB/OL].（2010-02-24）. http://news.carnoc.com/list/337/337427.html.

项目小结

本项目主要涉及民航运输系统的基础知识，重点介绍了民航运输企业的概念、特点、分类及其设立与运行，分析了民航运输企业的组织结构，对民用机场的构成、分类、级别及其运行与管理着重进行了阐述，对空中交通服务系统的服务内容及其相关单位、民航运输保障企业的保障生产与服务及其相关企业进行了介绍。通过本项目的学习，学生可以对民航运输系统的基本组成、各部分的特点以及所承担的角色有清晰的认识和了解。

项目训练与测试

一、思考题

1. 民航运输企业的基本特性有哪些？
2. 根据不同的分类标准如何区分民航运输企业的类型？
3. 机场的级别是如何确定的？

4. 民用机场有哪些类型？
5. 运输机场场址应当符合哪些基本条件？
6. 空中交通服务的主要内容有哪些？各由哪些单位承担？
7. 民航运输保障企业有哪些？各提供哪些保障产品和服务？

二、讨论分析题

1. 查阅《公共航空运输企业经营许可规定》，分析设立公共航空运输企业应当具备哪些基本条件。
2. 阅读案例，搜集资料，分析粤港澳大湾区世界级机场群与临空经济发展的关系。
3. 阅读案例，分析民航运输企业与机场的合作关系，特别是低成本航空公司，需如何与机场合作才能实现共赢。

三、自我测试

（一）单选题

1. 专门从事普通概念下的航空货物运输以及航空邮件运输、航空快递运输等业务的企业是（　　）。
   A. 客货兼营的民航运输企业　　　　B. 通用航空运输企业
   C. 航空货物运输企业　　　　　　　D. 以上都不是
2. 民营资本投资的非公有制的民航运输企业是（　　）。
   A. 国有民航运输企业　　　　　　　B. 民营民航运输企业
   C. 中外合资民航运输企业　　　　　D. 外资民航运输企业
3. 机场内供飞机起飞、着陆、滑行和停放的地面区域及其上空对应所需净空区域是（　　）。
   A. 飞行区　　B. 航站区　　C. 延伸区　　D. 停机坪
4. 有国际航班进出，设有海关、边防检查（移民检查）、卫生检疫和动植物检疫等政府联检机构的机场是（　　）。
   A. 国际机场　　B. 国内机场　　C. 地区机场　　D. 支线机场
5. 4F级别的机场跑道长度是（　　）。
   A. 小于 800 m　　　　　　　　　　B. 大于或等于 1 200 m 且小于 1 800 m
   C. 大于或等于 800 m 且小于 1 200 m　D. 大于或等于 1 800 m
6. 装备仪表着陆系统和（或）微波着陆系统以及目视助航设备，能供飞机在决断高度低至 60 m 和跑道视程低至 550 m 或能见度低至 800 m 时着陆的仪表跑道是（　　）。
   A. Ⅰ类精密进近跑道　　　　　　　B. Ⅱ类精密进近跑道
   C. Ⅲ类精密进近跑道　　　　　　　D. 非精密进近跑道
7. 装备仪表着陆系统和（或）微波着陆系统以及目视助航设备，能供飞机在决断高度低至 30 m 和跑道视程低至 350 m 时着陆的仪表跑道是（　　）。
   A. Ⅰ类精密进近跑道　　　　　　　B. Ⅱ类精密进近跑道
   C. Ⅲ类精密进近跑道　　　　　　　D. 非精密进近跑道

8. 在可见天地线和地标的条件下，能够判明航空器飞行状态和目视判定方位的飞行是（　　）。

  A. 目视飞行　　　　B. 仪表飞行　　　　C. 低空飞行　　　　D. 高空飞行

9. 在我国境内标准大气压高度 6 000 m（不含）以上的空间划设的管制空域是（　　）。

  A. 高空管制空域　　　　　　　　　　B. 中低空管制空域

  C. 进近管制空域　　　　　　　　　　D. 机场管制地带

10. 航站的年旅客吞吐量在 500 万～1 000 万人次的机场，一般被认定为（　　）。

  A. 小中型　　　　B. 中型　　　　C. 大型　　　　D. 特大型

（二）多选题

1. 由于民航运输经营的特殊性，民航运输企业不同于一般的企业，它具有自身鲜明的特点（　　）。

  A. 企业资本投入大

  B. 安全是最重要的企业运输服务质量考评指标

  C. 国际化与跨区域运营

  D. 要求专业人员具备较高的专业技能与技术水平

2. 实施公共航空运输企业经营许可，应当遵循的基本原则是（　　）。

  A. 建立和完善统一、开放、竞争、有序的航空运输市场

  B. 符合国家航空运输发展和宏观调控政策

  C. 保障航空运输安全、提高运输服务质量和维护消费者合法权益

  D. 坚持公开、公平、公正的原则

3. 机场航站楼大厅用以实现的功能是（　　）。

  A. 旅客值机　　　　　　　　　　　　B. 交运行李

  C. 旅客迎送与等候　　　　　　　　　D. 安排各种公共服务设施

4. 货运站在航空货运中担当着空陆衔接的重要角色，其基本功能有（　　）。

  A. 存储功能　　　　　　　　　　　　B. 货物处理

  C. 装卸搬运　　　　　　　　　　　　D. 办理货运手续和货运文件

5. 根据运输时间的要求，航空运输货物可分为（　　）。

  A. 紧急货物　　　　　　　　　　　　B. 限期货物

  C. 计划性货物　　　　　　　　　　　D. 普通货物

6. 飞行区等级主要是按照跑道的参数进行划分的，主要参数是（　　）。

  A. 跑道的长度　　　　　　　　　　　B. 跑道的宽度

  C. 跑道的坡度　　　　　　　　　　　D. 跑道的平整度

7. 空客 A300 等双发中程宽体客机能够起降的机场级别是（　　）。

  A. 4D　　　　　　B. 4E　　　　　　C. 4F　　　　　　D. 4C

8. 通用航空运输企业从事的活动有（　　）。
   A. 从事支线航空旅客与货物运输
   B. 从事干线航空旅客与货物运输
   C. 气象探测、海洋监测、科学实验
   D. 从事工业、农业、林业、渔业和建筑业的作业飞行

参考答案　（见二维码）

课件　（见二维码）

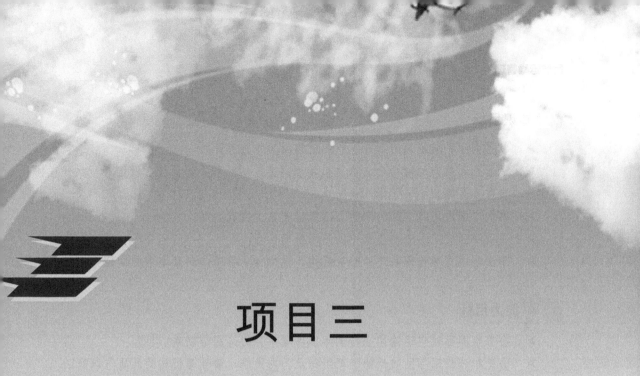

项目三

民航运输管理系统

知识目标

- 掌握国际民航组织的宗旨、组织机构及工作内容等。
- 了解国际航空运输协会、国际机场理事会、国际航空电信协会及国际货运代理协会联合会等。
- 掌握中国民用航空局的宗旨、组织机构及主要职责等。
- 了解中国航空运输协会及中国民用机场协会。
- 掌握空中交通管理系统的管理机构、现行行业管理体制及空中交通规则等。

能力目标

- 会分析国际航空运输协会与国际机场理事会的区别与联系。
- 会比较分析国际民航运输管理组织及国内民航运输管理机构的性质与职能。
- 会分析空中交通管理系统的空中交通流量管理与空域管理及其在民航运输管理中的作用。

引导案例

国际民航组织：中国民航的多边舞台

一直以来，航空运输在促进世界互联互通、推动经济可持续发展上发挥着重要的作用。作为联合国专门机构，国际民航组织（ICAO）是全世界民航合作和交流的重要舞台，为各国就促进民航安全、效率和可持续发展等事宜阐述主张、就重要问题达成一致提供了重要平台。

制定和维护国际标准和建议措施（SARPs）及空中航行服务程序（PANS），是《国际民用航空公约》（以下简称《公约》）的根本原则，也是国际民航组织使命及作用的核心方面。标准和建议措施及空中航行服务程序的制定，遵循一个结构分明、透明和多个阶段的过程。以航委会审查的附件为例，通常由各专家组、委员会等提出行动提案，由专家组、秘书处、专业会议和航委会对提案进行讨论，由航委会对提案进行初审并提交技术提案；技术提案经征求各成员国和国际组织意见后由秘书处汇总分析并提交报告，航委会二审后报理事会审议通过或批准；秘书处以国家级信件形式将理事会通过附件修正案的决定、修正案的内容、生效日期及适用日期通知成员国；在收到成员国提出的国内规章标准与修正案间存在差异的通知后，国际民航组织秘书处进行汇总，并将其作为附件的补充材料。

国际民航组织标准和指导材料主要包括《公约》附件、空中航行服务程序、地区补充程序和技术手册、通告等指导材料。目前，国际民航组织管理着 12 000 多项标准和建议措施及近千份指导材料，为全球民用航空的有序发展提供了根本基础。

长期以来，中国民航重视并积极参与和支持国际民航组织的各项工作，为促进世界各国之间的民航交流与合作发挥了举足轻重的作用。

随着中国民航的持续快速发展，中国民航更加重视参与和支持国际民航标准和政策的起草、制定及修订工作，在国际民航组织技术专家组的活动也日趋活跃，中国民航技术专家广泛与各方交流国际民航经验和做法，在国际民航政策与标准领域努力与各方共商共建共享，在以国际民航组织为代表的民航多边舞台上的话语权和影响力日益提升。丰富多彩的多边活动，也组成了中国民航多边对外工作的重要部分。

资料来源：国际民航组织：中国民航的多边舞台[EB/OL]．（2019-02-26）．http://www.sohu.com/a/297837245_99903552．经整理．

任务1　国际民航运输管理机构

一、国际民航组织

国际民航组织（International Civil Aviation Organization，ICAO）的前身是1919年根据《巴黎公约》成立的空中航行国际委员会（ICAO）。由于第二次世界大战对航空器技术发展起到了巨大的推动作用，使得世界上已经形成了一个包括客货运输在内的航线网络，但随之也引起了一系列急需国际社会协商解决的政治上和技术上的问题。1944年11月1日至12月7日，52个国家参加了在芝加哥召开的国际会议，签订了《国际民用航空公约》（通称《芝加哥公约》），按照公约规定成立了临时国际民航组织（PICAO）。

1947年4月4日，《芝加哥公约》正式生效，国际民航组织也因之正式成立，并于5月6日召开了第一次大会。同年5月13日，国际民航组织正式成为联合国的一个专门机构，总部设在加拿大蒙特利尔。目前国际民航组织已有192个成员国，其标志如图3-1所示。

我国是国际民航组织的创始成员国之一。1974年9月24日至10月15日，中国代表团出席了国际民航组织第21届会议并当选为理事国。同年12月，中国政府派出了驻国际民航组织理事会的代表。在2004年9月举行的第35届国际民航组织大会上，我国积极竞选为一类理事国。目前，在蒙特利尔设有中国驻国际民航组织理事会代表处。

图3-1　国际民航组织徽标

（一）宗旨和目标

ICAO的宗旨和目的在于发展国际航行的原则和技术，促进国际航空运输的规划和发展，以便实现以下目标。

（1）确保全世界国际民用航空安全、有秩序地发展。

（2）鼓励为和平用途的航空器的设计和操作技术。

（3）鼓励发展国际民用航空应用的航路、机场和航行设施。

（4）满足世界人民对安全、正常、有效和经济的航空运输的需要。

（5）防止因不合理的竞争而造成经济上的浪费。

（6）保证缔约各国的权利充分受到尊重，每一缔约国均有经营国际空运企业的公平的机会。

（7）避免缔约各国之间的差别待遇。

（8）促进国际航行的飞行安全。

（9）普遍促进国际民用航空在各方面的发展。

其目标涉及国际航行和国际航空运输两个方面的问题。前者为技术问题，主要是安全；后者为经济和法律问题，主要是公平合理，尊重主权。两者的共同目的是保证国际民航安全、正常、有效和有序地发展。

（二）法律地位

国际民航组织是国际法主体，它具备一个国际法主体所必须具有的三个特征：必须具有独立进行国际交往的能力；必须具有直接地享有国际法赋予的权利以及必须构成国际社会中地位平等的实体。这种主体资格是由成员国通过《芝加哥公约》而赋予的。《芝加哥公约》第四十七条规定："本组织在缔约国领土内应享有为履行其职能所必需的法律能力。凡与有关国家的宪法和法律不相抵触时，都应承认其完全的法人资格。"

《芝加哥公约》还详尽规定了国际民航组织作为一个独立的实体在国际交往中所应享有的权利和承担的义务。国际民航组织的权利能力和行为能力主要表现在以下几方面。

（1）协调国际民航关系。努力在国际民航的各领域协调各国的关系及做法，制定统一的标准，促进国际民航健康、有序地发展。

（2）解决国际民航争议。多年来，国际民航组织充当协调人，在协调各国关系上发挥过不可替代的作用；缔结国际条约，国际民航组织不仅参与国际条约的制定，还以条约缔约方的身份签订国际条约。

（3）特权和豁免。国际民航组织各成员国代表和该组织的官员，在每个成员国领域内，享有为达到该组织的宗旨和履行职务所必需的特权和豁免。

（4）参与国际航空法的制定。在国际民航组织的主持下，制定了很多涉及民航各方面活动的国际公约，从《芝加哥公约》及其附件的各项修正到制止非法干扰民用航空安全的非法行为，以及国际航空私法方面的一系列国际文件。

国际民航组织是政府间的国际组织，联合国的专门机构。国际民航组织是各主权国家以自己本国政府的名义参加的官方国际组织，取得国际民航组织成员资格的法律主体是国家，代表这些国家的是其合法政府。

1946年，联合国与国际民航组织签订了一项关于它们之间关系的协议，并于1947年5月13日生效。据此，国际民航组织成为联合国的专门机构。该类专门机构指的是通过特别协定而同联合国建立法律关系的或根据联合国决定创设的对某一特定业务领域负有"广大国际责任"的政府间专门性国际组织。但它们并不是联合国的附属机构，而是在整个联合国体系中享有自主地位。协调一致，是这些专门机构与联合国相互关系的一项重要原则。联合国承认国际民航组织在其职权范围内的职能，国际民航组织承认联合国有权提出建议并协调其活动，同时定期向联合国提出工作报告，相互派代表出席彼此的会议，但无表决权。一个组织还可以根据需要参加另一组织的工作。

（三）组织机构

国际民航组织由大会、理事会和秘书处三级框架组成。

1．大会

大会是国际民航组织的最高权力机构，由所有成员国组成，每三年至少召开一次，理事会负责挑选时间地点并召开会议。应理事会或五分之一以上的成员国要求还可以在任何时候召开特别会议。

大会的主要权利和职责包括以下几方面。

（1）在国际民航组织成员国中选举理事会成员国。

（2）审查、处理理事会报告并裁决理事会报告的事项。

（3）通过国际民航组织的财政预算。

（4）大会在其自由裁量权范围内，可以处理理事会及其下属委员会或组织内其他机构的所有事务。

（5）能授予理事会必要的或合适的权力以履行国际民航组织的职责，并可随时撤回或改变这种权力。

（6）处理没有指派给理事会的国际民航组织内的所有事务。

总体来说，大会要详细审查国际民航组织在技术、管理、经济、法律和技术合作领域的各项工作。大会还有权批准各成员国认可的对《国际民用航空公约》（芝加哥，1944）的修正案。

2．理事会

理事会是向大会负责的常设机构，由大会选举的 36 个成员国组成，每三年为一任期。选举中，那些在航空运输领域居特别重要地位的成员国、对提供国际民用航行设施有突出贡献的成员国以及保证当选后理事会中能覆盖全世界各主要地理区域的那些成员国将获得充分的代表资格，当前主要理事国如表 3-1 所示。

表 3-1　2016—2019 年理事国

组成部分	类别特点	国　　家
第一部分	在航空运输方面占主要地位的国家	澳大利亚、巴西、加拿大、中国、法国、德国、意大利、日本、俄罗斯联邦、联合王国和美国
第二部分	对提供国际民用空中航行设施做出最大贡献的国家	阿根廷、哥伦比亚*、埃及、印度、爱尔兰、墨西哥、尼日利亚、沙特阿拉伯、新加坡、南非、西班牙和瑞典*
第三部分	保证地域代表性的国家	阿尔及利亚*、佛得角*、刚果*、古巴*、厄瓜多尔*、肯尼亚、马来西亚、巴拿马*、大韩民国、土耳其*、阿拉伯联合酋长国、坦桑尼亚联合共和国和乌拉圭*

注释：*表示 2016 年新当选国家

理事会负责召开大会，理事会的主要职责如下。

（1）向大会提交年度报告。国际民航组织理事会每年提交年度报告，向全世界航空界全面介绍关于其计划、活动和成就的情况，这些工作都是为了实现其战略目标，即《国际民用航空公约》所定义的促进国际民用航空的安全和有序发展。

（2）按照大会决定的方向工作。履行《国际民用航空公约》（芝加哥，1944）授予的职责和义务。

（3）管理国际民航组织的财务。

（4）任命并定义航空运输委员会、联营导航委员会、财务委员会、非法干扰委员会、技术合作委员会和人力资源委员会的职责；任命航行委员会成员并选举爱德华奖委员会成员；任命秘书长。

（5）决定国际民航组织的工作方向，批准标准和建议措施（SARPs）及把内容纳入《芝加哥公约》的附件中。如果必要，理事会还可以修订现有的附件。

3．秘书处

秘书处是国际民航组织的常设行政机构，由秘书长负责保证国际民航组织各项工作的顺利进行。秘书长由理事会任命。

秘书处包含五个局：空中航行局、航空运输局、技术合作局、法律事务和对外关系局、行政服务局。五个局的局长以及负责财务、评价和内部审计、联络和国际民航组织七个地区办事处的高级官员直接向秘书长报告。七个办事处分别是驻泰国曼谷的亚洲和太平洋办事处，驻肯尼亚内罗毕的东部和南部非洲办事处，驻塞内加尔达喀尔的西部和中部非洲办事处，驻埃及开罗的中东办事处，驻法国巴黎的欧洲和北大西洋办事处，驻秘鲁利马的南美办事处，以及驻墨西哥墨西哥城的北美、中美和加勒比办事处。

（四）战略目标

国际民航组织的愿景是实现一个可持续的全球民用航空体系。

国际民用航空组织是关于国际民用航空的全球论坛，成员国就国际民用航空标准、建议措施及政策达成共识，成员国使用这些标准、建议措施和政策来确保其当地民航业务和条例符合全球规范，确保航空全球网络中每天 10 万次以上的航班在世界每个区域安全可靠地运行。此外，国际民航组织还协调对各国的援助和能力建设，支持各国的航空发展目标；制订全球计划，对安全和空中导航的多边战略进展进行协调；监测和报告航空运输业绩指标；审计各国在安全领域的民航监督能力，以支持建立一个安全、高效、经济上可持续、对环境负责的民用航空系统。

国际民航组织的现行使命是支持和建立一个全球航空运输网络，以满足乃至超越社会和经济发展以及全球业界和旅客更广泛的互联互通的需要。

到 2030 年，全球航空运力预计将翻一番，国际民航组织认为需要清楚地预见这一点并进行管理，以免对民用航空系统的安全、效率、便利性或环境绩效造成不必要的负面影响。为此，国际民航组织制定了如下五个综合战略目标。

（1）加强全球民用航空安全。这项战略目标的重点集中在国家监管能力。

（2）增强全球民用航空体系的能力并提高效率。这项战略目标虽然在功能和组织上与安全相互依存，但主要集中在空中航行和机场基础设施升级和开发新的程序，以优化航空系统的性能。

（3）加强全球民用航空保安与简化手续。这项战略目标反映了国际民航组织在航空保安、简化手续及相关边境保安事项等方面发挥领导作用的必要性。

（4）促进发展一个健全的、有经济活力的民用航空体系。这项战略目标反映了国际民航组织在侧重于经济政策和配套活动协调统一的航空运输框架方面发挥领导作用的必要性。

（5）环境保护，将民航活动的不利环境影响减至最小。这项战略目标促进国际民航组织在所有与航空有关的环境活动方面的领导作用，并与国际民航组织和联合国系统的环境保护政策和做法保持一致。

（五）主要工作

各种新技术飞速发展，全球经济环境发生巨大变化，对国际民用航空的航行和运输管理制度形成了前所未有的挑战。为此，国际民航组织制订了战略工作计划，重新确定了工作重点。

（1）法规。修订现行国际民航法规条款并制定新的法律文书。

（2）航行。制定并刷新关于航行的国际技术标准和建议措施是国际民航组织最主要的工作，要求这一工作跟上国际民用航空的发展速度，保持这些标准和建议措施的适用性。

（3）安全监察。2014年全球民航事故率每百万架次离港航班事故数量最高达到3.0架次，2015—2017年有所下降。实施安全监察规划，要求所有的缔约国必须接受国际民航组织的安全评估。安全问题不仅在航空器运行中存在，在航行领域的其他方面也存在，例如空中交通管制和机场运行等。

（4）制止非法干扰。制止非法干扰即我国通称的安全保卫或空防安全。这项工作的重点为敦促各缔约国按照安全保卫规定的标准和建议措施来予以实施，特别加强机场的安全保卫工作。

（5）实施新航行系统。新航行系统即"国际民航组织通信、导航、监视/空中交通管制系统"，是集计算机网络技术、卫星导航和通信技术以及高速数字数据通信技术为一体的革命性导航系统，将替换现行的陆基导航系统，大大提高航行效率。要求攻克的难题包括卫星导航服务（GNSS）的法律框架、运行机构、全球各地区和各国实施进度的协调与合作、融资与成本回收等。

（6）航空运输服务管理制度。在航空运输领域的重点工作为"简化手续"，即"消除障碍以促进航空器及其旅客、机组、行李、货物和邮件自由地、畅通无阻地跨越国际边界"。

（7）统计。统计资料主要包括承运人运输量、分航段运输量、飞行始发地和目的地、承运人财务、机队和人员、机场业务和财务、航路设施业务和财务、各国注册的航空器、安全、通用航空以及飞行员执照等。这不仅对指导国际民航组织的审议工作是必要的，而且对协助各国民航当局根据现实情况制定民航政策也是必不可少的。国际民航组织的统计工作还包括经济预测和协助各国规划民航发展。

（8）技术合作。由国际民航组织技术合作局组织实施并维持其技术合作机制，一直以来致力于支持发展中国家的民航项目。

（9）培训。国际民航组织向各国和各地区的民航训练学院提供援助，使其能向各国人员提供民航各专业领域的在职培训和国外训练。

案例 3-1

国际民航组织在机场安全管理、安保和环保方面发挥重要作用

2019年11月5日，主题为"开放融合 赢领未来"的第七届北京全球友好机场总裁论坛在首都机场召开。在论坛上，国际民航组织战略协调和伙伴关系办公室主任亨利·古尔迪表示，随着全球航空运输业的持续高速增长，国际民航组织可以在机场安全管理、安保效率、旅客快递过关和环境保护方面发挥重要作用。

"拿去年举例来说，全球1 300家航空公司在3 700家机场运营了3 800万架次航班，运输了43亿乘客。预计最早到2037年，这一运输量有望翻一倍。未来二十年，全球航空运输业的需求将超过全球机场现有的运营能力。我们必须认识到，随着这些运输数据的增长，作为机场体验的一部分，旅客对于机场运送的货物和服务，也有更高的期望。"亨利·古尔迪在此次论坛上致辞时指出。

机场安全管理是重中之重。他强调，机场安全管理不仅有赖于运营网络的高素质的专业人员，而且也需要遵守将各自程序和运营纳入全球统一范畴的国际民航组织的标准。"我们必须持续寻求更好的方式，来预见和管理安全风险。国际民航组织鼓励成员国将安全管理框架实施现代化和加强它们的安全监管能力。"

随着科技发展的日新月异，虽然电子护照、生物测定、自动边防控制系统等都为旅客出行便利带来了许多好处，但也为全球航空业带来了一定的挑战。"从某些方面来说，科技是一把双刃剑，这从航空业日益面临的网络安全风险可见一斑。在我们刚结束的第四十届大会上，我们的成员国强烈支持国际民航组织为民航业设立的网络安全战略，我们现在也通过专门的行动计划，重点响应他们要求成功实施这一战略的要求。"亨利·古尔迪表示。

他还强调，新科技的发展应用，对于旅客的无缝出行体验和提高安全效率至关重要。国际民航组织通过旅行者身份识别方案（TRIP），紧密帮助成员国设计、应用旅行证件和边防控制系统。

与此同时，机场对于环境保护业也日益重视。亨利·古尔迪坦承，现在全球机场面临着飞机噪音、当地空气和水质量受影响、土地管理和气候变化等方面的诸多挑战。

"为了帮助成员国应对这些挑战，国际民航组织召开了绿色机场研讨会，主要聚焦绿色机场技术的最新发展、适应气候变化最新实践、可再生能源解决方案、社区交流、可持续发展报告、循环经济以及为达成这些目标的融资问题。"亨利·古尔迪表示。

他还指出，国际民航组织建立了包括专门的全球指引的机场环保工具包，主要涉及对提议的空中交通管理运营变化的环保评估，土地使用，为减少燃油消耗、飞机噪声和碳排

放而设立的流线型飞机程序和飞机噪音管理的相关平衡举措。

此次论坛围绕平安、绿色、智慧、人文四型机场建设维度进行沟通和交流,推进机场之间的友好合作,为全球机场行业发展献计献策,亨利·古尔迪的发言致辞受到与会者的热烈好评和强烈反响。

资料来源:国际民航组织在机场安全管理、安保和环保方面发挥重要作用[EB/OL].(2019-11-08). http://news.carnoc.com/list/512/512379.html. 经整理

二、国际航空运输协会

国际航空运输协会(International Air Transport Association,IATA)简称国际航协,是非营利、非政府的、全球航空公司的行业组织,成立于1945年4月,创始会员为来自31个国家的57家航空公司。其徽标如图3-2所示。

国际航协前身是1919年在海牙成立并在二战时解体的国际航空业务协会。1944年12月,出席芝加哥国际民航会议的一些政府代表和顾问以及空运企业的代表聚会,商定成立一个委员会为新的组织起草章程。1945年4月16日在哈瓦那会议上修改并通过了草案章程后,国际航空运输协会成立。同年10月,新组织正式成立,定名为国际航空运输协会,总部设在加拿大的蒙特利尔。第一届年会在加拿大蒙特利尔召开。

图3-2 国际航空运输协会徽标

(一)宗旨与愿景

宗旨:代表、服务和引领航空业。

愿景:成为创造价值和不断创新的驱动力,连接和造福世界,促进航空运输业安全、可靠和持续发展。

(二)会员

国际航协的会员面向所有经营定期和不定期航班的航空公司开放,并通过国际航协运营安全审计。经营国际航班的航空运输企业为正式会员,只经营国内航班的航空运输企业为准会员。截至2017年3月,国际航协有会员271家,代表了国际航空运输总量的83%左右。中国国际航空公司、中国东方航空公司和中国南方航空公司于1993年同时加入国际航协,目前中国有27家会员,是全世界拥有会员最多的国家。

(三)组织机构

1. 内部服务机构

国际航协注册地在加拿大魁北克省蒙特利尔市,执行总部在瑞士日内瓦。为了更好地服务会员航空公司,国际航协在全世界53个国家设立了54个办公室,有雇员1 260人左右。

按地区划分，国际航协共有 5 个地区办事处，如表 3-2 所示。

表 3-2　国际航协地区办事处及其总部

地区办事处	总　部
非洲和中东地区办事处	安曼（约旦）
欧洲地区办事处	马德里（西班牙）
北亚地区办事处	北京（中国）
亚太地区办事处	新加坡（新加坡）
美洲办事处	迈阿密（美国）

按业务分类，国际航协共有五大业务部门，具体包括：会员与对外关系；财务与分销服务；机场、旅客、货运与安保；安全与飞行；市场与商务服务。除此之外，国际航协内部还设有人事、财务、法律、公关等职能部门。

2．外部治理结构

国际航协根据 1945 年 12 月 18 日通过的加拿大议会特别结社法案注册，注册地为加拿大。国际航协的所有活动和从事的工作均由协会章程规定。

（1）年度大会。每年在各大洲轮流举办，是国际航协最高权力机构，任何关于章程的修改、高级人员的任命、预算的审批、新项目的批准、会员会费的制定等重大事项，均需要在年度大会上审批通过。除非另有规定，年度大会一般采用简单多数表决，每个会员，无论大小，均享有一票表决权。

年度大会分别于 2002 年和 2012 年在中国上海和北京举行。

（2）理事会。理事会是年度大会的决策机构，由 31 家航空公司的高级管理人员组成。国际航协理事长是国际航协最高行政长官，在理事会的监督和授权下行使职责并对理事会负责。理事会下设主席委员会、战略和政策委员会以及审计委员会。

目前，中国东方航空公司、中国南方航空公司和香港国泰航空公司代表北亚地区行使理事会成员职责。

为了全方位应对行业发展所面临的挑战，理事会下设六个专业委员会：行业委员会、财务委员会、货运委员会、航行委员会、法律委员会、环境委员会。

根据需要，各个专业委员会又分了若干分委员和工作组，成员均来自会员航空公司各专业领域的专家。

（四）基本职能

协会的基本职能包括：国际航空运输规则的统一，业务代理，空运企业间的财务结算，技术上合作，参与机场活动，协调国际航空客货运价，航空法律工作，帮助发展中国家航空公司培训高级和专门人员。

（五）主要工作

作为全世界航空公司的行业组织，国际航协的工作主要集中在以下九个方面。

(1)航空公司的分销服务。
(2)货运服务。
(3)旅客服务。
(4)环境事务。
(5)简化商务。
(6)航行与基础设施。
(7)航空安全。
(8)航空保卫。
(9)法律事务。

国际航协对于航空运输服务最有意义的功绩在于清算和联运,它将各个航空公司的航线结合起来,形成了相互协调遍及世界的空中航线网络,使得旅客、行李和货物的运输以最经济的价格完成复杂的旅行,并提供安全、迅速、便捷的结算服务。

目前通过国际航协每年为航空公司结算的金额,仅开账和结算系统(BSP)一项就高达 3 000 亿美元。

中国 2016 年共结算 314 亿美元,到账率达到了 100%。

案例 3-2

国际航协:携手合作,确保航空安全的未来发展

国际航空运输协会(以下简称"国际航协")呼吁航空运输业加强与政府的紧密合作,应对不断演变的安全威胁与翻倍增长的客运需求,确保航空运输的安全。

国际航协理事长兼首席执行官亚历山大·德·朱尼亚克先生(Alexandre de Juniac)在佛罗里达州迈阿密举行的世界航空安保大会上表示:"飞行是安全的,但如何确保安全却并非易事。安全威胁瞬息万变,地缘政治格局愈发复杂,技术发展日新月异,客运和货运量持续增长,建立全球标准并加强政府与行业间的合作是成功的基石。"

国际航协敦促利益相关方将重心侧重于全球标准、信息共享、基于风险的可持续解决方案和适应新型安全威胁,确保未来几十年航空运输安全。

1. 全球标准

各国政府通过国际民航组织(ICAO)达成了全球航空安保标准,并将其纳入《芝加哥公约》附件 17。

亚历山大·德·朱尼亚克先生说:"附件 17 被纳入《芝加哥公约》已有 45 年之久,但仍有许多国家难以实施附件 17 的基本要求,任一环节的缺失都会影响整体。我们的目标是全面实施,迫切需要发达国家向发展中国家提供更全面的帮助,确保基本安全措施的落实。"

2. 信息共享

亚历山大·德·朱尼亚克先生说:"安全威胁层出不穷且愈发复杂。那些想要制造航空事故的人不效忠国家,他们跨境分享信息,联手引发混乱并进行破坏。政府关注的重点

必须是保护人民。独木难支,我们要更有效地共享信息。"

3. 基于风险的可持续解决方案

亚历山大·德·朱尼亚克先生表示:"自(9·11)事件以来,航空安保投资持续增长。毫无疑问,飞行变得更加安全,但效率不断受到挑战。政府需推行基于风险的安保理念,将资源集中在最需要的地方。"

亟待解决的关键领域包括以下几个。

(1)切实审查数百万有权进入飞机机舱的机场和航空公司员工。

(2)终止惯例要求的航空公司承担政府责任的治外法权措施。

(3)即使客运量在未来20年将翻倍增长,也要努力提升旅客安保体验。

4. 适应新型安全威胁

国际航协呼吁政府和航空业加强对新型安全威胁的重视,包括网络安全威胁。

亚历山大·德·朱尼亚克先生说:"航空业数字化转型未来可期,但我们必须确保航空运输的安全和安保能有效抵御网络安全攻击。为实现这一目标,航空业、技术供应商和政府间必须展开建设性对话,并及时共享信息。"

国际航协正与航空公司、行业利益相关方和其他部门通力合作,拟在明年初制定有效战略,这将是应对网络安全威胁挑战迈出的重要一步。

资料来源:国际航协:携手合作,确保航空安全的未来发展[EB/OL].(2019-03-01).http://news.carnoc.com/list/484/484591.html.

三、国际机场理事会

国际机场理事会(Airports Council International,ACI)是全世界所有机场的行业协会,是一个非营利性组织,其徽标如图3-3所示。

国际机场理事会成立以前,世界机场行业有三个国际性组织:国际机场经营者协会(AOCI)、国际民航机场协会(ICAA)和西欧机场协会(WEAA)。为协调这三个机场协会之间的关系,建立与各政府机构、航空公司、生产商和其他有关方面的正式联系,1970年,机场协会协调委员会(AACC)成立。

图3-3 国际机场理事会徽标

1985年,西欧机场协会解散。1991年1月,机场协会协调委员会、国际机场经营者协会和国际民航机场协会合并为国际机场联合协会(Airports Association Council International),1993年1月正式更名为国际机场理事会。

国际机场理事会总部原设在瑞士的日内瓦,于2011年夏天搬至加拿大蒙特利尔。

(一)宗旨

国际机场理事会的宗旨是加强各成员与全世界民航业各个组织和机构的合作,包括政府部门、航空公司和飞机制造商等,并通过这种合作,促进建立一个安全、有效、与环境和谐的航空运输体系。

（二）发展目标

国际机场理事会的发展目标有以下几项。

（1）保持和发展世界各地民用机场之间的合作，相互帮助。

（2）就各成员机场所关心的问题，明确立场，形成惯例，以"机场之声"的名义集中发布和推广这些立场和惯例。

（3）制定加强民航业各方面合作的政策和惯例，形成一个安全、稳定、与自然环境相适应的高效的航空运输体系，推动旅游业和货运业乃至各国和世界经济的发展。

（4）在信息系统、通信、基础设施、环保、金融、市场、公共关系、经营和维修等领域内交流有关提高机场管理水平的信息。

（5）向国际机场理事会的各地区机构提供援助，协助其实现上述目标。

（三）组织结构

1. 地区分会

国际机场理事会由六个地区分会组成：非洲地区分会、亚洲地区分会、欧洲地区分会、拉丁美洲/加勒比海地区分会、北美地区分会和太平洋地区分会。

2. 常务委员会

国际机场理事会目前有五个常务委员会，就其各自范围内的专业制定有关规定和政策。

（1）技术委员会。主要涉及：缓解空域和机场拥挤状况；未来航空航行系统；跑道物理特征；滑行道和停机坪；目视助航设备；机场设备；站坪安全和场内车辆运行；机场应急计划；消防救援；破损飞机拖移；等等。

（2）环境委员会。主要涉及：喷气式飞机、螺旋桨飞机和直升机的噪声检测；与噪声有关的运行限制；发动机排放物及空气污染；机场附近土地使用规划；发动机地面测试；跑道化学物质除冰；燃油储存及泼溅；除雾；鸟类控制；等等。

（3）经济委员会。主要涉及：机场收费系统；安全、噪音和旅客服务收费；用户咨询；商业用地收入及发展；高峰小时收费；硬软货币；财务统计；机场融资及所有权；纳税；各种影响经济的因素；航空公司政策变动、合并事项，航空运输协议的签署，航空业与其他高速交通方式的竞争；计算机订座系统。

（4）安全委员会。主要涉及：空陆侧安全；隔离区管理措施；航空安全技术；安全与设备之间的内在关系；等等。

（5）简化手续和便利旅客流程委员会。主要涉及：客、货、邮件处理设备；旅客及货物的自动化设备；对付危险物品、走私毒品的措施；等等。

国际机场理事会与其他国际性组织保持密切的往来，包括国际民航组织、国际航空运输协会、驾驶员协会国际联合会、国际空中交通管制员联合协会、国际商会国际航空工业联合协会等。国际机场理事会在国际民航组织内享有观察员身份；在联合国经济理事会担任顾问。它代表并体现了全体成员的共同立场，反映了机场的共同利益。

案例 3-3

国际机场理事会公布年度繁忙机场

国际机场理事会公布了 2017 年的航空旅行数据，其中亚特兰大的哈茨菲尔德·杰克逊国际机场成为旅客吞吐量最大的机场，而我国的北京首都国际机场排名第二，香港国际机场排名第八，上海浦东国际机场排名第九，而广州白云国际机场则排名第 13。

据悉国际机场理事会对全世界 176 个国家和地区的共计 2 500 多个机场的数据分析得出 2017 年全球最繁忙机场排名。据统计，2017 年全球航空游客吞吐量增加 7.5%至 83 亿人次，是历史最高增长率之一，全球国际航空旅客人数增加 8.6%。而根据最新的报道，全球航空货运吞吐量增加 7.7%，全球最大的航空货运中心依然是中国香港。

以下是2017年全球最繁忙机场排名：

（1）亚特兰大哈茨菲尔德·杰克逊国际机场（美国佐治亚州）——1.04 亿人次

（2）北京首都国际机场（中国）——9 600 万人次

（3）迪拜国际机场（阿联酋）——8 800 万人次

（4）东京羽田国际机场（日本）——8 500 万人次

（5）洛杉矶国际机场（美国加利福尼亚州）——8 460 万人次

（6）芝加哥奥黑尔国际机场（美国伊利诺伊州）——8 000 万人次

（7）伦敦希思罗机场（英国）——7 800 万人次

（8）香港国际机场（中国）——7 300 万人次

（9）上海浦东国际机场（中国）——7 000 万人次

（10）巴黎戴高乐机场（法国）——6 900 万人次

（11）阿姆斯特丹斯希普霍尔机场（荷兰）——6 850 万人次

（12）达拉斯沃思堡国际机场（美国得克萨斯州）——6 700 万人次

（13）广州白云国际机场（中国）——6 600 万人次

（14）莱茵河畔法兰克福国际机场（德国）——6 450 万人次

（15）阿塔图尔克国际机场（土耳其）——6 400 万人次

（16）英迪拉·甘地国际机场（印度）——6 350 万人次

（17）苏加诺-哈达国际机场（印尼）——6 300 万人次

（18）新加坡樟宜国际机场（新加坡）——6 222 万人次

（19）仁川国际机场（韩国）——6 216 万人次

（20）丹佛国际机场（美国科罗拉多州）——6 100 万人次

资料来源：美媒揭秘哪国机场最繁忙 北京排第二这个地方第一[EB/OL]．（2018-09-22）．https://finance.sina.com.cn/stock/usstock/c/2018-09-22/doc-ifxeuwwr6987515.shtml．经整理

四、国际航空电信协会

国际航空电信协会（Society International De Telecommunicatioan Aero-nautiques，

SITA）是联合国民航组织认可的一个非营利的组织，是航空运输业世界领先的电信和信息技术解决方案的集成供应商。其徽标如图 3-4 所示。

1949 年 12 月 23 日，荷兰、法国、英国、瑞士等国家的 11 家欧洲航空公司代表在布鲁塞尔成立了国际航空电信协会，将成员航空公司的通信设备相互连接并共同使用。随着成员不断增加和航空运输业务对通信需求的增长，SITA 已成为一个国际化的航空电信机构，SITA 经营着世界上最大的专用电信网络。

国际航空电信协会的主要职责是提高全球航空业使用信息技术的能力，并提高全球航空公司的竞争能力，不仅为航空公司提供网络通信服务，还可以为其提供共享系统，如机场系统、行李查询系统、货运系统、国际票价系统等。国际航空电信协会徽标如图 3-4 所示。

图 3-4　国际航空电信协会徽标

除全球通信网络外，SITA 还建立并运行着两个数据处理中心：一个是设在美国亚特兰大的旅客信息处理中心，主要提供自动订座、离港控制、行李查询、旅客订座和旅行信息；另一个是设在伦敦的数据处理中心，主要提供货运、飞行计划处理和行政事务处理业务。

中国民航于 1980 年 5 月加入 SITA。中国民航通信网络与 SITA 相连通，实现了国内各个航空公司、机场航空运输部门与外国航空公司和 SITA 亚特兰大自动订座系统连通，实现大部分城市订座自动化。中国民航还部分使用了 SITA 伦敦飞行计划自动处理系统，在商定的航线采用自动处理的飞行计划。我国的三大航空公司加入了 SITA，成为其会员，这三家公司是中国国际航空公司、东方航空公司、南方航空公司。协会在全世界拥有 650 家航空公司会员，其网络覆盖全球 180 个国家。

五、国际货运代理协会联合会

国际货运代理协会联合会（FIATA）是一个非营利性国际货运代理的行业组织。该会于 1926 年 5 月 31 日在奥地利维也纳成立，总部现设在瑞士苏黎世，并分别在欧洲、美洲、亚太、非洲和中东四个区域设立了区域委员会，任命有地区主席。FIATA 设立的目的是代表、保障和提高国际货运代理在全球的利益。该会是目前在世界范围内运输领域最大的非政府和非营利性组织，具有广泛的国际影响力。其会员来自全球 161 个国家和地区的国际货运代理行业，包括 106 家协会会员和近 6 000 家企业会员。其徽标如图 3-5 所示。

图 3-5　国际货运代理协会联合会徽标

（一）宗旨与工作目标

国际货运代理协会联合会的宗旨是保障和提高国际货运代理在全球的利益。

该联合会的工作目标是：团结全世界的货运代理行业；以顾问或专家身份参加国际性组织，处理运输业务，代表、促进和保护运输业的利益；通过发布信息、分发出版物等方式，使贸易界、工业界和公众熟悉货运代理人提供的服务；提高制定和推广统一货运代理单据、标准交易条件，改进和提高货运代理的服务质量，协助货运代理人进行职业培训，处理责任保险问题，提供电子商务工具。

（二）会员

FIATA 会员分为如下四类。

（1）一般会员。代表某个国家全部或部分货运代理行业的组织和在某个国家或地区独立注册的唯一国际货运代理公司，可以申请成为一般会员。

（2）联系会员。货运代理企业或与货运代理行业密切相关的法人实体，经其所在国家的一般会员书面同意，可以申请成为联系会员。

（3）团体会员。代表某些国家货运代理行业的国际性组织、代表与该联合会相同或相似利益的国际性货运代理集团、其会员在货运代理行业的某一领域比较专业的国际性协会，可以申请成为团体会员。

（4）名誉会员。对该联合会或货运代理行业做出特殊贡献的人士，可以成为名誉会员。

目前，FIATA 有 96 个国家和地区的 106 家协会会员，及 161 个国家和地区近 6 000 家企业会员，代表了全球 4 万多家货运代理企业、近 1 000 万从业人员。

（三）机构

FIATA 的最高权力机构是会员代表大会，下设扩大主席团和主席团。

主席团对外代表 FIATA，对内负责 FIATA 的管理，设有航空货运、海关事务、多式联运等研究机构，并成立了常设工作组，危险货物咨询委员会、信息技术咨询委员会、法律事务咨询委员会、公共关系咨询委员会、职业培训咨询委员会等常设委员会。根据 FIATA 章程和会员代表大会决议完成有关工作。主席团由主席、上届主席、三位副主席、秘书长、司库组成，任期两年，每年至少召开两次会议，以多数票通过决议。在赞成票和反对票相当的情况下，主席拥有最终决定权。

扩大主席团由主席团成员、各研究机构主席、常设委员会负责人和会员代表大会从一般会员或团体会员推荐的候选人中选举的 12 名副主席组成，任期两年，可以连选连任。主席团扩大会议每年至少召开两次会议，由主席或从扩大会议成员中选举产生的副手主持，以多数票通过决议。在赞成票和反对票相当的情况下，主席拥有最终决定权。主席团扩大会议的主要职责是向主席团提出建议；在专业领域和地区事务中向秘书处提供支持；接受年度报告；确定各研究机构和常设委员会的工作计划；协调各研究机构和常设委员会的工作；组织研究机构和常设委员会的共同工作；指定某些会员参与不同地区的相关活动，保护地区利益；指定某些会员在不同的国际组织中代表FIATA，并提供相关报告。

FIATA 每年举行一次世界性的代表大会，即 FIATA 年会。大会通过 FIATA 上年度的工作报告和财务预算，并对一年内世界货运代理业所发生的重大事件进行回顾，探讨影响行业发展的紧迫问题，通过主要的法规和条例，促进世界贸易和货运代理业健康发展。

FIATA 在瑞士苏黎世总部设有秘书处，由总干事牵头，有雇员 10～15 名。秘书处负责会员服务、内部机构服务、会议筹备与安排等多项日常事务。

2015 年 9 月，FIATA 年度会员代表大会上，中国国际货运代理协会主席、中国外运长航集团董事长赵沪湘作为唯一的候选人被选举为 FIATA 主席。这是 FIATA 自成立以来首次由中国人担任主席职务。

任务2　国内民航运输管理组织

一、中国民用航空局

中国民用航空局简称为"中国民航局"或"民航局"，是中华人民共和国国务院主管民用航空事业的由部委管理的国家局，归交通运输部管理。其前身为中国民用航空总局，在 1987 年以前曾承担中国民航的运营职能。2008 年 3 月，由国务院直属机构改制为部委管理的国家局，同时更名为中国民用航空局。民航局代表政府制定民航业的各项法规，对民航各方面的工作进行总的规划管理，对驾驶员进行资格认证和考核，协调和指挥空中交通，负责重大国际民航业的外事活动，监督处理重大航空安全事务，等等。

（一）组织机构

民航局的组织机构如图3-6所示。

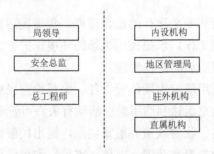

图 3-6　民航局的组织机构图

1. 内设机构

内设机构有综合司、政策法规司、财务司、国际司（港澳台办公室）、飞行标准司、机场司、公安局、全国民航工会、航空安全办公室、发展计划司、人事教科司、运输司、航空器适航审定司、空管行业管理办公室、直属机关党委、离退休干部局。

2. 地区管理局

地区管理局包括华北地区管理局、东北地区管理局、华东地区管理局、中南地区管理局、西南地区管理局、西北地区管理局及新疆管理局。

3. 驻外机构

驻外机构为中华人民共和国驻国际民航组织理事会代表处。

4. 直属机构

直属机构有空中交通管理局、中国民航飞行校验中心、清算中心、信息中心、首都机场集团、中国民航报社出版社、民航院校及科研院所等单位。

（二）主要职责

（1）提出民航行业发展战略和中长期规划、与综合运输体系相关的专项规划建议，按规定拟订民航有关规划和年度计划并组织实施和监督检查。起草相关法律法规草案、规章草案、政策和标准，推进民航行业体制改革工作。

（2）承担民航飞行安全和地面安全监管责任。负责民用航空器运营人、航空人员训练机构、民用航空产品及维修单位的审定和监督检查，负责危险品航空运输监管、民用航空器国籍登记和运行评审工作，负责机场飞行程序和运行最低标准监督管理工作，承担民航航空人员资格和民用航空卫生监督管理工作。

（3）负责民航空中交通管理工作。编制民航空域规划，负责民航航路的建设和管理，负责民航通信导航监视、航行情报、航空气象的监督管理。

（4）承担民航空防安全监管责任。负责民航安全保卫的监督管理，承担处置劫机、炸机及其他非法干扰民航事件相关工作，负责民航安全检查、机场公安及消防救援的监督管理。

（5）拟订民用航空器事故及事故征候标准，按规定调查处理民用航空器事故。组织协调民航突发事件应急处置，组织协调重大航空运输和通用航空任务，承担国防动员有关工作。

（6）负责民航机场建设和安全运行的监督管理。负责民用机场的场址、总体规划、工程设计审批和使用许可管理工作，承担民用机场的环境保护、土地使用、净空保护有关管理工作，负责民航专业工程质量的监督管理。

（7）承担航空运输和通用航空市场监管责任。监督检查民航运输服务标准及质量，维护航空消费者权益，负责航空运输和通用航空活动有关许可管理工作。

（8）拟订民航行业价格、收费政策并监督实施，提出民航行业财税等政策建议。按规定权限负责民航建设项目的投资和管理，审核（审批）购租民用航空器的申请。监测民航行业经济效益和运行情况，负责民航行业统计工作。

（9）组织民航重大科技项目开发与应用，推进信息化建设。指导民航行业人力资源开发、科技、教育培训和节能减排工作。

（10）负责民航国际合作与外事工作，维护国家航空权益，开展与港澳台的交流与合作。

案例 3-4

民航局开展民航服务质量重点攻坚专项行动

为进一步提升民航服务质量，打造"中国服务"品牌，切实增强人民群众对民航发展的获得感，民航局决定自 2019 年 3 月 1 日起开展为期 10 个月的 2019 年"民航服务质量重点攻坚"专项行动。

按照计划，此次专项行动将从坚持高质量发展、全面提升航班正常管理水平，固化成果持续攻坚、持之以恒解决民航服务难题，围绕群众关切、全面落实九项便民服务举措三个方面着力，力争通过开展专项行动实现四个目标：一是全年国内客运航空公司航班正常率力争保持 80%，占旅客吞吐量 0.2%（含）以上机场放行正常率和主时刻协调机场始发航班起飞正常率力争达到 85%；二是千万级机场自助值机旅客占比力争达到 70%以上；三是行李全程跟踪、电子货运单等民航服务信息化项目逐步实施和推广；四是旅客、货主的民航服务体验得到进一步改善。

在坚持高质量发展、全面提升航班正常管理水平方面，民航局要求各运行单位要正确处理好安全和正常关系，严格把控发展质量，科学把握运行标准，不断提升保障能力，努力增强技术支撑，着力推进航班正常管理体系建设。航空公司要继续强化运行保障能力，加强航班计划编排管理，合理备份运力，充分利用 HUD 等新技术手段提升航空公司在复杂机场、低能见度等特殊天气下的运行能力；机场要继续提高地面运行效率，持续推进机坪管制移交，全面提高各驻场单位间的信息共享和资源共享程度，全面建成千万级机场 A-CDM 系统，加快推进千万级以上机场运管委建设；空管部门要提升运行管理水平，围绕"四强空管"建设，科学把握运行标准，合理优化管制间隔，加快推进 CDM 全国联网、与 A-CDM 数据对接工作，全面启动 ADS-B 管制运行；行业管理部门要完善监督管理制度，坚持并完善"控总量调结构"各项措施，完善航班正常重点工作督查机制，加快民航运行数据中心建设。

在固化成果持续攻坚、持之以恒解决民航服务难题方面，民航局要求各运行单位要大力推进民航服务法制化进程，逐步把民航服务质量行政式管理推向法制化管理轨道，出台适用于中外航空公司的《民航服务质量管理规定》，研究制定《民航货物运输管理规定》；持续推进企业服务质量管理体系建设，实现服务质量闭环管理，以实现"手册管理"为目标，进一步完善、细化服务管理手册和员工业务操作手册；着力提升地面服务保障水平，进一步明确地面服务各保障环节的职责和标准，实现空中服务与地面服务协同提升，加强对旅客携带超限行李的提前卡控；进一步加强信息告知服务，在销售客票时清楚告知客票使用条件、行李收费标准等重要信息，航班取消或延误时，充分运用多种媒介及时、准确地向旅客发布航班动态等信息；持续改进客票销售及退改签工作，中航信要全面实施旅客姓名与身份证匹配网上验证，航空公司要设定合理的退改签"阶梯费率"收费标准，销售代理企业不得自行变更航空公司退改签规则，中航协要严肃查处销售代理企业票务违规行为。

在围绕群众关切、全面落实九项便民服务举措方面，民航局要求各运行单位要促进民航无纸化服务提质升级，简化无纸化乘机办理渠道及乘机流程，开展国际和港澳台航班无纸化通关试点工作；大力推进自助式服务，加大自助设备投入，加强对自助服务流程的宣传和引导；不断探索智慧安检新模式，积极做好人工智能、生物特征识别功能与民航安保的融合工作，稳步推进"旅客差异化安检""诚信安检"等试点经验；推进行李全流程跟踪系统建设，研究制定《全民航行李全流程跟踪系统建设指南》，鼓励无线射频识别（RFID）等技术产品的应用；提升旅客中转服务体验，强化中转硬件建设，优化航站楼旅客流程，开展中转旅客跨航司行李直挂服务试点工作，积极推进《空铁联运战略合作协议》落地；持续改进机场餐饮服务，健全机场餐饮服务管理机制，在千万级以上机场建立航站楼餐食服务准入制度，严厉打击航站楼餐饮附加服务乱收费现象；加快机上 Wi-Fi 建设，鼓励航空公司加快空中无线网络建设，改善硬件设施，提升互联网接入速度；推进航空物流现代化，提高中性电子运单使用率，推进物联网航空货物跟踪项目实施；开通 12326 民航服务质量监督电话，为旅客提供快速咨询、投诉举报等一站式服务。

为切实开展好此次专项行动，民航局要求各单位要加强组织领导，强化民航服务工作"三基"建设，加强对专项行动的宣传引导，多措并举狠抓工作落实，使专项行动取得实效。

资料来源：民航局将开展 2019 年"民航服务质量重点攻坚"专项行动[EB/OL].（2019-02-13）. http://www.caacnews.com.cn/1/1/201902/t20190213_1267011.html.

二、中国航空运输协会

中国航空运输协会简称"中国航协"。协会成立于 2005 年 9 月 9 日，是以航空运输企业为主体，由航空运输相关企、事业单位和社会团体自愿结成的全国性、行业性、非营利性社会组织，是经中华人民共和国民政部核准登记注册的社团法人。协会住所设在北京。

截至 2018 年 7 月，协会会员 4 340 家，本级会员 94 家，分支机构会员 4 246 家。行业主管部门为中国民用航空局。2009 年和 2015 年连续被民政部评为全国 5A 级社团组织。

（一）宗旨

协会的宗旨是遵守宪法、法律、法规和国家政策，遵守社会道德风尚，积极承担社会组织责任，努力为全体会员服务，促进航空运输发展和持续安全。

（二）组织机构

协会设理事长、副理事长、秘书长等领导职务，常务副理事长为法人代表。

协会下设综合人事部、财务部、研究部、市场部、培训部、交流部六个部门。

分支机构有航空安全工作委员会、通用航空分会、航空运输销售代理分会、航空油料分会、航空食品分会、飞行乘务员委员会、法律委员会、财务金融审计工作委员会、收入会计工作委员会、海峡两岸航空运输交流委员会、航空物流发展基金管理委员会和科技教育文化委员会。

在华北、华东、中南、西南、西北、东北和新疆分别设有代表处。

协会的最高权力机构是会员大会。会员大会须有三分之二以上的会员出席方能召开，其决议须经到会会员半数以上表决通过方能生效。会员大会每届4年，原则上每两年召开一次。因特殊情况需提前或延期换届的，须由理事会表决通过，报业务主管单位审查并经社团登记管理机关批准。延期换届最长不超过1年。会员大会的主要职责是：制定和修改章程；选举和罢免理事；审议批准协会建设与发展规划；审议批准理事会工作报告和财务报告；制定和修改会费标准及收缴管理办法；决定终止事项和其他重大事宜。

理事会是会员大会的执行机构，在闭会期间领导协会工作，对会员大会负责。理事会每年至少召开一次会议；特殊情况可采用书面通讯形式召开。理事会须有三分之二以上理事出席方能召开，其决议须经到会理事三分之二以上表决通过方能生效。理事会的职责是：执行会员大会的决议；选举和罢免理事长、副理事长，聘任秘书长；筹备召开会员大会，确定大会议程；审议通过协会年度工作报告（草案），向会员大会报告工作；审议通过协会年度财务预算、决算（草案），向会员大会报告财务状况；决定会员的吸收和除名；决定办事机构、分支机构（专业委员会）、代表机构和有关实体机构的设立、变更和撤销；领导协会各机构开展工作；审议决定协会重要规章制度；决定荣誉、名誉职务的设立及人选；决定其他重大事项；等等。

（三）业务范围

业务范围包括以下几方面。

（1）宣传、贯彻党和国家关于民航业的方针政策和法律法规。

（2）代表会员利益，反映会员诉求，维护会员权益。

（3）研究行业发展和改革的重大问题，改善企业经营环境，促进科学发展。

（4）协助政府有关部门和会员单位开展航空安全工作，促进持续安全。

（5）开展行业自律，推进诚信体系建设，维护市场秩序。

（6）经政府有关部门批准，组织和参与航空运输相关行业标准规范的制定和修订，并开展宣传贯彻工作，推动标准规范实施。

（7）开展教育科技和文化工作。组织进行专业技术和管理培训，支持提高职工队伍素质和管理水平；经政府有关部门批准，开展科技项目的研究、成果鉴定和科技进步奖的评选。

（8）为会员单位搭建交流合作平台，促进开展国内外交流与合作。

（9）经政府有关部门批准，负责航空客货运输销售代理的资质认可和监督检查，促进销售代理业健康发展。

（10）根据有关规定，收集储存信息资料，编辑出版协会书刊，提供信息咨询服务。

（11）协助政府主管部门和会员单位开展海峡两岸及港澳民航业的交流与合作。

（12）接受政府有关部门和会员的委托，提供其他服务。

三、中国民用机场协会

中国民用机场协会是以中国民用机场为主体,由全国民用机场、相关企事业法人和社团法人自愿结成的全国性、行业性、非营利性的社团组织,在业务上接受中国民用航空局的领导和指导,是经国家民政部核准登记注册的社团法人。

协会成立于 2006 年 8 月 25 日,总部设在北京。

截至目前,协会共有会员单位 272 个,其中机场会员 207 个,非机场会员 65 个。依照协会《章程》规定,2017 年 6 月,在北京召开了会员代表大会,选举产生了新一届理事会组成人员。

(一)宗旨

本协会的宗旨是按照"共同参与、共同分享、共同成就"的指导思想,以服务会员为本,加强行业自律,发挥桥梁纽带作用,促进机场行业安全、持续、健康发展。

(二)组织机构

目前管理机构设有常务理事单位 31 个、理事单位 91 个。

协会秘书处内设 4 个部门,即行政综合部、专业委员会事务部、财务部、培训与外联事务部。

下设专业委员会包括机场发展战略、机场安全(安保)、机场法律、机场运行指挥、机场设施设备、机场信息技术、机场航线营销、机场商业零售、机场文化、机场建设、临空经济、机场货运、机场财经、通用机场发展、中小机场空管、机场医疗救护、机场空地联运、机场贵宾服务以及机场专家委员会等。

最高权力机构是会员代表大会。会员代表是指根据协会相关规定产生的,能够代表会员单位权益的个人。会员代表大会每一年举行一次。经理事会或 1/3 以上会员代表提议,可以召开临时会员代表大会,临时会员代表大会由理事长主持。会员代表大会必须有 2/3 以上的会员代表出席方能召开,各项决议须经到会代表有效选票半数以上表决通过方能生效。会员代表大会的职权是:制定和修改协会章程;决定协会的工作目标和发展规划;选举和罢免协会理事、监事;审议理事会提交的工作报告和财务报告;审议监事会的工作报告;制定和修改会费标准;审议和决定协会终止事宜;审议和决定理事会提交的其他事宜。

理事会是会员代表大会的执行机构,在大会闭会期间行使会员代表大会赋予的议事和决策权力,领导本会开展日常工作。理事会须向会员代表大会负责。理事人数不超过会员 1/3,不能来自同一会员单位。理事会的职责和权力是:执行会员代表大会的决议;选举和罢免理事会理事长、副理事长和秘书长;根据会员代表大会的授权,在届中增补、罢免部分理事,最高不超过原理事总数的 1/5;筹备召开会员代表大会,审定大会议事日程,决定大会举行的日期和地点等;向会员代表大会报告协会工作和财务状况;决定会员的吸收和除名;决定办事机构,分支机构,代表机构的设立、变更和注销;决定名誉职务的设立和人选;决定副秘书长、各机构主要负责人的聘任;领导协会各机构开展工作;审议决定协会内部管理制度及决定其他重大事项。

协会秘书长须经理事长提名、理事会讨论表决通过,由理事长代表理事会任命,秘书长为专职。

本协会设立监事会,监事由会员代表大会选举产生。

(三)业务范围

主要业务范围有以下几方面。

(1)贯彻国家法律、法规及政策,推进法规政策的实施。

(2)加强行业自律,开展推荐性规范文件和行业标准的编制工作。

(3)加强政策及课题研究,积极参与政府政策、立法及行业标准的制定、修订工作,代表会员向政府提出相关意见建议。

(4)搭建合作交流平台,举办多种形式的业务交流和咨询活动,促进国内外交流与合作;按照有关规定,组织举办会展、论坛,传播、推广先进经验和技术。

(5)加强行业诚信建设,推进行业安全、服务指标体系的完善和实施,促进机场提升安全、服务水平。

(6)组织开展机场专业技术和管理培训,受政府有关部门委托,对机场会员进行岗位资质认证,开展科技项目的研究推广、成果鉴定等工作。

(7)依照有关规定,组织编辑出版协会刊物,建设多媒体信息平台。

(8)接受政府有关部门和会员的委托,提供其他服务。

任务3 空中交通管理系统

空中交通管理的目的是有效地维护和促进空中交通安全,维护空中交通秩序,保障空中交通顺畅。

一、空中交通管理机构

中国民用航空局空中交通管理局简称"民航局空管局",是民航局管理全国空中交通服务,民用航空通信、导航、监视,航空气象,航行情报的职能机构。

(一)组织机构

民航局空管局组织机构除局领导外,有局机关、直属单位及各地区空管局。

局机关有办公室、战略部、人力资源部、财务部、审计部、国际部、法规标准部、安全部、空管部、通导部、气象部、计划基建部、资产办等。

直属单位有运行中心、空域中心、技术中心、气象中心、情报中心、指挥部、投资公司、电信公司、网络公司、航管科技公司、数据公司、装备公司、保安器材公司、修造厂、航空俱乐部等。

各地区空管局有华北空管局、东北空管局、华东空管局、中南空管局、西南空管局、西北空管局、新疆空管局。

民航局空管局的组织结构如图 3-7 所示。

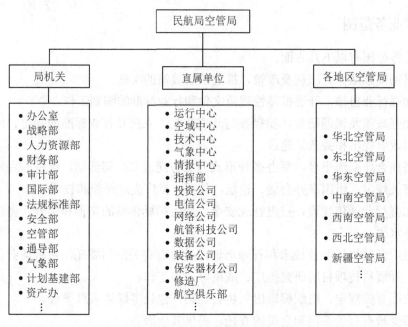

图 3-7　民航局空管局的组织结构图

（二）主要职责

民航局空管局的主要职责有以下几方面。

（1）贯彻执行国家空管方针政策、法律法规和民航局的规章、制度、决定及指令。

（2）拟定民航空管运行管理制度、标准和程序。

（3）实施民航局制定的空域使用和空管发展建设规划。

（4）组织协调全国民航空管系统建设。

（5）提供全国民航空中交通管制和通信导航监视、航行情报、航空气象服务，监控全国民航空管系统运行状况，研究开发民航空管新技术，并组织推广应用。

（6）领导管理各民航地区空管局，按照规定，负责直属单位的人事、工资、财务、建设项目、资产管理和信息统计等工作。

二、现行行业管理体制

中国民航空中交通管理系统的现行行业管理体制为民航局空管局、地区空管局、空管分局（站）三级管理。

中国民用航空局空中交通管理局领导管理民航七大地区空管局及其下属的民航各空管

单位。驻省会城市（直辖市）民航空管单位简称"空中交通管理分局"，其余民航空管单位均简称为"空中交通管理站"。

民航地区空管局为民航局空管局所属事业单位，其机构规格相当于行政副司局级，实行企业化管理。民航空管分局（站）为所在民航地区空管局所属事业单位，其机构规格相当于行政正处级，实行企业化管理。

民航局地区空管局、空管分局（站）的组成如表3-3所示。

表3-3 民航局地区空管局、空管分局（站）的组成

地区空管局	下设分局（站）	地区空管局	下设分局（站）
华北空管局	河北空管分局	华东空管局	山东空管分局
	天津空管分局		江苏空管分局
	山西空管分局		安徽空管分局
	内蒙古空管分局		浙江空管分局
	呼伦贝尔空管站		江西空管分局
东北空管局	黑龙江空管分局		福建空管分局
	吉林空管分局		青岛空管站
	辽宁空管分局		宁波空管站
	大连空管站		温州空管站
中南空管局	河南空管分局		厦门空管站
	湖北空管分局	西北空管局	宁夏空管分局
	湖南空管分局		甘肃空管分局
	广西空管分局		青海空管分局
	海南空管分局	西南空管局	重庆空管分局
	汕头空管站		贵州空管分局
	深圳空管站		云南空管分局
	湛江空管站		
	珠海空管站	新疆空管局	阿克苏空管站
	桂林空管站		

三、空域管理

空域管理是指对空域行使主权的表现行为，包含对空域的支配权和使用控制权。支配权主要是对空域进行资源使用配置、结构规划；使用控制权主要是对空域日常运行进行控制，维护空域使用的公共安全和秩序。

空域管理活动包含的内容很广，涉及国家空防的空域管理、对空射击与航天发射的空域管理、重要目标空中防护的空域管理、空战场空域管理等。

空中交通管理中的空域管理，实质上只是国家空域管理的一个重要组成部分，其概念是基于航空运输体系发展提出的，是从服务运输航空、军事航空、通用航空等飞行衍生出的空域资源使用组织管理，涉及部分空域资源的使用，并通过空域规划、运行、使用、监督及评估等活动，对有限的空域资源进行优化配置，维护国家空域的权益和飞行秩序。

（一）空域管理的目标

空中交通管理的空域管理作为社会管理的一种行为方式，在基于国家空防安全、公共安全的需要做出对飞行空域合理、充分的使用安排，促进空中航行安全、有序开展的同时，必须对空域使用者的合法权益进行保护，维护空域使用秩序和提供良好的法治环境。

根据《中国民用航空空中交通管理规则》，空域管理的目标是依据既定空域结构条件，实现对空域的充分利用，尽量满足经营人对空域的需求。

（二）空域管理的原则

空域管理的基本原则如下。

1. 行政管理原则

依据国家法律规定，空中交通管理的空域管理主管部门应对空域实行有效管理，尽可能地满足各类空域用户的实际需求，且管理过程中的法律、经济与科技等手段均通过该主管部门批准实施。同时，空域管理的具体内容必须交由各级管理职能部门去完成，这样才能在国家法律和政策的指导下实现对空域资源的有效控制。各级管理职能部门应从当地实际出发，根据经济社会发展要求和军事需求，对空域使用进行协调、组织和监管。

2. 法规管理原则

法律是空域管理的根本依据，规定了空域管理的机构和职责，以及空域管理的措施内容、权限和执法者。制定完善的空域使用的法律、法规和健全的监督机制，将空域可持续利用纳入有序的法治轨道。

3. 经济管理原则

空域管理的效益一般指以最小的稀缺资源成本得到最大的社会福利总量。具体包含两层含义：一是生产效率，是指生产单位将得到的空域资源在时空上有效组合，以最小的耗费创造最多产出；二是配置效率，指全社会以优化的资源配置获得较好的增值。这体现了空域管理的经济性特征。

4. 科技管理原则

科学技术是实施空域管理策略的重要手段，空域管理的信息系统辅助作用正日益突出，由目前的自动化系统逐步发展，演进到智能化系统。同时，科学技术可以为节约资源、保护资源、提高资源利用率提供有效的途径。

（三）空域管理的基本内容

空域管理围绕空中航行需求，对空域特征进行提取和分析，设计与优化航路航线网、军事空域及管制空域等，对空域申请使用进行批复，对通信、导航及监视台站进行保障能力分析，测算空域系统性能、容量及安全等级等。归纳起来讲，空域管理的内容包括空域规划设计、空域运行管理和空域评估监督三个方面。

1. 空域规划设计

空域规划通过优化空域各类静态要素的布局与配置，构建空域网络体系，建立合理的空中飞行秩序，在保证飞行安全的前提下，最大限度增加飞行流量。空域规划设计受到各种因素的影响与制约，如地理环境、气候环境、国防环境、社会经济环境以及一定的国际环境条件等，因此，在空域规划设计时，必须考虑这些可能发生的随机事件的影响，以便能够更好地服务于国家经济和国防建设需求。

2. 空域运行管理

空域运行管理是在既定的国家空域网络结构下，通过制定相关的法律法规，设计空域使用协调制度，并建立临时航线使用规定及空域灵活使用规定等，为各类用户提供空域使用服务，并形成有效的组织结构，包括纵向和横向结构。

空域运行管理的纵向结构等级层次可以划分为国家级、地区级和分区级三个基本层次。① 国家级管理，是在国家整体利益前提下，考虑国内、国际用户对空域的使用需求，制定合适的国家空域政策，并为下级管理建立有效的管理原则并给予一定限度的授权；② 地区级管理，负责收集和分析空域使用需求，对空域进行分配和临时分配，并将空域使用计划公布给所有相关方，遵循国家级管理制定的优先权规则以及协商程序；③ 分区级管理，包括实时使用空域、取消使用空域或对预先分配的空域进行实时再分配，解决民用和军用空中交通管理部分发生的空域使用冲突等问题。

空域运行管理的横向结构中，将全国空域按照管辖区的界限划分为不同管制区，建立更为精细化的管理任务分工，分区域进行差异化管理。

3. 空域评估监督

空域评估监督通过建立度量空域使用整体状况的指标体系，对空域实际运行的各类数据进行统计分析，为空域规划提供研判依据，为空域运行管理的问题查找、开展各项管理工作提供分析结论，为空域使用监督提供量化描述，它贯穿空域管理的全过程，是日常空域规划设计、使用运行的一项十分重要的工作，对应的空域评估需求主要包括空域规划方案评估、空域运行管理评估、空域使用监督评估三个部分。

案例 3-5

爱心接力　温州进近为高烧儿童亮"绿灯"

日前，温州进近管制室紧急开辟空中绿色通道，为生命安全亮"绿灯"，成功保障一架载有高烧儿童的航班优先落地。

当日 14:30，杭州进近转上海区通报温州进近管制室，从昆明飞往温州的某航班上，有一名儿童突发高烧，情况紧急，请求优先落地及救护车救助。收到通知后，温州进近管制室立即启动紧急预案，积极协调空域，通告前方管制室裁弯取直，指挥该航班以最短的航路从上海区域直飞温州机场，为其紧急开辟空中绿色通道。同时，协调座席管制员及时将信息通报其他相关部门，通力协作，提前安排医生和救护车在现场等待。

在温州进近管制室的爱心接力下，该航班于 14:53 在温州机场安全着陆，温州进近管制室用真情为机上高烧儿童争取了宝贵的治疗时间。

出行千万条，安全第一条。为平安保障，为生命护航是温州管制员义不容辞的责任。

资料来源：爱心接力，温州进近为高烧儿童亮"绿灯"[EB/OL]．（2019-03-01）．http://www.chinaatm.com.cn/news.aspx?id=783BF432984B080F.

四、空中交通流量管理

空中交通流量是指航空器在空中飞行的方向、速率、高度以及在单位时间、空间范围内飞行航空器的数量。在流量管理的过程中，经常会遇到某一时段、某一管制区内有若干架航空器正在本管制区飞行，同时有几架航空器要进入本管制区，还有几架航空器将飞出本管制区。在保障安全的条件下，让航空器畅通地通过本管制区，需要根据具体情况合理地管理流量。一般来说，空中交通流量越大，管理的难度越大，对管理人员的素质要求越高，管理的技术手段要求越先进。

（一）流量管理的依据

流量管理的基本依据有以下几方面。

（1）空中交通管制有关管制间隔的规定。

（2）机场地形、跑道、停机坪以及通信导航和雷达设备等方面的条件保障。

（3）管制员的技术水平和能力所能承担的负荷。根据我国民航目前的情况，一般程序管制员在同一管制空域内同时管制的航空器数量为：塔台管制不多于 4 架；进近管制不多于 6 架；塔台和进近合并管制时，不多于 8 架；区域管制不多于 8 架。如果是雷达管制，管制员在同一扇区内同时管制的航空器数量为：区域管制区不多于 12 架；进近管制区不多于 8 架。

（二）流量管理的分类

空中交通流量管理包括先期流量管理、飞行前流量管理和实时流量管理。

1. 先期流量管理

所谓先期，是指流量管理工作在实施之日的几个月至几天前进行调整，先期流量管理是指在制定航班时刻表时对定期和非定期航班的飞行时刻加以协调和控制，其目的是避开空中交通网络的拥挤区域，防止飞机在某一空域过于集中而使流量超过负荷，危及飞行安全，影响航班的正常运行。

2. 飞行前流量管理

在航空器飞行前，当出现恶劣天气、通信导航雷达设施故障、预计扇区或区域流量超负荷等情况时，采取改变航线、改变航空器起飞时刻等方法，疏导空中交通，维持正常飞行秩序。

3. 实时流量管理

当飞行中发现或者按照飞行预报将要在某一段航路、某一区域或某一机场出现空中交通流量超过限额的情况时，采取改变航段，增开扇区，限制起飞、着陆时刻，限制进入管制区时刻，或限制通过某一导航设备上空的时刻，安排航空器空中盘旋等待，改变飞行高度，调整航空器速度等方法，使航空器之间的横向、侧向和高度间隔符合规定标准，控制航空器按照规定间隔有秩序地飞行。

（三）流量管理的原则

空中交通流量管理的原则是以先期流量管理和飞行前流量管理为主，实时流量管理为辅。

（1）调整航线结构，由地区管理局提出建议，由民航局空中交通管理局与有关单位协调后实施。

（2）协调定期航班时刻时，由航空器经营人提出，经地区管理局审核后，由民航局空中交通管理局批准，协调非定期航班时刻，使其按照有关规定执行。

（3）因航线天气恶劣需要改变预定飞行航线时，由有关航空器经营人或民航局空中交通流量管理单位提出申请，经民航局与有关单位协调后，通知有关地区管理局空中交通流量管理单位和空中交通管制单位。

因通信、导航、雷达设施发生故障需要改变预定飞行航线时，由发生故障的单位逐级上报至民航局，由民航局空中交通流量管理单位与有关单位协调后，向有关地区管理局空中交通流量管理单位和空中交通管制单位发出改变预定航线的电报。预计扇区或区域流量超过负荷需要改变航线或航段时，由有关区域管制室向地区管理局空中交通流量管理单位报告，如果采取的措施只涉及本区管制单位，则由地区管理局空中交通流量管理单位与当地有关单位协调后发布改变航线或航段的通知，并抄报民航局空中交通流量管理单位备案。如果采取的措施超出本地区的管辖范围，则应当上报民航局空中交通流量管理单位。

（4）限制起飞、着陆时刻和空中等待的程序，根据空中交通流量管理的需要确定，区域管制室有权限制本管制区内各机场的起飞时刻，有权就即将由上一区域管制室或进近管制室（机场管制塔台）管制区飞进本管制区的航空器提出限制条件，有权增开扇区。机场管制塔台有权限制即将由区域（进近）管制室管制区进入本管制区的航空器在本场着陆的时刻。机场管制塔台有权限制航空器的开车和起飞时刻。上述管制单位提出限制要求时，应当将限制要求及时通知其他有关管制单位，并由这些被通知的其他有关管制单位向航空器发出限制指令。

（四）流量管理的方法

从长期规划来看，流量管理可以通过建造更多的机场、增加机场跑道的数量、改善硬件设备条件、更新航行系统、提高空中交通管理技术等方法，或者可以采用增加空中航线、修改空域结构等方法进行流量管理，有效地利用空域。

从具体的空中交通运行实施层面来说，流量管理的方法也很多。

（1）各航空公司在制定班期时刻表报民航局批准前，事先应征得有关管制室的同意。

（2）妥善安排非定期航班的飞行时刻。

（3）限制航空器开车、滑行、起飞时刻。

（4）限制航空器进入管制区或者通过某一导航设备上空的时刻。

（5）限制航空器到达着陆站的时刻。

（6）安排航空器在航线某一等待航线上或者着陆机场等待空域上空进行等待飞行。

（7）改变航空器飞行航线。

（8）调整航空器飞行速度。调整速度一般以航空器的指示空速（IAS）为基准，调整量通常为 20 km/h 的倍数，当使用马赫数时，为 0.01 Ma（马赫数）的倍数。航空器在以下几个飞行阶段，通常不进行调速：① 航空器在等待航线上飞行；② 进近航空器得到了进近的许可；③ 航空器在 9 000 m 高度层以上飞行。在其他飞行阶段，管制员均可以要求飞行员调速。管制员可以要求航空器按照指定的速度飞行，也可以要求航空器增大或者减少至指定速度和要求增大或者减小速度量飞行。管制员应当避免反复交替要求航空器增大或者减小速度，不需要调速时，应当及时通知航空器。雷达管制过程中，中间和最后进近的航空器的调速量不得大于 40 km/h。航空器在等待航线飞行或最后进近中飞越距跑道入口 8 km 后，不应当调速。在实施速度限制时，雷达管制员所指定的速度应经机长认可。当速度限制不必要时，应指示航空器恢复正常速度。

（五）各单位流量管理的职责

我国空中交通流量管理机构分为民航局空中交通流量管理单位和地区管理局空中交通流量管理单位两级。

1. 民航局空中交通流量管理单位的职责

民航局空中交通流量管理目前由民航局空管局调度室代为行使其职能，主要职责包括以下几方面。

（1）掌握全国的飞行计划和飞行动态。

（2）监控国际航路、国内主要航路和空中交通流量密集地区的空中交通流量，提出实施流量控制的措施并组织实施。

（3）掌握民航定期和不定期飞行的起飞、降落时刻。

（4）与非民航有关单位进行协调。

（5）协调地区管理局空中交通流量管理单位之间发生的流量管理问题。

（6）协调地区管理局空中交通流量管理单位与航空器经营人航务部门之间出现的有关流量管理问题。

2. 地区管理局空中交通流量管理单位的职责

目前，地区管理局空中交通流量管理由地区空管局调度室代为行使其职能，主要职责包括以下几方面。

（1）掌握本地区管理局范围内的飞行计划和飞行动态。

（2）监控本地区管理局范围内的空中交通流量，提出实施流量控制的措施并组织实施。

（3）按照民航局空中交通流量管理单位的指令，组织本地区管理局有关管制单位落实指令的要求。

（4）对本地区管理局各机场定期和不定期飞行起飞、降落时刻提出审核意见。

（5）与本地区有关的非民用航空单位进行协调。

（6）协调本地区管理局各空中交通管制单位之间发生的有关问题。

（7）协调本管理局空中交通管制单位与航空器经营人航务部门之间出现的有关流量问题。

案例 3-6

一日起降 735 架次　江苏空管单日保障创历史新高

2019 年 2 月 10 日，大年初六，江苏空管分局迎来了有史以来航班流量的最新高峰——735 架次，进近日保障总架次达到 1 434 架次，继南京禄口机场实行双跑道运行以来保障起降架次屡创新高后，再创新高。

由于受 8 日、9 日两日大雪、低云低能见度等复杂天气影响，多个航班被迫取消或备降外站，造成航班累计延误，导致了大量航班在 10 日补班，直接体现为进出港航班量的异常增长。

面对高流量的压力，江苏空管分局加强运行现场管理，不断补充完善春运保障相关方案和措施，要求各部门主要领导把主要精力、分管领导把全部精力放在运行一线，盯紧、盯住现场安全运行；科学、灵活地安排扇区开放、双跑道合并时机和人员值班，做到既保障值班人员的精力，又能在出现大流量时扇区能及时有效地开放，全力以赴保障春运期间每一架航班起降安全、顺畅、有序。

为保障春运期间航班更准点，旅客出行更便捷，早在春运前，江苏空管分局就制定了详细的春运安全保障措施，对冬季常见的特情（复杂情况）处置要点（包括春运大流量、航空器劫持、发动机失效、跑道入侵、低云低能见度及凝冻、航班大面积备降、返航处置等）进行了梳理；对人员搭配、值班纪律、班组管理和信息通报等多方面进行了具体要求，努力从现场运行管理的每一个细节来提升运行效率，高质量地实现旅客舒适高效出行。

接下来，江苏空管分局全体职工将再接再厉，提升保障水平，提高服务质量，确保春运工作圆满完成！

资料来源：一日起降 735 架次，江苏空管单日保障创史新高[EB/OL].（2019-02-18）. http://www.chinaatm.com.cn/news.aspx?id=F4D24045BA4E766D。

五、空中交通管理规则

《民用航空空中交通管理规则》于 2017 年 9 月 20 日经第 16 次部务会议通过，自 2018 年 5 月 1 日起施行。该规则是为了保障民用航空飞行活动安全、有序和高效地进行，依据《中华人民共和国民用航空法》《中华人民共和国飞行基本规则》《通用航空飞行管制条例》以及国家其他有关规定来制定的。

规则内容涵盖机构与运行管理、管制员执照与培训、空域、一般规则、管制间隔的方法和标准、机场和进近管制服务、区域管制服务、目视飞行规则与仪表飞行规则的管制要求、雷达管制、复杂气象条件和特殊情况下的空中交通管制、飞行情报服务和告警服务、空中交通管制事故与差错的管理、空中交通运行保障设施、空中交通管制容量和空中交通流量管理、无人驾驶自由气球和无人驾驶航空器及法律责任等。

该规则是组织实施民用航空空中交通管理的依据，适用于依法在中华人民共和国领域内以及根据中华人民共和国缔结或者参加的国际条约规定的，由中华人民共和国提供空中交通服务的民用航空空中交通活动。各级民用航空管理机构和从事民用航空活动的单位和个人，以及在我国飞行情报区内活动的外国航空器飞行人员，均应当遵守该规则。

项目拓展

中国民航空中大通道建设 40 年

路通兴百业，空中天路建设亦是如此。改革开放以来，国务院、中央军委一直高度重视航路航线规划与建设，并批准《全国空中航路规划方案》。特别是十八大以来，中国民航局、民航局空管局紧密围绕国家战略、行业发展和旅客需求，对航线航路网络制定了建设"整体大循环、局部微循环、各单元协同"的目标，并按照"东部扩展、西部延伸、南部分流、北部拉直、中部疏通"的空域革新思路，全面推进《全国民航干线航路网络规划》设计，规划了 10+3 空中骨干大通道建设，包括京昆、京广、京沪、沪广、沪哈、沪昆、中韩、沪兰、广兰、胶昆 10 条空中大通道和成都—拉萨、上海—福冈、兰州—乌鲁木齐 3 条复线。目前已经完成了京昆、广兰、沪兰、沪哈大通道和成拉复线、乌兰复线的建设，中韩大通道也即将贯通。

1. 中国民航空中大通道建设成绩单

2013 年 12 月 12 日零时，京昆空中大通道正式实施。该通道惠及沿线 6 省、3 直辖市的 54 个机场，涉及新辟航线 6 条，调整航线 2 条，新辟及调整管制扇区 10 个，调整城市对班机航线走向 460 余条。每天在京昆大通道上飞行的每一个航班平均节油达 400 千克。

2015 年 2 月 5 日零时，京广大通道（西线）贯通，重新调整了 81 个城市对之间的飞行线路，每日有 150 余架次从繁忙的京广主航路上分流至京广大通道（西线）航段。据评估，该通道上飞行的航班准点率提高 23%，京广主航路上的航班准点率提高 9%。

2015 年 4 月 2 日零时，广兰大通道正式贯通实施。该通道东起广州，北至兰州，全长约 1 600 千米，惠及我国 6 省 1 市 2 个特别行政区共计 32 个机场。

2017 年 9 月 14 日零时，沪兰空中大通道正式实施。该方案是"一带一路"建设的重要一环，惠及我国 8 省 1 市 48 个机场。新辟航线 6 条，总里程 700 余千米，调整航线 8 条，优化 5 个机场的飞行程序，调整 579 条城市对的航班走向，涉及 2 400 余架次航班，约占全国日飞行架次的 18.5%。

2018 年 3 月 21 日零时，成都至拉萨航路复线正式启用运行，标志着成都到拉萨航路正式实现双线运行、单向进出的新格局。

2018年10月11日零时，连接我国东北和长三角地区的沪哈空中大通道（一期）空域优化方案正式启用，开辟了一个东北地区去往华东区域的空中"新出口"。

2. 求索创新，在不变中求"万变"

"作为民航业的运行中枢，我们应从影响民航发展，转变为适应民航发展，最终实现引领民航发展的目标。"民航局空管局局长车进军认为，面对空域条件与民航发展不相适应的现状，只有进一步改变思路，改变原有体制，才能真正破解多年来形成的疑难问题。"在此过程中，我们必须科学利用现有航路，合理规划老旧航路，努力开辟新的航路，才能满足国民经济和民航业发展需求"。

1950年，我国民航仅有航线12条，载运旅客1万人，航路航线并没有形成真正意义上的网络结构，航路航线的划设随需求而定，空管体制也主要是军民航一体化，真正意义上的"空中交通规划"并不存在。直到20世纪70年代后期，我国才出现真正意义上的航路航线网络。1979年，国务院、中央军委批准的《全国空中航路规划方案》算得上是现行全国航路航线网络的总体构架。到20世纪末，经过30多年的完善发展，初步形成了目前我国民航正在使用的干支结合的网络结构。但多年来，现行的航路航线网络结构基本没有发生过大的规划性调整，历史痕迹很重。

随着中国民航的快速发展，目前空中交通需求已较1979年有了成百倍的增长。为了满足不断增长的空中交通需求，军民航相关部门在提升空域系统容量方面进行了大量投入，但基本上未对全国骨干航路网络进行过大幅度的规划性调整。

"不可否认的是，空域仍变得越来越堵，延误已成为影响旅客出行的'顽疾'，已上升为'民生'问题。"空管局空域管理中心主任苗旋介绍，要缓解空中交通拥堵问题，就必须缓解交通供需失衡的现状，而需求随着社会经济的发展是刚性的。民航只能依靠增加空域容量供给来缓解这一状况，也就是要扩容增效，而要扩容增效，空域管理及规划始终都是基础性和先导性的工作。

在这一时代背景下，民航局空管局在空域资源不变的情况下，通过扩容增效、深度挖潜，对航线航路网络制定了建设"整体大循环、局部微循环、各单元协同"的目标。与此同时，提出了关于"东部扩展、西部延伸、南部分流、北部拉直、中部疏通"的空域革新思路，并规划了未来10条空中大通道和3条复线的建设。

3. 传承融合，空中也建起了"高速路"

"航路网就如国家高速路网，是整个空域系统的关键部分，我们必须对其进行结构性的理顺和调整。"空管局空域管理中心副主任诸小鹰认为，在现有空域的基础上，完全颠覆过去的航路航线网络，重新设计新航路航线，这个办法看似最简单有效，但并不可行。原因是现有网络都是基于一定的历史和特定环境发展而成的，有其一定的合理性，不可能完全推倒重来。

过去中国民航在进行空域管理时，往往根据需求对航路航线网络进行局部调整，多采取"修补式"的办法。这种方式在中国民航发展初期飞行量比较小时成效比较明显，也相对比较容易实施。但这种方式也存在无序、随意的缺点，对空域的整体优化和长远规划调整好处相对不明显。随着空中交通需求的持续快速发展，空中交通在"量"和"质"方面都发生了巨变，仅对航路航线网络结构进行修修补补，已无法满足当下以及未来不断发展的需求。

"在现有空域管理体制环境下，航路航线网络结构性矛盾已逐渐由过去的'不适应'空中交通需求的发展变为'制约'交通需求增长的主要空域问题。"苗旋说，唯有走改革创新道路，走内涵式发展道路，在争取"增量"资源的同时，着重提升"存量"资源的配置效率和容量潜力。

基于多年发展而来的既有航路航线网络，经多方研究和论证，空管局根据我国不同区域的空域特点、航路运行等情况，探索出新的空域规划理念和管理思路，即：利用既有航路航线，以单向运行为原则，将交通流梳理至多条编组航路航线上，进而组合构成了干线航路方向上的空中大通道。

同时，不断创新军民航融合发展理念，坚持共赢原则推进大通道建设，在广兰大通道的建设中，军民双方按需取舍，互有进退，利用使用率较低的空域和航路、衔接已有民航航路等方式，最终筑起了这条长达 1 600 千米的单向循环大通道。"通过这种有取有舍、有退有进的军民航资源置换和组合优化，促进军民航空域管理和资源使用的合作共赢。"杨超介绍。

4. 拓路发展，新思想与旧观念碰撞后的"加速度"

通道建设直接关系到管制一线部门的核心关切内容，航路结构的改变、飞行流量的调整、管制扇区的变化以及对管制人员出现新的要求等，涉及诸多变革的内容。

"在通道建设过程中，最大的困难就是要开展一系列的协调工作，民航内部的协调以及外部的协调工作都非常复杂。"苗旋认为，新思想与传统观念将会发生碰撞，眼前利益与长远利益将会出现认知分歧，局部利益与整体利益将会出现矛盾。平衡好、调和好各方利益关系，说服一线管制部门能够理解并积极参与到空域变革工作中来，本身就是一件非常困难的事情。

杨超自信地说，"无论如何，只要出发点是好的，我想一个好的空域调整方案一定会在运行以后得到大家的认可。"因为通道建设关注的是如何能够显著降低安全运行风险，能够提高空域整体使用效率，能有效缓解空域容量不足的现状。

截至目前，已经完成了京昆、广兰、沪兰、沪哈大通道的建设工作，正在推进中韩大通道的建设工作，计划于 2019 年下半年正式实施。据杨超介绍，"只要坚持按照规划，逐步推进实施，不断更新完善，预计通过三五年的规划实施，全国将基本形成整体大循环、局部微循环的国家空中路网新格局。"

大通道的建设，实现了相关城市对之间的空中往返单向运行，避免了对头穿越，降低了安全风险，为增加空域容量奠定了基础。

例如，2013 年 12 月 12 日零时起，贯穿我国华北、西北和西南的"京昆大通道"正式实施。方案涉及新辟航线 6 条，调整航线 2 条，新辟及调整管制扇区 10 个，调整城市对班机航线走向 460 余条。调整后，北京、西安、成都、重庆、昆明、贵阳等主要城市之间航班基本实现了单向循环运行。该调整方案涉及航路航线之多，调整幅度之大，堪称近年来航路航线调整之最。

根据统计数据显示，京昆大通道单向运行后，安全风险显著下降，实施后安全风险降低超过 40%，特别是风险最大的相对穿越风险降低近 50%；管制员工作负荷由于交通流分布均衡性有较大改善，繁忙扇区高峰时段负荷明显下降，而且通信频率占比最高降低约 25%，特别是管制调配指令占比最高更是降低约 35%；几个典型的繁忙航路点，如商县和烟庄，流量分别下降约 25%和 20%，拥堵情况明显缓解。此外，因为航班延误的减少以及航路单向运行后给航空器连续上升（CCO）、连续下降（CDO）的经济飞行方式带来了可能，根据统计，每天在京昆大通道上飞行的每一个航班平均节油达 400 千克。

"空域方案的调整是非常复杂的工程，可以说是牵一发而动全身，"车进军说，但可喜的是我们已经看到显著的成果，"东部扩展、西部延伸、南部分流、北部拉直和中部疏通的空域新格局将基本形成"。

改革开放 40 年，是中国经济社会发展辉煌的 40 年，更是国人砥砺奋进的 40 年。民航空管空域航路航线网络建设也在 40 年的发展历程中逐步完善，实现跃升，为民航强国建设提速，为四强空管建设奠定行业发展根基。

资料来源：40 年·中国民航空中大通道建设[EB/OL]. （2019-01-22）. http://asmc.atmb.net.cn/#/news/details?id=70.

项目小结

本项目重点分析了国际民航组织的宗旨、组织机构及工作内容等，介绍了国际航空运输协会、国际机场理事会、国际航空电信协会及国际货运代理协会联合会等国际组织；对中国民用航空局的宗旨、组织机构及主要职责进行了详细阐述，对中国航空运输协会、中国民用机场协会进行了介绍，同时着重分析了空中交通管理系统的管理机构、现行行业管理体制及空中交通规则等。通过本项目的学习，学生对国际民航运输管理组织、国内民航运输管理机构及空中交通管理系统有了深刻认识。

项目训练与测试

一、思考题

1. 国际民航组织的主要工作内容有什么？
2. 国际民航组织的组织机构有何特点？
3. 中国民用航空局的主要职责是什么？
4. 中国航空运输协会及中国民用机场协会在国内民航运输管理中发挥了哪些重要作用？
5. 空中交通管理系统的现行行业管理体制有何特点？

二、讨论分析题

1. 熟悉各个组织的基本情况，列表比较分析 ICAO、IATA、SITA、FIATA 几个组织的性质和职能，完成表 3-4 中的内容。

表 3-4 民航运输相关组织

名称	全称	成立日期	总部所在地	成员	性质	职能
ICAO						
IATA						
SITA						
FIATA						

2．分析国际航空运输协会与国际机场理事会的区别与联系。

3．阅读本项目案例，分析空中交通管理系统的空中交通流量管理与空域管理的基本规则及其在民航运输管理中的重要作用。

三、自我测试

（一）单选题

1．国际民航组织的最高权力机构是（　　）。
　　A．大会　　　　B．理事会　　　　C．秘书处　　　　D．洲会

2．国际民航组织的常设行政机构负责保证国际民航组织各项工作的顺利进行。该机构是（　　）。
　　A．大会　　　　B．理事会　　　　C．秘书处　　　　D．年会

3．国际航空运输协会的性质是（　　）。
　　A．非营利的　　B．营利的　　　　C．政府组织　　　D．非行业组织

4．一个非营利性组织，全世界所有机场的行业协会是（　　）。
　　A．国际航空运输协会　　　　　　B．国际机场理事会
　　C．国际民航组织　　　　　　　　D．国际航空电信协会

5．联合国民航组织认可的一个非营利的组织，航空运输世界领先的电信和信息技术解决方案的集成供应商，该组织是（　　）。
　　A．国际航空运输协会　　　　　　B．国际机场理事会
　　C．国际民航组织　　　　　　　　D．国际航空电信协会

6．国际货运代理协会联合会的会员分为四类，代表某个国家全部或部分货运代理行业的组织和在某个国家或地区独立注册的唯一国际货运代理公司，可以申请成为（　　）。
　　A．联系会员　　B．团体会员　　　C．一般会员　　　D．名誉会员

7．中华人民共和国国务院主管民用航空事业的归交通运输部管理的国家局是（　　）。
　　A．华北地区管理局　　　　　　　B．民航局空中交通管理局
　　C．华东地区管理局　　　　　　　D．中国民用航空局

8．以中国民用机场为主体，由全国民用机场、相关企事业法人和社团法人自愿结成的全国性、行业性、非营利性的社团组织是（　　）。
　　A．中国航空运输协会　　　　　　B．中国民用机场协会
　　C．国际航空运输协会　　　　　　D．国际机场理事会

9. 在制定航班时刻表时对定期和非定期航班的飞行时刻加以协调和控制，其目的是避开空中交通网络的拥挤区域，防止飞机在某一空域过于集中而使流量超过负荷，这属于（　　）。

  A．先期流量管理　　　　　　　　B．实时流量控制
  C．飞行前流量管理　　　　　　　D．实时流量管理

10. 空中交通流量管理的原则是（　　）。

  A．以先期流量管理和飞行前流量管理为主，实时流量管理为辅
  B．以飞行前流量管理与实时流量管理为主，先期流量管理为辅
  C．以实时流量管理为主，先期流量管理与飞行前流量管理为辅
  D．以飞行前流量管理为主，先期流量管理与实时流量管理为辅

（二）多选题

1. 国际民航组织的宗旨和目的在于发展国际航行的原则和技术，促进国际航空运输的规划和发展，以便实现的目标是（　　）。

  A．确保全世界国际民用航空安全、有秩序地发展
  B．鼓励发展国际民用航空应用的航路、机场和航行设施
  C．防止因不合理的竞争而造成经济上的浪费
  D．保证缔约各国的权利充分受到尊重，每一缔约国均有经营国际空运企业的公平的机会

2. 国际民航组织的权利能力和行为能力主要表现在（　　）。

  A．协调国际民航关系　　　　　　B．解决国际民航争议
  C．特权和豁免　　　　　　　　　D．参与国际航空法的制定

3. 国际航空运输协会的地区办事处除亚太地区办事处之外，还包括（　　）。

  A．非洲和中东地区办事处　　　　B．欧洲地区办事处
  C．北亚地区办事处　　　　　　　D．美洲办事处

4. 国际机场理事会的发展目标为（　　）。

  A．保持和发展世界各地民用机场之间的合作，相互帮助
  B．就各成员机场所关心的问题，明确立场，形成惯例，以"机场之声"的名义集中发布和推广这些立场和惯例
  C．制定加强民航业各方面合作的政策和惯例，形成一个安全、稳定、与自然环境相适应的高效的航空运输体系，推动旅游业和货运业乃至各国和世界经济的发展
  D．在信息系统、通信、基础设施、环保、金融、市场、公共关系、经营和维修等领域内交流有关提高机场管理水平的信息

5. 中国民航空中交通管理系统的行业管理体制为三级管理，分别是（　　）。

  A．民航局空管局　　　　　　　　B．地区空管局
  C．空管分局（站）　　　　　　　D．机场

6. 空域管理的内容包括三个方面，即（　　）。

  A．空域规划设计　　　　　　　　B．空域运行管理
  C．空域航路管理　　　　　　　　D．空域评估监督

7. 空中交通流量管理的基本依据是（　　）。
   A. 空中交通管制有关管制间隔的规定
   B. 机场地形、跑道、停机坪以及通信导航和雷达设备等方面的条件保障
   C. 管制员的技术水平和能力所能承担的负荷
   D. 以上都不是

8. 从具体的空中交通运行实施层面来说，流量管理的方法也很多，包括（　　）。
   A. 妥善安排非定期航班的飞行时刻
   B. 限制航空器开车、滑行、起飞时刻或到达着陆站的时刻
   C. 限制航空器进入管制区或者通过某一导航设备上空的时刻
   D. 安排航空器在航线某一等待航线上或者着陆机场等待空域上空进行等待飞行

参考答案　（见二维码）

课件　（见二维码）

项目四

民航运输计划管理

知识目标

> - 了解计划的目的与意义。
> - 掌握民航运输生产计划的主要内容与制订流程。
> - 掌握航班计划的基本要素、编制规则、编制步骤及计划的申报与审批等。
> - 熟悉机队配置与维修计划的制订。
> - 了解飞机排班计划的编制规则,掌握飞机排班的工作流程。
> - 掌握机组排班计划的编制方法与规则。

能力目标

> - 根据企业的内外环境、生产目标及资源与能力条件,初步学会分析航班计划的科学性与可行性。
> - 能根据民航运输的运营情况初步分析如何编制机队配置与维修计划。
> - 初步学会分析如何编制航班计划、飞机排班计划与机组排班计划。

引导案例

南航发布 2017 年夏秋季航班计划

在《推动共建丝绸之路经济带和 21 世纪海上丝绸之路的愿景与行动》发布两周年前夕,亚洲最大的航空公司南航正式发布 2017 年夏秋季航班计划,比 2016 年年底增长了 90 余班,增幅达到 4.1%。

2017 年夏秋航季自 3 月 26 日开始,持续至 10 月 28 日结束。2017 年夏秋航季,南航国内、国际和地区通航点将达到 206 个,每周执行航班超过 1.5 万班次,增幅达到 2.1%。

南航是国内枢纽数量最多,覆盖最广的航空公司。南航广州、北京"双枢纽"和乌鲁木齐、厦门等重要枢纽与"一带一路"建设高度契合。目前,南航在"一带一路"重点涉及的南亚、东南亚、南太平洋、中西亚等区域,已经建立起完善的航线网络,航线数量、航班频率、市场份额均在国内航空公司中居于首位,已成为中国与沿线国家和地区航空互联互通的主力军。今年夏秋航季,南航"一带一路"沿线每周航班量将达到 2 380 余班,比 2016 年年底增长 90 余班,增幅达到 4.1%。

在广州枢纽,南航已经形成了以欧洲、大洋洲两个扇形为核心,以东南亚、南亚、东亚为腹地,全面辐射北美、中东、非洲的航线网络布局。2017 年 4 月,南航将开通广州—温哥华—墨西哥城航线,并计划在夏秋航季新开从广州飞往兰卡威、万象、科伦坡等地航线,增加伦敦、曼谷、普吉、马尔代夫等地航班频次。其中广州—伦敦航线将从 6 月 1 日起增至每天两班。届时,南航在广州枢纽的国际和地区航线将达到 63 条,通航点 54 个,每周航班量达到 1 086 班。2017 年夏秋季广州航班量比 2016 年夏秋季同比增长 5.9%。

2017年3月1日起，经广州白云机场中转的南航所有国际航班旅客，可享受"通程联运、行李直挂"的便利，覆盖南航广州全部国际航线，助力"广州之路"全球航空枢纽建设。未来，南航将继续优化国际国内航线网络，持续打造"广州之路"，强化中转功能，巩固广州作为中国大陆至大洋洲、东南亚的第一门户枢纽地位。

随着"一带一路"倡议的推进，沿线国家的物流和货运需求也在进一步提升。以越南航线为例，2016年南航广州—越南货机航线共运送了6 500吨货物从越南出口至欧美等地。为此，近年来南航着力打造广州货运枢纽，持续加大在广州的货机运力投入。目前南航在广州共投放5架波音777F和2架波音747F货机。2017年夏秋航季，南航在广州枢纽每周计划执行20班全货运航班，其中南航广州—越南货机航线将调整为广州—胡志明—河内—广州往返2班/周，广州—重庆—阿姆斯特丹往返6班/周，广州—法兰克福往返3班/周，广州—伦敦—法兰克福—广州3班/周，广州—洛杉矶往返4班/周，广州—合肥—洛杉矶往返2班/周，搭建起辐射珠三角经济区以及整个华南地区的中—欧、中—美空中快速货运走廊。

资料来源：南航发布 2017 夏秋季航班计划 [EB/OL]. http://www.csair.com/cn/about/news/news/2017/1bc7a2aam7okk.shtml.

任务1　民航运输生产计划

一、计划的目的与意义

何谓计划？按照管理学的定义，计划是通过分析组织的外部环境与内部条件，提出在未来一定时期内要达到的组织目标以及实现目标的方法与途径。计划是用文字和指标等表述的关于组织以及组织内不同部门和不同成员，在未来一定时期内的行动方向、工作内容以及工作方式或工作安排的管理文件。

为什么需要计划？

（1）计划为管理者和员工提供指导，当员工了解他们的组织或单位正在努力实现的目标是什么，以及他们必须从事哪些必要的工作才能实现组织的目标时，才能积极协调自身的工作，彼此相互合作。如果没有计划，部门和个人的工作可能会在不同的目的下背道而驰，从而阻碍组织目标的实现。

（2）通过计划可以迫使管理者展望未来、预测变化、考虑变化对组织目标的影响以及制定恰当的应对措施，降低各种不确定性和可能存在的风险。尽管计划并不能消除不确定性和风险，但管理者可以通过计划做出有效应对。

（3）计划有助于最小化浪费和冗余。若工作活动处在计划的协调下，低效率的活动就会一览无余，从而得以更正或取消低效或无效的活动。

（4）计划确定了控制所采用的目标和标准。当计划实施时，管理者可以根据计划进行监控和衡量，即考察计划是否已经执行以及目标是否已经实现，从而发现偏差，采取有效的纠偏措施。如果没有计划，就没有目标和标准来衡量工作的进展及努力的程度。

二、民航运输生产计划的概念

民航运输生产计划是在预测未来民航运输市场的发展与变化，并整理、分析、研究以往民航运输统计数据资料的基础上，结合企业当前的生产资源及生产运输能力而编制成的。编制计划的目的是实行计划管理，避免人力、物力和财力的浪费，以便用较低的成本取得较好的经济效益。

计划集中体现了企业航空运输生产的数量指标、质量指标及其发展趋势，其实质在于通过精确的计划和周密的组织，实现航空运输生产资源的优化配置，并指导航空运输生产有条不紊地进行，确保生产经营活动的安全、正常和高效。

三、民航运输生产计划的主要内容

民航运输生产计划主要包括航班计划、机队配置与维修计划、客货销售计划、飞机排班计划、机组排班计划和航班飞行计划等。

各种生产计划不是孤立的，它们之间紧密相连且相互影响。从整体来看，航班计划位于其他计划之首，也就是说飞机维修计划、客货销售计划、飞机排班计划、机组排班计划和航班飞行计划都是根据航班计划的要求来制定的，通过后续这些计划的制定与实施来实现对生产资源的组织和分配，共同完成运输任务。

四、民航运输生产计划的制订流程

民航运输生产计划的制订流程如图4-1所示。

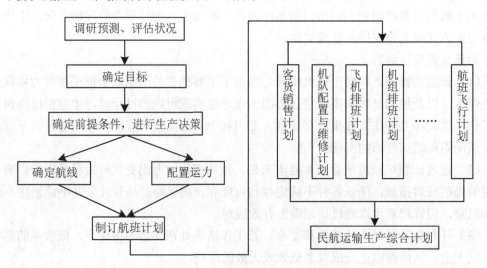

图4-1 民航运输生产计划制订流程

（1）调研预测、评估状况。首先进行调研预测，分析企业的外部环境与内部条件，并对其进行评估，重点把握企业自身的优势和劣势以及外部环境的机会与威胁。

（2）确定目标。在对企业当前状况进行评估的基础上，确定客货运输生产目标。

（3）确定前提条件，进行生产决策。根据企业未来面临的外部环境特点以及企业内部的资源与能力条件，确定航线，配置运力。

（4）制订航班计划，对所飞航线以及运力投放做出系统安排。

（5）根据航班计划，制订客货销售计划、机队配置与维修计划、飞机排班计划、机组排班计划和航班飞行计划等，形成民航运输生产综合计划。

任务2 航班计划

航班计划是航空公司根据市场及运力的变化对所飞航线以及运力在航线上的投放所做出的系统安排，是确定正班飞行的航线、机型、每周班次、班期、航班号及起飞时刻的计划。形式上航班计划是一个航空公司的航线运输飞行计划表或航班时刻表，而实际上它是航空公司准备投向民航运输市场的具体产品，是航空公司综合实力的体现，是民航管理当局与民航运输企业组织航空运输和提供运输保障服务的行为依据。

一、航班计划的分类

（一）按航季分类

为了适应空运市场的季节性变化，目前我国民航运输企业每年按两个季节制订航班计划，即夏秋航季和冬春航季，航班计划也分别称为夏秋航班计划和冬春航班计划，每个航季的航班计划执行半年。

1. 夏秋航班计划

夏秋航班计划的执行时间是每年三月下旬至十月下旬，即当年三月最后一个星期日开始执行，至当年十月最后一个星期六的最后一个航班为止。

国内航线的夏秋航班计划通常由各航空公司在上年的十二月底之前报民航总局，民航总局在每年的二月下旬以前协调完毕，由各航空公司公布；国际航线的夏秋航班计划由各航空公司在上年的十月以前报民航总局，民航总局在当年三月前协调完毕，由各航空公司公布执行。

2. 冬春航班计划

冬春航班计划执行时间自当年的十月下旬到来年三月下旬，即当年十月最后一个星期日开始执行，至来年三月最后一个星期六的最后一个航班为止。

国内航线的冬春航班计划由各航空公司在当年的七月底前报民航总局，民航总局应在每年的九月下旬以前协调完毕，由各航空公司公布；国际航线的冬春航班计划由各航空公司在当年四月之前报民航总局，民航总局在当年十月前协调完毕，让各航空公司公布执行。

无论是夏秋航季还是冬春航季的航班计划通常都需要提前 10～12 个月开始编制，提前 150～180 天编制出计划草案并汇总，提前 50～80 天进入销售系统，提前 30～40 天对外公布航班时刻表。

国际上对航空公司班期时刻表的公布有两种形式。一种是完全由航空公司自己决定公布，有多少家航空公司就有多少个班期时刻表；另一种是各航空公司的班期时刻表经权威机构协调后，公布一个统一的班期时刻表。我国采用的是后一种形式，协调权在民航总局。当然也不排除个别航空公司不参加协调，自己公布使用自己的班期时刻表。每年两次航班计划的编制工作，由计划、航行、运输服务等部门协同办理，由计划部门综合上报。

（二）航季航班计划按实施阶段分类

经民航局批准公布的（航季）航班计划实质上是一个半年计划。在未来的半年里，由于受诸多因素的影响，航季航班计划需要根据实际情况进行动态即时调整，如取消航班、增加航班、航班班期或航班时刻调整，更换机型等。最后真正实施的航班计划是经过多个阶段或多个环节的确认之后，才予以实施的。根据《中国民用航空国内航线经营许可规定》，对公布后的航季航班计划无论进行任何变更，都必须提前上报民航管理当局进行审批或备案，以便各民航运输相关企业或部门乃至旅客或客户进行相应的计划调整。实际上，公布的航季航班计划从开始到具体实施，依次经历月航班计划、周航班计划、日航班计划以及临时航班计划等几个阶段。

1. 月度航班计划

与航班计划实施相关的生产企业或管理部门如航空公司、机场和空管等，通常提前一个月时间根据公布的航季航班计划核实确定下一个月的航班计划，以便进行必要的资源调整和准备。特别是在一些重要的节假日前后，航空公司可能要对一些热点航线的航班班次根据需求适当地进行增减调整，以应对市场的阶段性变化需求，如春节、清明节、五一节、国庆节以及寒暑期的旅游旺季，还有出国留学高峰期等。针对这些节假日期间的旅客密集出行，各有关部门都需要提前对航班计划进行调整，包括客货市场销售、机队准备、机场保障、空域管理和空中交通指挥等具体工作过程。

2. 周航班计划

随着航班计划执行时间的临近，航空公司、机场和空管等企业或部门需要对航班计划进行进一步的核实和确认，以便制订更详细的实施计划，进行必要的资源调配和准备，等等。因此，航空公司、机场和空管等将根据航班的周计划对下一周的每一天航班运行情况进行具体的资源安排，如飞机、机组、机场保障人员排班及设施设备安排等，为下一周的航班计划实施做好充分准备。这时，航班计划以周为一个循环周期进行编排。

3. 日航班计划

次日航班计划是根据周航班计划而进一步明确的次日具体实施计划，通常是在每一天的下午某一固定时间，由空管的航务部门通过民航内部通信网络将第二天具体执行的航班计划发至各航空公司、机场和相关运行保障与管理部门，以便航空公司、机场和相关部门为具体落实和实施第二天的航班计划而进行必要的人员和设施设备准备。航空公司、机场和空管等相关单位和部门在当日最后一个航班飞行结束后，将航班运行控制系统中的次日航班计划置换为当日航班计划，成为当日具体实施保障任务的航班计划。

4. 临时航班计划

航班计划即便到了具体实施的最后一刻，都有可能因为某一个或一些重要原因而进行调整，比如说特殊旅客的专机、临时加班或包机；又比如因天气、空域流量或经停机场等而延迟或临时取消航班等现象也屡见不鲜，当出现临时性的航班调整时，便产生了临时航班计划。临时航班计划经航空公司、空管和机场协调，民航管理当局批准后发布，并付诸具体实施。

二、航班计划的要素

构成航班计划的要素包括航线、机型、航班号、班期、班次和航班时刻六个基本要素。

（一）航线

航线是由飞行的起点、经停点、终点、航路等要素组成的航空运输飞行路线。例如，"海口—长沙—北京"航线、"上海—纽约"航线等。

航线是民航运输企业的重要资源，拥有自己的航线是运输企业开展运营的先决条件。

航线不同于航路，航路是由国家统一划定、设有通信导航设施设备，以引导飞机沿着一定高度、宽度和方位进行安全飞行的空域。空中交通管制航路的宽度为 20 千米，其中心线两侧各 10 千米；航路的某一段受到条件限制的，可以减少宽度，但不得小于 8 千米；在航路方向改变时，航路宽度则包括航路段边界线延长至相交点所包围的空域。设定航路的目的在于为民航飞行提供固定的飞行路线，维护空中交通秩序，保证飞行安全，同时加强空中交通秩序管理，提高空间利用率。航线是向市场发出运输信息，即向社会告知在飞行的起点、经停点及终点之间经营相关航空运输业务，提供客货航班运输服务。

1. 航线的分类

1) 根据航线起点、经停点和终点的地理位置分类

根据航线起点、经停点和终点的地理位置将航线分为国际航线、国内航线和地区航线三种：国际航线是指连接国与国之间的航空运输线；国内航线是指连接各省、市、自治区之间的航空运输线；地区航线是指内地各城市与香港澳门之间的航空运输线。

2) 根据航线是否有经停点以及航线来回程的不同形式分类

根据航线是否有经停点以及航线来回程的不同形式，可将航线划分为以下三类。

（1）直达航线。直达航线是没有经停点的直接对流航线。假设有 A、B 两点，即从 A 点到 B 点，再从 B 点回到 A 点。直达航线的开辟一般根据各机场的客货源流量确定，如果相关机场的客货源对流数量充足，则尽量开辟直达航线。

（2）有经停点的间接对流航线。假设有 A、B 两点，A、B 两点间没有足够的对流运

量或 A、B 两点间的对流运量有富余量，而这部分余量又不足以再组成一个直接对流运量，所以只能借助于 A、B 点航线中途的某一点 C 点的运量来凑足对流运量，从而组成有经停点的 ACB 及 BCA 间接对流航线。还有一种情况称为航线延伸，例如，在 AB 线的延长线上（或附近）有一个 D 点，而 BD 和 AD 之间有不足批量的对流量，则可以合并组成 ABD 及 DBA 航线。

（3）环形航线。相对于直达航线来说，不在一条直线上的三点以上的航线称为环形航线。例如，A、B 点间的直达运量不均衡，即出现单向性运输的情况，A 点到 B 点有充足的运量，而 B 点到 A 点没有充足的运量，这样通过寻找第三点 E 点来满足航线的编排。在环形航线中，E 点的寻找显得非常关键。当然不排除在环形航线上某一段上增加一点，例如在 EA 段中增加一点 F 点，把 FA 的单向流量也顺带完成。

2. 航线的结构

1）城市对结构

城市对结构的航线为直达航线，在始发机场和终点机场之间往返直飞，中间没有经停点。在旅客或货物运输量较大的城市对之间通常采用城市对结构航线。其特点是直达航班没有中间经停点，旅途时间相对较短，效率最高，飞机周转快，机组资源调配简单，管理方便，运行成本相对较低，深受客户欢迎。

2）线性结构

线性结构的航线有经停点的间接对流航线，即在始发机场和终点机场之间有经停点，回程按原路返回。采用这类结构的航线主要原因是直飞航线没有足够的客货运量，需要通过中途机场的经停补充载运业务，以提高乘坐率或运载率降低航班成本。

3）环形结构

环形结构与线性结构的航线类似，航线之间有经停点，但不同之处是环形航线结构来回程不是同一航线。

与城市对直飞航线相比，无论是线性结构还是环形结构，由于增加了中间经停点，对于航空公司而言，能够提高航班乘坐率和航班收入，但是对于旅客而言则增加了旅途时间。另外，因增加了中间经停点，从而增加了飞机起飞与降落的次数，增加了航班运行成本。线性结构或环形结构航线，通常是在干线上缺少竞争力的航空公司采用较多，或用于远程航线。

4）中枢辐射性航线结构

中枢辐射性航线结构是以中心机场或门户机场为中转枢纽，一些支线或干线与中心机场形成辐射航线，为中心机场输送和疏散旅客或货物，实现支线与干线或远程航线的衔接。通常将若干中小城市的客货流集运到一个或几个枢纽机场，并在枢纽机场衔接飞往最终目的地。

该航线可以减少直飞航线，减少飞机需求量，特别是减少用于远程直飞的中大型飞机数量，降低民航运输企业的运行成本，适用于大型航空公司在全国甚至全球范围内组织运营，载运率高，能够充分发挥规模优势。特别是国际航线，通常在航线多、航班密度高的区域性中心机场或大型门户机场之间构建中枢辐射性航线结构。

（二）机型

机型是指某条航线准备选用的飞机型号。飞机型号是制造厂家按照飞机的基本设计所确定的飞机类型编号。不同的机型，其基本设计不同，最大起飞重、巡航速度、最大业载航程、对机场跑道的要求等技术指标都有所不同。飞机技术性能又直接影响飞机的适用范围、载运能力、销售价格及运输成本，因此必须综合考虑航线的航路条件、起降机场条件、运输需求数量，以及航空公司机队构成和各机型的技术性能等因素，把航空公司现有的各型飞机正确配置到各条航线上去，这是提高航线经营效益的重要条件。

按照旅客座位数，民航运输飞机有大型宽体飞机、中型飞机和小型飞机。

1. 大型宽体飞机

大型宽体飞机的旅客座位数在 200 人以上，飞机客舱内设有双通道通行，下货舱可装载集装货物和散装货物（散货舱）。部分常见的机型如表 4-1 所示。

表 4-1 大型宽体飞机

飞机系列	主要型号	可载客数/人
波音 747	波音 747-100、波音 747-200、波音 747-300、波音 747-400	360～460
波音 777	波音 777-200、波音 777-300	305～450
波音 767	波音 767-200、波音 767-300、波音 767-400	218～375
麦道 11	麦道 MD-11	340
空客 A380	空客 A380	550（紧密布局下达 800 人）
空客 A350	空客 A350-800、空客 A350-900	270～366
空客 A340	空客 A340-200、空客 A340-300、空客 A340-500、空客 A340-600	250～380
空客 A330	空客 A330-200、空客 A330-300	250～335
空客 A300	空客 A300-200、空客 A300-600	260～375
空客 A310	空客 A310-200、空客 A310-300	220～250
伊尔型	伊尔 86	300

2. 中型飞机

中型飞机的旅客座位数在 100 人以上，200 人以下，飞机客舱内设有单通道通行，下货舱一般只能装载散装货物，有些经过改造后可以装载小型集装箱。部分常见的机型如表 4-2 所示。

表 4-2 中型飞机

飞机系列	主要型号	可载客数/人
麦道 82/麦道 90	麦道 MD-82/MD-90	150
波音 737	波音 737-100、波音 737-200、波音 737-300、波音 737-400、波音 737-500、波音 737-600、波音 737-700、波音 737-800、波音 737-900	130～190
空客 A320	空客 A318、空客 A319、空客 A320、空客 A321	130～180

续表

飞机系列	主要型号	可载客数/人
苏联 TU54	苏联 TU54	150
英国宇航 BAE-146	英国宇航 BAE-146	108
雅克 YK42	雅克 YK42	110

3．小型飞机

小型飞机是指 100 座以下的飞机，多用于支线飞行，部分常见的机型如表 4-3 所示。

表 4-3　小型飞机

飞机系列	具体型号	可载客数/人
运 YN7	运 Y-7	50（国产支线飞机）
苏制安 24	苏制 AN4	50
萨伯 100	萨伯 SF3	30
国产 ARJ	国产 ARJ-70、国产 ARJ-90	70～90

（三）航班号

航班号即航班的代号，由航空公司二字代码和航班编号两部分组成。航空公司二字代码是航空公司的唯一标识码，根据国际航协（IATA）762 号决议统一编排，由两个英文字母或字母与阿拉伯数字组成，用于航空公司的订座、航班时刻表、票据凭证和结算等过程。航班编号是用于标识航班号的后四位数字。例如，MU5323/4 表示东方航空公司执飞的上海—长沙的航班，其中 MU 为东方航空公司的两字代码，5323 代表去程航班（上海—长沙），5324 为回程航班（长沙—上海），具体如表 4-4 所示。

表 4-4　航班号组成一般规则

第一位	第二位	第三位	第四位	第五位	第六位
航空公司二字码		执飞航空公司所在地区代码	执飞航班终点站所在地区代码	具体航班序号 去程航班为单数 回程航班为双数	

为了因地制宜地安排运力、合理建设机场、协调国内及国际民航运输的发展，我国民航分为七大航空区划，具体地区代码及管辖范围如表 4-5 所示。

表 4-5　我国民航地区代码及管辖范围

代码	民航地区	管辖范围
1	华北区	北京市、天津市、河北省、内蒙古自治区、山西省
2	西北区	陕西省、甘肃省、青海省、宁夏回族自治区
3	中南区	广东省、广西壮族自治区、湖北省、湖南省、河南省、海南省
4	西南区	重庆市、四川省、贵州省、云南省、西藏自治区
5	华东区	上海市、山东省、江苏省、安徽省、浙江省、江西省、福建省
6	东北区	辽宁省、黑龙江省、吉林省
9	新疆区	新疆维吾尔自治区

（四）班期

班期是该航班每周具体的执行日期，表明航空公司在某一条航线上每周的哪几天提供航班服务。航班计划以一个星期为一个基本循环周期。通常在同一航季里，每一周同一天的航班计划相同，除非有加班或航班取消。对于航空公司来说，好的班期安排对于提升经济效益具有十分重要的意义。例如，东方航空公司上海—长沙的航班 MU5323/4 的班期为 1·3·5·7，意思是该航班每周一、周三、周五、周日执行。

（五）班次

班次指航空公司在某条航线上每天飞几个航班，即一条航线一天内可以安排的航班次数，它表示航空公司在各条航线上的运力投放情况。例如，东方航空公司星期一在长沙—上海航线有 3 个航班，即班次为 3。

（六）航班时刻

航班时刻是向某一航班提供或分配的在某一机场的某一特定日期的具体起飞或到达时刻，也是每个航班的关舱门时刻和开舱门时刻。若航班时刻制定合理，将有助于提高航班载运率和客座千米收益水平以及飞机和机组的日利用率，有助于提高航班的准点率。例如，MU5324 航班的航班时刻为 10:00—11:40，表示该航班 10:00 关舱门停止上客；11:40 开舱门旅客下飞机。

三、航班计划的编制步骤

（一）选择航线

选择并确定航线一般可以从两方面来考虑：一是调整原有航线；二是开辟新航线。

对于原有航线，应根据客货市场容量、实际经营状况及企业未来发展战略决定取舍或调整。对于运量足、经营效益好、市场需求稳定的航线，可继续保留；对于运量不足或经营效益差，且没有好的举措予以扭转的航线，应考虑停飞；对于那些旅客和货物的流量和流向有了较大变化的航线，则应当进行适当的调整，如增减经停点、航线延伸或绕道等，以适应单向性、季节性等空运市场的变化情况。

对于需要新开辟的航线，一定要慎重，需进行充分的调查研究：研究市场准入的难易程度、市场前景、市场风险；分析企业与其他航空公司联盟的合作情况以及与机场和空管的合作关系等因素；切实探究开辟新航线在技术上的可行性；同时进行成本效益分析，分析其在经济上的可行性，避免造成骑虎难下的被动局面；最后提出开航报告，报请主管部门审查批准后方能列入航班计划。

（二）航段运量分析

航段是指一条航线上两个城市之间的一段航程。一条航线至少由两个城市组成，有的航线在始发城市和终点城市之间还有经停点。航段在概念上又分为旅客航段和飞行航段。旅客航段通常是指构成旅客航程的航段，例如，在"长沙—福州—东京"航线上有三种可能的旅客航段，即长沙—福州、长沙—东京、福州—东京；飞行航段则是指航班飞机实际飞行的航段，例如，在长沙—福州—东京航线上，飞行航段为长沙—福州和福州—东京两段。

航段运量分析是选择航线及其构型、选择机型和确定航班班次等航班要素的重要依据。考虑航段客货市场在下一航季的区域性特征、季节性变化及可能发生的重大事件，如重大赛事、大型全国性或国际性会议及重要假日等，结合航线以往历史运量和未来市场发展趋势，以及可替代品进入市场可能带来的竞争影响，对航段进行运量分析，预测每季、每月及每周的运量，作为制订航班计划的依据。

（三）确定机型

确定机型需要考虑的因素比较多，主要有市场需求、季节变化、航班密度、航程长短、航线条件、机场条件、客户偏好及机型运行的经济效益等。

市场需求量大的航线宜于使用较大型的飞机，反之，则只能选用中小型飞机；对于季节性特征比较明显的航线，机型选择需要具有一定的灵活性，通常淡季采用小型飞机，旺季换用大型飞机，或根据市场销售情况确定机型，以应对市场需求的变化，提高飞机的载运率。

在市场需求一定的情况下，航班密度大所选用的机型就应小些，航班密度小所选用的机型就应大些；航程距离长，沿线地区航线情况或气象条件复杂，需要达到一定的飞行高度或越洋飞行的，就必须选用适应这些要求的机型。

从机场条件来看，如果跑道长度、厚度等都适于接受大型飞机，可考虑选用大型飞机，反之，则只能选用中、小型飞机。机场的地理位置对机型确定也有影响，如高原地区对飞机机型要求不同。

不同的机型对旅客和货主的吸引力不同，一些旅客可能喜欢某一种或某几种机型而不喜欢其他机型；一些货主可能对于货物的集装或散装各有偏爱，特别是那些存在竞争的航线，这种吸引力因素值得考虑。

此外，还需要考虑机型的飞机周转问题、航线维修、机组与飞机运行成本等因素，尽量选用那些经济效益好的机型。

（四）确定班期

确定班期即确定航班的飞行日期。确定班期不仅需要依据航线客货运量，而且需要结合航线的市场特征，在市场容量较大的航线下，每天都能安排航班，而且可能安排多个班次；在运量较小的航线上，出于航班运行成本考虑，并不能每天都提供航班服务。一条航线上班期多，不仅反映航班市场规模，也反映航空公司在该航线上的竞争能力。对于商务航线，周一上午和周五晚上的航班比较受欢迎；对于旅行航线，通常周五晚上和周日晚上的航班比较适合旅客需求，旅客可以充分利用周五夜晚出发和周日晚上返回而不妨碍正常工作；对于国内与国际衔接的航线需要兼顾国际航班的班期，便于旅客在枢纽机场中转。

一般来说，班期的确定应当本着均匀分布的原则来安排，这样既方便了旅客和货主，也便于企业自身的客货运输组织工作。

（五）确定班次

确定班次即确定航班密度，通常根据运量、运力、机型和经济效益等因素来安排。运量大、运力充足时，适当增加航班密度；反之，则适当减少航班密度。从旅客和货主的要求来看，航班密度越大越好，这样可以随时满足其需要；但从民航运输企业的角度来看，航班密度过大，就会造成载运比率下降影响企业的经济效益。因此，应当本着最大限度满足社会需要与尽可能提高企业经济效益相结合的原则来安排航班密度。航空公司有时为了提升其在航线上的竞争力，增加旅客选择灵活性和选乘本公司航班的机会，在保障航程、航路条件及经济要求的基础上选用相对较小型飞机，以增加航线的航班班次。

（六）确定航班时刻

1. 影响航班时刻确定的因素

航班时刻的确定受市场需求、机场条件、机场的合理使用、与其他航班的衔接、空域流量和地方政策等因素的影响。

航班时刻具有市场价值，是一个极具市场敏感性和市场竞争性的产品要素。从市场细分角度看，清晨或深夜到达的航班多为旅游航班和货运航班。对于大部分国内短程旅客而言，由于生活和工作习惯的影响，往往偏爱 09:00—20:00 的航班，商务旅客尤其如此。对于具有竞争性的短程航线，出发时刻对旅客选择航班甚至票价有着十分明显的影响力，即便是先后几分钟的调整，都可能对航班客座率和销售收入带来明显差异。

航班时刻与机场近空的空域流量和机场容量（主要是跑道容量）密切相关，一方面由于流量控制及机场对起降航班架次的限制以及航空公司之间对时空的竞争，要获得理想的航班时刻越来越难，特别是繁忙机场的高峰时段，航班时刻成为一种稀缺资源；另一方面，即便拥有好的航班时刻，但由于高峰时段航班密度高，在实施过程中极容易受空域流量、机场容量等因素影响而产生航班延误甚至航班取消现象。编制航班计划需要充分考虑航线和机场的繁忙程度及航班时刻的可靠性等问题，以确保争取而来的航班时刻的有效性。

在枢纽航线网络中，航班在枢纽机场的到达时刻和衔接航线的后续航班出发时刻直接关系中枢辐射航线的航班波的设计。对于一些国际航班，航班时刻安排还关系航线机场所在国家或城市是否施行宵禁法令。

2. 航班时刻确定的基本原则

在设计航班时刻过程中，需要遵循以下基本规则。

（1）遵循历史航班时刻优先原则，即在航班时刻分配中，航空公司既有航班时刻可以继续使用，保持航班时刻的稳定性。

（2）符合民航规定的最短过站时间要求。

（3）符合细分市场特点和需求，如旅游航班和公务航班、直达航班和中转联程航班、国内短程航班和国际远程航班等。

(4) 考虑竞争性，航班时刻对旅客的吸引力优于竞争对手。

(5) 兼顾联程中转旅客和枢纽机场航班波的设计。

(6) 兼顾飞机例行维修。

(7) 兼顾运力周转效率。

(8) 国际航线需要考虑航线站点之间的时差因素以及当地政府对夜间飞行的限制。

案例 4-1

美国四大航争夺 12 对时刻

2019 年 2 月 9 日，日本国土交通省（MLITT）宣布羽田机场每天增加 50 对国际航班时刻（100 个时刻）。这是由于美国政府允许商用飞机通过美国横田空军基地控制的空域，增加了部分航班时刻。协议使日本能够在 2020 年奥运会之前将羽田国际机场的年度航班量从目前的 60 000 扩大到 99 000。自战后以来，机场以西的空域一直由美军控制。预计日本和美国将各分配 24 个新的航班时刻（12 对），其余航班时刻将用于连接羽田到亚洲和欧洲目的地的服务。美国和日本暂时同意修改 2010 年美日开放天空协议，以便为东京羽田机场的美国航空公司提供多达 12 对时刻。这些时刻预计 2020 年夏航季开始使用。

注：日本和美国于 2016 年 2 月 16 日至 18 日在东京举行会议，讨论两国之间航空关系进一步发展有关的事项。针对羽田机场时刻，双方指定航空公司时刻对数量由 2010 年 4 对增加为白天时段（06:00—22:55）5 对与夜间时段 1 对，且时刻只能用于客运航空服务。日本代表团当时表示，日本没有与任何国家就计划扩大羽田时刻容量的问题进行谈判。

此次时刻分配，美联航、达美、美国航空、夏威夷航空均提供多达百页的材料陈述申请羽田航线，合计申请 19 班，超过拟分配的 12 班。

1. 美国航空申请 4 对时刻

美国航空向美国交通部提交申请，申请增加达拉斯/沃斯堡（DFW）、洛杉矶（LAX）和拉斯维加斯（LAS）与东京羽田（HND）航班。目前美国航空在成田机场运营洛杉矶、达拉斯—成田航线。拟定的 2020 年夏季美国航空羽田机场航班时刻如表 4-6 所示。

表 4-6 2020 年夏季美国航空羽田机场航班时刻

航　　线	东京到达时间	东京出发时间	机　　型
达拉斯—羽田	15:55	18:15	777-200
达拉斯—羽田	18:30	20:45	777-200
拉斯维加斯—羽田	17:25	16:30	787-8
洛杉矶—羽田	04:45	13:45	787-8

美国航空着重强调了其与日本航空的联营业务，双方联营计划始于 2011 年，涵盖亚洲和北美 11 个国家。它允许两家航空公司协调时刻表、航线网络和服务，使每年超过 310 万的旅客能够从亚洲和北美的 15 个门户城市选择每日 23 个跨太平洋航班。东京是联

营业务重要的枢纽。2016 年美国航空开通每日一班的洛杉矶—羽田航线。此次美国航空考虑加密该航线，方便美国航空旅客在美国航空的西海岸枢纽中转。美国航空在其最大枢纽达拉斯一次性申请了每日 2 班。美国航空申请拉斯维加斯航线时表示拉斯维加斯是日本旅客最多的未通航市场。2019 年 1 月 CES2019 消费电子展期间，美国航空运营 1 班成田—拉斯维加斯航班。

在申请中美国航空还强调了这些航线对跨大西洋竞争的重要性，旅客能够受益。另外，重点分析了这些航线能够衔接的前后段航线。

2. 美联航申请 6 对时刻

美联航目前运营每日一班的旧金山—羽田航线。在成田机场运营旧金山、丹佛、休斯敦、芝加哥、华盛顿、纽约纽瓦克、檀香山、广岛—成田航线。其中本次申请的芝加哥、休斯敦、华盛顿拟计划由成田机场转移而来。美联航羽田机场的航班时刻如表 4-7 所示。

表 4-7 美联航羽田机场的航班时刻

航线	东京到达时间	东京出发时间	机型
纽约纽瓦克—羽田	13:40	17:10	777-200，与华盛顿航班换机执行回程
芝加哥—羽田	15:55	17:45	777-200
华盛顿—羽田	15:25	16:10	777-200，与纽约航班换机执行回程
休斯敦—羽田	14:00	16:35	777-200
洛杉矶—羽田	15:10	16:30	787-10
关岛—羽田	09:40	11:00	777-200（备选 737）

对于此次申请航线，美联航将六个美国始发地划分为三个优先级。对原因简述为来自五个美国大陆枢纽城市和关岛与东京羽田的航线能够连接 112 个美国机场，约占美国东京需求的三分之二，每年 300 多万预订。申请航线代表美国大陆六大都市区中的五个，总人口近 5 600 万，新航班将为消费者提供更多和更方便的选择。美联航还表示洛杉矶—东京是美国大陆与东京间的最大旅行市场。纽约、华盛顿—东京是美国东海岸与东京间的两个最大旅行市场。芝加哥、休斯敦—东京是美国中部与东京间的两个最大旅行市场。关岛是日本旅客旅游需求很大的市场，对岛上的旅游业、经济和就业市场至关重要。

从申请航点观察，这些航点均为美联航在成田机场的在飞航点。

美联航认为羽田机场在日本国内航线的连通性优于成田机场，全日空在羽田机场的 37 个航点中，30 个航点全日空在成田机场没有运行。成田机场在美日和亚太航空业依然有重要意义，将继续作为连接东京北部和西部以及亚洲其他地区的关键通道。成田机场将继续作为美国—亚太的连接点，在美联航与全日空的联营中发挥重要作用，同样也会继续对美航与日本航空的联营及拟议中的夏威夷航空与日本航空的联营一样发挥重要作用。

美联航表示联营业务受到新航与亚航使用第五航权业务的冲击，以及加拿大航空、大韩航空、国泰航空、复兴航空及中国航空公司第六航权业务的竞争。美联航的数据显示非美日航空公司运输 11% 美日旅客与 8% 美国东京间旅客。

美联航在申请中表示，相较于其他航空公司，其羽田机场时刻最少，但在美国与东京间预订量最多。

美联航也对竞争对手在日本航线的发展进行了评论，2011年以来达美航空停飞了5个美国与东京间市场，在东京与底特律、檀香山、洛杉矶间减少频次。同样美国航空也减少了运力投放，如东京—芝加哥航线减密。

此外，美联航提供了几十封各地、企业支持信。

3. 达美航空申请6对时刻

达美航空目前在羽田机场运营每日两班美日航线，分别是明尼阿波利斯—羽田、洛杉矶—羽田航线。在成田机场运营西雅图、波特兰、底特律、亚特兰大、檀香山—成田航线。达美航空羽田机场的航班时刻如表4-8所示。

表4-8 达美航空羽田机场的航班时刻

航　　线	东京到达时间	东京出发时间	机　　型
西雅图—羽田	14:30	16:30	A300-900neo
底特律—羽田	13:00	14:15	A350-900
亚特兰大—羽田	14:15	16:45	B777-200ER
波特兰—羽田	17:00	18:45	A330-200
檀香山—羽田	17:00	19:00	767-300ER
檀香山—羽田	15:30	18:00	767-300ER

达美航空表示天合联盟在羽田机场份额极低，仅为3%，远低于星空联盟52%与寰宇一家的37%。美联航与美国航空通过与日本航空、全日空的联营获得了更多机场运营、陆侧支持和大量后段航班连接机会。夏威夷航空也在申请与日本航空的联营，达美航空只能依靠其美国枢纽为羽田机场提供服务。达美航空认为其在羽田机场的运力投放有助于竞争和公众利益。同时DOT（美国运输局）分配更多的时刻有助于缩小与竞争对手的差距。

本次达美航空申请航线亦与成田机场航线航点类似。值得关注的是，申请西雅图的机型为空客2019年开始陆续交付的A330-900neo。

4. 夏威夷航空申请3对时刻

夏威夷航空申请东京羽田机场每日三班时刻，计划机型为A330。夏威夷航空表示如果未被授予其申请的任何部分，它将接受备用授权以服务其建议的频次。夏威夷航空认为频次增加有助于其连接到更多日本国内机场。且2018年东京—夏威夷航线客座率超过90%，在所有日本—美国间航线中排名最高。夏威夷航空羽田机场的航班时刻如表4-9所示。

表4-9 夏威夷航空羽田机场的航班时刻

航　　线	东京到达时间	东京出发时间	机　　型
檀香山—羽田	1:30	19:20	A300-200
檀香山—羽田	15:30	21:50	A300-200
檀香山—羽田	15:30	20:20	A300-200

波特兰港（Port of Portland）提交的材料表达了对达美航空的支持，主要从波特兰机场近年发展、与日本密切的联系及达美航空获得支持的必要性角度进行阐述。波特兰港提供了一百多封支持信函。

纽约新泽西港务局（The Port Authority of New York and New Jersey）在递交给美国DOT的材料中明确表达了对美联航的支持。

休斯敦在递交给美国 DOT 的材料中表示了对美联航的支持。休斯敦城主要从人口、商贸往来予以陈述。

芝加哥市航空局（the City of Chicago Department of Aviation）在递交给美国 DOT 的材料中明确表达了对美联航的支持。认为潜在的新航线将加强亚洲与美国中部的联系。

2020 年夏航季，随着羽田机场 12 对时刻分配完毕，同时考虑日本方面同样可能为主要公司增加 12 对东京羽田—美国时刻，预计跨太平洋市场竞争将进一步激烈，较大概率会对中美航线带来影响。

资料来源：羽田机场放量，美国四大航争夺 12 对时刻[EB/OL].（2019-03-08）. http://news.carnoc.com/list/485/485593.html.

（七）组织机组资源

虽然在航班计划编制阶段还未涉及航班的机组人员具体安排问题，但是机组资源是制约航班计划实施的关键因素，因此必须预先考虑在实施航班计划过程中是否有足够的机组，特别是飞行员的可用性。

（八）分析航班及航线效益

航班和航线效益分析便于对航线选择和航班设置进行优化，也能反映民航运输企业的主营业务盈利能力。效益分析通常采用量本利分析法，计算航班及航线运营的收入、成本及利润。

收入主要是指旅客运输、行李以及货物运输的销售总收入。

运行成本主要包括以下费用。

（1）旅客服务费，主要包括为机上旅客服务产生的费用、为旅客安全而支付的保险费、旅客购票过程中产生的销售代理费及订座费等。

（2）支付给机场的相关费用，主要包括机场旅客服务费（旅客过港费、旅客及行李安检费、头等舱和公务舱旅客费用）、机场货物服务费（货物运输机场操作费、货物安检费）、机场服务费（起降费、机务费、客桥费、装卸平台费、加油费、机上清洁费）、其他费用（机场灯光费、附加费、夜航费、飞机停场护卫费）等。

（3）支付给空管的相关费用，如航务费（空中交通指挥费、航路费）等。

（4）油耗，如飞机燃油费等。

（5）人工成本，如机组人员工资及出勤补贴等费用。

（6）飞机费用，如飞机的折旧费或租赁费、飞机维护费等。

利润等于收入扣除成本后的剩余。对民航运输企业来说,衡量航班和航线效益可以从三个角度进行评价:一是从近期利益着眼,考虑直接经济利益回报,虽然某些航段或航线的航班亏损,但是从航线或航线网络整体利益出发,这些航线或航段为干线航班运输发挥了不可或缺的集散作用;二是从长期战略考虑,具有市场发展潜力或航线网络的市场战略作用;三是有些航线的效益需要从社会和经济发展的国家整体利益出发,以支持"老、少、边"地区的航空运输。

(九)综合平衡,编制计划

航班计划的初步方案确定以后,还需要进行一系列的平衡工作,才能编制出正式的航班计划。平衡工作主要包括飞机使用的平衡、航线班期密度的平衡、航站工作量的平衡以及与其他相关计划之间的平衡衔接。这些平衡工作虽然具体内容不同,但归根结底是社会需要和企业运力之间的平衡,力求从全局出发,统筹安排,合理布局,制订出科学有效的航班计划。航班计划如表4-10所示。

表4-10 ××××年度春冬(夏秋)航班计划表

航 线	机 型	每周班次	航班号		班 期		起飞时刻表	
			去程	回程	去程	回程	去程	回程

编报单位:×××××

四、航班计划的编制规则

(一)航班计划表示规范性

1. 航班号表示规范性

在航班计划中,航班号是标识一天中一个航班的唯一代码。从航班号的组成可以看到,在同一航线上同一时间段不可能出现两个航班号相同的航班,否则无论是旅客还是运行保障部门都将无法辨识究竟是哪一个航班,即容易出现航班冲突。尽管航班计划中一周7天同一航班可能每天都在重复,但是它们的班期不同,而且一天中这个航班号的航班只有这一班。

航班号组成必须符合国际规范,总长度不超过6个字符,为了便于区别国际航班和国内航班,国际航班号中的序号部分常常采用三位数字,如OZ105和OZ361,如表4-11所示。

表4-11 航班计划示例

航班号	起飞站	到达站	起飞时间	到达时间	班 期	机 型
OZ105	NRT	ICN	19:20	22:10	1·3·5··	773
OZ361	ICN	PVG	09:05	10:05	·2·4·6·	773
OZ362	PVG	ICN	11:35	14:20	·2·4·6·	773
OZ106	ICN	NRT	15:45	17:55	·2·4·6·	773

2. 班期表示规范性

班期一般由 7 个字符长的阿拉伯数字组成，数字代表星期几，只能为数字 1~7 中的任何一个数字，按星期一开始的顺序排列。有航班的这一天则在对应的位置上用星期几的阿拉伯数字表示，没有航班的这一天，则在相应位置用"·"表示，不能出现重复数字。例如，每天都有航班，则表示成"1234567"。数字"1、2、3、4、5、6、7"分别代表星期一、星期二……星期日。如果周二、周四、周六及周日没有航班，则表示成"1·3·5··"，而实际应用中，"·"常常被省略了，直接表示为"135"。

3. 航班时刻表示规范性

航班时刻的表示形式为 HH:MM 或 HHMM。如 19:20，有时会表示成 1920；又如 0905，为 09:05。同一航班号的航班时刻通常保持不变。但在某些情况下考虑到市场需求及客货运输特点，也就是说，一周中某一天，特别是周末，航班时刻可能根据特殊情况予以调整，与其他几天有所不同。

4. 航段名称规范性

航班飞行的航段名称，通常有几种表示方式。一种是直接用机场所在城市名称表示，如成都—长沙。由于有的城市有两个甚至多个机场，则航段名称使用机场所在城市和机场名称，如上海浦东—长沙、上海虹桥—成都。

在航班计划中，航段通常采用国际标准机场三字码表示，如 NRT-ICN（东京成田机场—韩国仁川机场）、ICN-PVG（韩国仁川机场—上海浦东机场）。

5. 机型代码表示规范性

机型代码是国际航空运输协会统一编制和发布的标准代号，用于统一标识全球航空旅客和货物运输的航班机型。例如，773 代表波音 B777-300 型飞机，312 代表空客 A310-200 型飞机。在实际应用中，通常用 B773 或 A312 表示。

6. 来回程航班成对

定期航班计划中的航班来回程通常成对出现，形成一个闭环航程。回程航班号为去程航班号尾数+1，例如，OZ105、OZ361 为去程，回程为 OZ106、OZ362。

（二）航班时空连续性

航班时空的连续性是指飞行路线的时间和空间连续，航段衔接时间没有重叠，空间上没有间断。也就是说，航班计划中安排的一个航班不仅各个航段飞行时间先后顺序连贯，而且来回程飞行线路的空间保持连贯性，航段首尾相连且去程航班要返回到始发站或基地机场，来回程飞行路线形成一个闭环。

（三）经停时间合理性

航班计划中，航班飞机的过站或经停时间必须符合民航当局规定的最小时间间隔，以保障完成航班飞机在经停站准备继续前飞或到达目的地机场后准备返程所做的必要工作。过站时间是从航空器降落滑至停机位开启机门至航空器起飞准备工作就绪关机门之间的时间，最少过站时间是指通常情况下航班过站需要的最少时间，以便有足够的时间进行航的地面保障服务。过站或经停时间通常与机型、机场和航班性质等因素有关，民航运输企业在制订航班计划时，不得少于最少过站时间。但如果能缩短过站时间，不仅有助于提高航班正常率和飞机利用率，而且可以缓解停机坪的压力，提高机场交通容量。

中国民用航空局的航班正常统计办法规定了最小过站时间标准，如表4-12所示。

表4-12 各类飞机最小过站时间标准

飞机座级	典型机型	最小过站时间/min
60座及以下	ATR72、CRJ200、DORNIER328、EMB145、YN7、DHC8	40
61～150座	A319、B737（700型以下）、MD82、ARJ21、CRJ700、ERJ190	55
151～250座	B737（700型以上）、B767-200、B757-200、A310、A320、A321	65
251～500座	A300、A330-300、A340、B747、B777、MD11	75
501座及以上	A380	120

五、航班计划的申报、审批与公布

航班计划涉及国家关于民航运输市场准入和市场管理的相关政策，需要航空公司、民航管理当局、机场、空管、军方等多个单位和部门的协调与合作。因此要求航班计划由各航空公司报民航总局审批获准后方可执行。相关的管理规定有《中华人民共和国民用航空法》《中国民用航空国内航线经营许可规定》《定期国际航空运输管理规定》《航班正常管理规定》《民用航空预先飞行计划管理办法》《外国航空运输企业不定期飞行经营许可细则》等。

根据《中国民用航空国内航线经营许可规定》，空运企业经营的定期航班应以合理的载运比率提供足够的班次，以满足目前或合理预测到的旅客、货物和邮件运输的需求。

关于同一航线上的航班安排，根据《中国民用航空国内航线经营许可规定》，如果一条航线上只有一家空运企业取得经营许可，则该航线的航班安排由空运企业确定，报民航总局或民航地区管理局备案。如果同一条航线上有两家或多家空运企业取得经营许可，那么航班的安排由空运企业协商确定，再报民航总局或民航地区管理局备案；或应空运企业要求，由民航总局或民航地区管理局依据航季评审规则进行评审确定。

关于航班计划调整，根据《中国民用航空国内航线经营许可规定》，空运企业可以根据市场需求在其所经营的航线上自行安排加班，提前一周报始发机场所在地民航地区管理局备案，并取得相应的起降时刻后实施。但是空运企业加班不得冲击其他空运企业的定期航班经营，否则经民航总局或民航地区管理局调查确认，将追究该空运企业的责任。对已运营航班的调整，通常应当在航班换季时进行。

根据《中国民用航空国内航线经营许可规定》，空运企业应当以适当方式公布班期时刻并坚持诚实信用的原则，按所取得的航线经营许可和公布的班期时刻执行。民航总局或民航地区管理局可根据民航运输市场监管和宏观调控的需要，对空运企业航班安排实施总量管理。

案例 4-2

亚洲航空全新兰州—吉隆坡直飞航线正式开售

连续十年获得"世界最佳低成本航空公司"的亚洲航空于 2019 年 3 月 8 日正式宣布开售中国兰州至马来西亚吉隆坡独家定点直飞航线,继续拓展内地网络。

兰州—吉隆坡航线由亚洲航空长途公司运营,是亚航集团在兰州的第一条航线。同时,也是定点连接兰州到马来西亚首都吉隆坡的独家直飞航线。该航线 2019 年 5 月 1 日首航,每周 4 班,连接两地总共超过 550 万人口。

为庆祝全新航线开售,亚航推出 BIG 会员尊享优惠,标准座位单程全包价低至人民币 188 元,非会员则享受单程全包价低至 198 元。豪华平躺座椅单程会员全包价低至人民币 1 288 元,非会员价为 1 298 元。有兴趣的乘客可以登录亚洲航空官网(www.airasia.com)以及官方移动应用选购,订票日期从即日起至 2019 年 3 月 24 日,出行日期从 2019 年 5 月 1 日至 2019 年 10 月 25 日。

亚洲航空马来西亚长途首席执行官 Benyamin Ismail 先生表示:"中国是亚航非常重要的市场。继 2018 年年底发布的天津—吉隆坡航线之后,这条通往中国兰州的新航线进一步证明了我们在中国扩展服务的承诺。"

亚洲航空中国及印支地区首席执行官 Tassapon Bijleveld 先生表示:"亚航集团已成为中国运力最大的外国航空公司。亚航的兰州—吉隆坡独家新航线带来每年 156 000 个额外机位,将大大促进两国之间的旅游、贸易和经济增长。"

吉隆坡是马来西亚的首都,坐落于吉隆坡市中心的双子塔是当地著名地标。吉隆坡是一座融合中西文化的国际大都市,充满多元的文化气息。马来西亚有丰富的旅游资源。除了大都市吉隆坡以外,游客还可以体验槟城的美食盛宴、新山的亲子游乐、沙巴的绝美海景,或是兰卡威的环岛风景等。

更多亚洲航空公司的资讯,请访问亚洲航空公司官方微博@亚航之家,亚航新闻会客室,关注微信服务号"亚洲航空"及亚洲航空知乎机构账号。

2019 年 5 月 1 日起即将执行的兰州至马来西亚吉隆坡的航班计划如表 4-13 所示。

表 4-13　兰州—吉隆坡航班

航班号	起飞	到达	起飞时间	到达时间	频率
D7399	兰州	吉隆坡	23:50	04:45	1·3·5·7
D7398	吉隆坡	兰州	17:25	22:20	1·3·5·7

资料来源:亚洲航空全新兰州—吉隆坡直飞航线正式开售[EB/OL].(2019-03-08).http://news.carnoc.com/list/485/485607.html.

任务 3　客货销售计划

航班计划下达以后,航空公司销售部据此制订每个航班的客货销售计划。销售渠道有航空公司直销、代理人分销或联盟成员伙伴、代码共享合作伙伴等进行的联合销售。

一、航班客运销售计划

客运销售计划通常依据执飞航班所用机型的座位情况制定，但在实际运输过程中，有旅客订票或购票后在不通知航空公司的情况下放弃旅行，从而造成航班座位虚耗。为了满足更多旅客的出行需要以及避免航空公司座位的浪费，航空公司会考虑在部分容易出现座位虚耗的航班上进行适当的超售。这种做法对旅客和航空公司都是有益的，也是国际航空界的通行做法。超售并不一定意味着已购客票的旅客无法乘机，对于超售的航班，持有订妥座位的有效客票的旅客，在绝大多数情况下都能成行。但在特殊情况下，可能会有个别旅客不能按时成行。对未成行的旅客，航空公司将酌情采取弥补措施。

二、航班货运销售计划

货运销售计划通常是依据执飞航班所用机型的货舱情况来制定的。执飞航班的机型通常有全客机、客货两用机和全货机。全客机主舱全部装载旅客，只在飞机下舱装载货物，如 B737-800；客货两用机不仅下舱可以装载货物，在飞机主舱前部装载旅客，后部可装载货物，如 B747-357M；全货机的主舱和下舱全部装载货物，如 B737-200F。通常客户在待运货物到达机场之前预定舱位，为了避免货运舱位虚耗，航空公司需提前制定销售计划，并按照计划在飞机起飞前将货运舱位预售给客户。

民航运输产品不仅具有不可储存性，需提前预售，还具有高固定成本、低变动成本的特点，对于某一具体的航班来说，航路费、起降费、折旧费等固定成本占了总成本的 80% 以上，而客货服务产生的变动成本所占比例较小，因此制定航班客货销售计划时应充分考虑如何使运力得到最大限度的利用。

任务 4　机队配置与维修计划

机队是民航运输企业拥有飞机的总称，即航空公司拥有的飞机数量和不同型号飞机构成的比例关系。前者称为机队规模，决定了航空公司运力的大小，可用总座位数（客运运力）和总吨位数（货运运力）来表示，它由民航运输企业的市场总需求决定；后者称为机队结构，确定了机队的机型和各种机型的配置比例，机队结构则直接影响航空公司的运行效率，它与航线网络结构和 O–D 流需求分布特点等因素有关。

航空公司的飞机资源组织有两个具体任务，一是制订机队配置计划，建设有足够规模和机型的运输机队；二是制订飞机的使用计划和维修计划，保证运力供应。为降低运营成本，航空公司的机队规模应尽可能地与本企业的运力需求相一致，机队结构要与航线网络结构相匹配。机队配置与维修计划的制订是航空公司实施航班计划的前提。

一、机队配置问题

我国民航运输业仍处在快速发展期,未来的几十年我国机队规模还将迅速扩张,而目前我国飞机及重要零部件主要依靠进口,新飞机的价格不菲,一架新的民航运输机的价格都在几亿元到十几亿元,因此在不影响市场发展的情况下,少进或晚进几架飞机就可以为公司节省巨额投资。退役一架旧飞机可以回收飞机残值,购买新飞机要花费巨资,何时购买飞机?购买什么飞机?购买多少飞机?何时退役旧飞机?退役什么飞机?机队配置是航空公司的重要决策,是涉及航空公司数十亿甚至数百亿资产和收益的大问题,这些决策直接关系到航空公司的营运成本和收益,影响航空公司的经营业绩,关系到航空公司的生存和发展。

机队配置从长期来看,需要对航空公司处理旧飞机和购买或租赁新飞机的活动进行决策,需要考虑处理(转卖掉)旧飞机和购进(租赁)新飞机。购进的新飞机总架数应当包括飞机的增加架数和因老龄飞机退役需要补充的飞机架数。通过经营性租赁方式引进的飞机也可能是旧飞机,有时为了节省投资也会购买旧飞机。旧飞机尽管引进成本低,但飞机机龄越大,运行成本越大,收益越少。

从短期的具体经营来看,需要考虑将不同数量不同机型的飞机配置到各个营运基地,以满足民航运输生产的需要,即要在满足客货运输需求的条件下获得最佳经济效益。

二、机队配置计划

机队配置计划是指航空公司结合航线网络和市场目标,依据有关原则和科学方法,制订机队建设方案,确定一定时期内的机队规模和结构,目标是满足民航运输的市场需求,并使总净收益最大或总营运成本最小。

机队配置一般划分为短期规划配置(1~2年)、中期规划配置(3~5年)和长期规划配置(5~15年)。规划期不同,所能获得的信息量不同,预测的准确程度也不同。规划期越长,信息越少,预测越不准确,规划的结果越粗糙。据此,机队配置一方面从宏观需求预测的角度进行分析研究,主要解决长期规划问题,它按"从上而下",即从宏观到微观的顺序进行分析预测;而微观机队规划配置是在航班、航线需求预测的基础上,按"从下到上",即从局部到整体的顺序进行分析,得出航空公司中短期机队配置结果。

(一)机队规模的确定

机队规模的大小直接影响航空公司的运行效益。机队规模过大,飞机载运率和利用率低,造成航空公司运力浪费,因而增加了运营成本;机队规模过小,运力无法实现航空公司的市场目标,将意味着航空公司潜在收入的损失,使航空公司在激烈的市场竞争中处于不利地位。

关于航空公司的机队规模是否与市场目标相适应,可用如下三组指标来评估。

(1)反映航空运输市场规模大小的市场需求指标,由客运量、货邮运量、航线网络等要素构成。

（2）反映航空公司运力大小的运输能力指标，如飞机架数、机型系列和飞机的业载与平均座级。

（3）反映航空公司运营飞机绩效的"三率"指标，即平均日利用率、客座率和载运率。

三率指标是反映运力供给与需求匹配的综合指标，当出现运力供不应求时，"三率"指标相对偏高，当运力供过于求时，"三率"指标会偏低。

机队规模基本上决定了专业技术人员的规模，包括飞行员、乘务员、签派员、机务维修人员和地面服务人员。例如，通常一架飞国际航线的飞机需要配备 10～12 名飞行员和 25～30 名乘务员，而一架飞国内航线的飞机一般配备 8～10 名飞行员和 16～20 名乘务员。

机队规模还决定了航空公司所能经营的航线数量和航班量，也就是能完成的最大运输量或运输周转量，同时也决定了市场销售和管理人员的数量。

因此，机队规模实质上反映了航空公司的规模，例如，大的航空公司如美国联合航空公司拥有飞机 700 多架，最小的航空公司也许只拥有几架飞机。

（二）机队结构的确定

任何一种机型有其最经济的飞行剖面（飞机从起飞到降落全过程航迹的垂直投影面），只有当飞机与其所运营的航线相匹配时，才能实现预期的成本和效益水平。

如果机队结构不够合理，或者机型种类过多，将导致资金投入、航材储备及人员培训等方面的费用增加。机型种类的减少可以节省相应设施设备的投入，特别是航材的储备，因而可以节省成本。简单的机队结构也有利于机组和机务人员提高技术熟练程度，减少故障率及差错率，提高飞机的签派率和利用率。因此，低成本航空公司一般选择单一机型。但服务于多个目标市场的航空公司不可能只选择一种机型去满足不同市场的需求，需要合理配置机队结构才能既满足市场需求，又降低运行成本。如果机队结构与航线结构和市场需求不符，无法实现合理的载运率或客座率，将降低航空公司的运行效益。

（三）影响机队配置的因素

机队配置的实质在于机队的规模和结构应能使运力和需求基本保持均衡，不因飞机的闲置而造成运力浪费，也不因运力紧张造成市场和收益的损失，从而减少航空公司的经营风险。

1. 市场因素

如上所述，机队的规模和结构必须与市场需求的规模和特征相适应，市场需求是影响机队配置最重要的因素，它不仅从总量上影响机队的规模，还从市场需求特征上影响机队的结构。

2. 空运行业内环境因素

行业内环境因素是指在机队规模不变的情况下，影响"飞机日利用率"的行业内因素，这些因素包括人力资源的保障，特别是与飞行直接相关的空勤人员、机务维修人员、空管人员的技术水平和数量，以及相关的飞机维修能力、航材保障能力、机场服务能力、空中交通管制能力和行业内管理水平等。任何一个方面保障能力的不足都会成为提高飞机日利用率的制约因素，从而影响机队的规模和结构。

3. 飞机的技术经济因素

飞机是有寿命的，可以定义两种寿命：技术寿命和经济寿命。技术寿命是飞机由关键结构件和主要系统严重老化导致不适航的机龄，也就是说，达到技术寿命的飞机已经不能再飞了；经济寿命是飞机虽然还适航，但执行飞行任务产生的效益已经不能抵消由此产生的成本的机龄，也就是说，飞机到了经济寿命，虽然还能飞，但飞行活动已经收不抵支了。让老龄飞机退役首先是因为飞机已经到技术寿命，必须退役报废；其次是因为飞机已经达到经济寿命，继续使用是不合算的。为保证营运效益和保持竞争地位，航空公司应将已经到达经济寿命的旧飞机退役或转卖。

一般来说，新飞机的年运输能力较大，为航空公司创造的收入较高，维修成本较低，燃油消耗少。但新飞机的价格昂贵，拥有成本较高。随着飞机使用年限的增加，年运输能力将减少，加之对旅客的吸引力下降，影响旅客需求，因此收入减少。老飞机故障增多，维修时间更长，导致利用率下降，油耗和维修成本大大增加，因而运行成本不断增加。从经济意义上看，一架飞机应该使用多少年后更新才最合算，是需要认真对待和仔细分析的问题。有些航空公司为保持对高端顾客的吸引力，采用机队快速更新策略，设置较短的折旧期，即使还未到经济寿命，折旧期到就处理掉，此时飞机的出卖价格大于残值。

飞机的技术经济因素是指飞机本身的性能因素，包括飞机的航程适应性是否与航线特点相一致、机型的经济性是否与市场需求相匹配、飞机的航速和最大业载所能提供的最大运能是否具有较高的经济性等，这些因素影响决策者所做的取舍，对机队配置都有影响。

4. 管理因素

管理因素对于机队配置的影响体现在：若管理水平较高，则可以降低管理成本，降低盈亏平衡载运率，使航空公司在比较低的载运率水平上也能够盈利。在确定机队规模时，可以引进较多的飞机，从而获得较多的优惠，而不至于因为运力过剩影响公司效益，为公司发展积蓄后劲；高水平管理还可以在载运率较高时，为旅客和货主提供更好的服务。总之较高的管理水平会使载运率的有效范围增加，从而为机队决策提供更多的灵活性。

在已知市场份额、飞机利用率、航速和最大业载的情况下对某类飞机的机队规模的确定取决于期望载运率的高低。若期望载运率高则机队的飞机数量少；反之，则机队的飞机架数将增多。而期望载运率的变化幅度受到管理水平等因素的制约。为了做好机队配置，决策者应该决定期望载运率的取值（或取值范围）。航空公司为了实现营运盈利并得到持续健康的发展，一般要求期望载运率大于盈亏平衡载运率。

在考虑到以上载运率条件后，还可以考虑用多种机队组合来满足市场需求和期望载运率，即通过对各种机型组合进行经济分析，寻找总运输成本最小的机型组合，在最经济的水平上实现机队配置的目标，从而最终确定机队的规模和结构。

（四）各营运基地的机队配置

如果航空公司有 B 种不同的机型和 C 个营运基地，且各种机型的飞机架数已经确定，这时需要确定在各基地机场投放的飞机类型及其数量。

一般来说，在不同的基地机场，由于航空公司所服务的市场特点不同，如航线的长短、需求的大小和旅客类型等不同，加上公司在不同基地的维修能力以及航材备件等方面受到的限制也不同，因此，航空公司在不同的基地机场对所能投放的机型受到限制。

另外，如果某机型在一个基地机场投放的飞机过少，将由于不成规模而造成维修和地面服务成本增加，飞机备件存放和管理困难，因此需要对某机型的飞机在一个基地设定一个最少投放架数。

根据航空公司市场计划，已知各基地（或分公司）的机队承担的总运输量、各基地机场对机型的限制、不同机型飞机的架数以及不同机型飞机在不同基地的营运成本，可以确定一个使营运总成本最小的机队配置计划。

三、飞机维修计划

为了保障飞行安全，需要确保投入飞行的飞机具有适航条件。机队需要根据机型及各部件的技术性能要求、累积运行时间和飞机运行状况，对飞机及其技术装备进行维护和修理，确保飞机的安全，飞机维修是飞机使用的前提和必要条件，做好飞机的例行维修需要有足够的维修人员、维修航材和维修时间。

（一）例行航班维修

例行航班维修包括航班在飞行前和航班飞行后在其基地的例行维修、在经停点的过站维修及临时性维修。这一类维修通常是轻度例行维修，一般安排在正常航班的间隙，如航班上下旅客的间隙，或在晚上飞机停场的时间段内组织检修以保障第二天航班正常执行。

（二）例行定期检修

例行定期检修是飞机装备每使用到一定的时限或次数以后所实施的周期性检查和维修。各航空公司和维修单位根据飞机制造商提供的飞机定时维修时间标准和各部件的使用时间限制，按照民航管理当局的有关适航指令制定的个性化的飞机维修手册，确定每架飞机的例行定检时限，并结合飞机的飞行小时数、备件循环数或日历时间，做好每架飞机的定时性维修计划和时控件翻修计划，深入检查装备的技术状况，发现机件的性能变化和机件内部的早期磨耗和损伤，彻底排除所发现的故障，恢复技术装备的性能，以确保飞机适航性。

这一类的检修内容相对较多，工作量较大，耗时较多，具有一定的周期性。其检修周期因航空公司、机型和飞机而异。

飞机维修计划直接影响飞机排班计划。在进行飞机排班时，尽可能考虑将飞机维修任务安排在航班航线上和航班间隙时段，以尽可能减少飞机的停场维修时间，尽可能减少因为维修而影响航班正常执行的情况。根据飞机维修计划，需要进行维修人员的配对与排班、航材备件配比与库存优化等工作，以具体落实飞机维修计划的内容。

案例 4-3

寿命 40 年的客机不满 25 年就被拆，公司宁可拆了也不想花钱修

2018 年 1 月 3 日，一架蓝色涂装的达美航空波音 747-400 客机突破沙漠炎热的气浪，降落在亚利桑那州 Marana Pinal 机场。这是美国最后一架"空中女王"的落幕飞行，服役 29 年的它将被埋葬在这座黄尘滚滚的飞机坟场中。

按照美国联邦航空局（FAA）的要求，客机最多完成 6 万次起降之后就要退役。如果以每天 10 小时利用率计算，客机理论上可以飞行 33 年。不同机型有不同年限，747 理论上可以飞 27~30 年。

美联航的这架 747 算寿终正寝。但民航业却不是这副光景。从 2008 年之后，全球飞机退役平均年限在持续减少。旧飞机从过去飞行超过 30 年才退役，到 2015 年已经变成不到 25 年就退役。

正在服役的飞机机龄也很短。2015 年，全球航空公司商业飞机平均服役 12.6 年。全球三大航空公司美国航空、美联航、达美航空的平均机龄分别是 11 年、13.4 年和 17 年。

中国的飞机就更年轻了。国航、南航、东航机队截至 2018 年年末的平均机龄不到 7 年。

国内最繁忙的京沪航线上，工作日每天近 90 个实际执飞航班平均机龄不到 4 年。像在 3 月 5 日的 42 个北京—上海航班中，仅有 13 架飞机机龄大于 5 年。国内三大航空 2018 年财报也显示，东航的飞机最新，平均机龄为 5.7 年，南航和国航也就分别高出 1 年。

一些还能服役的"老"飞机陆续退出机队。它们有新去处，如上海东航飞了 20 年的波音 757 到了达美航空。厦门航空和南方航空的 757 则陆续被顺丰、圆通等快递公司接手。

还有些飞机则跟文首的 747 一样。如国航和南航的 777-200，飞到了飞机坟场。等待它们的是作为维修备件，或者拆解再卖。

转租、转售或者改装成货机，旧飞机有这些去处。

不是所有的飞机都在退出老东家机队后，都会被拆卖。

没有到使用极限的飞机会中途转租、转售，或者改造成货机。最后没有人愿意接手或者工况不再适合飞行，飞机才会进入停场状态，等待封存或拆解。

2018 年 5 月，在古巴坠落，导致 110 人丧生的 737，已经有近 40 年机龄，期间五六次易主，经营方由美国转到加拿大，又由喀麦隆转到加勒比，最后才是古巴国家航空。

出于成本考虑，全球第三大的达美航空也会购买一些二手退役转售飞机执飞。达美航空曾购入原属东航的 MD-90-30 机型混合到它现役机队中服役，美联航也考虑购入二手 777 替换部分 767 机队，这两家机队平均机龄都超过 15 年。

客机退出机队后的另一个去向是改型成货机。

出于成本考虑，货运航空公司会将二手客机改装成货机。全球 70%的货机都由退役客

机改装产生。

顺丰航空目前是中国最大的货运航空公司，运营52架全货机，平均机龄在23年。其中主要由22架波音757以及波音767、波音737机型组成，这三款飞机都是客改货的主要机型。

90%零件都能拆了卖，但持续增多的待拆飞机还是造成了资源浪费。

目前全球平均每年退役700架商用飞机，拆机数量则是400~600架。退役飞机转租或改成货机终究还是少数，更多的归处是飞机坟场。

美国飞机回收协会（AFRA）在最新的行业观察报告中表达了相同的观点。AFRA预测未来15年内，全球平均每年将有超过1 000架的飞机退役。

在美国加利福尼亚的维克托维尔的沙漠中，英国科茨沃尔德、西班牙的特鲁埃尔等地，都设有用于封存、处理民用飞机的机场。

CNN采访过Air Salvage公司CEO Gregory——这家公司经营英国最大的飞机坟场科茨沃尔德机场。

"我们报废拆解飞机的平均年龄为18年。"Gregory表示："某些特定情况下，我们甚至会拆除使用不到10年的飞机。"

民航飞机的设计高度项目化，飞机上60%~90%的零部件都可以拆解。一架使用了20年的波音777，每台发动机都可以卖到约合300万美元，买新的要多花10倍的价格。

机舱能被用于装饰餐厅，变成酒店客房。受到飞机文化吸引的爱好者还会购买拆卸下来的零件做纪念，一根747的安全带也能卖出25美元的价格。拆到只剩下外壳的飞机将会被熔解，一架747的熔解废料可以卖出55 000美元。

随着飞机的更替率快速上升，拆解旧飞机会产生大量的废弃物，引发资源浪费的争议。

每年大约有3万吨铝、1 800吨合金、1 000吨碳纤维和600吨其他零件从旧飞机上拆卸下来。旧飞机中还含有大量废航空煤油、废液压油、废润滑油等含油废液，处理不当会快速污染周边环境。

情况很可能会每况愈下。根据国际民航组织（ICAO）的预测，未来13年可能将有总量18 000架机队飞机退役。

国际民航组织认为应该采取措施，减少飞机整个生命周期中的浪费。2018年，国际民航组织宣布将与飞机拆卸的行业监管组织飞机回收再利用协会（Aircraft Fleet Recycling Association）合作，增加可再利用或回收的飞机数量。

飞机"短命"，主要还是因为民航降低经营成本的诉求。

航空公司追逐机队年轻化，是成本运营结构发生改变的结果，是民航为了降低经营成本的努力。民航客运市场高度竞争，使得票价越来越便宜。2017年，全球客运量41亿人次，平均每张票带来的净利润只有8.4美元（约53元）。

运人挣不到大钱，航空公司就要想办法从别的地方节省成本。目前民航经营成本占比最高的几项是燃油、人力和机场起降使用费。

以东航为例，2018年半年报的成本占比中，飞机经营性租赁费用只占总成本的

4.2%，为 20.16 亿元，而接近东航总成本一半的是航油成本和飞机维修折旧费用，加起来有 235.94 亿元，接下来就是 79.62 亿元的员工薪酬成本和 70.97 亿元的机场起降费。

售价至少八位数美金的飞机，反倒不是影响航空公司成本、利润的重要原因。因为航空公司扩充机队的方式已经不再是直接买新飞机，而更多是向飞机租赁公司租飞机。2017 年，全球超过 30 000 架的商飞机队中，近 50%的飞机以租赁的方式运营。

资料来源：寿命 40 年的客机不满 25 年就被拆 航司不想花钱修[EB/OL].（2019-03-08）. https://military.china.com/aerospace/special/11162362/20190308/35389263.html.

任务 5 飞机排班计划

飞机排班是航空公司机队管理工作中非常重要的工作，合理的飞机排班不仅有助于航班安全正点运行，而且还能提高机队的利用率，有利于飞行运营和机务维修工作的组织实施，能有效地降低航空公司运营及维护成本。在我国，飞机排班的具体工作是由机务调度人员负责的。

飞机排班计划是根据市场部下达的航班计划，考虑每架飞机的技术状况以及飞行调度指令等为每个航班指定一架具体执行的飞机，又称飞机的机尾号分配，也可以说是为每一架飞机安排每一天的航班飞行计划。

一、飞机排班的问题

飞机排班工作量大且非常复杂，其困难在于以下几个方面。

（1）必须确保飞机的合法性，即指派给每个航班的飞机必须符合民航总局及航空公司的各项规章条例。

（2）飞机排班的可行性，即分配给每一架飞机执行的航班任务应符合航站衔接、过站时间衔接的要求。

（3）飞机使用的均衡性，由于不同航班所飞的区域、航程及航班时刻不同，因此不同航班的工作强度、复杂性及待遇不同，从而使飞机排班需要考虑不同航线飞行的均衡性。

（4）要以最小的成本完成所有的航班任务。航班执行过程中发生的飞机飞行成本受多种因素的影响，如燃油费、空载成本以及在外过夜成本等，怎样以最小的飞行成本完成航行任务是值得关注的问题。

由于冬春航季和夏秋航季的航班时刻表不同，根据航班计划，航空公司对飞机排班工作同样需提前进行，进而产生下一季度的飞机飞行计划表。同时，要根据航班时刻表的调整，如起降时间的变更、加减班次、航线调整、机型调整等，对飞机飞行计划表做同步调整，进而提前产生每月的飞行任务表，以确定该月的飞机需求及飞行维修安排，并将飞行任务指派给对应的飞机。

二、飞机排班的基本原则

（一）飞机排班规则——法规性规则

通常航空公司的机队拥有多种机型，并且每一种机型有多架飞机，在排班过程中必须遵循民航当局和航空公司的相关规定和规则，具体如表 4-14 所示。

表 4-14　飞机排班规则——法规性规则

规　则	具 体 要 求
① 符合机务调度要求	被指派的飞机在航班执飞期间与该飞机的维修计划无冲突
② 符合适航调度要求	被指派的飞机性能和飞行航线要求相匹配。如高原航线，一般选择较大推进力的飞机执飞，否则就要减载飞行
③ 符合商务调度要求	有时虽机型相同，但具体飞机的内部客舱布局可能不同。飞机排班时，被指派飞机的新旧程度与客舱布局须符合运输航线市场需求
④ 日飞行小时数限制	规定每一种机型的日飞行小时数不得超过规定限制。执飞的飞机在符合民航当局管理规定的前提下，尽可能提高飞机日利用率，减少飞机使用数量
⑤ 累积飞行时间均衡性	实质上是保障飞机的均衡可用性。飞机的使用时间与部件维修或更换周期有关，为了保障飞机的利用率以及飞机能按时得到有效维修，对于同种机型的飞机，需统筹安排每一架飞机的飞行任务，尽可能使同一机型的每一架飞机累计的周、月飞行时间均衡

（二）飞机排班规则——技术性规则

在具体的飞机排班过程中，为了提高飞机利用率，飞机排班通常还需要遵循一定的技术性规则，具体如表 4-15 所示。

表 4-15　飞机排班规则——技术性规则

规　则	具 体 要 求
①指派机型与航班计划机型一致	指派给每个航班班次的执飞飞机机型尽可能与航班计划安排的机型一致。航班计划中的机型选择，需充分考虑市场需求特征、航线运量、航程距离、航线机场起降条件和航路要求等因素。即便是因某些原因导致机型调整，也通常采用相近机型代替
②来回程同一架飞机	为了方便旅客和行李运输，也方便飞机调度管理，正常航班的飞机指派通常以航班计划的航线为基础进行执飞飞机安排，并且同一航班的去程或回程使用同一架飞机，无论是否有经停点。但对一些国内与国际联程航班，国内段和国际段分别采用两组不同的航班号，通常国内段使用小型飞机，在国际枢纽港更换大型飞机执飞国际段
③飞行时空连续性	指派的飞机在飞行时间上先后顺序衔接，飞行路线空间上航段之间首尾相连
④飞行时空唯一性	同一架飞机在同一时段只能执飞一个航班，不能安排同时执飞两个航班，不能与该机的其他航班飞行发生冲突；另一方面，也不能在同一时段内安排两架飞机执飞同一航班
⑤航班计划的完全覆盖性	航班计划中的每一个航班班次，每一个航班航段都必须安排具体飞机执飞，不能有遗漏
⑥飞行线路闭环	被指派飞机的飞行线路是从基地出发并通过回程航班飞回基地，即闭环飞行以保证飞机的有效周转

三、飞机排班的工作流程

飞机排班的工作流程如下。

（1）机务部飞机调度员向市场部通报每种机型的可用飞机架数，市场部根据可用飞机状况下达航班计划。

（2）机务部根据下达的航班计划，制订初始飞机排班方案。首先分析飞机排班工作要求与飞机基本技术状况信息；计算每架飞机期望飞行小时及起落次数，分析飞机排班限制；安排确定飞机维护计划与保障计划等；然后根据飞机排班规则予以制订。

（3）制订初始飞机排班方案后，评估飞机排班方案的优劣，如果不满意，则重新分析飞机排班限制及飞机状况，重新确定机队维护与保障计划等，在此基础上，进一步考虑对排班方案进行初步调整。

（4）如果排班方案通过调整不能得到满意结果，则需要与市场部进行协商，尝试更改航班计划。

（5）在新调整的航班计划基础上分析并制订飞机排班方案，并进行重新评估，直到排班方案可行为止。

（6）最后形成飞机排班方案，提交飞机排班计划。

飞机排班的工作流程如图 4-2 所示。

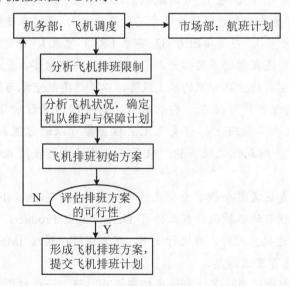

图 4-2　飞机排班的工作流程

案例 4-4

达美航空新一代 A330-900neo 将执飞上海—西雅图航线

2019 年 7 月 1 日起，达美航空将使用最新空客 A330-900neo 机型执飞上海—西雅图航线，达美从而将成为第一家启用该机型的美国航企。A330-900neo 将成为达美首个同时配备四种舱位的新机型,包括至臻商务舱套间(29座)、备受欢迎的尊尚经济舱(28座)、优悦经济舱(56座)和经济舱(168座)。

1. 屡获业界殊荣的机上产品及亮点

全新 A330-900neo 飞机的每个座位都提供记忆海绵靠垫,并配备电源插口,全光谱 LED 环境照明灯可根据飞行的不同阶段调节照明亮度。此外,各舱位还有大容量的舱顶行李箱,乘客存取物件也相当方便。机上椅背娱乐系统可免费提供数千小时的节目。在不同等级的舱位,乘客还可享受以下配置和功能。

(1)达美至臻商务舱套间(29座)。屡获业界殊荣的达美至臻商务舱套间可为乘客提供独立的私人空间。每个套间均配备全高门,确保乘客尊享更好的私密性和舒适度。此外,每个座位都直通走道,配备全平躺式座椅,拥有更大的个人储物区、更大的机上娱乐系统显示屏和更舒适的记忆海绵靠垫。

(2)达美尊尚经济舱(28座)。尊尚经济舱以舒适为设计理念,为乘客提供更多空间,座位排距为38英寸(96.5厘米),座位宽18.5英寸(47厘米),椅背最多可向后倾斜7英寸(18厘米),腿托和头枕均可调节,并专设瓶装水存放空间。尊尚经济舱乘客不仅可以获得额外的空间,还可以尊享专属的服务,并获赠包含所有旅行必需品的洗漱套装,让自己在到达目的地前能够得到充分的休息。

(3)达美优悦经济舱(56座)。升级版舱位,位于经济舱的前方,座位排距为34英寸(86.3厘米),椅背最多可向后倾斜5英寸(12.7厘米),提供专属舱顶行李箱空间。

(4)经济舱(168座)。座位排距为33英寸(83.8厘米),椅背最多可以向后倾斜4英寸(10厘米),此外还提供诸多贴心产品,例如记忆海绵靠垫、免费椅背娱乐系统。乘客还可乐享来自达美空乘的世界一流的机上服务,以及达美航空无与伦比的运营可靠性。

达美航空飞凡里程会员即使在订购航班后,仍可以用里程对飞行体验进行升级。在往返西雅图的跨太平洋航班上,达美飞凡里程会员可以通过里程将舱位升级至至臻商务舱套间、尊尚经济舱或优悦经济舱。乘客可以通过达美官网 delta.com 或 Fly Delta app 进行操作。

A330-900neo 将是达美首个拥有全新无线飞机客舱娱乐系统(IFE)的宽体客机,该系统由达美航空全资拥有的机舱设计创业公司 Delta Flight Products 开发。该机型还配备 2Ku 技术的高速网络连接。此外,在飞行途中,乘客还可以通过 iMessage、WhatsApp 和 Facebook Messenger 免费发送消息。

A330-900neo 新机型还减少了飞行途中的碳排放。与上一代机型相比,这款机型的燃油效率每座可提高20%以上。目前,达美共在空客 A330-900neo、空客 A350 和升级后的波音777三种机型上配备达美至臻商务舱套间和达美尊尚经济舱。

2. 达美航空西雅图航空枢纽

目前,在西雅图·塔科马国际机场,达美航空在每日高峰时段为乘客提供超过150次的航班,飞往50多个目的地。占地2.1万平方英尺的达美西雅图飞凡贵宾室为乘客充电休息提供了绝佳的场所,连续三年被评为"北美领先的机场候机室"。2018年12月,西雅图·塔科马国际机场全新的国际到达大厅主体正式竣工,极具里程碑意义。这座占地

45 万平方英尺的新设施预计将于 2020 年正式投入使用,每小时服务的旅客数量将达现在的两倍,护照检查柜台也将增加两倍多。通过采用先进技术,护照检查的速度将更快,乘客行李提取也将更加方便。

目前,达美采用波音 767-300ER 执飞上海和北京往返西雅图的航线。达美还将启用全新的空客 A220 飞机来执飞西雅图往返加州圣何塞的部分航班。

资料来源:达美航空新一代 A330-900neo 将执飞上海—西雅图航线[EB/OL].(2019-03-01)http://news.carnoc.com/list/484/484599.html.

任务 6　机组排班计划

机组排班是根据其机型属性,为航班计划中的每一个航班,指派相应的飞行人员和乘务员。

机组排班问题不仅关系到民航运输飞行安全,而且直接影响到航班的运行成本,影响民航运输企业的工作效率和经济效益。机组排班的目的是遵守管理当局的机组适航条例,考虑机组的意愿,通过科学合理的排班,保证航班计划飞行任务的正常完成,并尽可能降低机组人力资源成本。

一、机组

(一)机组的组成

在执行每次飞行任务的过程中,空勤人员被编制成机组,机组由机长负责。机组通常分为飞行机组和乘务机组。

飞行机组成员是指在驾驶舱内操纵航空器和航行通信等设备执行飞行任务的飞行人员,包括机长、副驾驶、飞行领航员、飞行通信员及飞行机械员。飞行机组成员在飞行值勤期内对航空器运行负有必不可少的职责。飞行机组的最低搭配为两人制机组,即机长与副驾驶。机长是在飞行时间内负责航空器的运行和安全的驾驶员;副驾驶是在飞行时间内除机长以外的、在驾驶岗位执勤的持有执照的驾驶员,但不包括在航空器上仅接受飞行训练的驾驶员。由于各种电子与通信技术的应用,以及飞机设计与制造技术的发展,民航飞行许多原来由飞行领航员、飞行通信员、飞行机械员完成的工作现在都由机长和副驾驶来完成。

乘务组由乘务长和乘务员组成。按照 CCAR-121 部规则运行的飞机按照下列要求配备乘务员。例如,乘客数量 20~50 名,配备 1 名乘务员;乘客数量 51~100 名,配备 2 名乘务员;若乘客数量超过 100 名,在配备 2 名乘务员的基础上按每增加 50 名乘客增加 1 名乘务员的方法配备,不足 50 名的余数按照 50 名计算。

(二)机组成员的资格与要求

1. 机组成员必须具备的资格

按照民航运输管理的相关规定,机组成员必须具备相应的资格,具体如表4-16所示。

表4-16 机组成员的资格与要求

机组成员	资格要求
航班机长	必须持有航空运输驾驶执照、所驾驶的航空器的机型等级证书、Ⅰ级体检合格证(有效期为12个月,年满40周岁有效期为6个月)
副驾驶	至少持有商用驾驶员执照或多人制机组驾驶员执照,且附加仪表等级、所驾驶的航空器的机型等级证书、Ⅰ级体检合格证(有效期为12个月,年满40周岁有效期为6个月)
飞行领航员、飞行机械员	必须持有相应航空器机型的等级证书和岗位证书、Ⅰ级体检合格证(有效期为12个月,年满40周岁有效期为6个月)
飞行通信员、乘务员和空中保安	必须持有相应岗位证书和Ⅱ级体检合格证(有效期为12个月,年满40周岁有效期为6个月)

2. 机组成员技术训练与检查要求

机组成员需要接受严格的训练,训练内容包括新雇员训练、初始训练、转机型训练、升级训练、差异训练、定期复训、重新获得资格训练、危险品处理和载运训练等。

技术检查是对机组成员的训练成果和业务能力进行考核,以考核机组成员是否能够执行某类航线及某类机型的航班飞行任务。航空机组成员应当接受局方定期或者不定期的检查和考核;经检查、考核合格的,方可继续担任其执照载明的工作。

二、机组排班

机组排班是指根据航班计划、机队信息和空勤人员信息,按照民航局和民航运输企业关于机组配置的规定和要求,首先将航班计划中的航班飞行编排成每天的飞行任务,又称为勤务;然后将具体的机组执勤人员落实到具体的飞机和具体的飞行任务,形成以周为单位的机组日飞行计划、周飞行计划和月飞行计划。

机组成员是航空运输企业实施航空运输的重要资源之一,因此航空运输企业需要考虑如何在满足机组成员配置规定和要求的条件下,最大限度地发挥机组效用,降低运行成本。

三、影响机组排班的因素

机组排班需要考虑的因素很多,主要影响因素如下。

(1)机队结构。也就是说,不同机型的飞机在机队中所占的比例。飞行员只能驾驶执照规定的机型,如果某机型飞行员不够用,即使其他机型的飞行员有剩余,也不能执行该机型的航班。因此,飞行员资质的机型结构应当与飞机机型结构保持一致。在航空公司生产计划编制流程中，机组排班是在航班计划的机型指派完成后才进行的。这样能保证飞行员驾驶资质与航班机型一致。

（2）机组资源结构。机组资源结构包括各机型资质飞行员的比例、机长与副驾驶的比例和机组人员在各基地的配置比例等。机组资源结构应当与机队结构匹配，机长与副驾驶的比例应当符合机组适航的搭配要求与公司规定，机组人员在各基地的配置一般应和该基地机队的配置相匹配，也可以在全公司调配。各基地的机组配置将影响机组调度的效率。

（3）航线结构。航线结构决定了航班飞行的小时数，影响航班之间的机组可衔接性。

（4）航班计划。航班计划包括航班频率、航班时刻和机型指派等，这些都对构建航班环节（机组任务配对）有直接影响。

（5）适航规定。关于机组的适航条例对机组的飞行时间、休息时间、机组搭配、培训内容、体检和休假都有明确的规定，不得违反。

（6）公司的有关规定。航空公司关于加机组、机组过夜津贴和交通住宿标准的规定，以及关于机长排班的资历优先权的规定和关于双机长飞行的规定，都将影响机组排班的结果。

（7）航班延误或航班计划调整。当航班计划不能正常执行时，机组排班也会受到干扰，需要进行必要的调整来恢复排班计划。因此，机组排班计划应尽可能设法减少航班不正常带来的影响。

四、机组排班计划的编制方法与规则

（一）任务串编组

由于航程距离和工作任务的特性，飞行任务开始和结束有时在同一机场，也有时往往在不同机场，即机组人员结束任务后，往往不能回到自己的生活基地，而是采取在外过夜的方式直到执行下一个任务期的任务结束才能回到基地，这从基地出发再回到基地的一系列的任务和在外过夜的集合就称为任务串。机组配对首先需要将航班计划中的飞行航段编排成若干飞行任务串组，然后再在机型分类的基础上，配置相应的机组人员。

任务串编组通常在机组成本最小原则的基础上，为了便于安排，还需满足如下基本条件。

（1）一个任务串中各飞行航段使用的机型相同。

（2）一个任务串中各飞行航段空间和时间上连续。

（3）一个任务串尽可能当天来回，减少在外场过夜。

（4）一个任务串尽可能每天重复，从同一基地同一时刻出发，结束时回到出发基地。

（二）勤务编排

勤务通常是指机组在法定工作日内一天的飞行任务。勤务排班是指为飞行机组人员和客舱乘务人员以周为单位安排每天的飞行任务。

为保证机组成员在执行任务时能够有足够的精力应对各种飞行情况，民航局《大型飞机公共航空运输承运人运行合格审定规则》（CCAR-121）要求建立机组成员疲劳风险管理和定期疗养的制度，保证其机组成员符合值勤时间限制、飞行时间限制和休息时间要求。

1. CCAR-121 部的有关规定

1）飞行机组的飞行时间限制

机组飞行时间是指机组人员从航班出发前上飞机到航班到达后下飞机的时间。机组任务飞行时间是指执行一个机组任务时，各航段飞行时间之和。

在一个值勤期内，不得为飞行机组成员安排、飞行机组成员也不得接受超出以下规定限制的飞行时间。

（1）非扩编飞行机组执行任务时，规定的日飞行时间限制如表4-17所示。

表 4-17　非扩编飞行机组运行日最大飞行时间限制

报 到 时 间	最大飞行时间/小时
00:00—04:59	8
05:00—19:59	9
20:00—23:59	8

知识链接 4-1　（见二维码）

（2）配备 3 名驾驶员的扩编飞行机组执行任务时，日总飞行时间限制为 13 小时。

（3）配备 4 名驾驶员的扩编飞行机组执行任务时，日总飞行时间限制为 17 小时。

如果在飞机起飞后发生超出控制的意外情况，需将飞机安全降落在下一个目的地机场或备降机场，飞行机组成员的飞行时间可以超出所规定的最大飞行时间限制以及规定的累积飞行时间限制，但必须在 10 天内将任何超过所允许的最大飞行时间限制的情况报告局方。

（4）任一日历月，不能超过 100 小时的飞行时间；任一日历年，不能超过 900 小时的飞行时间。

2）飞行机组的执勤时间限制

机组执勤时间是指机组成员在接受飞行任务后，为了完成该次飞行任务而到指定地点报到时刻开始，到解除任务时刻为止的连续时间段，其中包括飞行前准备、飞行时间、因航班延误中途等待时间、中途经停站或过站时间及飞行后的汇报总结时间，但不包括从居住地或驻地到报到地所用的时间。

（1）对于非扩编机组的运行，不得为飞行机组成员安排、飞行机组成员也不得接受超出表 4-18 规定限制的飞行值勤期。航段限制数不包括因备降所产生的航段。

表 4-18 非扩编飞行机组运行最大飞行值勤期限制

报到时间	根据航段数量确定的飞行机组成员最大飞行值勤期/小时			
	1~4 个航段	5 个航段	6 个航段	7 个航段及以上
00:00-04:59	12	11	10	9
05:00-11:59	14	13	12	11
12:00-23:59	13	12	11	10

（2）对于扩编机组的运行，不得为飞行机组成员安排、飞行机组成员也不得接受超出表 4-19 规定限制的飞行值勤期。

表 4-19 扩编飞行机组运行最大飞行值勤期限制

报到时间	根据休息设施和飞行员数量确定的最大飞行值勤期/小时					
	1 级休息设施		2 级休息设施		3 级休息设施	
	3 名飞行员	4 名飞行员	3 名飞行员	4 名飞行员	3 名飞行员	4 名飞行员
00:00-23:59	18	20	17	19	16	18

知识链接 4-2 （见二维码）

在所有飞行时间内，至少有一名机长或符合规则要求的巡航机长在驾驶舱内操纵飞机；在着陆阶段执行操纵飞机任务的飞行机组成员，应在飞行值勤期的后半段获得至少连续 2 小时的休息时间；对于航段时间不足 2 小时的，应保证执行操纵飞机任务的飞行机组成员在着陆前得到足够的休息。

起飞前发生意外运行情况下飞行值勤期的延长，可以将允许的最大飞行值勤期延长 2 小时；将飞行值勤期延长 30 分钟以上的情况，只可以在获得规则规定的休息期之前发生一次；如果规定的飞行值勤期的延长导致飞行机组成员超出规则所规定的累积值勤期限制，那么该飞行值勤期不得延长。飞行值勤期的延长必须在 10 日内将任何超过所允许的最大飞行值勤期限制 30 分钟以上的情况报告局方。

起飞后发生意外运行情况下飞行值勤期的延长，可以将允许的最大飞行值勤期延长至可以将飞机安全地降落在下一个目的地机场或备降机场；将飞行值勤期延长 30 分钟以上的情况，只可以在获得规则规定的休息期之前发生一次；规定的值勤期的延长超出规则所规定的累积飞行值勤期限制，必须在 10 日内将超过飞行值勤期限制的情况报告局方。

（3）任何连续 7 个日历日，不能超过 60 小时的飞行值勤期；任一日历月，不能超过 210 小时的飞行值勤期。

3）客舱乘务员的飞行值勤期限制

（1）当按照规则规定的最低数量配备客舱乘务员时，客舱乘务员的飞行值勤期不得超过 14 小时。

（2）在按照规则规定的最低数量配备上增加客舱乘务员人数时，客舱乘务员的飞行值勤期限制和休息要求应当符合如下规定。

① 增加 1 名客舱乘务员，飞行值勤期不得超过 16 小时。
② 增加 2 名客舱乘务员，飞行值勤期不得超过 18 小时。
③ 增加 3 名或者 3 名以上客舱乘务员，飞行值勤期不得超过 20 小时。

发生意外运行情况下飞行值勤期的延长，可以将规定的值勤期限制延长 2 小时，或延长至可以将飞机安全地降落在下一个目的地机场或备降机场；将规定值勤期限延长 30 分钟以上的情况，只可以在获得规定的休息期之前发生一次。

（3）客舱乘务员的累积飞行时间限制，任一日历月，不能超过 100 小时的飞行时间；任一日历年，不能超过 1 100 小时的飞行时间。

（4）客舱乘务员的累积飞行值勤时间限制，任何连续 7 个日历日，不能超过 70 小时的飞行值勤期；任一日历月，不能超过 230 小时的飞行值勤期。

客舱乘务员在飞机上履行安全保卫职责的时间应当计入客舱乘务员的飞行和值勤时间。

4）机组成员休息时间的附加要求

机组休息时间是指机组成员到达休息地点起，到为执行下一次任务离开休息地点为止的连续时间段。在该段时间内，不得为机组成员安排任何工作和给予任何打扰，值勤和为完成指派的飞行任务使用交通工具往来于适宜的住宿场所和值勤地点的时间不得计入休息期。机组成员休息时间的附加要求如下。

（1）不得在机组成员规定的休息期内为其安排任何工作，该机组成员也不得接受任何工作。

（2）任一机组成员在实施按规则运行的飞行任务或主备份前的 144 小时内，需为其安排一个至少连续 48 小时的休息期。这里说的主备份是指机组成员根据要求，在机场或指定的特定地点随时等待可能的任务。

（3）如果飞行值勤期的终止地点所在时区与机组成员的基地所在时区之间有 6 个或者 6 个小时以上的时差，则当机组成员回到基地以后，必须为其安排一个至少连续 48 小时的休息期，这一休息期应当在机组成员进入下一值勤期之前安排。这里说的基地是指机组成员的驻地并接受排班的地方。

（4）除非机组成员在前一个飞行值勤期结束后至下一个飞行值勤期开始前，获得了至少连续 10 个小时的休息期，否则不得安排，且任何机组成员也不得接受任何飞行值勤任务。

（5）当为机组成员安排了其他值勤任务时，该任务时间可以计入飞行值勤期，当不计入飞行值勤期时，在飞行值勤期开始前应当为其安排至少 10 个小时的休息期。

2．勤务编排规则

勤务编排依照相关规则要求，需遵循的基本规则如表 4-20 所示。

表 4-20 勤务编排规则

规　则	具　体　要　求
① 飞行任务的时空连续性	一个勤务在飞行时间顺序上先后衔接，在执飞航段空间上首尾相互衔接

续表

规　　则	具　体　要　求
② 航段间衔接时间合理性	航班计划中一个勤务的多个航段之间，必须留有合理的衔接时间，以便机组在换飞航段时留有足够的准备时间
③ 执勤航段完整性	为了便于机组的飞行任务管理，通常把一个航班的来回航程尽可能安排在一个勤务中，如果航段飞行时间长，则至少将一个完整航段安排在一个勤务内
④ 机组任务开始和结束于生活基地	勤务或勤务组的飞行路线通常是"始发站—目的站—始发站"的闭环路线。通常要求一个勤务的飞行任务最后结束在始发站，即勤务最后必须飞回始发基地，除非是一天不能来回的远程航班。即使是远程航班当天不能返回基地，在勤务结束后也必须回到基地。主要是考虑到飞机和机组人员的周转、机组人员生活的便利性以及飞机维修的经济性，有利于降低航空运行成本
⑤ 机型统一性	一个勤务的飞行任务不安排跨机型飞行，一个勤务的飞行任务为同一种机型，便于机组安排和安全飞行
⑥ 工作时间安排合法性	一个勤务的执勤时间、飞行时间和休息时间等必须符合民航规定的要求，不得超过规定的上限。当一个勤务的执勤时间或飞行时间超过规定的时间标准时，则增加机组
⑦ 工作量相对均衡性	各个勤务的执勤时间和飞行时间安排相对均衡

（三）机组轮班

机组轮班是指当航班计划中的飞行任务被合理编排成勤务或勤务组后，给每一个勤务或勤务组安排具体飞行人员和乘务人员，以便具体实施航班计划中的各项飞行任务。

1. 机组轮班的方法

机组轮班有两种方法：第一种是根据勤务航线、机型等对机组成员的技术要求，选择适合条件的飞行员和乘务员并安排到勤务或勤务组，从而组成机组。该方法相对简单，人员调配灵活。

第二种方法是根据勤务要求进行机组成员搭配，将适合要求的飞行员分别组成飞行机组，然后结合机组成员的其他非技术性因素将机组与勤务配对。目的是使他们之间的搭配与合作有利于飞行操作配合默契和安全飞行，使飞行人员之间或乘务人员之间形成一种相对固定的搭配，有利于激发机组人员的工作热情，提高飞行安全性。

2. 机组轮班规则

CCAR-121 规定，飞行机组至少配备两名驾驶员，而且应当指定一名驾驶员为机长。在飞行期间，机长负责控制飞行和指挥机组，并负责旅客、机组成员、货物和飞机的安全。

对于机组成员的搭配，要求航空公司应当建立一套飞行机组排班系统，保证科学合理地搭配飞行机组成员，安全地完成所分配的任务。

飞行机组搭配的基本要求如下。

（1）最近飞行经历满足所飞区域、航路、机场和特殊运行的技术要求，包括一般经历要求、夜间起飞与着陆要求及仪表经历要求。

（2）满足对飞行技能的要求，对所飞机型得到充分训练，能够使用设备和操作飞机整体。

（3）按技术强弱搭配或飞行中新老搭配，即老教员带新学员、老机长配新副驾驶、新机长安排老副驾驶。

（4）按航线和机场的复杂程度搭配，实现由易到难的放飞。

（5）按飞行任务搭配，如重要任务安排双机长或加强机组力量，特殊飞行安排经验丰富的机组等。

（6）按身体强弱搭配或按性格搭配，如两人有较大矛盾、两人性格过刚或过柔的尽量不搭配。

对承担客舱服务的乘务机组成员搭配，首先考虑根据勤务机型、机舱布局和飞机额定乘客数量予以安排；然后分析乘务人员的各种技术和非技术因素，包括乘务员的训练及资格需满足所飞机型、区域和特殊运行的要求，还有年龄、性格以及飞行时间经历等，按照民航运输规定对乘务人员进行合理的组织和搭配，组成执飞勤务的乘务组。

在乘务组中指定1名客舱乘务员为乘务长，作为客舱机组的负责人，履行客舱管理的职责并向机长报告。

最后完成飞行机组与勤务机组的匹配，确保彼此配合默契和安全飞行。

任务7　航班飞行计划

一、航班飞行计划的概念

航班飞行计划是用于计划飞行、飞行管制及飞行导航的书面文件或电子数据文件，是为安全组织与实施飞行而制订的。

二、航班飞行计划的制订

航班飞行计划的制订以航班计划为基础，事先根据气象资料、航行情报、飞机性能、运行限制、计划航路、预计着陆机场条件及机组人员经验水平等，判断航空器能否正常放行，并选择合理的航路、高度、备降机场以及计算油量和时间的过程。

三、航班飞行计划的主要内容

航班飞行计划包括的主要内容如下。

（1）航空器所有人与经营人信息，包括联系方式、经营人两字和三字代码、无线电通话和通信呼号；

（2）航空器型号及机载电子设备，包括是否装有机载防撞系统和对航路、航线有特殊

要求的机载电子设备;

（3）航空器的最大起飞重量和最大着陆重量，尽可能增加商业载客与载货能力，确保飞机配载平衡;

（4）航班号与航班性质;

（5）起降地点、起降时刻、班期、航线走向、进出中国民航空中交通服务空域的时刻以及备降机场;

（6）航班飞行所需要的总燃油量和总时间;

（7）飞行剖面中各段速度和高度;

（8）航路资料，包括航路点的位置、经纬度，导航设备的电台频率、呼号，各航段的航路代号、距离等;

（9）特殊情况下的飞行及其他需要说明的事项。

项目拓展

机组排班制度变革

"权限下放、审核精简"，这是中国国际航空股份有限公司（Air China Ltd.，简称"国航"）浙江分公司飞行部（以下简称"飞行部"）打破十几年传统对排班制度的一次改革。数个月前，当这一改革动向尚处于酝酿中的时候，许多人便提出了质疑："这样做，资源不是得不到有效利用了吗？""以后要想换班，难咯！"一些飞行员包括干部在讨论中都表示了反对。"但这样做自然有它的道理！一个全新的模式需要时间来检验！"飞行部班子的决心很坚定。

改革后的排班权限，由原来的飞行部调度室下放至各中队，由中队领导主要负责排班，调度员从旁协助，而审核把关也由原来的调度主管、调度经理、分管调度的高级副经理和分管安全的副总经理四级审核改为由中队领导、调度室经理和分管调度的高级副经理三级审核。这些看似细微的变化，带来的却是工作方式上的根本性变革。

"这样做的好处在于提高排班质量，促进内部管理，达到安全关口前移的目的。首先是加强了机组力量搭配的科学性。"飞行部负责同志道出了其中的缘由："国航浙江分公司现有飞行员近200人，在通常情况下调度员是根据人员的技术等级来随机进行排班的，而对每个飞行员的技术差异、思想状况、个性特点以及人际关系互不了解，因此排班和调班的质量多少有些欠缺，在这个方面，显然专业出身的中队干部更有发言权，由他们来主抓排班调班工作，既可以避免因技术搭配不合理引起的安全隐患，也可以避免一些不必要的矛盾，使安全裕度更大，驾驶舱氛围更融洽;其次，我们是想通过此举，促使干部花更多的精力来全面深入地了解自己的队员，达到管理下沉的目的;而通过改变之前由调度'一条线'管理、强化其监督检查的职能并引入中队参与的模式，可以使排班调班更加公开透明。"

"当然，这样做的弊端在于资源的调控空间打了折扣。"这也正是很多人担心的地方。鱼与熊掌如何兼得？首先，飞行部从制度层面出台了配套的《机组派遣运行规定》，对派遣要求做了统一规范，克服了各中队因标准不一所带来的困扰。其次，对确有周转困难和突发的大面积航班延误取消，就由部领导统一调配。

几个月运行下来，争议、质疑声少了，认同、理解和支持的人多了，而随着这一制度的强力推行，也越来越显示其优越性。例如，通过这种排班方式，中队干部与本部门飞行员的交流更密切了，干部对飞行员的技术、思想的掌握更全面深入了；同时，由于排班工作由干部主抓，合理性和严肃性得到了加强，临时换班的人数也大为减少。

一个小小的排班制度的变革，引发的却是一次管理理念和管理思维上的革新。事实上，这样的变革并非空穴来风，而是国航浙江分公司推行精细化管理结出的硕果。在确定的年度主要工作中，国航浙江分公司将"基础管理精细化"作为重中之重，在全公司范围内推行和实践。在"精细化管理"的理解上，分公司上下也形成了这样一种共识，即精细化不单是对原有规章制度的进一步细化，更重要的是在全面系统梳理的基础上对原有制度的创新与完善，真正使管理更具科学性。

正是基于这样一种思路，国航飞行部班子沉下来静心思考，找问题，求对策，最终把推动飞行部精细化管理工作梳理成四条主线，即安全管理、转升管理、航班派遣管理和行政管理。每条主线下再确定子项目，通过制定具体措施加以推进落实。如在安全管理上，就从细化换季教育制度、规范安全分析会制度、建立 QAR 品质分析和定向谈话制度、建立特殊条件飞行安全措施、完善落实飞行前集体准备制度等五个方面着手进行系统完善。

在措施的制定上，飞行部也坚决杜绝蜻蜓点水式的泛泛而论，而是以一项项制度做保障。如在转升标准问题上，就狠下决心，从自身做起，防止"不合格产品"出厂。在谈到转升问题时，飞行部班子感受颇深，转升一直是飞行员们最关注，也是矛盾最集中的一个问题，之前在操作过程中，总免不了有"送人情"的现象。由于从学员到机长要经过飞行部、分公司检查员和分公司飞行技术评审委员会等多道关口审核，所以一些教员往往会习惯性地将把关的希望寄托于下一道，这样的做法一旦上行下效，就会产生连锁反应，最终导致不合格"产品"出现。为坚决杜绝这一现象发生，飞行部提出要率先转变观念，从自身抓起。"在这一点上，大家高度统一，我们不怕得罪人！"飞行部经理李明革的话表达了飞行部领导班子的坚定决心。大家经过讨论，定下了几条硬杠杠：为每一名新学员指定一位教员，飞行干部参与检查每一次技术转升，不合格者被当场涮下！队伍中务必形成一种公开、公平、严肃、严明的氛围！与此同时，三个中队也全力跟进，如训练中队推出的副驾驶"摘牌"制度，即把达到副驾驶标准的学员名字挂到墙上，由各生产中队进行挑选，被摘牌者即表示被选中，未被摘牌者重新训练，给学员们压力的同时也让他们增强了学习的主动性；两个生产中队根据各自的需求推出了"学习沙龙"、个性化训练等措施，有效弥补了飞行员们在技术、作风上的短板，提高了安全学习水平。

精细化的背后，渗透的是认真二字。短短一年时间，国航浙江分公司飞行部就在充分调研和征求意见的基础上，出台了《飞行部训练管理规定》、《干部管理制度》及《派遣运行规定》等多项制度，仅《派遣运行规定》一项，就对特殊机场、国际航线、北京机场英语通讯、派遣偏离等做了规范，使派遣工作开展更有据可依；而在飞行训练规定中，列数了从新雇员到教员的各类标准要求，营造出更公开透明的环境；甚至在会议制度上，也明确要求干部在汇报时要做到有计划、有总结，带着问题开，提高会议的实效性。

"下一步，飞行部还将出台加强信息管理的举措，有效解决当前存在的飞行员信息传递不畅和缺失等问题，例如，替飞行员读文件——将文件精要摘录后通过计算机网络传输给飞行员看，在网上准备项目中增加相关内容，使用电子签名，等等，使广大飞行员能及时有效地贯彻上级精神，加强对形势的把握。"飞行部党委书记金程平道出了今后继续推进精细化工作的一些新思路。

从一个机组排班方式的改变到各项规章制度的建立，从出台更细更实的安全措施到加强行政管理中对干部提出更高的要求，国航浙江分公司飞行部的精细化工作正渗透于每个工作角落，这些也成为国航浙江分公司推行精细化管理的一个缩影。"落地三化"（即安全管理系统化、基础管理精细化、人员培训经常化），这个国航浙江分公司提及频率最高的词眼，正一步步走进各生产单位，走进各工作流程，成为大家的行动指南，如客舱服务部推出的机上单卡制度，运行质量管理部制定的《超售处理流程》与《服务质量检查程序》，人力资源部的培训体系建设，等等，越来越发挥出"助推器"的作用。

"精细化不单是管理方式方法上的要求，更是一次思想层面上的洗礼！"诚如国航浙江分公司总经理马崇贤所说，精细化是做好一切工作的基本原则和方法，也应成为我们工作学习的一种思维习惯。以精细促进管理，以管理提升品质，国航浙江分公司正朝着规范化、科学化的目标一步步迈进。

资料来源：从机组排班制度变革看国航浙江的精细化管理[EB/OL].（2018-08-25）.http://news.carnoc.com/list/111/111534.html.

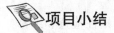项目小结

本项目首先分析了计划的目的与意义以及民航运输生产计划的主要内容与制定流程，然后重点介绍了航班计划的基本要素、编制步骤、编制规则及计划的申报、审批与公布。在介绍航班计划的基础上，对机队配置与维修计划、飞机排班计划及机组排班计划的相关内容分别进行了详细阐述，包括计划的内容、编制方法与规则等，其目的是让学生掌握如何进行计划编制，理解民航运输计划管理的重要性。

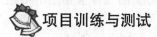项目训练与测试

一、思考题

1. 计划有何目的与意义？
2. 什么是民航运输生产计划？它包括哪些具体计划？
3. 航班计划的基本要素有哪些？如何编制航班计划？
4. 飞机排班计划是如何制订的？
5. 机组排班计划的编制规则有哪些？

二、讨论分析题

1. 调查分析一家国内航空公司的夏秋航班计划或冬春航班计划，根据企业的内外环

境、生产目标及资源与能力条件,分析其航班计划的科学性与可行性,并阐述航班计划编制的主要依据与编制流程。

2. 调查了解一家国内航空公司的机队建设情况,并以此为样本分析航空公司的机队规模和结构是如何确定的。

三、自我测试

(一) 单选题

1. 夏秋航班计划的执行时间是（　　）。
   A. 每年三月下旬至十月下旬　　B. 每年四月下旬至十一月下旬
   C. 每年二月下旬至九月下旬　　D. 以上都不是

2. 冬春航班计划的执行时间是（　　）。
   A. 当年的十一月下旬到来年四月下旬　B. 当年的九月下旬到来年二月下旬
   C. 当年的十月下旬到来年三月下旬　　D. 以上都不是

3. 中型飞机的旅客座位数是（　　）。
   A. 200 座以上　　　　　　　　B. 500 座以上
   C. 100 座以下　　　　　　　　D. 100 座以上,200 座以下

4. 航班计划的一个基本循环周期是（　　）。
   A. 一个星期　　B. 一个月　　C. 一个季度　　D. 一个日历日

5. 以下说法不正确的是（　　）。
   A. 例行航班维修包括航班在飞行前和飞行后在其基地的例行维修
   B. 轻度例行维修一般安排在正常航班的间隙
   C. 定期检修是飞机装备使用到一定的时限或次数以后实施的周期性检查和维修
   D. 例行航班维修不包括在经停点的过站维修及临时性维修

6. 配备 3 名驾驶员的扩编飞行机组执行任务时,日总飞行时间限制为（　　）。
   A. 9 小时　　B. 13 小时　　C. 8 小时　　D. 17 小时

7. 任一日历月,飞行机组的累积飞行时间限制为（　　）。
   A. 80 小时　　B. 100 小时　　C. 90 小时　　D. 110 小时

8. 当按照规则规定的最低数量配备客舱乘务员时,客舱乘务员的飞行值勤期不得超过（　　）。
   A. 12 小时　　B. 13 小时　　C. 14 小时　　D. 11 小时

9. 按照 CCAR-121 部规则运行的飞机,乘客数量 200 名,配备乘务员数为（　　）。
   A. 1 名乘务员　B. 2 名乘务员　C. 3 名乘务员　D. 4 名乘务员

10. 不同机型的飞机在机队中所占的比例被称为（　　）。
    A. 机队结构　　B. 机队规模　　C. 机组资源　　D. 机组资源结构

(二) 多选题

1. 根据航线是否有经停点以及航线来回程的不同形式分类,可分为（　　）。
   A. 直达航线　　　　　　　　B. 有经停点的间接对流航线
   C. 环形航线　　　　　　　　D. 支线航线

2. 航线结构有（　　）。
   A．城市对结构　　　　　　　　B．环形结构
   C．线性结构　　　　　　　　　D．中枢辐射型航线结构
3. 航班号即航班的代号，由两部分组成，分别是（　　）。
   A．航班时刻　　　　　　　　　B．航空公司二字代码
   C．航班编号　　　　　　　　　D．执飞航空公司所在地区代码
4. 影响航班时刻确定的因素有（　　）。
   A．市场需求　　　　　　　　　B．机场条件
   C．空域流量　　　　　　　　　D．与其他航班的衔接
5. 为了提高飞机利用率，飞机排班通常需要遵循一定的技术性规则，包括（　　）。
   A．指派机型与航班计划机型一致　　B．飞行时空连续性
   C．飞行线路闭环　　　　　　　D．来回程可以不是同一架飞机
6. 机组排班需要考虑的因素包括（　　）。
   A．机队结构　　　　　　　　　B．航班计划
   C．适航规定　　　　　　　　　D．机组资源结构
7. 飞行机组搭配的基本原则包括（　　）。
   A．按技术强弱搭配
   B．按身体强弱搭配或按性格搭配
   C．按航线和机场的复杂程度搭配，实现由易到难的放飞
   D．最近飞行经历满足所飞区域、航路、机场和特殊运行的技术要求
8. 勤务编排依照相关规则要求（　　）。
   A．飞行任务的时空连续性　　　B．执勤航段完整性
   C．机组任务开始和结束于生活基地　　D．工作时间安排合法性

参考答案　（见二维码）

课件　（见二维码）

项目五

民航运输生产组织管理

项目五 民航运输生产组织管理

知识目标

- 了解航班运行的组织与调度过程。
- 掌握民航运输生产客源组织与货源组织的基本途径。
- 掌握航空旅客运输与货物运输的组织流程。
- 熟悉航空旅客运输与货物运输的常见问题处理办法。
- 了解不正常航班的界定及其产生的主要原因。
- 掌握不正常航班生产组织与管理。

能力目标

- 学会分析现阶段民航运输客源与货源的主要分布特点。
- 能根据航空运输规则,学会灵活处理航空旅客运输与航空货物运输的常见问题。
- 学会分析不正常航班产生的原因及应对办法。

引导案例

签派员的"望、闻、问、切"航班运行要对症下药

在航空公司运行中,东航运行控制中心(见图 5-1)作为前场运行的中枢和指挥中心至关重要,而签派员作为运行控制工作的核心,其重要性也就不言而喻了。签派员对航班运行中的问题做到"望、闻、问、切",对航班运行过程中的问题做到心中有数。中医上:望,指观气色;闻,指听声息和嗅气味;问,指询问症状;切,指摸脉象。那么签派员的"望、闻、问、切"是指什么呢?

图 5-1 运行控制中心

1. 望:敏锐的航班运行监控能力

在日常的航班运行控制工作中,签派员在长期的值班过程中就公司季节性航班的排列、飞行机组的搭配、所飞航线、机场天气和地形特点,以及各机场的运行保障能力等要

心中有数，练就对航班调配敏锐的洞察力，当遇到航班不正常时：通过切实科学的调配来减少后续航班长时间延误；积极掌控天气变化趋势，及时与机组沟通，减少航班因天气原因造成的返航、备降；在保证安全的同时，节约运行成本，提高航班正常率，创造更大的经济效益。

例如，2016年9月21日，受第16号台风"马勒卡"（强台风）影响，AOC的运行决策：台北地区计划落地时间在11:00之前的航班按计划增加备份油、监控执行；计划落地时间11:00之后的航班延误至19:00之后在台北落地。而08:35时MU2047/B1613因滑出后机载设备故障，停场排故，考虑到台风对台北的影响，签派员立即通知地服部门做好MU2047延误至17:00起飞计划，做好MU2047下客准备，由于机务反馈B1613飞机排故时间未定，签派员立即决定调整航班运行计划，并制订两套方案：① 飞机在16:00之前排故结束。MU2240落地后，执行MU2047/8；MU5188落地后执行MU5617/8；MU5261/2、5231/2用排故结束的B1613执行。② 16:00之后排故结束方案。MU2240落地后执行MU5261/2、5231/2；MU5188航班落地后执行MU5617/8，MU2047/8用排故结束的B1613执行，MU2047预计起飞时间按排故结束时间再定。通知各单位对两种方案安排保障预案，旅客做好航延工作。

2. 闻：良好航班把控和处置特情的决断、决策能力

当航班运行出现特情时，不仅是对签派员心理素质和应变能力的考验，同时是否能妥善处置更是影响安全的直接因素。特殊情况的发生往往具有复杂性和突发性，如果签派员心理素质较差或应变能力较弱先慌了手脚，不知所措，就会丧失正确处理事件的时机，会使原本复杂的情况变得更为糟糕。而具备良好心理素质的签派员会通过收集各方面信息，在最短的时间内做出正确判断，在最短的时间内提出合理的解决方案，马上决策，果断执行，将公司损失降低到最小，使安全的冗余度更大。

同样以9月21日运行事例说明：当12:30机务通知B1613排故结束，按第一套航班调整计划执行。但事实并不是按你规划的步骤来进行的，14:05，当MU5261/B1613飞机滑出后又出现故障，飞机滑回排故，排故时间待定。检查后发现要更换航材，而南昌本场无此故障航材，要从外地调运，而此时中秋小长假最后一天，签派员会为了保障航班运行安全，尽快运送旅客，决定优先执行MU5261。决定MU266落地南昌后先执行MU5261/2；MU2240执行MU2047，MU2048落地后执行MU5391/2。这样既执行了MU2047/8航班，又避免了MU5391/2长时间延误。

3. 问：对影响航班细微变化的高度敏感力

签派员是各种信息的最终交汇点，必须在非常有限的时间内对纷至沓来的信息进行筛选和评价，选出对保证航班正常运行最有价值的信息，并根据该信息制订航班调配方案，这就需要签派员具有对影响航班细微变化的高度敏感力。任何一点细微的变化都可能导致航班运行产生巨大的变化，签派员需要结合经验，灵活运用各种方法对运行情况进行分析，得出一个最优的方案，往往一点看似微小的变化，都有可能会导致大量的航班计划重新调整。签派员需对航班运行的每一个节点进行把控，例如，上述航班调整，当MU2047旅客没有按17:00起飞时间保障进场的话，MU5261就可以接飞MU2240，MU5261延误

时间将会更短，同时让 MU2047 旅客继续在宾馆休息等待。（因台北受台风影响，运行持续影响。）

4. 切：对航班运行高度的协调能力

签派员对航班运行需要有高度协调能力，航班遇到天气原因、空中管制及机械故障等原因延误的情况时有发生，与机组、空管、维修和机场等人员的协调都是由签派员的，只有沟通协调顺畅，才能尽快让航班起飞。

例如，9月21日，MU531（浦东—福冈）预计起飞时间18:10，因航路受台风影响，MU531预计起飞时间被推迟至22:05，而福冈机场有宵禁关闭时间为21:00。签派员为保障 MU531 能安全、顺利执行，避免航班取消、返航或备降，多方协调总部 AOC，希望能协调提前浦东起飞时间，同时也协调福冈营业部推迟机场关闭时间，当通过努力后，MU531 的起飞时间为20:12，福冈机场宵禁时间推迟至21:40，接到准确信息后，签派员马上通知机组，同时建议机组在空中用大速度巡航。最后 MU531 于20:22 从浦东起飞，于21:34 落地福冈。

签派员的职业特点决定了他们就是一群隐居幕后的人们，他们不像飞行员那样穿着帅气的制服翱翔于蓝天，不像美丽的空姐那样让人们艳羡，也不像地服人员那样面对面地向旅客提供各种贴心的服务，但他们以自己的方式努力让旅客安全正点地到达目的地。

深夜，不管你所乘坐的航班延误到几点，他们依然坚守在自己的工作岗位，努力地协调空中管制或者其他相关部门，直到你的航班顺利地到达目的地；而凌晨四点，签派室里已有忙碌的身影，电话铃声不断响起，航班在一架架地放行……

台风或暴雨来袭时，你也许在机场等得焦躁不安，而签派员们则会彻夜未眠；逢年过节时，当你与家人团聚时，而签派员则认真监控着每一班航班的起落，看到航班安全落地他们才会安心。

资料来源：签派员的"望闻问切"航班运行要对症下药[EB/OL].（2016-09-27） http://www.caacnews.com.cn/1/3/201609/t20160927_1202693.html.

任务1 航班运行组织与调度

航班运行，通常指一个航班从进入始发机场的保障服务工作开始，到航班抵达目的地机场后涉及的所有保障服务工作全部完成为止的全过程。

一、航班运行生产组织

在航班运行过程中，需要航空公司、机场、空管及油料等多个部门分工协作共同完成民航运输服务工作，包括空中运输飞行服务和地面保障服务工作。

航空公司负责航班的商务计划、飞机和机组管理及签派放行工作。例如，商务部或市场部提供有关旅客与货物信息，监控当日客运、货运系统的运行。机务部门负责为计划航班安排飞机,提供最新机队状态信息,调度航线维修,包括外场维修,对空中故障飞机提供技术信息支援,等等。飞行部、客舱服务部提供执勤飞行机组与乘务组的信息,负责机组排班的临时调整。飞行签派机构负责放行航空器并实施航班运行管理,其主要职责包括: ① 拟订飞行计划,向空中交通管制部门提交飞行申请;② 布置航班飞行任务,组织航班飞行的各项保障工作;③ 取得飞行和保障飞行方面的情报,及时与机场及空中交通管制、通信、气象、航行、情报等单位保持联系;④ 督促检查并帮助机长做好飞行前准备,签发放行航空器的文件;⑤ 提供安全飞行所必需的航行情报资料;⑥ 跟踪掌握航空器的飞行动态,采取有力措施保障飞行正常和安全;⑦ 协助机长正确处置航空器飞行中遇到的特殊情况,当不能按照原定计划飞行时,及时通知有关部门,妥善安排机组和旅客;等等。

机场运行指挥中心负责在机场区域的地面保障服务工作。例如,跑道、灯光及机场运行环境保障服务;油料供应;值机服务;旅客、行李及货物的安全检查;配载平衡控制;旅客候机服务;站坪服务,如机舱清洁、加水及机上餐食装载、旅客上下机服务、行李和货物装卸、飞机护卫等,以保障航班正常安全运行。

空管部门负责指挥和调度有关航班的航行和空中飞行过程,提供空中交通管制、航空通信、航空导航、航行情报、告警和搜寻救援服务等。

油料供应部门负责航班飞机的燃油运输与燃油加注等工作。

二、航班运行生产调度

航班运行生产调度的目的是保障飞机的安全运行,保证航班计划的正常执行。下面以出港航班为例分析航班运行生产调度工作。

(一)机务调度

对于每一个航班,需要根据航班计划和飞机排班计划安排相应的执飞飞机,并进行飞行前的检查,任何人不得运行未处于适航状态的民用航空器。航空器是否处于可实施安全飞行的状态由机长负责确认。如果发现航空器的机械、电子或结构处于不适航状态时,机长应当中断该次飞行。

起飞前,按照机场运行指挥中心的调度指令,将指定飞机牵引至指定停机位,供相关部门对飞机开展飞行前的各项保障服务工作,如机舱清洁,加注燃油、加水;装载餐食及其他机上用品;装载货物和行李等;飞行员对飞机进行试车和飞行前的各项准备。

(二)飞行/乘务机组调度

根据航班计划和机组排班计划的要求,安排执勤飞行机组和乘务机组,并按时到达岗位,各自履行自己的职责。

机组的组成和人数不得少于飞行手册或其他与适航证有关的文件所规定的标准。机长必须保证每个机组成员持有登记国颁发或认可的、具有适当等级并且现行有效的执照,并且机长必须对飞行机组成员保持其胜任能力表示满意。如果飞行机组任何成员因受伤、患病、疲劳、酒精或药物的影响而无法履行其职责时,不得开始飞行。

机长应当熟悉本次航班飞行的所有有关资料,包括:① 起飞机场和目的地机场的天气报告和预报;② 不能按预定计划完成飞行时的可用备降机场;③ 所用机场的跑道长度以及有关起飞与着陆距离的资料;④ 燃油要求;⑤ 可用的航行通告资料和空中交通管制部门的有关空中交通延误的通知;等等。

(三)航务调度

航务调度主要涉及航空情报、航行管制、签派放行、通信及导航监视等工作,主要就航班飞机飞行前和飞行过程中所涉及的相关事项进行准备。

1. 航空情报服务

根据《民用航空情报工作规则》,民用航空情报服务的任务是收集、整理、编辑民用航空资料,设计、制作、发布有关中华人民共和国领域内以及根据我国缔结或者参加的国际条约规定区域内的航空情报服务产品,提供及时、准确、完整的民用航空活动所需的航空情报。

民用航空情报服务机构包括全国民用航空情报中心、地区民用航空情报中心及机场民用航空情报单位。

机场民用航空情报单位的航空情报员,应当于每日本机场飞行活动开始前90分钟,完成提供飞行前航空情报服务的各项准备工作,主要包括:了解当日的飞行计划和动态;检查处理航行通告;了解机场、航路、设施的变化情况和有关的气象资料;检查必备的各种资料、规章是否完整、准确;检查本单位设备的工作情况。

2. 航行管制服务

航行管制由空管部门负责,根据《民用航空空中交通管理规则》执行。

一切航班飞行都需预先申请,经过批准后方可执行。航空公司一般在航班飞行的前1日15时前以飞行申请单的形式向空中交通服务报告室提出飞行申请。飞行申请单如表5-1所示。

表5-1 飞行申请示例

任务性质	航线	机号	起飞时间	机长	天气标准	空勤组	备降机场

报告室根据航空公司的飞行申请,审核拟订飞行计划,编写飞行计划预报,且在飞行前1日17时前,向中国民航局或民航地区局的航行主管部门以及有关的管制室、报告室发出飞行预报。

根据空中交通流量、机场与航线保障设备等情况,上级航行主管部门以及有关的管制室、报告室对发来的预报进行审理,不迟于航班预计起飞前5小时批复,未得到批复不能执行。

起飞机场报告室值班管制员在航班飞机预计起飞前 1 小时 30 分钟取得本场天气预报和实况,听取机场管理机构关于保障飞行准备情况的报告,受理并发出机长提交的申报飞行计划,计划的内容包括飞行种类、航空呼号、航班号、航空器型别和特殊设备、真空速或马赫数、起飞机场、预计起飞时间、巡航高度层、飞行航线、目的地机场、预计飞行时间、航空器登记号码、航空器油量、备降机场、航空器承载旅客及货物数量等。如果延误或取消飞行,应通知有关协议单位,在可能的情况下,注明延误后的起飞时间。

3．签派放行

航空公司飞行签派员按照当日批准的航班飞行计划或经批准的调整计划,综合航路、气象、机场、飞机和机组状态以及旅客与货物的装载情况等信息,对航班飞行的各项准备工作进行评估和审核,分析是否适航,并与机长共同确定最终是否放行。

当机长和签派员对放行许可意见不一致时,应报航空公司经理决定,经理应采用安全程度较高的意见。

放行航空器,必须有签派员和机长在飞机放行单上签字,签派员签字表示起飞机场、航路、目的地机场和备降机场的天气符合放行条件,有关该次飞行的各项条件均符合公司有关规定和安全标准;机长签字表示机长胜任该次飞行,并确认该次飞行的天气、航空器和其他各项条件符合公司的有关规定和标准,如表 5-2 所示。

表 5-2　飞行放行单

电报等级 PRIORITY	收电地址 ADDRESS	
发电地址 ORIGINATOR	申报时间 FILLING TIME	
许可标志 CLEARANCE	日期 DATE	起飞时间 TIME OF DEPARTURE
航班号 FRIGHT NO.	航空器型别 TYPE OF AIRCRAFT	航空器登记号 REGISTRATION NO.
飞行航线 ROUT TO BE FLOWN		
起飞机场 DEPARTURE AERODROME		
目的地机场 DESTINATION		
备降机场 ALTERNATE AERODROME		
起飞油量 TOTAL TAKE OFF FUEL		
其他 OTHER		
附注 REMARKS		签派员(签字) DISPATCHER
		机长(签字) PILOT IN COMMAND

签派放行后,动态跟踪飞行情况,直到飞机安全抵达前方机场并收到抵达报告为止。

4. 通信与导航监视

通信是利用通信网络或者通信终端传输、交换和处理民用航空生产信息,为民用航空活动提供语音或者数据通信,使其能够安全、高效运行。

通信包括地空通信和地地通信。地空通信是指民用航空地空通信台(站)与航空器电台或航空器电台之间的双向通信,主要包括空中交通服务通信、航务管理通信、站坪管理通信和对空气象广播等;地地通信是指民用航空地面固定通信台(站)之间或地面移动通信台(站)之间的双向通信,主要包括航空固定业务通信、民航专用电话通信、机场移动通信和管制中心间通信等。

导航的任务是为航空器提供飞行引导信息,使其能够安全、正常飞行。导航服务包括机场(终端区)导航服务及航路、航线导航服务。

机场(终端区)导航设施包括无方向信标台、指点信标台、全向信标台、测距台、仪表着陆系统、卫星导航地面设施以及其他导航设施等。机场(终端区)导航设施的设置根据机场等级和运行标准、空域方案和飞行程序、机场区域的地理环境和场地条件等确定。

根据《民用航空通信导航监视工作规则》,通信导航监视工作是通过配置和管理相应的人员及设施设备,为民用航空活动提供准确、及时、连续、可靠的通信导航监视服务。

中国民用航空局负责统一管理全国的通信导航监视工作,民航地区管理局负责监督管理本地区通信导航监视工作。机场通信导航监视运行保障部门提供本机场所承担的通信导航监视服务,负责本机场通信导航监视设施设备的运行与管理、应急处置和维护维修等运行保障工作,以确保每个航班安全、准时运行。

(四)机场调度

机场运行指挥中心负责机场总调度和总协调,负责指挥和协调机场地面各项保障服务工作。

机场运行指挥中心根据航班计划,指挥相关部门进行跑道安全检查、助航灯光系统检查、机位调度、特种车辆与设施设备管理、开放值机和安检服务、旅客登机和货邮装载等工作。在开展各项航班地面保障服务工作过程中,及时联系空管和航空公司的运行控制中心或签派部门,随时掌握航班放行动态,确保机场各班次出港航班地面保障工作进展及时有序,航班安全正点出发。

1. 跑道安全检查

每日跑道开放使用前,机场管理机构都应当对跑道进行一次全面检查。当每条跑道日着陆大于 15 架次时,还应当进行中间检查,并不应少于 3 次。全面检查时,必须对跑道全宽度表面状况进行详细检查。

2. 助航灯光系统检查

助航灯光系统的日常运行、维护和检查工作应当严格按照《民用机场助航灯光系统运行维护规程》的要求进行。其他目视助航设施的运行、维护和检查工作可参照该规程的要求进行。保证各类灯具的光强、颜色持续符合《民用机场飞行区技术标准》中规定的要求，以避免因滑行引导灯光、标志物、标志线、标记牌等指示不清、设置位置不当产生混淆或错误指引，造成航空器误滑或者人员、车辆误入跑道、滑行道的事件。

3．机位调度

合理调配机位，最大限度地利用廊桥和机位资源，方便旅客，方便地勤保障，尽可能减少因机位的临时调整给旅客及生产保障单位带来的影响，公平地为各民航运输企业提供服务。大型机场为各民航运输企业提供的机位应当相对固定，可为航空公司设置专用航站楼或专用候机区域。

机位调配基本原则如下。

（1）发生紧急情况或执行急救等特殊任务的航空器优先于其他航空器。

（2）正常航班优先于不正常航班。

（3）大型航空器优先于中小型航空器。

（4）国际航班优先于国内航班。

航空器进入机位前，除负责航空器入位协调的人员外，各类人员、车辆、设备、货物和行李均应当位于划定的机位安全线区域外或机位作业等待区内，车辆、设备必须制动或固定。有液压装置的保障作业车辆、设备必须确保其液压装置处于回缩状态。作业车辆在等待时，驾驶员应当随车等候。所有设备必须有人看守，廊桥活动端必须处于廊桥回位点，且机位保持清洁，不能有其他影响航空器停靠的障碍物。

接机人员应当至少在航空器入位前5分钟，对机位适用性进行检查。

在航空器进入机位过程中，任何车辆、人员不得从航空器和接机人员（或目视泊位引导系统）之间穿行。

4．机坪车辆及设施设备管理

在航空器处于安全停泊状态后、廊桥或客梯车与航空器对接完成前，除电源车外，其他保障车辆、设备不得超越红色机位安全线。电源车、气源车和空调车为航空器提供服务时，不得妨碍廊桥的保障作业。

飞机牵引泊位后，航空器保障服务包括机舱清洁、加水、消防、护卫、燃油加注、除冰、机上餐食装载等工作，各种保障服务特种车辆对接航空器时的速度不得超过 5 千米/小时。保障车辆对接航空器前，必须在距航空器 15 米的距离先试刹车，确认刹车良好后方可实施对接。保障车辆、设备对接航空器时，应当与航空器发动机、舱门保持适当的安全距离。

5．开放值机与安检服务

一般在航班飞机预计起飞前 90~120 分钟，开放值机与安检服务，为旅客乘机提供机上座位分配、行李货物收运、安全检查等服务。这类服务的运营和管理模式多样化，通常由机场公司提供，但是在一些基地航空公司的专属候机楼内，主要由基地航空公司负责，现在也有由第三方专业服务商提供的。

（五）油料调度

航空油料供应单位根据飞行签派部门计算的飞机用油需求，对飞机进行加油服务，加油作业应当符合《飞机加油安全规范》的要求。

航空油料供应设施、设备需进行经常性维护与保养,并定期检测,符合《民用航空油料设备完好标准》的要求,保证正常运转。同时,建立油料质量监控体系,制定在接收、中转、储存、发出、加注、检验及掺配等各个环节的质量管理程序与质量要求,并符合《民用航空油料适航管理规定》等规定和标准。

(六)商务调度

航空公司商务部门负责向运行指挥中心提供有关旅客、货物信息,包括机场始发旅客人数、中转旅客人数、出发旅客交运的行李与中转行李重量,及航班飞机可以载运的货邮重量和体积等,同时监控航班客运与货运系统的运行,充分发挥航班飞机的最大业载能力。

任务2 客 源 组 织

旅客是指经承运人同意在民用航空器上载运的除机组成员以外的任何人。客源组织的主要目标是充分利用航空公司的运力,提高客座率,最大限度地提高企业的生产效益。

一、开发客票种类

(一)客票的一般规定

客票是指由承运人或代表承运人所填开的被称为客票及行李票的凭证,包括运输合同条件、声明、通知以及乘机联和旅客联等内容。客票应当至少包括下列内容。

(1)承运人名称。
(2)出票人名称、时间和地点。
(3)旅客姓名。
(4)航班始发地点、经停地点和目的地点。
(5)航班号、舱位等级、日期和离站时间。
(6)票价和付款方式。
(7)票号。
(8)运输说明事项。

客票为记名式,只限客票上所列姓名的旅客本人使用,不得转让和涂改,否则客票无效,票款不退。

(二)客票的种类

为组织客源,航空公司力争开发多种客票。

(1)从时间上来看,客票有定期客票与不定期客票。定期客票是列明航班、乘机日期、时间和订妥座位的客票；不定期客票是未列明航班、乘机日期、时间，未订妥座位的客票。定期客票只适用于客票上列明的乘机日期和航班。

（2）根据航程，客票有单程客票、联程客票和来回程客票。单程客票是指列明一个航班的点到点的客票；联程客票是指列明两个或两个以上航班的客票；来回程客票是指从出发地至目的地，并按原航程返回原出发地的客票。

（3）根据舱位等级，客票有头等舱票、公务舱票和经济舱票。头等舱票的价格一般是经济舱价格的 150%，可以享受最为完善的服务，各个航空公司的头等舱票价规定不同，有的可能达到经济舱的 2.5 倍；公务舱票的价格一般是经济舱价格的 130%，可以享受较为完善的服务；经济舱的票价适中，性价比较高。

（4）根据票价是否打折，客票可分为全价票和折扣票。航空公司针对市场供求变动趋势经常推出各种优惠价格，按标准票价计价，即价格不打折的称为全价票；按标准价格的一定比例计算票价的为折扣票。

根据《中国民用航空旅客、行李国内运输规则》，旅客应在客票有效期内完成客票上列明的全部航程。如果是承运人的原因造成旅客未能在客票有效期内旅行，其客票有效期将延长到承运人能够安排旅客乘机为止。

二、拓宽客票销售渠道

拓宽客票销售渠道是客源组织的重要手段和根本保障。

（一）客票销售渠道

所谓客票销售渠道，是指航空客运产品从生产者向消费者转移过程中所经过的通道或途径。

客票销售渠道大致分为三类，即航空公司直销、代理人（旅行社）分销、联盟（合作）伙伴联销。

（1）直销渠道。直销渠道是航空公司与旅客直接接触的销售环节，包括航空公司的直销网站、呼叫中心及各地营业部。采用直销渠道的优点是航空公司可以直接接触旅客群体，便于及时掌握市场动态，根据销售情况适时调整销售策略，扩大客源。

（2）分销渠道。代理人（旅行社）分销是航空公司重要的销售渠道，分销商不仅担任航空公司的推销工作，也是旅客的旅行顾问或信息经纪人。与直销渠道相比，其优点在于分销渠道拥有更广泛的旅游产品以及庞大的客源。

（3）联销渠道。联盟（合作）伙伴联销是借助合作伙伴的产品和销售网络实现航空公司产品的联合销售，对于国际航线，作用尤其明显，是一股不可忽视的力量。该渠道包括航空公司所加入的联盟成员伙伴、代码共享合作伙伴以及有 SPA 协议的航空公司等。

（二）超售

超售是航空公司考虑航班离港前旅客取消订座、退票和误机等各种情况，出售座位数超过相应票价舱位的实际座位数或超过飞机实有的座位。其目的是为了减少座位虚耗带来的空位损失，提高座位利用率，优化效益。

超售的收益与风险并存。超售带来收益的同时，航空公司也面临旅客购票后因到达旅客数超过飞机的实际座位数而旅客不能正常登机的风险。

对于这些旅客，航空公司可以采取如下处理措施。

（1）更改服务等级。即采取升/降舱办法，利用同一航班上其他舱位的剩余座位来进行安排，如果发生降舱服务，则给予一定的经济补偿。

（2）更改服务航班。当更改服务等级之后，仍有旅客没有座位，航空公司需负责为其提供适合的航班使其完成行程，包括旅客转乘其他航空公司航班时，负责补齐票价差额。同时旅客转乘下一趟航班之前的这一段时间里，航空公司需负责其食宿及一定的通信等费用。

当前两种超售处理之后仍然有旅客的要求得不到满足，航空公司不得不拒绝提供运输服务，一旦航空公司的处理不能让旅客满意，就会影响旅客对航空公司的忠诚度，影响航空公司的信誉。

三、常旅客计划

（一）常旅客计划的内涵与功能

常旅客计划是航空公司对经常乘坐本公司航班的旅客实行里程累计促销方式，旅客获得一定的里程点数后，可获得免费机票或升舱，从而留住老顾客，吸引新顾客，保持或增加公司客座率的一种方式，以提高公司的整体运营效益和竞争力。

常旅客计划的主要功能体现在以下几方面。

（1）通过奖励、优惠的提供可以吸引固定的经常乘坐飞机的客源，提高客座收入。

（2）改变促销让利方式，变先让利后得益为先得益后让利。

（3）提供给会员的奖励一般是有时间限制和流向限制的空余座位，便于引导顾客选择乘机时间和航班，提高航空公司的运营收益。

（4）实施过程中获取的信息和数据有助于分析旅客的构成、流量流向以及收益状况，便于采取措施，有针对性地开展促销活动，吸引更多旅客。

（5）有利于树立良好的企业形象，增强社会效益。

（二）常旅客计划的运行

常旅客计划通常以会员制的形式来积累市场份额并防止其会员流失到其他航空公司。主要工作包括会员管理、会员乘机记录、里程积累和奖励，以及提供其他辅助信息等。

常旅客计划的基本运行流程如下。

（1）首先旅客向航空公司申请成为常旅客会员。

（2）航空公司常旅客运行管理部门建立旅客信息库，并向旅客发放常旅客会员卡。

（3）当会员购票或办理值机手续时，航空公司售票处或机场值机部门将把其常旅客会员卡号输入民航总局订座/离港系统。

（4）会员成行之后，其乘机里程数据将被记录在常旅客系统。

（5）当会员在系统中累计里程达两万千米以上时，常旅客系统将会向会员发送里程通知信件，告知会员可消费的里程积分情况。

（6）旅客在航空公司合作伙伴处进行消费时，可按航空公司与合作伙伴的协议规定获得相应的里程累积，航空公司和合作伙伴之间将按协议进行相应的结算。合作伙伴包括其他航空公司、酒店、银行、保险公司及租车公司等。

（7）旅客通过航空公司里程兑换服务中心使用里程积分兑换免票或升舱。

案例 5-1

航空公司的淡季营销思路

国庆后民航业进入淡季以后，除部分热点城市外各大机场的客流量均有较为明显的下滑，部分季节性较强的地区客流量下滑严重，部分旅游目的地城市的始发航班（尤其是早班）客源的组织也面临较大难度，拥有多基地的航空公司可将部分运力调配至热点基地适当减少淡季经营风险，但对大部分航空公司来说，在淡季期间既要保持在基地城市各航线的市场份额，又要尽量避免亏损，如何增加已有航线收益就成为航空公司淡季期间需要解决的重要问题。

1. 航线细分，采取有针对性的措施

淡季期间不同航线之间客源及票价水平的分化很大，因而需要对航线进行细分，并针对不同航线采取不同的营销策略，如商务线的价格弹性较低，降价的效果不如提高准点率、提高乘机舒适度以及提供交通酒店等附加服务的效果好；而旅游线的价格弹性较大，适当降价促销以及与旅行社合作推出优惠产品对旅客的吸引力可能更大；对于单向性较强的航线，建议进行捆绑大优惠，如将航班来回程进行捆绑促销，甚至可以买来回程票赠送景点门票、酒店、租车等服务；对于旅游目的地市场，可以优化航班时刻，如推迟始发航班起飞时间，飞机在异地过夜等；对于促销也难以增加客源的航线，只能加强市场预判，及时取消无边际收入航班，与旅行社等单位合作执行包机任务提高飞机利用率。不同的航线可采取不同的促销方案，对于某条固定的航线，应采取什么样的措施来实现收益最大化？我们认为即使在淡季期间高舱位收入仍然是增加收益的中坚力量。

2. 服务好高端旅客保收益

通常情况下，高端旅客的价格弹性较低，即高端旅客对价格的敏感性较低，而低端旅客的价格弹性较高，淡季期间降低高舱位的票价并不能更好地达到吸引旅客增加收益的效果，有效的方法就是进一步提高高端舱位的乘机体验，由于目前国内对公务员乘坐头等舱有了更为严格的规定，这对各大航空公司（尤其是淡季期间的）头等舱客座率造成较大的不利影响，较为可行的方法是在淡季期间适当减少头等舱座位数并提高头等舱的票价及附加服务（如进一步提高座位舒适度、提供更丰富的餐食），增设"高端经济舱"，提供的服务（座位间距与舒适度、餐食及免费行李等）略低于头等舱，价格高于经济舱，预计高端经济舱对商务旅客及公务人员将有一定的吸引力。

对经济舱来说，虽然有舱位及价格的区别，但实际上提供的服务是一样的，淡季期间为避免经济舱价格下滑，也可以对经济舱提供差异化服务，如提高部分经济舱的座位间距及服务，这部分座位不进行降价促销，保住收益，而普通的经济舱座位可进行促销处理，航空公司淡季降价在所难免，但如何降价才能避免"价格战"？

3. 明打"低价牌"还是"暗度陈仓"

淡季期间用低票价吸引客源是大部分航空公司提高收益的做法，但公司收益水平的高低是由客座率和折扣率的乘积决定的，通常情况下，票价降低可以吸引更多的客源，但因低价格并非航空公司淡季的制胜法宝，只能适度采用。

由于航空代理是大部分国内航空公司销售的绝对主力，且直接面对客户，航空公司推出的让利旅客的优惠及赠品通常会被代理"笑纳"，而航空公司不但监控成本高，监控到也难以采取有效的措施避免，因而淡季期间不妨将好处直接让渡给代理。例如我们到商场购物的时候，即使之前已经确定好买哪个牌子，但是面对导购员"专业"的讲解，非常大比例的消费者会选择接受导购员的建议，而国内航空公司由于品牌辨识度较低，接受代理导购员建议的旅客比例将进一步提高，且代理的忠诚度往往与航空公司支付的代理费紧密相关，淡季期间加大对代理的奖励力度不但可以增加销量，也不容易引起价格战。因而，对于航空公司来说，与其冒着"打价格战"的风险降低票价，不如让利渠道，但是如果对代理进行大幅奖励还是无法获得足够的客源，那就只能推出部分"重磅诱惑"来吸引眼球了。

4. "88元机票"你也值得拥有

淡季期间各大航空公司一般会通过降低票价来吸引客源，但通常票价降幅小没太大吸引力，往往是票价降了，但航班客座率还是不高。这里可以借鉴一下低成本航空公司的做法，如春秋航空2013年平均载客率高达95%，大幅度的票价折扣范围是其吸引旅客的重要原因，如88元、188元、288元等超低价的机票，有效吸引了客源，实际上春秋航空虽然各项成本控制得好，但如果只卖300元的机票，即使客座率为100%也是亏损的，低成本航空公司卖低价票之所以可以盈利，是因为特价票只占其收入的一小部分，而大部分票还是卖了稍高的价格。那么普通航空公司是否也能卖到最低价？答案是肯定的，从成本角度来看，航班上每增加一人所增加的变动成本是很低的，据某公司测算，航班普通舱增加一人的边际成本仅为100元左右，也就是说，即使票价卖100元，普通航空公司增加一人也可以获得与燃油附加费相等的边际利润。由于普通航空公司票价的浮动范围可以比低成本航空公司更大（可以卖很多高价票），因而如果普通航空公司愿意将小部分票价降至200元，普通航空公司的整体收益水平将大于低成本公司。部分航空公司担心特价票可能会影响高端舱位票价，实际上，即使低成本航空公司常年推出特价票，其收入中也有不小的比例是高端旅客贡献的。对于普通航空公司来说，由于高低舱位提供的服务差异也较大，且高端旅客价格弹性不高，因而一小部分的特价票对普通航空公司高端舱位票价的影响不大。

5. 提高直销比例，节约代理成本

航空公司直销时直接面对客户，不但可以获得市场需求的一手资料，直接与旅客互动，也可以极大地节约代理费。而淡季期间的降价促销不但可以有效摊薄成本，也是航空公司提高直销比例的绝佳途径，建议航空公司在进行降价促销的时候，只将特价票放在直销网站销售，并在媒体进行广泛宣传，且特价票不宜多，较少的特价票可以发挥"饥饿营销"的效果，而过多则无法提高收益。而且特价票最好是提前进行售票，如预测到某航班客座率为70%，可提前10天将10%的座位进行特价促销，若在最后几天发现客源不足时再进行特价促销，不但容易形成价格战，而且会极大地降低收益。

特价票也是航空公司进行免费宣传的"阵地"，大部分航空公司注重"事前"的宣传，却忽视了"事后"的跟踪及扩大宣传，没抢过票的旅客往往对低价票持怀疑态度，后期抢票的"冲动"不大，建议航空公司对特价票旅客的"乘机体验"进行跟踪，如告知抢到特价票的旅客"如果通过微博、微信或网站发布抢票经验、乘机体验及旅游攻略，并分享达到10人次以上的有票款返还"等，激发旅客在航空公司直销网站购票的热情，从而提高直销比例，进而更好地把握旅客动态，极大地节约代理费成本。

6. 真正实现全员营销

目前，"航空公司员工坐飞机不要钱""航空公司员工能拿到优惠票"等理念早已深入人心，但实际上除了营销部门外，大多数航空公司的员工拿不到优惠票，尽管现在各大航空公司都有"全员营销"的思路，但大部分都流于形式。部分航空公司在淡季期间会向员工提供一折的机票，但机票的使用范围却仅限直系亲属，其他亲朋好友"望尘莫及"，实际上航空公司有这样的规定，是航线管理粗放背景下的无奈之举，而如果对优惠的航线、时刻及优惠时间段进行精细化管控的话，放开部分客源匮乏航班的转让条件可吸引更多客源，从而提高整体航线收益，可更有效地促进全员营销。建议航空公司建立统一口径的全员营销平台，定期发布公司最新的通航点信息、营销及促销产品等信息，把部分客源稀缺航线的"优惠转让权"下放给公司员工，动员亲朋好友进行信息分享，并对"营销业绩"好的员工进行奖励，在全公司范围内形成统一、通畅的沟通宣传平台，使每一个员工都变成航空公司的"推销员"。

资料来源：王平. 浅谈航空公司的淡季营销思路[EB/OL]. （2014-11-28）. [2019-05-31]. http://news.carnoc.com/list/300/300374.html.

任务3 旅客运输组织流程

航空旅客运输生产组织是利用航空公司现有的机型和舱位构成，在已有的航线上运送旅客至目的站的过程。航空旅客运输生产组织的主要任务是在保证航班安全运输的前提下，充分满足旅客的服务需求，以文明礼貌、热情周到的服务态度，认真做好空中和地面的旅客运输各项服务工作，提高民航运输服务产品的质量；当出现不正常运输时，尽量避免给旅客造成不便或经济损失，确保企业的信誉和市场竞争力。

一、出港航班旅客运输组织流程

出港航班旅客运输组织流程如图 5-2 所示。

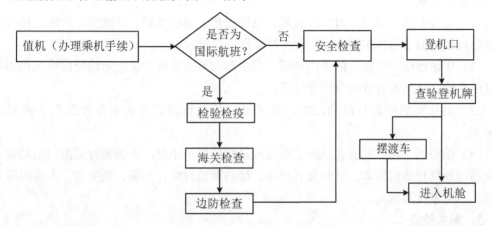

图 5-2　出港航班旅客运输组织流程

（一）国内航班旅客出港流程

1．值机（办理乘机手续）

旅客应当在承运人规定的时限内到达机场。到达机场后，到出发大厅指定的服务柜台凭客票及本人有效身份证件办理客票查验、托运行李、领取登机牌等乘机手续。一般飞机离站前 30 分钟停止办理乘机手续。

2．安全检查

办理完值机手续后，需通过安全检查通道，行李物品要做 X 光机检查，旅客走金属探测器门。安全检查时，旅客向工作人员出示登机牌和有效证件，工作人员对旅客及其随身携带的行李物品进行安全检查。

3．候机及登机服务

根据登机牌所显示的登机口号在相应的候机厅候机休息，留意广播提示和电子屏信息显示。通常情况下，将在航班起飞前 30 分钟开始登机。在登机口查验登机牌后，可直接通过廊桥登机，如果飞机停靠机坪机位较远，则需要乘坐摆渡车进入机舱。

（二）国际航班旅客出港流程

与国内航班旅客出港流程相比，国际航班旅客主要是增加了海关检查、卫生检查和边防检查三个环节。

1．值机（办理乘机手续）

基本要求同国内航班，但国际航班一般在航班起飞前两个半小时开始办理手续。旅客在开始办理登机手续之前，要先确认是否携带有向海关申报的物品。如有，填写中华人民共和国海关进出境旅客行李物品申报单，并在海关申报柜台办理申报手续。

2. 检验检疫

将要出国一年以上的中国籍旅客,需要到检验检疫部门进行体检,以获取有效的健康证明。如果出行目的地恰好是某一疫区,旅客需要进行必要的免疫预防疫苗接种。以下几种情况需要注意。

(1) 患有发热、呕吐、黄疸、腹泻、急性皮疹、淋巴结肿、艾滋病、性病、精神病、开放性肺结核的出境旅客需主动向检验检疫官员申报。

(2) 申请出境一年以上的中国公民,需主动向检验检疫官员出示检验检疫机构出具的含艾滋病检测结果的有效健康检查证明。

(3) 前往黄热病流行区的旅客,需主动向检验检疫官员出示有效的黄热病预防接种证书。

(4) 携带以下物品的旅客,需主动向检验检疫官员申报:生物物种资源、活动物、动物食品、动物尸体或标本、植物及其产品、植物繁殖材料、土壤、微生物、人体组织、生物制品、血液及其制品。

3. 海关检查

若有物品申报时,走申报通道(又称红色通道),办理海关手续;如果没有,走无申报通道(又称绿色通道)。出境旅客携带有下列物品的,应在申报单相应栏目内如实填报,并将有关物品交海关验核,办理有关手续:① 文物、濒危动植物及其制品、生物物种资源、金银等贵重金属;② 居民旅客需要附带进境的单价超过 5 000 元人民币的照相机、摄像机、手提电脑等旅行自用物品;③ 人民币现钞超过 20 000 元,或外币现钞折合超过 5 000 美元;④ 货物、货样、广告品;⑤ 其他需要向海关申报的物品。

4. 边防检查

填写出入境登记卡,并连同护照、签证一并交边防检查站查验。

5. 安全检查

基本要求同国内航班。

6. 候机及登机服务

基本要求同国内航班。

二、进港航班旅客运输组织流程

进港航班旅客运输组织流程如图 5-3 所示。

(一)国内航班旅客进港流程

1. 领取托运行李

到达目的地后,根据确认航班号,到相应的行李转盘领取行李。

2. 到达大厅

到达大厅接客处后,乘坐出租车或公交巴士到达市区。

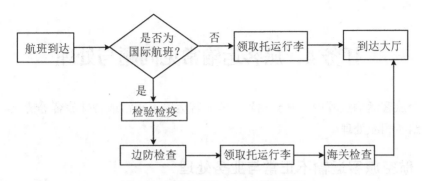

图 5-3 进港航班旅客运输组织流程

（二）国际航班旅客进港流程

1. 航班到达

进入航站楼以后，旅客应参照航站楼内到达旅客的引导标识前往行李提取大厅。

2. 检验检疫

（1）患发热、呕吐、艾滋病、精神病等疾病的入境旅客应主动向检验检疫官员申报。

（2）来自黄热病流行区的旅客，应主动向检验检疫官员出示有效黄热病预防接种证书。

（3）在境外居住一年以上的中国公民，入境时应当到检验检疫机构设立的口岸艾滋病监测点进行健康检查或者领取艾滋病检测申请单，一个月内到口岸检验检疫机构或县级以上医院进行健康检查。

3. 边防检查

外国旅客入境须持有效的护照证件、入境签证，并将填好的入境登记卡连同护照证件、签证一并交边防检查站查验。

4. 领取托运行李

到达行李提取大厅后，根据确认航班号，到相应的行李转盘领取行李。

5. 海关检查

如果旅客携带有向海关申报的物品，须填写《中华人民共和国海关进出境旅客行李物品申报单》（以下简称《申报单》），选择申报通道（又称红色通道）通关；如果没有，无须填写《申报单》，选择无申报通道（又称绿色通道）通关。按照规定享有免验和海关免于监管的人员以及随同成人旅客的16周岁以下旅客除外。

6. 离开机场

到达大厅接客处后，乘坐出租车或公交巴士到达市区。

（三）中转旅客中转出港

不同机场的具体中转流程并不完全相同，但基本内容相似。一般涉及国际航班的需要经过联检；如果是国内转国内，不需要联检，有时甚至不需要再次安检。

知识链接 5-1 （做二维码）

任务 4　旅客运输常见问题与处理

在航空旅客运输过程中，常会遇到一些旅客运输不正常或特殊旅客等情况，需要根据实际情况给予相应处理。

一、航空旅客运输不正常与业务处理

旅客运输不正常等情况通常有旅客误机、漏乘、错乘、登机牌遗失、无票乘机、航班超售等。当不正常情况发生时，有关人员应及时弄清情况，妥善处理，并采取有效措施，降低损失。如果是民航原因造成的，必须主动承担责任，并做好解释工作；如果是由于旅客原因造成的，要有耐心，并按照航空运输相关规定进行相应的安排和处理。

（一）误机

误机是指旅客未按规定时间办妥乘机手续，或因旅行证件不符合规定而未能乘机。旅客误机的现象是比较常见的。根据《中国民用航空旅客、行李国内运输规则》，当出现误机情况时，可按以下规定处理。

（1）旅客如果发生误机，应到乘机机场或原购票地点办理改乘航班或退票手续。

（2）旅客误机后，如果要求改乘后续航班，在后续航班有空余座位的情况下，承运人应积极予以安排，且不收取误机费。

（3）旅客误机后，如要求退票，承运人可以收取适当的误机费。团体旅客误机，客票作废，票款不退。

（二）漏乘

漏乘是指旅客在航班始发站办理乘机手续后，或者经停站过站时没有搭乘上指定的航班。旅客漏乘按下列规定处理。

（1）如果是由于旅客原因发生漏乘，按误机处理。

（2）如果是由于承运人原因造成旅客漏乘，承运人应尽早安排旅客乘坐后续航班成行。如果旅客要求退票，按非自愿退票办理，即误机发生在始发站，应退还全部票款；如果是经停地则应退还未使用航段的全部票款，均不收取退票费。

（三）错乘

错乘是指旅客未按客票登机牌上注明的航班乘坐飞机。旅客错乘按下列规定处理。

（1）旅客错乘飞机，承运人应安排错乘旅客搭乘最早的航班飞往旅客客票上的目的地，票款不补不退。

（2）如果是由于承运人原因造成旅客错乘，承运人应尽早安排旅客乘坐后续航班成行。如果旅客要求退票，按非自愿退票办理。

（四）无票乘机

承运人可以根据需要随时检查客票，当发现无票乘机时，按下列办法处理。

（1）未满两周岁的婴儿无票乘机，应按婴儿票补收票款。

（2）成人或儿童无票乘机，在始发站应拒绝其乘机；在到达站发现，如果旅客确无政治问题，应加倍收取自始发站至到达站的票价。

二、特殊旅客运输问题

特殊旅客是指需给予特别礼遇，或需给予特别照顾，或需符合一定的运输条件方可承运的旅客。特殊旅客包括重要旅客、无成人陪伴儿童、孕妇、婴儿、伤病旅客、残疾旅客、担架旅客、老年旅客、酒醉旅客、特殊餐食旅客、犯人、盲人等。特殊旅客必须在订座时提出申请，只有在符合航空公司规定的条件下，经航空公司预先同意并做出相应安排后方可接受乘机。

（一）重要旅客

1. 重要旅客的范围

重要旅客包括最重要旅客（VVIP）、重要旅客（VIP）及工商界要客（CIP）等。

最重要旅客有：中共中央总书记，中央政治局常委、委员、候补委员；国家主席、国家副主席；全国人大常委会委员长、副委员长；国务院总理、副总理、国务委员；全国政协主席、副主席；中央军委主席、副主席；最高人民检察院检察长、最高人民法院院长；外国国家元首、政府首脑、议会议长及副议长、联合国秘书长。

重要旅客有：省部级（含副职）党政负责人、在职军级少将（含）以上军队领导；国家武警、公安、消防部队主要领导；港、澳特别行政区政府首席执行领导；外国政府部长（含副职）、国际组织（包括联合国、国际民航组织）的领导、外国大使和公使级外交使节；由省部级（含）以上单位或我国驻外使领馆提出要求按 VIP 接待的客人；著名科学家、中国科学院院士、社会活动家及社会上具有重要影响的人士。

工商界要客有：工商业、经济和金融界等重要、有影响的人士；重要的旅游业领导人；国际空运企业组织、重要的空运企业负责人等。

2. 重要旅客服务保障

（1）辨明要客身份，详细问清职务、级别和所需提供的特殊服务，在有关订座记录中注明，并做好保密工作。

（2）除按规定打印客票外，在重要旅客的姓名后加注"VIP"字样，客票内所填项目应与订座记录逐一核对，并交值班主任检查，确保航班号、日期、起飞时间正确无误。

（3）重要旅客购票手续办理完毕后，座位控制部门要在航班起飞前一天下午 16:00（各航空公司有各自的规定时间）前将重要旅客的姓名、职务、随行人数、乘机日期、航班、起飞时间、订座舱位、目的地、特殊服务要求和需要的特殊设备等信息通知公司的航班生产调度、运行管理部门和始发站当地航班运行管理部门。

（4）航空公司的航班生产调度、运行管理部门在接到售票部门报告的重要旅客信息后，逐项做好记录，并编制次日航班重要旅客乘机名单，报送管理局、航空公司、机场值班领导和有关部门。临时收到重要旅客信息应及时补充通知。

（5）重要旅客航班的载运限制要求：重要旅客乘坐的航班上严禁押送犯人；严禁接收重病号或担架旅客。在接收婴儿、儿童及无成人陪伴的儿童时，应严格按规定办理；座位不得超售；禁止在该航班上装载危险物品；原则上优先安排重要旅客运输。

（6）重要旅客及其随行人员的乘机手续在头等舱柜台办理。重要旅客登机时，提供相应的引导服务。

（7）航班起飞前，准确填写好特殊服务通知单，主动向机组交代重要旅客的身份和要求的特别服务事项。

（8）航班起飞后，航空公司始发站的值机部门及时通知有关中途站和到达站的相关要客服务部门，要客服务部门再通知机场各有关单位领导和各有关业务部门。要客服务部门应及时了解重要旅客信息，掌握航班的进港动态，做好服务准备。

（9）在飞机到达前一小时，要客服务部门将航班信息通知接待单位；在飞机到达前10分钟，将接待人员引导至停机位；重要旅客到达后，引导重要旅客下机；行李部门应立即按照重要旅客到达信息卸机。

（二）病残旅客

病残旅客是由于身体或精神的缺陷或病态，在航空旅行中，不能照料自己的旅途生活，需由他人照料的旅客。

1. 伤病旅客

伤病旅客通常是指传染病患者、精神病患者或健康情况可能危及自身或影响其他旅客安全的旅客，以及虽然没病但需要他人帮助的年迈老人。伤病旅客乘机原则上需要由合适的人员陪同，最好是医生或护理人员。

2. 轮椅旅客

在航空运输中，轮椅旅客一般分为三种类型：①机坪轮椅旅客，能够自行上下飞机，并且在机舱内可以自己走到自己的座位上去，但远距离前往或离开飞机需要轮椅；②客梯轮椅旅客，不能自行上下飞机，但在机舱内能够自己走到自己的座位上去；③客舱轮椅旅客，尽管能在座位上坐着，但完全不能自己行动，上下客梯和进出舱位需要背扶。

购票时，售票员应详细询问旅客或其代理人有关旅客的伤残情况，以便确定旅客类型，报相关部门，经相关部门同意后方可售票。残疾旅客需多占座位时，应按实际占用座位数购票。但在飞行途中，临时因病需多占座位，如有空余座位可以提供，不需补票。

3. 担架旅客

担架旅客是指在飞机上无法在客舱座位上就座，必须处于平躺状态的旅客，服务代号为STCR。由于担架旅客往往是病情较重的旅客，因此运输条件相对苛刻，必须至少有一名医护人员或家属陪同。担架旅客运输应满足同一航班上无其他担架旅客这一条件，通常应在航班规定离站时间48小时前提出申请，担架旅客一般不办理联程航班业务。

4. 盲人旅客

盲人旅客为有双目失明缺陷的旅客，航空公司对有导盲犬引路的盲人旅客和无成人陪伴的盲人旅客有相应的服务规范。有导盲犬引路的盲人旅客可免费携带其导盲犬进入飞机客舱；无成人陪伴的盲人旅客需要地服人员协助到登机门，由乘务员协助引导到指定的座位上，并向其口述相关设备的使用方法。

（三）婴儿

婴儿一般是指自旅行开始之日年龄未满 2 周岁的小孩。婴儿乘坐飞机有一定的限制条件。因为新生儿抵抗力差，呼吸功能不完善，飞机升降时气压变化大，新生儿又不会做吞咽动作，难以保持鼓膜内外压力平衡，对身体刺激大。

（1）出生不足 14 天的婴儿不予乘运，因为从医学角度，出生不足 14 天的婴儿是不适合高空飞机客舱环境的。

（2）年满 18 周岁以上成人方可与婴儿同行。

（3）每一航班接受婴儿的最大数额应少于该航班机型的总排数，每相连的一排座位不能安排多于一个婴儿。

（四）无成人陪伴儿童

无成人陪伴儿童是指年龄在 5 周岁（含）以上至 12 周岁以下的，没有年满 18 周岁且有民事行为能力的成人陪伴，单独乘机的儿童。不足 5 周岁的无成人陪伴的儿童，原则上不予承运。服务保障如下。

（1）无成人陪伴儿童的承运必须在运输始发站预先向航空公司的售票部门提出申请，经相关部门确定可接收方能答复旅客。

（2）无成人陪伴儿童应由儿童的父母或监护人陪送到上机地点，并在儿童的下机地点安排人予以迎接和照料。如果是联程运输，需得到转机航站的确认，运输的全航程包括两个或两个以上航班时，不论是由同一空运企业或由不同的空运企业承运，在航班的经停站应由儿童的父母或监护人安排人予以接送和照料，并应提供接送人的姓名、电话和地址，经核实后方可接受。

（3）航空公司应安排专门地面服务人员接待无成人陪伴儿童，并为其佩戴专门使用的无成人陪伴儿童标识，确认儿童是否带有"无成人陪伴儿童文件袋"，仔细核对文件袋中的有关凭证资料。

（4）无成人陪伴儿童需另派服务员随机陪伴时，应由座位控制部门预留座位，由于承运人需对其提供特殊服务和照顾，同时对同一航班的其他旅客会有一定的影响，所以每一航班运送的无成人陪伴儿童数量有一定的限制。

（5）无成人陪伴儿童座位安排在便于乘务员照料的适当位置。

（6）经停站工作人员在接收到前方站发来的无成人陪伴儿童乘机信息，应在第一时间与迎送儿童的父母或监护人员或由他们安排的人员取得联系，保证后续期间有人照顾儿童。如果班机在经停站更换机组，应保证儿童的文件袋转交给下一个机组的随机乘务员。

（7）飞机到达目的后，指定的乘务员应将儿童和文件袋交给到达站的地面服务员，地面服务员将儿童和文件袋交给迎接儿童的父母或监护人或由他们安排的人员，并签字交接。

（五）孕妇

由于在高空飞行中，飞机内氧气成分相对减少，气压降低，因此孕妇运输有一定的限制条件。

（1）怀孕 32 周或不足 32 周的孕妇乘机，除医生诊断不适宜乘机外，可以按一般旅客运输。

（2）怀孕超过 32 周的孕妇乘机，一般不予接受，如特殊情况需要乘机，怀孕超过 32 周、不足 36 周的孕妇乘机，则应提供包括下列内容的医生诊断证明：旅客姓名、年龄；怀孕时间；旅行的航程和日期；是否适宜乘机；在机上是否需要提供其他特殊照料。上述诊断证明应于旅客乘机前 72 小时内填开，并经县级（含）以上医疗单位盖章和医生签字方可生效。

（3）怀孕超过 36 周，或预产期不确定，但已知为多胎分娩或预计有分娩并发症者不予接受运输。

（4）在接受怀孕 32 周以上至 36 周以下的孕妇办理乘机手续时，需检查旅客是否有"特殊旅客（孕妇）运输申请书"和"诊断证明书"。

（5）航空公司和地面服务人员在接到有关运输通知后，应按通知中的服务事项做出相应安排。

（六）老年旅客

老年旅客是指年龄超过 60 岁的男性或年龄超过 55 岁的女性，申请按老年接待的旅客。

（1）年满 60 周岁（含）的旅客，如果身体健康状况良好，即可按普通旅客承运。

（2）年龄超过 70 岁的老年旅客乘机必须出具"健康证明书"，各航空公司的年龄限制不同，同时要求老年旅客在始发站及目的站应有人接送。

（七）醉酒旅客

醉酒旅客是指因受到酒精、麻醉品或其他毒品的侵害并处于麻醉状态，将给其他旅客带来不愉快或造成不良影响的旅客。

（1）航空公司一般不接受其乘机的要求。

（2）旅客是否属于醉酒旅客，航空公司有权根据旅客的外形、言谈、举止自行合理判断决定。

（3）在旅客上机地点，对于酒后闹事或可能影响其他旅客旅途生活的醉酒旅客，航空公司有权拒绝其乘机。

（4）在飞行途中，如果发现旅客处于醉态，不适于旅行或妨碍其他旅客的旅行时，机长有权令其在下一个经停点下机。上述醉酒旅客被拒绝乘机，需要退票时，按自愿退票有关规定处理。

（八）犯罪嫌疑人

押解犯罪嫌疑人未采取防范措施、不能确保安全的，不能乘坐民航班机，实行"谁押解，谁负责"的原则。

（1）公安机关押解犯罪嫌疑人，一般不准乘坐民航班机。

（2）确实需要乘坐民航班机押解犯罪嫌疑人，需报经押解单位所在地或押解出发地省、自治区、直辖市公安厅、局批准。各地公安机关执行押解任务前，需征得航班出发地民航公安机关同意，并办理相关手续。由境外押解犯罪嫌疑人乘坐班机回国，需经押解单位所在地省、自治区、直辖市公安厅、局批准后，报民航总局同意，由民航总局通知民航相关单位协助。

（3）运输犯罪嫌疑人只限在运输始发地申请办理订座购票手续，犯罪嫌疑人不得与重要旅客同机运输。

（4）值机员应将航班有犯罪嫌疑人的信息报航班乘务员，做好交接记录，并提醒机组注意。

（5）航空公司要对押解工作积极配合，航班机组要落实机上安全措施。

（6）候机和飞行过程中，押解警力应2～3倍于犯人，并对犯罪嫌疑人负全部责任。

（7）押解人员乘机时不得携带武器。押解人员和犯罪嫌疑人必须提前登机，并安排在客舱尾部的三人座，让被押解人员坐中间座位，他们的座位不能靠近或正对任何出口，也不能在机翼上方的舷窗出口旁；整个飞行途中，尽量避免影响其他旅客；到达目的地后最后下机。

案例 5-2

大数据的预判能力为机上服务提供决策依据

大数据在我们的机上服务当中，乃至在整个航班的运行当中，价值是什么样的呢？这是我们所关注的问题。数据在实际的应用过程当中首先是取结果，根据数据沉淀来进行结果的收集和整理，找到规律，发现问题，及时反馈和改进。这是大数据运用的基本价值之一，也是最为直接和最为明显的，而且我们从中可以发现大数据应用的另一个重要价值——大数据的预判作用。

在机上服务应用方面，大数据有很多预判性的能力，可以通过数据来还原机上服务的场景，对服务过程中出现的特殊情况进行诠释，如通过航线分析，例如大家熟悉的京沪、京广航线，我们可以预判每个航线的关系因子，或者叫神经元，行业内部的叫法是关系链，每条航线，甚至于每个航班都有一个关系链，包含旅客的性别比例、年龄段、职业、出行目的、舱位分布等。这些关系因子有很多个，可以分析出来具体航线的航线特点，通过以旅客的性别、年龄段为维度的评测反馈可以判断旅客的相关爱好，通过旅客的职业、出行目的可以判断出旅客在航班中对哪一类的服务项目和信息是感兴趣的。

更具体说来，京沪线上，早九点以前起飞的航班，更多的是商务旅客，赶去参加会议，参加商务洽谈，当天的工作任务很重，时间观念强，对航班准点很敏感，加之需要早起，睡眠不够，航班中需要安静的客舱环境，不希望被打扰。而同样的航线如果是中午或下午时间段起飞，这些商务旅客更多的是为第二天工作做准备，时间上没那么紧迫，会对服务感受和餐饮的呈现有更高的要求。

基于目前机上服务评测样本量，其中有很多判断性的数据依据，依据这些沉淀下来的数据我们可以做很多预先判断性的内容，在航班的机上服务过程中能给我们提供有力的预判支持。以旅客的服务评价和反馈，我们去分析旅客的群体是什么，他们的需求是什么。旅客评价得分值代表着机上服务的真实水平，高分值部分意味着旅客的肯定，我们继续推进和保持，低分值的部分，我们需要改进和提高，及时提出服务预警。旅客的不满，根源是在哪里，为什么会投诉，投诉的目的是需要补偿还是对服务质量提升的意向，等等。我们可以在内部形成一个服务质量分析图，对旅客群体属性和需求属性进行分析，并告知乘务组旅客的关注点和需求点，通过什么样的服务流程和服务标准，以什么样的服务技能和服务状态达到旅客的期望值和满意度，更重要的是，以此对服务发展的趋势做出预判，为机上服务规范和产品开发提供决策依据。

目前，我们在航班中都有很好的、标准的一整套服务流程来对机上服务的实施作为支撑。整套的服务流程，从机上服务评测的大数据中，我们发现航班的各个阶段旅客的关注点、需求点和服务感受是不一样的。这里所说的阶段与我们所熟知的"飞行四阶段"也是有区别的。以大数据为依据，机上服务可以分为"登机迎客""空中服务""落地送客""特情处置"四个部分。下面，我们来看看，通过大数据的处理分析，在这四个阶段，旅客的关注点和需求点是什么，旅客的服务感受又是怎样的。

第一，登机迎客阶段。"一年之计在于春，一天之计在于晨"，我们说"第一印象"也好，"首轮效应"也好，登机迎客对整个机上服务来说是极为关键的阶段。旅客进入机舱，与乘务组初次见面，热情的问候，温暖的笑容，必不可少，乘务员的亲和服务态度至为关键。但仅如此是远远不够的，大数据告诉我们，这个时候旅客需要乘务员的引导入座，需要乘务员疏通过道，维持登机秩序，以便快速登机。原因在于机型的变化，旅客对机上设备不熟悉，现阶段旅客超大、超多行李的现状，使得旅客担心行李安放，急于涌进客舱，登机秩序较为混乱。

大数据还告诉我们，迎客时部分旅客还有特殊的需求，如"老、弱、病、残、孕"需要乘务组协助安放行李，介绍机上设备，轮椅旅客需要乘务组协助入座，高端旅客对于迎客时的服务感受，等等。两舱旅客在迎客阶段的要求会更高，登机时的客舱秩序，报纸杂志的提供，迎宾饮料的呈现，初次问候的服务感受，甚至于迎宾饮料的杯垫，拖鞋的外包装，卫生间洗漱用品的配备，都是两舱旅客所关注的，他们更为关注和在意这些服务的细节。大数据告诉我们一个重要的情况，那就是旅客对于迎客服务的感受等同于乘务员的服务态度，所以说登机迎客阶段对于机上服务来讲具有很强的指导性作用。

第二，空中服务阶段。以我们平时的飞行经验，旅客对飞机上的例行的、枯燥的安全介绍，如安全演示、安全须知录像等是不太关注的，但大数据却告诉我们，旅客非常关注起飞、下降时乘务组的安全检查，乘务员对应急出口的介绍和确认，在有旅客违规使用手机时，旅客希望乘务组能够迅速出面制止，虽然违规者的心理感受并不很好。这里就引出了乘务员沟通话术的问题，大数据告诉我们，跟旅客沟通时，礼貌用语、眼神表情、沟通话术的灵活使用，是与旅客建立有效沟通的保证。沟通顺畅，与旅客的关系就会顺畅，关系决定服务质量。

大数据告诉我们，机上餐饮作为航空服务的一个附加服务，旅客非常关注，对机上餐饮质量的不满，排在现阶段乘机旅客对机上服务不满意度的首位，随之而来的是对机上餐饮呈现的不满，这两者的分值是相辅相成的。虽然机上餐饮，特别是餐食，有先天的条件不足，如厨房空间狭小，不可能配备锅碗瓢盆等基本设备，也没有丰富的油盐酱醋等辅助调料来调味，基本上都是航空食品公司配备的半成品，乘务员通过烤炉加热来提供给旅客，就算是乘务组具有较高的厨艺，也是巧妇难为无米之炊。但旅客不会关心这些问题，这是你航空公司的事情，大数据中显示像新航、日航等航空公司的机上餐饮是得到旅客的认可的。既然大数据告诉我们机上餐饮质量和餐饮呈现两者是相辅相成的关系，我们何不从餐饮呈现的提升来促进餐饮质量的提升呢？日航的冷盘、韩亚的泡菜都是旅客极为赞赏的，作为借鉴，我们可以从餐食的视觉和味觉上下功夫。

短途航线，旅客更多关注航班的时刻和正点率，因时间关系，接触的空中服务项目不是很多，旅客会对迎、送客，客舱整体秩序很关注，而远程航线，旅客对于座椅的舒适度、机上娱乐节目的丰富度、卫生间卫生的清洁度会有更高的要求，国际航线上，乘务员的英语沟通能力是个较大的短板。大数据还告诉我们，航班中旅客非常在意乘务员的服务反馈，如旅客向乘务员要一个小枕头或毛毯，因为机上配备数量限制的原因，不能满足旅客的需求，乘务员应立即向旅客致歉，并说明原因，同时通过调节客舱温度等其他方式来弥补；再如，旅客服务设备的故障，如果乘务员在机上没办法解决，就需要及时向旅客致歉并说明原因，让旅客清楚事情的缘由。很多旅客的投诉都是因为乘务员对旅客的需求没有及时反馈，导致旅客的误解而引起的。

除此之外，两舱旅客更加关注客舱环境的舒适度和个人的私密性。旅途疲劳，两舱旅客希望座椅舒适，客舱安静，便于入睡，补充睡眠不足，改善劳累。大数据告诉我们，两舱旅客很在意机舱广播的音量和广播的次数，在意乘务员工作时的声音响动，切记不要在厨房大声谈论与工作无关的话题。

第三，落地送客阶段。航班落地了，旅客准备下机了，乘务组这时觉得可以松口气了。其实不然，大数据告诉我们，旅客在这个阶段还有很多其他的需求，如体现两舱旅客优先性的分舱下客，有无 VIP 车的接送，是否停靠远机位，中转旅客是否有地面人员引导，轮椅等特殊旅客的接机人员是否到位，婴儿车去哪里领取，等等，都需要乘务组认真对待，做好充分的准备和与相关部门做好对接。大数据还告诉我们，旅客机上遗失物品频发，提醒乘务组仔细做好清舱。

第四，特情处置。机上突发的特殊情况很多，大数据告诉我们机上服务特情处置主要是在机上突发旅客受伤或生病、延误处置及旅客对乘务组服务不满的现场处置等三个方面。对于机上突发旅客受伤、生病，在我们的应急处置流程中有详细的步骤，我们每年的复训都会训练相关的急救技能，乘务组需要提前做好预案，遇事冷静，及时报告，做好与机组的协调，做好空地配合。大数据告诉我们的是，乘务组要保持对这类事情的敏感度，及时处置，做好相关文件的填写工作。

航班延误，是旅客最为敏感的事情，按照目前的空域状况和航班保障能力，航班延误是常态化。航班延误，飞机什么时候能起飞，是乘务组力不能及的事情。但通过大数据分析和预判，我们可以知道，航班延误时，旅客急需知道航班的准确起飞时间，中转旅客的后续航班信息，以及因航班延误造成的改签、退票、食宿安排等事宜。乘务组据此可以多次及时进行广播，让旅客获知航班的状况，做好餐饮服务，收集旅客的特殊需求，请求地面部门的协助，尽最大努力帮助旅客解决问题，克服困难，将损失减少到最小。

从上文我们可以看出，要做好机上服务并不是一件容易的事，旅客因人而异，需求多样。大数据帮助我们解决这个问题，通过之前所说的航班关系链，我们可以建立旅客特征数据库，建立旅客的个人资料平台，实现一线乘务员的共享。整体来讲，大数据改变了原有机上服务的作业模式，能准确判断服务项目里面的很多内容，其中最重要的还是对于旅客的需求分析，旅客关注点和服务感受的观测和判断，因为任何的连接和任何的服务（包括机上服务）都是离不开人的。

资料来源：大数据的预判能力为机上服务提供决策依据[EB/OL]. （2016-12-15）. http://news.carnoc.com/list/382/382815.html.

任务 5　货 源 组 织

货源组织是航空货物运输的基础工作，没有货源就谈不上运输。航空货运的运输距离比较长，一般在 500 千米以上，且连接的城市和区域不同，市场需求也有明显差异。

一、适合航空运输的货物种类

航空货物运输具有运送速度快、破损率低、安全性好等特点，但航空运输成本高、运价高，例如，从中国到美国，空运价格至少是海运价格的十倍以上，因此运送的物品主要是高附加值、深加工、技术密集型、适时生产的产品和鲜活物品等。具体而言，选择航空运输的货物种类主要有以下几类。

（一）鲜活易腐类货物

这类货物容易死亡、腐烂或变质，对运输时间有特别要求，常见的有水产品、鲜花、蔬菜水果及其他鲜货之类。因此往往选择速度最快的航空运输方式。

（二）精密贵重货物

这类货物的价值和价格都较一般货物高，由于附加值高，对运输的安全性要求也高，因此安全快捷的航空运输成为必然选择。精密贵重货物包括高科技精密电子仪器和电子产品、药物及医药用品、黄金首饰及价值较高的其他产品。

（三）急快件货物

这类货物的时效性要求比较高，要求快速运达或专门投递。常见的有票证、文件、证书、信函、急用物品、救援物资及紧急调运物品等。

（四）其他原因不得不采用航空运输的货物

平常虽然采用非航空运输方式，但由于特殊原因，出于时效性和安全性考虑而采用航空运输。例如，产品样品、企业生产急需的零配件，或企业生产周期延迟急需交货的产品等。

随着民航运输的专业化与规模化发展，单位运输成本降低，运输价格逐步下降，选择航空运输方式的产品逐渐增多，逐步扩展到普通货物的运输，如服装、玩具、日用品等。

二、货源分布与货流

货源主要指货物的来源，货流主要是指货物的流量与流向。影响货源和货流的因素有很多。例如，区域产业结构、生产布局、经济发展状况；人们的生活水平与消费结构；季节的变迁；政府的政策；等等。

（一）国际货源

国际航空货源与世界经济发展密切相关，且随着世界经济的起伏变化，航空货源也随着起落。根据国际货币基金组织（IMF）的统计数据，伴随着全球经济形势好转，2017 年全球贸易增速达到 4.3%，表现出强劲的增长趋势。全球企业为满足制造业强劲的出口需求，不断缩短交货期，对航空货运的需求相应增加。2016 年全球航空货物运输量为 5 430 万吨，占全球贸易货物总运输量不到 1%，但是占到全球贸易额总值的三分之一左右。又如，2017 年全球航空货物运输量为 5 537 万吨，其中亚太、北美、中东三大地区占据全球大部分的航空货运市场份额，2017 年三者合计市场份额达到 81.7%。当前世界主要贸易国除中国外，主要有美国、德国、日本、荷兰、法国、英国、韩国、意大利等。

（二）国内货源

长期以来，国内航空货运市场高度集中化，60%以上的航空货运市场份额被北京、天津、上海、南京、杭州、无锡、广州、深圳主导的三大城市群所占据。近年随着产业向中西部地区转移，航空货源市场内移趋势明显，市场集中度不断下降，中西部地区的郑州、武汉、西安、重庆、成都等二线城市正在成为新的市场焦点，开始逐渐打破三大地区主导的货源市场格局，使得中部货运枢纽随之崛起。国内主要货源区域与城市如表 5-3 所示。

表 5-3　国内主要货源区域与城市

区　　域	代 表 城 市
环渤海经济区	北京、天津
长江三角洲地区	上海、南京、杭州、无锡
珠江三角洲地区	广州、深圳
中西部地区	郑州、武汉、西安
西南地区	重庆、成都

三、货源组织途径

航空货物的来源通常有多种途径：一是直接来源于货物托运人，即托运人直接到承运人的货运部门托运货物，办理货物运输相关手续；二是来源于货运代理人，由货运代理人组织货源，为发货人办理货运；三是航空承运人自行组织货源进行运输。

货源组织是指货运代理人或航空承运人对货物流量、流向进行调查，承揽货源，落实托运计划等业务活动。主要做法如下。

1．深入企业调查，寻找货源

组货人员深入物资单位调查，掌握物资产供销情况，摸清企业各种进出货物的流量及流向。

2．建立相对固定的承托运输关系

对重点企业的大宗固定货源以及物资集散中心的货物，通过签订合同与协议，实行优惠价格，提供良好的服务，建立相对固定的承托运输关系，经济便利地安排运输。

3．建立航空货运服务网点，把零星、分散的货源组织起来

通过建立航空货运服务网点，可以把零星、分散的货源组织起来，同时对旺淡季节货源进行平衡，主动与货主加强协调，组织提前或移后均衡交运。

4．参加各种类型的订货会、交易会

通过参加有关部门组织的各类订货会、交易会，及时掌握货源信息，了解各方面对运输的要求，扩大货源，改进货源组织工作。

案例 5-3

航空货运未来发展之路

中国航空货运业最根本的问题是国际竞争力不强，在市场开放、国际金融危机持续影响的背景下，问题进一步凸显。

中国航空货运未来的发展，需要国家营造好的环境，需要航空公司推行内部变革，激发活力，多从服务本质上入手，建立核心竞争力，推动航空货运业的专业化和国际化。

中国航空货运业未来还有没有希望？从根本上来看，航空运输与国家经济发展程度紧密相关，经济越发达，航空运输越凸显重要性。特别是在国际市场方面，中国人口众多，消费潜力巨大，在目前经济、文化加速全球化，中国迫切需要通过开放促进改革的时代背

景下，未来中国国际航空物流市场仍有广阔的发展空间。

1. 国际竞争力不强是主因

近年来，国内货航亏损严重是引发转型热议的核心问题。国内货航亏损实质是经营国际市场的货机亏损。从全球来看，有金融危机持续影响的经济周期性因素；有油价上涨背景下新旧货机（波音 747-400、波音 777F、波音 747-800）更新换代交替，市场参与者成本不一，价格混乱的因素；有全球化深入发展，高铁冲击，国际宽体机迅速增加，腹舱运力冲击货机市场的市场因素；也有传统航空货运业务链条短，上游代理，特别是国际大货代集中了货源，在弱势市场下，代理强势，航空公司弱势的业务模式因素。业务模式因素是目前主流的航空货运公司亏损的重要原因。但业务模式不是灵丹妙药，综合物流商也有可能亏损，如 TNT。航空货运公司也有持续盈利的标杆，如汉莎货运。航空运输作为物流链中重要的一环，属于资金、技术密集型，同时也不是完全自由竞争的行业，在市场的调节作用下，航空货运不可能长期全行业亏损，比较可能发生的是周期性的盈利与亏损交替，这与整体的航空市场类似。

2. 明确目标市场的重要性

如何突破现有的货运经营困局？就要思考以下两个本质性的问题。

一是商业的本质。在商言商，利润是核心。要获取利润最关键的还是要有自己的核心竞争力，做自己最擅长的、能比别人做得更好的事情。

二是航空的本质。航空运输本质是一项服务，转型要回归根本，从服务入手。对客户，在市场经济的背景下，航空公司要积极调整心态，多从客户的角度思考问题；对货物，航空公司要提升服务保障水平，以升级货物结构来提升运输货物的品质。

综合来看，在自身能力有限、资源不足、限制较多的情况下，与其盲目求大，不如集中精力做好几件关键的事情，打好基础，为客户提供良好的体验，再逐步延伸服务链，这样更利于品牌的建立。

要明确目标市场。在传统航空货运领域，三大航有 3/4 的收入来自国际货物运输，加上外航的份额，可推测中国航空货运市场收入有 90% 以上集中在国际货运市场上。因此，国际货运市场是需要重点关注的市场。国际市场也是能真正发挥航空运输优势的市场，有其不可替代性。尽管我们国内航企相比国际对手实力水平较弱，但由于航空运输的特殊性以及国内航企的央企身份，国内航企在相关政策的支持下，发挥自有稀缺资源的优势，有能力占据一定分量的国际市场份额，逐步发展壮大起来。未来，中国航空货运企业业务目标应该定位为：满足中国参与全球分工的物流运输需要，加强与大客户、大代理的合作，做好航空物流运输的分工工作。同时在局部核心市场上，通过整合外部资源，探索面向广大中小企业客户，提供城市到城市，甚至仓库到仓库的全链条服务。

当然，重视国际市场不意味着要放弃国内市场。在国内市场上，航企关键是要处理好与快递企业的关系。要坚定明确与快递企业的战略合作业务定位，做到优势互补，共同拓展快递市场。航企应改善货站服务，满足快递企业需求，围绕枢纽，利用腹舱的经济性与快递企业进行深入合作，做专业的快递运输服务商，这是双方的最优选择。因为对快递企业来说，在国内异地快件平均每件仅 12.7 元的背景下（还在持续下滑），用货机运输国内快递结果往往是运得越多，亏得越多，因此，快递企业在谨慎发展自有货机的同时，需要更加重视航空公司腹舱运力的补充。

要重视国际化建设。虽然国内航企业务已经国际化，国际收入占据大比例，但人员素质、管理、营销、服务、保障、交流等还没有国际化，与国际水平有差距，海外办事处本地化往往也不足，资源基础较薄弱，影响回程销售。国际化建设关键还是人才的培养，这不是一部分人出国考察，参加英语培训班就能解决的，需要批量的人才派驻国外当地相当长的时间，深入参与到国际各项业务中；也需要深入与联盟中先进成员航空公司进行业务交流，学习其先进经验。国际化一定要重视发挥年轻人的作用。

3. 多管齐下提升竞争力

要从服务入手增强竞争力。只要货物上了飞机，服务基本都是无差别的，货站地面服务作为体现航空运输差异化服务的核心，同时也是稀缺资源，是赖以建立核心竞争力的关键。这也是国泰航空在香港坚持投资 59 亿元自建货站的原因。国内货航要更加重视货站的建设和管理。为改善客户体验，货航要与时俱进，加强信息化建设，完善服务监管；为增加服务内涵，打好延伸服务基础，货航要更加重视卡车网络建设，重视整合内部资源，促进内部业务链条的高效衔接。同时，也注意整合市场松散资源，采购同行服务，跨运输方式服务，增加服务纬度，灵活经营。

要深化业务和机制改革。首先是业务方面，国际行业协会和企业众多高管表示：传统航空货运业已二三十年没有改变，远落后于航空客运的发展，航空货运业迫切需要变革。在国内，这一现象更甚，与客运相比，货运操作原始、简单，特别是由于缺乏系统监管，透明度差，存在很多不规范操作，影响了效率。另外，由于缺乏行业统一平台，信息孤岛严重，总部与分部被割裂，当地市场情况当地说了算，航空公司与市场被割裂，市场怎样代理说了算。以上问题的解决需要更多地依靠信息化手段，建立健全业务监管体系与支撑体系。其次是机制方面，三大航均是国企，中国航空货运要发展，就要创新激励机制与考核机制，建立科学的用人制度，以更多地发挥人的主观能动性，吸引更多的人才。

要深度融入互联网大潮。当伴随互联网成长起来的一代人都在读书、聊天、玩游戏时，腾讯发展壮大起来了；当互联网一代都在购物时，催生了快递和淘宝，而且现在阿里巴巴的盈利已经超越腾讯。目前，互联网已深入影响消费领域，未来，当互联网一代成为企业中坚管理层时，互联网将深入影响企业的运营管理。国内货航要深入领会互联网热潮的精髓，立足长远，布好局。中外运的做法或许可以给我们一些启发。中外运紧跟互联网热潮背景下中介平台化、渠道扁平化的潮流，自我革命，将传统模式中货运代理利用信息不对称的线下操作变革为客户线上自助服务模式，推出国内首个物流电子商务平台（目前主要是国际），全面开启"物流电商"时代。电商平台整合中外运全球 200 多个网点信息，打通包括海关在内的上下游数据通路，初步实现物流作业的在线化和全流程的可视化。这是对传统物流业的电商式改造，直接促使价格透明化，将深远影响物流货代行业未来的发展，这也为传统航空货运业中货航受制于货代提供了破解之道。

最后，国家要营造更好的环境。重点是要改善通关环境，提升清关效率；要加强行业配套信息化建设，建立行业统一信息化平台；要有序开放空运市场，限制外航的非正常竞争行为，规范市场竞争秩序；要改善三大航国际货机网络同质化严重的不足，必要时要增大支持力度，整合资源，增强中国航企的国际竞争力。

综上所述，中国航空货运未来的发展，需要国家营造好的环境，需要航空公司推行内部变革，激发活力，多从服务本质上入手，建立核心竞争力，推动航空货运业的专业化和国际化。这需要民航货运人自强不息，提升自我职业素养，特别是年轻人要给行业注入更多青春活力，更多的新思维。

资料来源：李昌鸿. 航空货运未来发展之路[EB/OL].（2014-01-09）.[2019-05-31]. http://news.carnoc.com/list/270/270352.html.

任务6　货物运输组织流程

一、出港航班货物运输组织流程

出港航班货物运输组织流程是从托运人发货到承运人把货物装上飞机的物流、信息流的实现和控制管理的全过程。出港航班货物运输组织流程如图5-4所示。

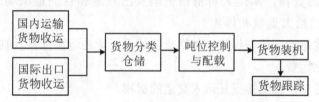

图5-4　出港航班货物运输组织流程

（一）货物收运

1. 国内运输货物收运

（1）托运人凭有效身份证件，填写国内货物托运书，向承运人或其代理人办理托运手续。托运书的基本内容包括货物托运人和收货人的具体单位或者个人的全称、详细地址、电话及邮政编码、货物与件数、包装方式及标志、货物价值、运输方式（即普货运输或者急件运输）、货物特性与储运要求及其他说明。托运人对托运书内容的真实性、准确性负责。

（2）检查托运人填写的托运书以及与运输相关的文件，如危险货物申报单、活体动物申报单，凡是限制运输的以及需要向公安、检疫等有关政府部门办理手续的货物，托运人应当提供有效证明。

（3）检查运输的货物种类是否符合运输规定，凡是我国法律、法规和有关规定禁止运输的物品，承运人可以拒绝收运。

（4）检查货物包装是否符合规定，保证货物在运输过程中不致损坏、散失、渗漏，不致损坏和污染飞机设备或者其他物品。托运人应当根据货物性质及重量、运输环境条件和承运人的要求，采用适当的内、外包装材料和包装形式，妥善包装。精密、易碎、怕震、怕压、不可倒置的货物，必须有相适应的防止货物损坏的包装措施。货物包装内不准夹带禁止运输或者限制运输的物品、危险品、贵重物品、保密文件和资料等。每件货物外包装上标明出发站、到达站和托运人、收货人的单位、姓名及详细地址等。

（5）对收运的货物进行安全检查，安全检查方式有 X 光机检查、存放 24 小时检查、爆炸物探测仪检验、手工开箱包检查及其他符合中国民用航空局认可的检查方法的检查。在实际操作时，结合各自货物的特点采取相应的检查程序，以确保货物符合航空运输要求，保障航空安全。对收运后 24 小时内装机运输的货物，一律实行开箱检查或者通过安检仪器检测。

（6）清点货物件数，准确测出重量和体积，并检查货物的体积和重量是否符合国内航空运输规则。对于货物重量的限制，主要取决于机舱地板的承受力，即货物重量作用于每平方米机舱地板的压力。飞机机型不同，地板的承受力不同。货物的最长、最宽、最高的限制取决于飞机机舱门的大小及机舱容积。非宽体飞机载运的货物，每件货物重量一般不超过 80 千克，体积一般不超过 40 厘米×60 厘米×100 厘米；宽体飞机载运的货物，每件货物重量一般不超过 250 千克，体积一般不超过 100 厘米×100 厘米×140 厘米。超过以上重量和体积的货物，承运人可依据机型及出发地和目的地机场的装卸设备条件，确定可收运货物的最大重量和体积。

（7）贴挂货物运输标记与标签，包括货物标记、货物运输标签及航空运输指示标贴。

（8）收取航空运费。

（9）制作货运单，正式接受托运人交运的货物。

此外，承运人应当根据运输能力，按货物的性质和急缓程度，有计划地收运货物。批量大和有特定条件及时间要求的联程货物，承运人必须事先安排好联程中转舱位后方可收运，遇有特殊情况，如政府法令、自然灾害、停航或者货物严重积压时，承运人可以暂停收运货物。

2．国际出口货物收运

国际货物收运的基本流程与国内货物收运相同。不同之处如下。

（1）托运人凭有效身份证件填写国际货物托运书。

（2）托运人应当提供必需的资料和文件，如货物品名的证明、进出口国家海关、政府部门所需的货物进出口及转口文件、许可证等。中华人民共和国以及运输过程中有关国家的法律和规定限制运输的货物，应当查验有关国家出具的准许运输的证明。

（3）收运的货物种类应当是出发地、目的地、经停地和飞越国家的法律和规定允许运输或者进出口的货物，且托运人自行办理海关手续。

（4）根据中华人民共和国以及运输过程中有关国家的法律和规定需办理查验、检查等手续的货物，在手续未办妥之前，承运人不得收运。

（5）收取航空运费时，承运人收运费到付的货物，应当符合货物目的地国家的法律和规定，以及有关航空联运承运人的规定。

（6）填开国际货物货运单。

（二）货物分类仓储

货物收运后，不能立即出港的，进入仓库进行分类仓储，同时，根据航班出港的先后顺序，做好出仓的准备工作，等待装机发运。

承运人应当根据进出港货物运输量及货物特性，分别建立普通货物及贵重物品、鲜活物品、危险物品等货物仓库。特种货物存放时，应根据其性质考虑保证其适宜的储存条件。如温度限制，普通货物仓储不受温度限制，冷藏货物要求在 0～5℃，冷冻货物温度要求保持在-20～-5℃，保暖货物要求在 5～20℃左右。货物仓库应当建立健全保管制度，严格交接手续；库内货物应当合理码放、定期清仓；做好防火、防盗、防鼠、防水、防冻、防重压、防变形、防温升变质、防曝晒等工作，保证进出库货物准确完整安全。

除特殊情况外，一般出港货物在机场的储存时间很短。为加速货流，绝大部分货物通过安检进入仓库后，以最快的速度出仓装机。

（三）吨位控制与配载

承运人需建立舱位控制制度，根据每天可利用的空运舱位合理进行配载，避免舱位浪费或者货物积压。

1. 货物发运顺序

承运人根据货物的性质，依次确定货物发运顺序。通常货物发运顺序如下。

（1）用于抢险、救灾、急救的物资，外交信袋和政府指定急运的物品。

（2）指定日期、航班和按急件收运的货物。

（3）有时限、贵重和零星小件物品。

（4）国际和国内中转联程货物。

（5）一般货物按照收运的先后顺序发运。

2. 吨控与配载要求

吨控与配载的基本要求：一方面避免超载飞行，确保飞行安全；另一方面尽量减少空载，充分利用飞机的装载能力。

飞机允许装载的货物量是有限的，不能超过飞机允许的最大业务载量。如果是客货两用机，飞机的最大业务载量是指执行航班任务的飞机所允许装载的旅客、行李、邮件及货物的最大重量。如果是全货机，最大业务载量就是允许装载的最大货物重量。

对于直达航班，通常可以根据飞机的最大起飞重量、最大落地重量、起飞油量、备用油量及飞机的基本重量计算得出最大业载，然后根据货物的发运顺序予以分配，只要不超过最大业载即可。但对于有经停站的航班，一是机场建设与环境不同，影响飞机的最大起飞重量和最大落地重量的因素也不同，导致各个站点对飞机最大起飞重量要求可能不一致，在某些站点可能要减载起飞；二是经停航班包括多个航段，每个航段的航程不同，航段耗油量不同，加上各个站点至各备降机场的距离不同，因此备用油量也不同，所以同一架飞机在不同站点起飞装载的燃油量是不同的，导致最大业载也不同；三是通常各个站点在每个航班要装载一部分本站发出的货物,同时也有部分货物在各站点卸载,所以航班飞机要考虑满足各站点的卸载与装载要求,合理分配吨位。

(四)货物装机

1. 货物准备

装卸人员凭配载平衡部门签发的装机指令单进行装机作业。装机前要进行如下各项检查工作。

(1)核实装机货物的集装器编号、散装拖斗车编号与装机指令单、集装器挂牌是否一致。

(2)检查集装板上所装货物的高度、探板探出尺寸是否符合要求,集装网套上的锁扣是否符合规定的使用数量,网套拉紧程度是否符合标准。

(3)检查集装板上的货物有无变形、倾斜,集装板四边有无翘起;检查集装箱箱体有无变形、扭曲,箱门有无变形、关闭不严等情况。

(4)检查超大、超重货物是否按规定使用了垫板并进行了捆绑固定。

(5)检查拖盘车的销子、挡块、锁扣等锁定装置是否打起;集装板、集装箱在托盘车上是否得到应有固定。

(6)取下盖在集装板上的防积水雨布,检查集装板货物的顶部或四周凹陷处是否还有积水或积雪、冻冰,如有,应立即清除干净,防止积水或冰雪进入货舱。

2. 货舱准备

货物装机之前,装卸人员应检查货舱内是否整洁干净,清除货舱内的异物或碎屑;检查货物隔离网是否齐全有效,如果货舱内缺少隔离网套或隔离网套不能使用,在没有更换新网套之前禁止装载货物;货舱内如果有可能对货物造成损坏的突起的铆钉或其他突起物,应及时请示处理。

3. 装载货物

将货物以航班为单位拖到相应的飞机下,根据装机指令单上指定的舱位进行装机。按照"装前卸后"的原则,先装前货舱,后装后货舱与散货舱。

集装货物通常采用升降平台车,拖车司机按照规定的路线,将载货集装器的拖盘车拖至升降平台车的装货侧,将托盘车对准平台车的升降平台,调整位置至相互平行,此时两者之间的间隔距离不大于 10 cm,然后固定托盘车,慢速将集装器推到升降平台车上。随着升降平台车的机械传动和货舱传动系统的运转,装机人员将集装器装入指定的装载舱位,在调整好集装器方向和位置后,将货舱地板上的集装器限动卡子打起,将集装器固定住。

散货装载时,如果货舱门口下沿离地高度超过 104 cm(40 inch)的飞机,应该使用传送带车装卸货物。使用传送带车装机时,等传送带车靠近货舱门停稳后,装卸人员先将传送带车轮挡挡好,然后打开货舱门开始作业,装完货物后关好货舱门,再把轮挡放回到传送带车上。装卸人员必须在传送带车停止工作的状态下进出飞机货舱门,传送带运行时,严禁工作人员进出货舱。使用人工装货时,拖车须在距飞机货舱门 5 m 远处停住,摘下拖斗，人工将拖斗推到飞机门下适当位置，用人力将货物推到距飞机舱门 0.5 m 处，注意拖斗围栏前沿最高处与飞机机身至少应保持 20 cm 间隔。然后开始装机，作业完毕后，用人力将空拖斗拉至距飞机舱门 5 m 以外，挂牵引车拉回。禁止在飞机下直接倒拖斗装货或直接挂空拖车拉回，防止刮、碰飞机。

（五）货物跟踪

货物装机后，随时跟踪航班飞机的起飞情况及货物的到达情况。特别是需要联程中转的货物，在货物运送出港后，始发站机场及时将相关信息传递给中转站机场，以便中转站机场工作人员做好接货准备，并及时办理各项中转手续，确保货物搭载预先计划的航班中转出港。在货物出港操作的过程中，无论哪个环节出现异常情况，都需要及时将信息反馈给客户，征求客户的意见，相关机场和航空承运人会根据客户的要求做出相应的处理。

二、进港航班货物运输组织流程

进港航班货物运输组织流程主要包括货物下载、货物验收、国际货物通关和商检、货物分拣仓储，最后货物交付或配送。

进港航班货物运输组织流程如图 5-5 所示。

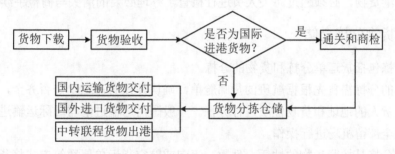

图 5-5　进港航班货物运输组织流程

（一）货物下载

机场装卸人员凭载重平衡部门或生产调度部门签发的卸机指令单或卸机工作单作业。

（1）卸机站应在飞机到达前准备好卸机设备。卸机设备必须完好，保证装卸作业和货物在地面运输途中的安全。

（2）飞机发动机熄火并停止运转后，装卸人员和车辆方可靠近飞机，实施卸机工作。严禁在飞机发动机尚未彻底停止运转前靠近飞机货舱进行作业。

（3）卸机时检查货物。装卸人员在卸非宽体飞机和宽体飞机散货舱的过程中，应注意查看货物的外包装有无破损、变形，内物有无散落、渗漏，动物有无死亡等情况。卸宽体飞机，特别是货机主货舱时，应注意检查飞机货舱壁和集装器有无被损坏的情形。如果卸载的是飞机发动机或车辆等同类型货物，要仔细检查其外表有无刮、碰和后备厢是否关好。发现不正常情况时，通知有关人员现场处理，对现场情况做详细记录，必要时进行拍照。

（4）卸载货物应按照"装前卸后"的原则进行，先卸后下货舱和散货舱，再卸前下货舱。各种卸载设备的操作，严格按照规则进行。

（5）卸机完毕后，对飞机进行清舱，认真检查货舱内有无漏卸的货物。

（二）货物验收

根据货邮舱单和航空货运单核对货物，检查实际卸载的货物是否与单据数据相符。由于货物在装载、空中运输及卸载的过程中，如果操作不当，有可能受到损坏，因此当货物卸载后，必须对货物的完好情况逐一进行检查登记，如果发现货物损坏等不正常情况，应该立刻通知前方站和始发站，便于后续的查询和处理。对到达本站的联程货物，应当注意核对有关运输凭证和货物件数，检查货物和包装状况。凡是发现货物短缺、内物破损、包装不良等不正常情况应当及时填制事故记录，继续向有关航站查询，并设法弥补差错，整修包装，以便续运。如果需要转运的货物破损严重，继续运输会增加破损程度，则应当停止转运，同时通知始发站货物破损情况，转告托运人处理意见。

（三）国际货物通关和商检

国际到港货物，必须通过海关人员进行检查，办理必要的清关与商检手续。

（四）货物分拣仓储

货物分拣包括货运单分拣和货物的分拣。

货运单的分拣需首先根据航班的货邮舱单，确认并核对货运单是否齐全，然后根据货运单所列收货人的地址和货物性质进行分拣。一般国内运输进港与国际运输进港货物，货运单的分拣全部留机场进行操作。

货物的分拣是按照货物的性质、件数、流向或航空货运单尾数等方式将货物分别放置到规定货位。或者根据货运单将货主自行提取、送交代理人、送往市区货主提取或送货上门的货物等情况分别存放，并分别填写到达货物交接清单。对装有特种货物的航班进行分拣时，应当注意特种货物的特性，适当给予特殊照顾。送往市区的货物应当尽量当日送，最迟不超过 12 小时。飞机到达的两个小时内必须根据货邮舱单和航空货运单将货物分拣完毕。

货物在交付提货人或货主前可将其入库储存保管。

货物如果被检查机关扣留或因违章等待处理存放在仓库内，由收货人或托运人承担保管费和其他有关费用。

（五）货物交付

货物交付有货主自行提取、送交代理人、送往市区货主提取或送货上门的货物等情况。

1. 国内运输货物交付

如果货物是收货人或代理人提取，货物运至到达站后，除另有约定外，承运人或其代理人应当及时向收货人发出到货通知。急件货物的到货通知应当在货物到达后两小时内发出，普通货物应当在 24 小时内发出。自发出到货通知的次日起，货物免费保管 3 日。逾期提取，承运人或其代理人按规定核收保管费。动物、鲜活易腐物品及其他指定日期的航班运输货物，托运人应当负责通知收货人在到达站机场等候提取。承运人应当按货运单列明的货物件数清点后交付收货人。发现货物短缺、损坏时，应当会同收货人当场查验，必要时填写货物运输事故记录，并由双方签字或盖章。收货人提货时，对货物外包装状态或重量如有异议，应当场提出查验或者重新过秤核对。收货人提取货物后并在货运单上签收而未提出异议，则视为货物已经完好交付。

送往市区或送货上门的货物，需要及时安排车辆进行配送，确保货物及时送达收货人手中。

2. 国外进口货物交付

（1）如果提供送货上门服务，进口清关后货物可直接配送至货主。

（2）需要通过货代转运或转交的货物，将进口清关后的货物转至内地的货运代理公司。

（3）如果是进口货物转关，货物入境后不在进境地海关办理进口报关手续，而运往另一设关地点办理进口海关手续，在办理进口报关手续前，货物一直处于海关监管之下，转关运输亦称监管运输，即此运输过程置于海关监管之中。

（六）中转联程货物转运

中转联程货物进港后，通常由进港操作员在库区内将货物进行分拣并转交给出港工作人员，同时按照出港货物运输相关规则，办理配载等相应手续后，组织货物搭载预先计划的航班及时中转出港。

任务 7　货物运输常见问题与处理

货物在收运及运输过程中由于工作的差错或其他原因往往会造成一些不正常的情况发生。当发生或发现货物不正常运输等问题时，承运人或其代理需填写货物不正常运输记录，并在规定时限内将货物不正常运输情况通知有关航站，同时采取措施，妥善处理，避免造成或扩大损失。

一、货物漏装

货物始发站在飞机起飞后发现货邮舱单上已列的货物未装机，航空货运单已随机带走，称为漏装货物。

始发站发现货物漏装时，应立即通知货物目的站或中转站有关货物漏装情况，包括漏装货物的货运单号码、件数、重量、始发站、目的站等信息。配载部门应及时安排后续航班尽早运输漏装货物。运输漏装货物时可及时将续运航班信息通知该货物的目的站或中转站。

二、货物漏卸

货物漏卸是指按照货邮舱单卸机时应卸下的货物而没有卸下。

漏卸站发现货物漏卸应及时通知下一个到达站，或立即向有关站查询，各有关站应及时查找，并将查找结果通知漏卸站。

收到漏卸货物的航站应立即通知漏卸站，并将漏卸货物运至目的站或退回至漏卸站。

三、中途拉卸

经停站因特殊情况需要卸下过境货物，称为中途拉卸。

拉卸过境货物时需要注意以下几点。

（1）在时间允许的情况下，应事先征得始发站货运部的同意后拉卸为宜。

（2）禁止拉卸有时效性的货物，以及邮件、作为货物运输的行李、贵重物品、外交信袋、活体动物及报刊等。

（3）拉卸货物时，应尽可能整批拉卸，避免部分拉卸。

拉卸货物时，将被拉卸货物的货运单留在拉卸站；在被拉卸航班的货邮舱单上，注明相应拉卸情况和拉卸站；同时将拉卸货物的相关情况通知被拉卸货物的目的站或经停站和装机站，并尽快安排将被拉卸货物续运至目的站。

四、货物错卸

错卸是指经停站由于工作疏忽和不慎而将他站的货物卸下。

发现错卸货物时，立即通知货物应卸机站，可能是目的站亦可能是经停站。需特殊照料的货物，错卸站应采取相应措施加以保管，以免货物受损。同时，尽快安排错卸货物续运至目的站或原卸机站。

五、货物少收

由于装卸或其他原因造成到达站短收货物，到达站发现少收货物时，应立即通知货物始发站有关货物少收情况，收存少收货物的货运单，待货物运达后处理。如果本站为中转站而少收货物，且货物已由其他航班转运至目的站，应将货运单转往该站。如果查找不到，该货物按货物丢失处理。

六、货物多收

由于装卸或其他原因造成到达站多收货物,发现多收货物时,如有货运单或标签的,则根据货运单号码、件数、重量向前方各站询问处理办法;如无货运单及标签的,则应根据多收货物的件数、重量、尺寸、外包装类型、标记等向前方各站询问处理办法。当收到始发站或其他站对该货物的处理指示后,按照指示办理。经详细查询后无结果时,按无法交付的货物处理。

七、错贴(挂)货物标签

错贴(挂)货物标签是指货物的标签被贴(挂)错,以致货物上的标签与航空货运单或货邮舱单上所列明的内容不符。

发现货物错贴(挂)标签的航站应立即通知始发站,并根据始发站的要求进行更正。

八、有货无单

在到达站只收到货物而未收到航空货运单。

到港货物发现有货无单时,工作人员做好入库记录,并将有关情况通知始发站和航班经停站查询,要求尽快补运或传真货运单。货物始发站收到有关丢失货运单的通知后应及时查找,如未能找到原始货单,应通知有关站货运单正本已丢失,用副本(国内可用货运代单)代替正本完成后续工作,并尽快补运货运单副本和有关随机文件。收货人收货时,到达站如仍未收到原始货运单或货运代单,要求收货人在交接单上记录其证件号码。

九、有单无货

在到达站只收到航空货运单而未收到货物。

发现有单无货时,向始发站和有关航站联系,并将货运单妥善保存,等待货物运达。如果多收的货运单并非是本站的,可根据要求将货运单退回有关航站。

十、货物破损

货物在运输过程中造成破裂、伤损、变形、湿损、毁坏等现象。

发生货物破损的时间不同,则采取的处理方法也不同。

始发站收运货物时发现破损,则拒绝收运。

出港操作时发现破损,如果内物未损坏,则加固包装,继续运输;如果严重破损,即内物损坏,则停止运输,通知发货人或始发站,征求处理意见。

进港操作时发现破损,需填写不正常运输记录,并将情况通知始发站。

交接中转时发现货物破损，如果是外包装破损，内物未损坏，修复包装或重新包装后可继续运输；如果严重破损则拒绝转运。

案例 5-4

鲜活易腐货物航空运输怎么玩

根据 Seabury 集团最近发布的一项研究报告，过去 13 年间最易受到运输模式转变影响的主要商品之一是鲜活易腐货物。但这份研究报告也指出，托运人和代理人表示，他们预计未来这类货物很少会转向海运方式。

虽然运力、价格、质量和航线网络对于航空货运部门而言，是鲜活易腐货物运输重要的条件，但鲜活易腐货物有一个有别于其他商品基本和明显的特点：易腐变质的性质。这意味着需要中转时间短和维持该产品在适当的温度范围内，这是确保商品运输的必要先决条件。因此，速度和质量这两个关键词是航空公司与客户必须努力的方向。

1. 拒绝平庸

虽然鲜活易腐货物在航空货运业的名声是收益比较低，但是这类产品仍然是很多贸易通道上运输量非常大而且重要的组合。对于许多承运人而言，如何增加收益是需要静下心来仔细思索的事宜。例如法航—荷航集团（Air France-KLM，简称"法荷航"）就认为，收益取决于许多因素，如商品本身、密度和季节性等。收益率往往比药品和高价值产品运输要低，因此在高低收益商品之间组合的安排就不是轻而易举之事了。细细思量才能做好收益管理。

承运人主要面临的问题是运力过剩。这会对收益率造成影响，让许多货机无用武之地。为了节省成本，许多客户和商品希望实现最低的费率，也有某些特定客户可能多付出一点，希望得到更高的质量和更好的附加服务，例如欧洲运送花卉产品到俄罗斯，使用了真空冷却器。当然，额外的服务意味着更高的收费。事实上，很多顶级承运人大量投资建设货运基础设施，以改善易腐货物处理流程，包括设置快速车道、专门存储设施和设备、专门打造的处理团队、专门明确界定的流程等。

例如德国汉莎货运公司通过提高专业能力，得到客户积极反馈。如今公司收到的索赔案件数量已经大幅减少。该公司的做法包括鲜活易腐货物处理中心毗邻货机机位；针对关键的鲜活易腐货物市场，引入"快线"和快速文件过程，以及缩短过境中转时间。飞机停下来到可以把货物交给客户的时间平均为 4 个小时。而过去，这一时间是 6~8 个小时。

现在许多专业托运人会指定承运人，因为他们知道这些航空公司会投资于鲜活易腐货物运输的方方面面，并认真对待产品；提供各种像跟踪查询等良好的服务。例如法荷航不断增加 RFID 无线射频设备和温控设备，在冷链细节方面精益求精，以吸引客户。

2. 认证也是生产力

如今，全球药品的冷链装卸和运输过程受政府监管越来越多，需要各类认证计划，例如欧盟的良好分拨做法。但现在鲜活易腐货物运输还没有这类监管环境。

法荷航曾与鲜花发货人召开了一次鲜活易腐货物工作会议,其中关于专业认证的可能性是托运人问得最多的问题之一。因此该公司现在正在关注于此,希望有一些中立机构提供认证,从而可以作为竞争优势。德国汉莎货运公司与 Geisenhaim 大学合作对于易腐货物供应链制定一个认证标准。目前在航空业有国际航空运输协会制定的鲜活易腐货物运输规则,这也是许多航空公司针对此类产品运输的流程基础。虽然国际冷链协会和劳氏船级社制定了一个冷链分拨和认证标准,运营商的看法似乎认为这主要是为制药公司运输药品而设计的,不是专门用于运输鲜活货物的。

其实,许多承运人也面临一个两难的困境,如果你实施了严格标准,这自然而然会造成运输成本的增加,发货人就可能拍拍屁股走人。例如法荷航负责鲜活易腐货物的总监就曾抱怨,欧盟内部食品卫生法规和植物检疫控制越来越严格,这会扭曲市场竞争,会使产品运输转向立法最不严格的地方。

此外,部分鲜活易腐货物托运人和代理人更喜欢某些机场,这主要是由于地方监管当局能够快速和有效地处理通关及检疫等流程。以美国为例,底特律被视为某些易腐产品运输非常难的机场,因为它的食品和药物管理局(FDA)比较严格,而且仅星期一至星期五朝九晚五工作。相反,在肯尼迪机场 FDA 具有一定灵活性,并且全天候提供服务。因此,全球赫赫有名的第三方物流企业 Kuehne+Nagel 在那里有它自己的专业冷链设施。

3. 发货人的压力

由于鲜活易腐货物航空物流链缺乏一个有意义的认证过程,承运人发现现在的发货人日益要求越来越苛刻的质量标准和一致性。以前和发货人讨论的基本上是舱位安排、运价等商业性问题。如今发货人往往派出公司负责质量的管理人员去和航空公司商谈。例如浆果类专业发货人 Driscoll 在和法荷航具体商谈时,更加关注质量问题。实际上,航空公司也希望这样做,因为这样可以让承运人更具有竞争优势。如果冷链运作良好,遵守客户要求的条件,索赔就会最小化,公司可以通过口碑进一步增加市场份额。

又如英国对于鲜活产品的冷链有极高的质量和透明度要求。汉莎航空运载很大一部分鲜活易腐货物是以往要求苛刻的英国市场,尤其是来自拉美的蓝莓和树莓。航空货运公司需要格外小心。这种产品在运输中数量不断增长,已在市场中成为关键的变革力量,促使航空公司想方设法改进运输质量,毕竟这些都是易腐的水果。某些商品转移到海运,例如南非到欧洲市场的葡萄很大程度上已经转向海运,但高质量和高度敏感产品不太可能转向海运。消费者总是需要新鲜的水果和浆果,该产品保质期很短,空运是唯一的选择。尽管如此,提高运输质量,满足发货人的要求,这也是航空公司"义不容辞"的责任,在竞争激烈的市场上,运输质量往往成为胜败关键的分水岭。

最近,另一个趋势是亚洲市场对于高质量的易腐产品需求增加了。日渐壮大的中产阶级正在改变品味,变得更有识别力,想要尝尝世界各地不同的食物。例如,主要来自苏格兰的三文鱼和甲壳类动物就大受欢迎。美国航空公司也看见来自中国客户的相当大的需求,从迈阿密把活龙虾运到上海。利马和达拉斯之间公司新的航班服务提供了从秘鲁到仁川、上海和香港等关键亚洲市场的快速连接。秘鲁的托运人对于前往亚洲的航班运力,目前因为供不应求而抱怨四起。在秘鲁,从蓝莓到芦笋等许多产品在亚洲地区有巨大需求。

以这种方式开放新的贸易通道已经为美国航空公司和它的客户开发出新的商业机遇，同时也帮助这些公司提高收益率。

过去，美航承运的鲜活易腐货物最后往往在迈阿密进行分拨，从那里通过卡车运输至美国的目的地市场。如今，大约95%的业务不再通过迈阿密或达拉斯发往其他大陆市场，而是远渡重洋，还可以收取更高的运费。因此，美航和巴西或智利等南美客户在商谈，希望提供拉美到亚洲之间的中转服务。这对于南美客户来说，会得到 10~20 倍或许上百倍的回报。

在全球市场中，鲜活易腐产品的运输对于航空货运业既是挑战，也是机遇，毕竟这将是航空公司所提供的高端运输产品，而其所带来的回报也是巨大的。真正理解这类产品并且和生产商密切合作是获得客户信息的关键所在，各家利益相关者必须充分利用各种方式，以高效的方式应对挑战，对市场和产品了如指掌，才能保证运营成功。

4. 延伸——玩鲜活易腐产品运输的"门道"

消费者对食品和国外产品的需求量是永远得不到满足的，正如"食不厌精"，再加上来自发展中经济体出口业务量增长，鲜活易腐产品运输量不断增长。各种新鲜水果、蔬菜、鱼、肉、花甚至巧克力都在全球"飞来飞去"。

由于燃油附加费上升，环保团体的抗议，以及海运温控集装箱的出现等，都让航空运输量出现某种程度的下滑。即使如此，越来越多的承运人正在提供利基市场业务服务。

对于航空公司而言，鲜活易腐产品带来的是一系列挑战，毕竟这不像运输普货那样容易。汉莎航空公司负责该类产品的经理汤斯坦指出："鲜活易腐产品有着预先设立的生命时间周期。我们将产品从生产厂商运至消费者手中时质量不能出现任何问题。"但是，这不是轻而易举之事。保持冷链需要一定水平的技能，并且要对相关设施进行投资，还要小心谨慎地监控，所有这一切都是为了保障鲜活易腐产品的运输。别忘了鲜活易腐产品的运输价格也是相当高的。

经营鲜活易腐产品运输业务的航空公司需要专门组建一支拥有专业技能的队伍。阿联酋航空公司就曾表示："我们就有一支由专家组成的队伍，他们研究合适的运输产品，同时在全球 CCA（冷链协会）中发挥着积极作用。鲜活易腐产品占公司业务中很大一部分——25%的比例。所以，我们必须要高效地运作。"

严密的监控和记录措施，也是鲜活易腐产品在空运过程中必不可少的。其中，最主要的就是记录运输过程中的温度变化情况，确保冷链不间断。如果旅行途中温度急剧变化，对鲜活易腐产品的影响是相当大的。对于保持温度而言，其他设备也是需要的，例如，卢森堡货运航空公司就使用真空冷藏车存储鲜花，然后运往仓库。阿联酋航空公司则一直在新设备使用上引领潮流，包括冷藏车和隔热毯。

同时，发货人在将鲜活易腐产品交给机场和航空公司之前，必须先做好预冷工作。同样，航空公司也必须实施严格的标准操作流程。阿联酋航空公司的规定是，从飞机卸下到冷库或是到另一架转运飞机的操作时间不能超过 90 分钟。

整个航空业需要为温控产品的运输设立标准。全球冷链协会先行一步，推出了"冷链质量指标"（CCQI），其中涵盖了所有运输方式。CCQI 使用了风险评估方式来确立流程，供应链中的每一个公司——代理人、卡车运输公司、机坪操作者、航空公司等——都必须证明它们能符合冷链运输条件。与此同时，全球另一个行业组织——360质量协会也建立了另一个以风险为基础的冷链标准，一开始针对海运水果业务，但今后将延伸涵盖至所有的物流领域，包括航空货运。

目前，一个非常重要的问题在于，代理人和航空公司所提供的信息缺乏许多实质内容。全球冷链协会主席罗伯特·阿瑞德尔表示："操作者如果得不到必要的信息，怎么能知道什么是正确的操作方式？对于空运货物而言，在运输过程中必须至少有5个监控点，而航空公司还必须知道温度的具体信息，这样才能有的放矢地监控。"

资料来源：倪海云. 鲜活易腐货物航空运输怎么玩？[EB/OL]. （2014-07-14）. http://news.carnoc.com/list/287/287579.html.

任务8　不正常航班管理

一、不正常航班的界定

根据《航班正常管理规定》，有关不正常航班的界定如下。
（1）航班出港延误是指航班实际出港撤轮挡时间晚于计划出港时间超过15分钟的情况。
（2）航班到港延误是指航班实际到港挡轮挡时间晚于计划到港时间超过15分钟的情况。
（3）机上延误是指航班飞机关舱门后至起飞前或者降落后至开舱门前，旅客在航空器内等待的时间超过机场规定的地面滑行时间的情况。
（4）大面积航班延误是指机场在某一时段内一定数量的进、出港航班延误或者取消，导致大量旅客滞留的情况。某一机场的大面积航班延误由机场管理机构根据航班量、机场保障能力等因素确定。
（5）航班取消是指因预计航班延误而停止飞行计划，或者因延误而导致停止飞行计划的情况。

二、不正常航班产生的原因

（一）天气原因

天气原因是造成航班延误的主要原因。影响飞行的气象要素很多，例如，气温改变可改变发动机的推力，影响起落滑跑距离；地面风会直接影响飞机的操纵，高空风会影响飞机在航线上的飞行速度和加油量；气压会影响飞机的飞行高度。此外，雷暴、低云、低能见度、低空风切变、大气湍流、空中急流、颠簸、降雨、结冰等天气现象都会直接威胁飞行安全。

在飞机起飞、降落和空中飞行的各个阶段都会受到气象条件的影响。例如，出发地机场的天气状况不宜起飞；目的地机场的天气状况不宜降落；飞行航路上的气象状况不宜飞越；等等。

机组的技术等级和分析把握气象的能力，也是航班在特定的天气状况下能否按时起飞的影响因素，不同机型的飞机对天气条件的要求也不同，因此即使在相同的气象状况之下，不同的机组和飞机也可能会对航班做出不同的决策。

（二）航空管制原因

"海阔凭鱼跃，天高任鸟飞"，而现实中，民航飞机是在有限的空间、有限的时间和有限的条件下起飞、降落和飞行的，受诸多因素的限制和影响。

特别是部分繁忙机场的高峰时段，地面服务与空中交通都处于超负荷运转状态，飞机离港往往在地面滑行甚至等待较长时间是正常现象。有时飞机要准备起飞，由于机场跑道有限，刚好碰上落地和起飞的飞机较多，那么航班飞机需要按一定的安全间隔依次进入跑道起飞，同时又可能造成机坪停机位紧张，该落地的飞机不能准时降落，因此，航班起降时刻成为繁忙机场的紧缺资源。

有时是同一方向的航班可能很多，因流量控制需要等待；有时因某种原因空域暂时关闭，如特殊飞行、重大事件或军事训练等情况需等到管制解除，一旦管制解除，空域往往又大量塞机，继续出现延误。

（三）机场保障原因

因机场保障导致航班延误的情形也不少。

（1）机场保障服务。机务保障部门对于各航空公司的经停和往返航班承担过站检查、排除故障、地面服务、放行等各项服务工作，如果哪一环节出现疏漏或保障不及时，均可造成航班延误。

（2）联检原因。联检机构包括边防、海关、检验检疫等联检服务影响客户的手续办理，从而造成航班延误。

（3）场区环境。机场上空环境出现干扰因素也是造成航班延误的重要原因。例如，机场附近场地的鸟类、风筝、航模、无人机及燃放烟花等，都会造成航班延误。

（四）航空公司原因

（1）航班计划。航班计划排班衔接不当，或者运行过程中前一个航班因其他原因延误，造成后续航班延误，而后续航班的延误一般归结为航班计划原因延误。

（2）运力调配。为了提高飞机的日利用率，通常安排一架飞机一天要执行多个国内航班，要在天上飞 10 个小时左右，再加上飞机在地面上下客、清洁、装卸行李与货邮、例行检查等过站时间，一般每天运行 16 小时左右。现实状况来说，在可使用飞机数目可以充分保障的情况下，由于飞机的高成本使每个航空公司都不可能准备更多运力备份，每架飞机的航班计划都预先排好，周旋余地不是太大，前一航班出现任何疏漏都可能引发后续航班的连锁反应,往往越到后面延误时间越长。加之各航空公司独立运行,可供调配的余地很小,还有航线、机场等配套不是很完善,导致航班运行整体效率偏低,一旦发生意外情形,应变、调配能力较差。又如,因某些特殊原因原制定航班临时调配去执行别的飞行任务,造成航班延误。

(3)机组安排。例如,机组人员因特殊原因没有按时到岗;或到岗后出现身体不适等原因而不能正常执勤,需临时调换等待;有时因加班飞行而出现机组人员工作负荷过大,又没有多余的机组备份,导致航班延误。

(4)机械故障。如果航班飞机在执行任务期间出现故障,机务人员需要按照规定的维护程序进行必要的检查判断,分析故障现象,找到故障原因,然后再进行相应的故障排除工作,例如换掉导致问题的故障件等,当故障排除后,还需要进行一定的测试工作,以确定是否修复好,因此整个故障排除的过程需要一定的时间,为了确保飞行安全,即使是一些小故障,也需要完成一套严格的维修检测程序。机械故障造成的航班延误不仅与故障具体情况有关,也与当地机务维修能力有关。如果飞机故障发生地是该航空公司基地,处理故障时间相对较快,哪怕是发生大故障一时难以修复,由于在出发基地,调配飞机比较容易,延误时间会较短;如果飞机故障发生在外站,且当地缺少必要的检修设备、零件和维修人员,这种情况造成的航班延误所需的时间很难估计,另派飞机来也需要较长时间。

(五)旅客原因

据统计,因旅客原因导致的航班延误占不正常航班的 3%,和因飞机故障造成的延误数量相差无几。

常见的情形有以下几种。

(1)旅客晚到,在航班办理登机手续截止时间之后才赶到。

(2)有些旅客,在通知登机后,往往拖到飞机起飞时间到了才登机,或者在候机楼内购物、看书、打电话、用餐,不注意听登机广播,导致机场方面不断广播找人,飞机不得不等待。在繁忙机场,一个航班早一分钟登机结束,机组就早一分钟向航空管制部门提出离港申请,这带来的不仅仅是提前一分钟起飞,有可能是十分钟甚至更多时间。

(3)有时通知上飞机时旅客不辞而别,尤其是直达旅客在飞机经停机场走了。一旦发生旅客不辞而别或其他原因没有登机,为了保证广大旅客的安全,必须确认该旅客是否有遗留物品在飞机上,需对客舱及所有托运行李进行全面检查,为了对旅客负责,航空公司须将该旅客所交运的行李从飞机上卸下,以免发生旅客、行李不在同一地点的情况。如果你是过站旅客,由于无交运行李的具体清单,这个工作的执行将很费时间。

(4)国际中转航班在办理出入境手续时由于旅客证件等问题,耽误时间。

(5)偶尔有发生旅客因航班服务问题产生过激行为或旅客突发疾病等。

三、关于不正常航班的法律法规

对于出现的延误、取消等不正常情况,根据我国的法律法规,航班运行相关责任单位和部门按照各单位的航班延误处置预案,依法处理,并积极恢复航班正常运行秩序。

《航班正常管理规定》第三十七条规定,"机场管理机构及驻场各单位应当共同建立大面积航班延误联动协调机制,包括信息共享、航班放行协调、旅客服务协调等机制。"第五十五条规定,"从事航班正常保障、延误处置和旅客投诉受理处理工作的单位和个人应当接受和配合民航行政机关的监督检查。"

《航空法》第一百二十六条明确规定,"旅客、行李或者货物在航空运输中因延误造成的损失,承运人应当承担责任;但是,承运人证明本人或者其受雇人、代理人为了避免损失的发生,已经采取一切必要措施或者不可能采取此种措施的,不承担责任。"这一法律规定合理地维护了乘客和承运人双方的合法权益。

《中国民用航空旅客、行李国内运输规则》第五十八条规定,"由于天气、突发事件、空中交通管制、安检以及旅客等非承运人原因,造成航班在始发地延误或取消,承运人应协助旅客安排餐食和住宿,费用可由旅客自理。"第五十九条规定,"航班在经停地延误或取消,无论何种原因,承运人均应负责向经停旅客提供膳宿服务。"第六十条规定,"航班延误或取消时,承运人应迅速及时将航班延误或取消等信息通知旅客,做好解释工作。"第六十一条规定,"承运人和其他各保障部门应相互配合,各司其职,认真负责,共同保障航班正常,避免不必要的航班延误。"

四、不正常航班的生产组织与管理

(一)加强信息沟通和共享

航班出港延误或者取消时,承运人、机场管理机构、空管部门、地面服务代理人、航空销售代理人等单位应当加强信息沟通和共享,及时传递相关信息,确保对外发布的航班信息真实、一致。

(1)承运人应当每隔30分钟通过公共信息平台、官方网站、呼叫中心、短信、电话、广播等方式,及时、准确地向机场管理机构、空管部门、地面服务代理人、航空销售代理人以及旅客发布航班出港延误或者取消信息,包括航班出港延误或者取消原因及航班动态。

(2)空管部门应当按照规定将天气状况、流量控制和航班出港延误后放行等信息通告承运人和机场管理机构。

(3)机场管理机构应当按照规定将机位、机坪运行情况等信息通告承运人、地面服务代理人和空管部门。同时,利用候机楼内的公共平台及时向旅客通告航班出港延误或者取消信息。

(4)航空销售代理人应当将承运人通告的航班出港延误或者取消的信息及时通告客户。

(二)制订应急预案

当出现大面积航班延误时,承运人、机场管理机构、空管部门、地面服务代理人及其他服务保障单位应当分别制订大面积航班延误应急预案。

通常，航空公司和机场当局成立"航班延误应急处置领导小组"，这是负责大面积航班延误应急处置行动的最高决策指挥机构，其成员由公司航班运控中心负责人和各现场服务部门负责人组成。其职责是，在启动航班大面积延误应急处置预案后，负责航班情势预警，监察航班情势发展动态，及时通报延误信息与取消信息，根据延误程度及时实施不同级别应急处置预案，组织和协调各相关部门实施应急处置行动。

（三）现场组织工作

当发生大面积航班延误时，需要多方协作，共同做好现场组织工作。

（1）机场公安机关维护机场秩序，加强监控，确保正常航班和延误航班相关工作有序实施；加强候机楼区域安全巡逻和防范，预防和及时依法处置任何违法行为，保护旅客生命和财产安全。

（2）消防部门加强对候机楼、机坪等区域的巡逻，加强防火防爆。

（3）安检护卫部门积极协助有关部门维护候机楼的正常秩序，确保安检通道和隔离区安全有序，飞机得到有效监护。

（4）医疗救助部门加强对延误旅客滞留区域的巡视，确保对老年体弱和重病症旅客的及时护理和救治，必要时加强现场救护力量。

（5）机务部门对机械故障导致的航班延误，应积极采取有效措施，修理排除故障，必要时调机或合并航班，在最短的时间内恢复航班。

（6）商务部门对涉及客户经济赔偿问题时，应派出权威人员与旅客进行沟通，及时解决赔偿纠纷，避免事态扩大诱发新的矛盾和后果。

（7）旅客应当文明乘机，合法维权，不得违法进入机场控制区，堵塞安检口、登机口，冲闯机坪、滑行道、跑道，拦截、强登、强占航空器，破坏设施设备，或者实施其他扰乱民航运输生产秩序的行为。

（四）航班运行恢复

在大面积航班延误情况下，涉及的航空公司多、航线多、航班多，旅客因素多，航班恢复复杂。为了应对航班运行异常情况，通常以机场当局为牵头单位，在机场设立由空管、航空公司和机场当局代表组成的"航班运行指挥中心"或"航班运行协调委员会"之类的机构，并建立相应的航班运行协调机制，负责协调本场航班运行过程中涉及的各个方面的资源调配。

1. 航班恢复计划

恢复航班运行，需要航空公司制订航班恢复计划，首先分析航班延误信息、飞机运力和航班中断后的分布状况、机组执勤现状、航班旅客人数和所承运的货物情况，密切关注航班发展趋势或消除动态，依据航班处理预案，综合考虑利弊因素及航班恢复的难易程度，确定哪些航班必须继续执行，哪些航班可以取消，哪些航班可以合并执行，哪些航班顺延执行，制订航班恢复计划。

航空公司制订航班恢复计划通常采用以下几种基本方法。

（1）航班顺延。按航班计划出发时刻依次顺延执行，这种方法制订恢复计划相对简单，涉及面较小，但可能会导致后续航班的累积性延误。通常只适用于延误航班量较小，且本场始发的延误航班。

（2）航班取消。由于导致航班延误的原因在短时间内难以消除或不可消除，或由于机组人员当日执勤时间超过标准，被延误的航班无法继续执行，因此航班只能取消。如果取消去程航班，则回程航班将无法执行，在这种情况下，回程航班可以考虑通过改换机型合并航班方式恢复执行。

（3）航班合并。由于原计划航班无法恢复，可以与本公司同一航线的下一航班或其他航空公司的同航线航班合并并改用大飞机执行。

制订航班恢复计划，无论采取哪一种方式，都必须考虑如何使在异地的延误航班飞机和机组尽快返回基地，以保证后续航班的正常执行。

航空公司将航班恢复计划提交给航班协调委员会，经空管等运行控制单位对各家公司的航班恢复计划进行统筹和协调后，进入航班恢复计划的实施过程。

2．飞机调配

由于航班延误导致部分飞机不能按原计划在预定机场执行航班计划，影响后续航班运力周转，因此需要对飞机进行重新调配。

（1）调换空闲飞机。为保障航班正点，将一地的空闲飞机调往执行被中断的航班。对于航空公司来说，专门准备备用飞机会大大增加公司运营成本，但考虑到实际情况，航空公司会有这方面的准备，在制订航班计划时都会留一些余地，每一天都有些飞机的航班任务不多，就是用于临时调配以便应付意外情况的出现，尽量缩短航班延误的时间。

（2）调换后续执飞飞机。由同一站执飞其他航线稍晚时刻航班的飞机改飞被延误的航班。

调换飞机，如果机型不同，需要考虑机型对机组的要求，以及旅客座位重新订座或货邮的重新配载与装机。无论哪一种飞机调配方法，都只能适用于小规模的航班延误情况。

3．机组调配

与航班恢复过程中的飞机恢复相比，机组恢复更为复杂，不仅需要考虑航班中断后机组的空间分布，而且要重新审核机组人员的日执勤时间和日累积飞行时间限制是否超标。航班恢复中机组恢复的通常做法有以下几种。

（1）空载。对于航班取消或航班合并后可以继续执勤的机组，通常是从航班中断机场直接搭乘飞机前往指派执勤的航班出发机场，执飞指派的航班飞行任务。

（2）备用机组。启用备用机组执飞中断航班的剩余航段。

（3）加强型机组。当机组在航班恢复后执勤时间或当日累积飞行时间超标时，有时会将其充实到其他机组，形成加强型机组继续执飞指派的飞行任务。

4．延误航班放行

对于航空公司运控部门来说，在大面积航班延误后的航班恢复实施过程中，需要重新制订放行计划。

机场所在地的空管部门汇总各航空公司的航班恢复计划，兼顾各航空公司利益和空域能力，为确保飞行安全和有序运行，重新制订新的空管放行计划。其基本放行原则是优先保障正点航班，在满足空域放行间隔标准的前提下，根据航班重要性按顺序放行：特殊任务航班、延误时间长的航班、要客航班、国际航班、远程航班、乘客多的航班、其他延误航班。

项目拓展

美国航班正常性管理经验及对我国的启示

航班正常管理是我国民航目前发展中的重点和难点问题。为探寻提高首都机场航班正常性的有效方法，笔者参与了对美国航班正常性所进行的考察，与美国运输部、联邦航空局就航班正常管理问题进行了深入交流，重点考察了美国芝加哥机场、美国航空公司等单位，就航班正常管理法律、法规和规章、航班正常监管手段、CDM 系统的使用和大面积航班延误的处置等方面问题进行了交流。通过考察，我认为美国航班正常性管理的经验对我国民航具有十分重要的借鉴作用。

1. 美国航班正常管理机构

美国航班正常管理和消费者权益的保护主要由美国运输部（DOT）及其下属的联邦航空局（FAA）具体负责。从职责分工来讲，FAA 比较注重安全和效率管理，DOT 比较注重经济性管理。在考察中，考察团同美国 DOT 航空执法和促进办公室进行了座谈。DOT 介绍了其职责以及与 FAA 的分工、相关的执法依据、管理手段等内容。

DOT 负责航班正常管理的机构是航空执法和促进办公室，该办公室的主要职责是处理与航空运输有关的消费者维权事件和经济执法案件。管辖的主体包括航空承运人、包机承运人和销售代理。其职责主要包括：受理航空公司和乘客的投诉，负责对公众进行安全教育，对航空公司提供指引，等等。该办公室负责调查有可能违反航空承运人航空经济法的行为，其中主要包括停机坪延误、长期严重航班延误和航班正常性的报告等方面内容；进行民权方面的法律诉讼，如残疾人对航空公司的诉讼，等等。

FAA 的主要职责是向公众提供世界上最安全、最高效的航空系统服务。FAA 目前有 47 000 名雇员，是 DOT 下属人数最多的组织，美国空管的管制员都是 FAA 的雇员（公务员），大约有 15 000 人。FAA 重点向考察组介绍了 ATFM（Air Traffic Flow Management，流量管理）系统和 CDM（Collaborative Decision Making，协同决策）系统。FAA 还回答了关于航班正常性数据统计、空中交通管制员效率管理和大面积航班延误处置责任及做法等问题。

2. 美国航班正常管理的相关法律法规

1）停机坪延误法案（14CFR Part 259）

《强化对航空公司旅客的保护》（Enhanced Protections For Airline Passengers）（停机坪延误法案），是在联邦条例（CFR）中的第 14 集（航空与航天）分部中的 259 部，如

图 5-6。该法案明确要求航空公司在繁忙机场运营中，飞机长时间延误滞留滑行道，使旅客无法下机，增加了旅客不便的情况下，要采取措施，降低延误，改进服务，否则航空公司应承担相应的责任。

停机坪延误法案规范的主体包括：在大中小机场（含非枢纽机场）运营 30 座以上飞机的美国国内航空承运人，以及在美国本土执行到港和离港的外国航空公司（同时，只要承运人运营 30 座以上的航班并受该法案的管辖，那么该承运人其他 30 座以下的航空器的运行，无论国内、国际、均受该法案的管辖）。上述法案并不直接适用于机场。

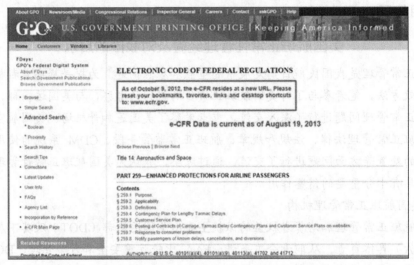

图 5-6 美国运输部网站公布的联邦条例第 14 集第 259 部内容

该法案要求，每一个受此法律管辖的美国本土的承运人及外国承运人都需有停机坪延误应急预案，这个预案内容必须包括：一是作为美国国内航班，应确保飞机不得在停机坪上停留超过 3 小时以上；二是作为国际航班，应确保飞机不得在停机坪上停留超过 4 小时以上；三是对其他的航班应确保始发航班在飞机离开登机门或到达航班在落地后，应为滞留在停机坪上飞机中的旅客，在超过 2 小时时要提供相应的食物和饮用水；四是在延误期间，对滞留在停机坪上的所有航班上的旅客，根据其需要，保证机上卫生间或其他医疗设备可供旅客使用；五是在停机坪延误时，要保证合适的客舱温度；六是告知义务，在停机坪期间，航空公司每 30 分钟要将延误的状态向旅客公布，如果有下机可能的话，每 30 分钟要告知旅客他们有下机等待的权利。如果航空公司选择让旅客下机等待，或当飞机需要推迟起飞、需要维修等情况时，航空公司要告知旅客；七是承运人应确保有足够的人员保障应急计划的实施；八是航空公司要确保其在大中型枢纽机场所制订的应对计划与有关机场当局、边防、海关、国土安全部有良好的协商和协调机制。

为加强对航空公司实施其应对计划严肃性的监管，259 部要求实施应对计划的承运人应当至少保留飞机在停机坪上延误的信息记录至少 2 年，这个记录要包括：延误时长、延误原因、为减少旅客困难航空公司采取的措施、飞机是否最终起飞或返回登机口、对飞机超过 3 小时以上延误的说明。对于承运人违反本规定的处罚，259 部规定，应按照美国法典 49 集 41712 项的规定，由运输部对承运人采取处罚。对于每次违反停机坪法案的违法行为的处罚上限是 27 500 美元。目前 DOT 共处理了 300 件左右的停机坪延误报告。上述信息来源主要包括四个方面：一是 DOT 直接收到的旅客投诉；二是运输统计局关于航班正常的数据；三是 FAA 提供的数据；四是新闻媒体的报道。

2）机场停机坪延误的相关法律（49 U.S.C.§42301）

上述 259 部主要针对的是航空承运人，不适用于机场。对于机场适用的法案是美国法典 49 集 42301 项，此法案要求机场向 DOT 提交停机坪延误的应急预案，由 DOT 进行审核和批准。这个法案涵盖美国大、中、小型机场和非枢纽型机场。该法案要求机场的应急预案必须包括以下要素：对下机旅客要提供一系列的服务，包括在机场提供指定区域；对长期严重延误航班旅客安排专门区域进行休息；对尚没有通过美国海关的旅客要进行疏导和安抚。这个法案实施以来，收到机场上报的应急预案 390 个。

3）航班正常情况报告的法规（14CFR PART234、PART244）

美国联邦条例第 14 集中 234 部《航空公司服务质量情况的报告》（*AIRLINE SERVICE QUALITY PERFORMANCE REPORTS*，见图 5-7）和 244 部规定了航班正常性报告的相关要求。其中 234 部主要针对运营美国国内定期航班的大型航空承运人，244 部主要针对美国大型公共包机和国际航班承运人、美国小型航空承运人，所有运营美国到港和离港航班的外国承运人。上述两部法律都规定：停机坪延误 3 小时以上的航班必须向美国运输部统计局（The Bureau of Transportation Statistics，BTS）上报，并由 DOT 对停机坪延误航班的数据进行对外公布。一方面公众用这方面数据来选择航空公司，另一方面航空公司也用这方面数据来进行宣传。

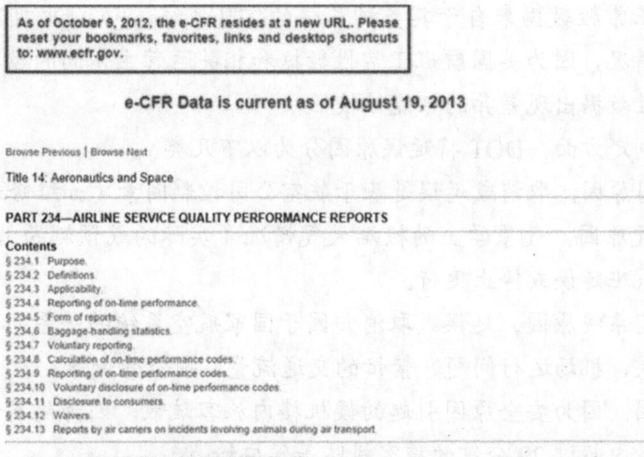
As of October 9, 2012, the e-CFR resides at a new URL. Please reset your bookmarks, favorites, links and desktop shortcuts to: www.ecfr.gov.

e-CFR Data is current as of August 19, 2013

Browse Previous | Browse Next

Title 14: Aeronautics and Space

PART 234—AIRLINE SERVICE QUALITY PERFORMANCE REPORTS

Contents

§ 234.1 Purpose.
§ 234.2 Definitions.
§ 234.3 Applicability.
§ 234.4 Reporting of on-time performance.
§ 234.5 Form of reports.
§ 234.6 Baggage-handing statistics.
§ 234.7 Voluntary reporting.
§ 234.8 Calculation of on-time performance codes.
§ 234.9 Reporting of on-time performance codes.
§ 234.10 Voluntary disclosure of on-time performance codes.
§ 234.11 Disclosure to consumers.
§ 234.12 Waivers.
§ 234.13 Reports by air carriers on incidents involving animals during air transport.

AUTHORITY: 49 U.S.C. 329 and Sections 41708 and 41709.

SOURCE: Amdt. No. 234-1, 52 FR 34071, Sept. 9, 1987, unless otherwise noted.

NOTE: The reporting requirements contained in this part have been approved by the Office of Management and Budget under control number 2138-0041.

图 5-7　美国运输部网站公布的联邦条例第 14 集第 234 部内容

航空公司每个月要向 DOT 提交的航班正常性数据包括以下几项。

（1）到港航班准点率（到港正常航班指实际到达时间减去计划到达时间小于 15 分钟

的航班)。

（2）到港航班延误 30 分钟以上航班所占比率。如果某航班在最近一个月，超过一半以上的到港航班延误 30 分钟以上的，航空公司要向 DOT 进行说明。

（3）取消航班所占比率。如果某个承运人取消航班的比率在 5%或以上，就需要提供说明。

联邦条例第 14 集中 234 部规定了航空公司有向旅客公布本公司航班正常率的责任。具体要求是：在美国执行定期国内航班的美国航空承运人，要在其官方网站上将航班正常相关信息进行公示（包括国内代码共享航班）。

4）长期严重延误航班法规（14CFR PART 399.81）

根据联邦条例 14 集第 399.81 部的规定，航空承运人要对外公布切实能够执行的班期计划，如果航空承运人连续 4 个月航班严重延误（航班严重延误是指国内航班 50%以上延误 30 分钟以上，1 个月内超过 10 次），就可能界定该航空公司存在不公平及欺诈行为。如果此种不公平及欺诈行为发生了，DOT 有权对其提出民事诉讼。该法案确定了一个量化的标准，但在实际执行中 DOT 会考虑非承运人原因造成的延误情况。

3. 航班正常性数据的统计及延误原因判定

美国由 DOT 下属的美国运输统计局（BTS）负责航班正常性数据的统计和公布工作。航班正常性数据由航空公司定期向 BTS 上报，而 BTS 按照一定的标准进行统计，并把汇总的信息按月公布，这些信息是公众可以获取的。公众可以看到航班的准点率，包括某个机场、某个航空公司、某个航班的准点率，BTS 也会对航空公司、机场正常率情况进行排名并公布。

航空公司的正常性数据来自于其多种多样的信息系统，FAA 也拥有自身的系统可以统计航班正常性情况，因为美国航班正常性数据和相关运营主体间的数据交互的透明和公开，使航班正常性数据出现差异的可能性较低。

在延误原因判定方面，DOT 将延误原因分为以下几类。

（1）航空公司原因。取消或延误是基于航空公司控制因素（如维修或机组原因等）。

（2）极端天气原因。气象学上的极端天气情况（实际的或预测的），而且基于承运人的判断，将引起航班延误或停止飞行。

（3）国家航空系统原因。延误或取消归因于国家航空系统的一系列问题，包括非极端天气情况下的延误、机场运行问题、繁忙的交通流量、航空管制等。

（4）安全原因。因为安全原因引起的候机楼内旅客疏散，因为隔离设备原因导致的重新安检以及隔离区内超过 29 分钟的旅客排队等候安检。

（5）飞机晚到原因。同一架飞机因为前飞航班延误导致目前执行的航班延迟起飞。

（6）航班取消。是指一个航班在 7 天前已进入承运人的计算机订座系统中，但这个航班实际没有执行。"改飞航班"是指一个航班从定期航班表的起飞点出发，没有到达航班时刻表公布的目的地点，而是到达了另外的地点。

在航班延误原因的界定方面，基本以航空公司的主动上报为主，FAA 会对特定航班进行调查，但并不是由 FAA 来负责航班延误原因的界定。根据考察了解到：美国对航正常统计数据的真实性一般依靠航空公司的诚信,依靠航空公司职员的主动上报以及对于发现存在违法现象的严厉处罚。一旦发现瞒报、漏报等,处罚将非常严厉。

4. 航班正常性的处罚

DOT 在航班正常管理方面使用的处罚手段有以下几种。

(1)警告信。一般附整改通知书,而且和受处罚方有书面协议,以保证受处罚方能按时整改。

(2)准许令。和处罚对象进行协商,让他们在未来停止违法行为,对于民事处罚每次违章的上限是 27 500 美元。

(3)可以暂停和吊销航空运营人执照。

(4)暂时和永久地发出一个禁令,禁止进行航空运输。

(5)依据美国法典 49 集 46316 项,对于已知的和蓄意违反法规的行为进行处罚。

5. 信息系统的广泛应用

1)流量管理系统(ATFM)

ATFM 系统的主要作用有以下几个方面:一是在航空运输需求和机场、空域保障容量之间找到一个最佳平衡点,系统通过评估和分析,以评估跑道的容量来计算机场的容量和标准,合理地确定流量;二是下放了管理权限,放松了管制,加强了安全和效率,直接就等于提高了航班正常性;三是能够加强航班延误的及时处置,是使运行从不正常中快速恢复的重要机制。四是通过增加系统的预见性,从而提高航空运输质量,降低温室气体排放。

ATFM 系统是覆盖全美的系统,该系统在像芝加哥奥黑尔机场这样的大型枢纽机场中能更加显著地发挥其作用。要达到系统效能的最大化,主要靠对流量信息的共享,让各方知道流量信息,知道如何去用这些信息,达成共识,ATFM 系统才能有效发挥作用。在座谈中 FAA 始终强调,FAA 利用上述系统和公开、透明化的系统管理模式,一直在减少政府管理对运行的影响。

2)协同决策系统(CDM)

CDM 系统是一个更加开放和透明的系统,各承运人把各自的信息汇集到一起,通过协同来做决策。CDM 系统有效提高了现在和将来的 ATFM 的运行效率。CDM 系统里有专门沟通小组,负责信息的共享,他们与航空公司和机场,包括通用机场都有很流畅的沟通渠道。CDM 系统通过频繁的联系和沟通,建立信任,加强合作。一般来讲,航空公司会从自身利益最大化角度来考虑问题,但是,通过 CDM 系统整合的平台,各企业能从促进系统整体最优化角度来考虑问题,以实现运行整体利益最大化。CDM 在美国由 FAA 牵头管理,航空公司和机场是系统的参与者。不仅在芝加哥这样的机场我们能看到一个大范围使用的 CDM 系统,在中小机场也有 CDM 系统,包括阿拉斯加地区,虽然地处偏远,以通航飞机为主,但 CDM 系统的使用度也很高。

CDM 系统与 ATFM 系统从目标来说是一致的,在实际使用中这两个系统也是分不开的。从两个系统的区别或侧重点来看,CDM 系统更侧重于信息量的整合。空管部门的目标是管理好空域,航空公司的目标是用好时刻,所以使用 CDM 系统协调各自的利益。如果没有这个平台,各个利益主体则以自身利益最大化为出发点。CDM 系统的协同性促使各单位从更全面的角度来处理问题。

6. 放松管制

美国实行天空开放、放松管制政策。在航班正常管理中,也遵循这个理念。以 FAA 为代表的行业管理部门在类似于 ATFM、CDM 系统这类先进技术系统的帮助下,通过及时整合信息,提供信息服务,为航空公司创造了良好的运营环境,逐步扩大了航空公司运营的自主性和灵活性。

在芝加哥奥黑尔机场考察时,我们发现在机场天气良好的情况下,不是由空管部门来决定起降时间,而是由航空公司来决定,航空公司有非常大的自由度来决定航班起降的时刻。美国航空作为芝加哥奥黑尔机场的主要航空公司,其直接在机场有塔台,负责本公司航班的管理和运行,这给航空公司提供了非常大的自由度。

美国空管部门作为政府管理部门,他们的最大作用就是和机场、航空公司协调配合,降低机场的流量拥堵,他们不仅控制本机场的流量,也管理航路的流量。通过管理不仅使机场,而且包括航线的流量符合保障能力,否则航班延误的原因就会归咎为空管部门。对于其他的延误情况,包括飞机的机械故障、机场设施的不完善等,空管部门也会根据机场设施等方面的限制情况来控制流量。只有控制好了流量,才能保证航班正常。美国有非常全面和完善的流量管理系统,可以让各个机场、各个航空公司了解到详细的流量信息和机场未来保障能力。例如在芝加哥机场,当美国航空公司知道塔台未来 1 小时能够处理的航班容量只有 200 架次时,他们就不会让未来 1 小时进出港航班量超过这个数字,从而确保流量的合理。如果机场目前流量在容量范围之内,则飞机的起降时间由航空公司自由控制。

7. 对于空管部门的激励和约束机制

美国的空管部门作为 FAA 下属的部门,由 FAA 负责实施管理。美国政府部门对 ATC 没有具体效率考核指标。FAA 对空管部门效率的监管主要通过以下几种方式来实现。

一是严格的管制员准入制度。雇用管制员时有严格的考试标准,管制员考试只有 40% 的通过率,而且每年都有考试,如果管制员考试不通过的话,会被安排至流量小的塔台,如果再不符合要求的话就有可能被解雇。这种严格的考核保证了 FAA 的管制员都具备相对高水准的专业能力。

二是当某一机场的实际运行数据远远低于预计的保障能力而造成航班不正常时,航空公司、旅客会向 FAA 进行投诉和抱怨,FAA 就会展开调查。如果调查发现是管制员的个体指挥原因使间隔变长了,那么管制员要有充分的理由来解释为什么要把间隔拉长,如果管制员没有合理的原因,那么会受到相应约束机制的处罚。

三是 DOT 会对各地区空管部门有类似于效率能力的排名,这个排名的数据来自于航空公司,该排名能在 BTS 的网站上查到。

总体来看,美国政府行业管理部门侧重于宏观管理,重点在于制定政策和法规,对于微观的具体运行管制较少,而航空公司的自主性和灵活性非常强,因此避免了空管部门的运行效率问题对实际运行的影响。

8. 美国航班正常管理经验对我国的启示

1）对标国际惯例

美国联邦条例第 234 部《航空公司服务质量情况的报告》中，关于航班正常性的统计标准是：美国计算航班实际到达时间、离港时间以及飞行时间都是以航空器实际到达或离开登机门/旅客登机区域为标准的。美国运输部公布的航空公司航班正常率，是按航班实际到港时间计算的，即不晚于计划到达时间 15 分钟内实际到达（指到达旅客下机区域）即算正常，等于或超过 15 分钟即算延误。对于机场，美国运输部公布的大型机场的出港和进港正常率数据，其出港正常的定义是：航班在计划时间 15 分钟内离开乘客登机区域即算出港正常，等于或大于 15 分钟即算延误。对于进港航班正常率的统计标准，则与上述提到的关于航空公司进港航班的统计标准一致。

为科学、合理、真实反映我国民航航班正常率，建议在航班正常统计标准方面逐步与国际接轨。对于航空公司，主要统计并向社会公布其航班到达正常性，即不晚于计划到达时间 15 分钟内实际到达（指到达旅客下机区域）即算正常，等于或超过 15 分钟即算延误；对于机场，可主要统计并向社会公布其航班起飞正常性，即航班在计划时间后一定时间内（此时间可根据各机场地面滑行时间的不同而具体做出规定）实际起飞为正常，超过此时间即算延误。只有这样，统计数据反映的航班正常性才能与旅客真实的感受更一致。

航班正常统计数据公布建议分成两部分：一部分是向社会公众公布数据，可主要公布航空公司航班到达正常性、机场航班起飞正常性；另一部分是向行业内部公布数据，建议公布机场放行正常性、机场始发航班起飞正常性、关舱门长时间延误航班等更多数据，以便于行业内部航空公司、空管、机场等相关保障单位准确掌握民航航班正常性的详细情况，主动采取措施，提高航班正常率。

2）公开运行信息

信息共享能加强各单位的协调联动，有效提高各运行主体航班正常工作的主动性。我们应积极运用信息技术手段加强航班运行的科学管理。目前，我国全国统一的流量管理系统尚未建立，CDM 系统的建设处于前期探索、部分地区试运行之中。CDM 系统在复杂天气导致的大面积航班延误中还不能发挥有效作用。从美国经验来看，先进的技术手段是处置航班延误的重要工具，特别是在复杂天气等情况导致的大面积航班延误的情况下，主要依靠 CDM 等系统整合信息，通过实现信息共享、协调联动来发挥作用。我们应下大力气推动全国统一的流量管理系统、CDM 系统乃至 A-CDM 的建设，以精确计算空域和机场保障能力，合理调控飞行流量，减少航班延误，特别是关舱门后地面长时间延误现象发生。

建议行业主管部门制定关于航班正常信息公开的规章，要求航空公司、机场通过网站、售票系统等形式公布其航班正常率，以便利旅客出行选择，并接受社会监督。建议由行业主管部门牵头，建立航班运行信息公开的平台，公布全国各机场、各航空公司航班正常性信息，以便于社会公众了解权威信息并增进对我国民航航班正常性工作的了解。

3）明晰延误责任

在本次考察中，政府部门、空管、机场等单位一致认为，在航班正常保障中航空公司是责任主体，这与我国民航各部门的认识是一致的。由于有了这样一致认同的理念，因此在实际的运行保障中,各方想方设法为航空公司保证航班正常创造条件。例如,FAA 在座谈中谈到,在航班运行保障中,他们会把航班什么时候起飞的决定权交给航空公司,他们认为管制员权力越小,航空公司权力越大,越对保障航班正常有利。FAA 的职责是为航空公司提供更好的环境,使航空运营更加有效和安全。

因此,从国外情况来看,我们应进一步明晰航空公司、机场、空管以及政府部门的责任,特别是在涉及航班延误原因的判定方面要细致划分责任。目前,建议先做到空地原因的分离,空中发生的延误原因由空管部门负责核查,地面发生的延误原因由机场负责核查。核查结果空管、机场、航空公司等各方要进行沟通。政府部门公布的航班延误原因应是各方认同的结果。

4)完善规章标准

目前,我国在航班正常管理方面还没有一部完善的规章对各项工作的标准和内容予以规范,航班正常的监管工作也往往找不到法律、法规、规章依据和标准,使航班正常监管工作缺少刚性约束。从前述美国情况来看,美国在航班正常管理方面法律法规健全,对违规行为的处罚有法可依,处罚手段也切合实际。我国航班正常管理目前还处在摸索和尝试阶段,出台的规定比较零散,缺少法律、法规依据,实施过程中可操作性差。我们应尽快建立健全航班正常管理法律、法规、规章体系,建立刚性约束机制及长效监管手段。

5)严格监督管理

今后,我们应研究建立对航空公司、机场、空管和其他保障单位的航班正常保障考核和奖惩机制。一是对运营的航空公司,要求其向行业主管部门上报航班正常率情况,行业主管部门要对航空公司航班正常率进行考核并排序。二是对机场要有考核指标。按机场规模的不同设定相应的机场放行正常率考核标准,对于达不到相应考核标准的机场不考虑增加其机场容量。三是对空管部门航班正常保障要建立考核和奖惩机制,以督促空管部门改进技术手段,提高管制工作的主动性和管制水平。四是对地面服务保障、航油、航信等单位,要对其保障能力、保障航班正常性情况加强监管,要有相应的考核和奖惩措施。对以上相关单位的监管信息,行业主管部门要向全社会公开。

航班正常关系社会和谐稳定,关系民航强国建设。我们应充分吸取发达国家航班正常管理经验,建立健全法律、法规、规章体系,建设先进信息系统,加强信息共享,实现协同决策,充分调动和发挥各运行保障主体的责任,使保障航班正常工作成为共同认识,统一行动、整体联动,努力为提高我国民航航班正常性管理水平而不懈奋斗。

资料来源:潘晓英. 美国航班正常性管理经验及对我国的启示[J]. 中国民用航空,2014(1):24-27.

项目小结

本项目首先分析了航班运行的组织与调度过程,然后分析了如何进行民航运输生产的客源组织与货源组织,重点介绍了航空旅客运输与货物运输的组织流程以及运输生产中的常见问题与处理。在介绍不正常航班如何界定的基础上,分析了不正常航班产生的原因,以及不正常航班生产组织与管理,通过本项目的学习,学生将对航班运行的生产组织及航空旅客运输与货物运输的生产组织与管理有更清晰的认识和了解。

项目训练与测试

一、思考题

1. 航班运行组织与调度包括哪些具体内容？
2. 出港航班航空旅客运输的基本流程包括哪些环节？
3. 出港航班航空货物运输的基本流程包括哪些环节？
4. 不正常航班如何界定？
5. 不正常航班产生的主要原因有哪些？

二、讨论分析题

1. 调查分析现阶段我国民航运输客源与货源的主要分布特点。
2. 阅读下列资料，分析引发旅客不满的原因，有何看法和建议？

资料：×月×日旅客乘坐的 A 航班计划起飞时间是 15:20，受天气原因影响航班 CDM 预计延误至次日 03:57，因延误时间较长，航空公司安排旅客宾馆休息等候，航班 CDM 于 00:05 分临时跳变至次日 01:30 起飞，航空公司地面业务由机场代理，故将该情况反馈机场要求接旅客，机场根据当时旅客宾馆安排情况及行驶路程反馈：旅客接送需要花费 1 小时 30 分钟，因当日地面保障系统 CDM 时间多次跳变，地面保障人员询问签派 01:30 起飞时刻是否准确，签派告知需按照这个时间保障，不然无法起飞，甚至航班会取消，并告知地面保障人员飞往同一目的地的原计划 17:35 起飞的 B 航班和原计划 21:05 起飞的 C 航班已经取消，分别于次日 08:30 和 08:00 补班，为避免 A 航班旅客回候机楼，航班又无法成行引起群体性事件，当日值班经理决定将滞留在现场的同一目的地的 B 与 C 航班的旅客改签至 A 航班上，地面保障人员重新为现场旅客办理登机牌托运行李。此时 CDM 时刻又变动，最终航班于 01:50 开始登机，02:22 关客舱门，实际起飞 03:04。第二日，原 A 航班的旅客均改签至 B 航班的补班航班上，补班时间为第二日 08:30，第二日补班航班又因雷雨天气影响延误至 16:10，实际起飞 16:29。对于 A 航班旅客相当于延误 27 小时才成行，引发旅客不满。

3. 航空货物运输过程中常见的问题有哪些？如何处理？

三、自我测试

（一）单选题

1. 对于每一个航班，需要根据航班计划和飞机排班计划安排相应的执飞飞机，并进行飞行前的检查，任何人不得运行未处于适航状态的民用航空器。这是（　　）。
   A．机务调度　　B．航务调度　　C．机组调度　　D．商务调度

2. 根据航班计划和机组排班计划的要求安排执勤飞行机组和乘务机组，并按时到达岗位，各自履行自己的职责。这是（　　）。
   A．机务调度　　B．飞行/乘务机组调度　　C．航务调度　　D．商务调度

3．航空公司对经常乘坐本公司航班的旅客实行一种里程累计促销方式，被称为（　　）。

　　A．常旅客计划　　B．分销　　C．超售　　D．联合销售

4．借助合作伙伴的产品和销售网络实现航空公司产品的联合销售是（　　）。

　　A．直销渠道　　B．代理人分销　　C．联销渠道　　D．旅行社分销

5．始发站在飞机起飞后发现货邮舱单上已列的货物未装机，航空货运单已随机带走，这属于（　　）。

　　A．货物漏卸　　B．货物漏装　　C．货物少收　　D．货物多收

6．配载与吨控的基本要求是（　　）。

　　A．在一定的范围内超载飞行，尽量减少空载　　B．达到飞机的最大业务载量
　　C．避免超载飞行，尽量减少空载　　D．以上都不正确

7．航班出港延误是指航班实际出港撤轮挡时间晚于计划出港时间超过（　　）。

　　A．15分钟　　B．20分钟　　C．25分钟　　D．30分钟

8．航班到港延误是指航班实际到港挡轮挡时间晚于计划到港时间超过（　　）。

　　A．15分钟　　B．20分钟　　C．25分钟　　D．30分钟

9．由于原计划航班无法恢复，可以与本公司同一航线的下一航班或其他航空公司的同航线航班合并并改用大飞机执行，这种航班恢复的方法是（　　）。

　　A．航班取消　　B．航班合并　　C．航班顺延　　D．以上都不是

10．以下关于"天气原因"造成航班延误的说法，正确的是（　　）。

　　A．只要出发地机场天气状况好就可以起飞
　　B．飞机不会因机型不同而对天气条件的要求产生影响
　　C．与机组的技术等级和分析把握气象的能力无关
　　D．飞行航路上气象状况不宜飞越会造成航班延误

（二）多选题

1．航务调度主要就飞机飞行前和飞行过程中所涉及的相关事项进行准备，涉及的工作有（　　）。

　　A．航空情报　　B．航行管制
　　C．签派放行　　D．通信、导航监视

2．机位调配的基本原则正确的有（　　）。

　　A．发生紧急情况或执行急救等特殊任务的航空器优先于其他航空器
　　B．正常航班优先于不正常航班
　　C．大型航空器优先于中小型航空器
　　D．国内航班优先于国际航班

3．根据航程，客票有（　　）。

　　A．定期客票　　B．单程客票
　　C．联程客票　　D．来回程客票

4. 国际货物收运的基本流程与国内货物收运相同，不同之处有（　　）。

　　A. 托运人凭有效身份证件填写国际货物托运书

　　B. 应当提供必需的资料和文件，如货物品名的证明、进出口国家海关、政府部门所需的货物进出口及转口文件、许可证等

　　C. 应是出发地、目的地、经停地和飞越国家的法律规定允许运输或者进出口的货物

　　D. 需根据有关国家的法律和规定办理查验、检查等手续，手续未办妥，不得收运

5. 货物发运一般按照货物收运的先后顺序进行，但需优先的货物有（　　）。

　　A. 用于抢险、救灾、急救的物资，外交信袋和政府指定急运的物品

　　B. 指定日期、航班和按急件收运的货物

　　C. 普通物品

　　D. 国际和国内中转联程货物

6. 出港航班货舱的准备工作包括（　　）。

　　A. 检查货舱内是否整洁干净

　　B. 清除货舱内的异物或碎屑

　　C. 检查货物隔离网是否齐全有效

　　D. 有可能对货物造成损坏的突起的铆钉或其他突起物，应及时请示处理

7. 将货物以航班为单位拖到相应的飞机下，根据装机指令单上指定的舱位进行装机，货物装机顺序是（　　）。

　　A. 先卸下的优先装机　　　B. 先装前货舱，后装后货舱与散货舱

　　C. 先卸下的后装机　　　　D. 以上都不正确

8. 因机场保障导致航班延误的情形包括（　　）。

　　A. 机场上空环境出现干扰因素

　　B. 边防、海关、检验检疫等联检服务影响客户的手续办理

　　C. 过站检查、排除故障、签字放行等各项工作环节出现疏漏

　　D. 地面保障服务不及时

参考答案　（见二维码）

课件　（见二维码）

项目六

民航运输质量管理

项目六 民航运输质量管理

知识目标

- 了解产品、过程、质量的概念及相互关系。
- 了解服务质量的内涵及质量差距。
- 了解质量管理的概念、基础。
- 了解质量 ISO 9000 标准体系的构成。
- 掌握民航运输产品的概念、内容与特性。
- 掌握民航运输质量管理的概念、管理体系。
- 了解民航运输质量管理组织与法律体系。
- 掌握民航运输质量分析的方法。
- 掌握民航运输质量控制的方法。

能力目标

- 能根据民航运输质量数据分析民航运输服务质量。
- 会使用控制方法对质量进行控制。

引导案例

英航公司的顾客服务

曾有一段时间,英国某一家航空公司(以下简称"英航")发现乘坐该航空公司飞机的顾客越来越少。后经调查,发现顾客越来越少的原因主要是公司不能很好地处理顾客的抱怨。而顾客的抱怨主要是因为英航公司有许多的规定没有让顾客知道,顾客在旅行过程中妨碍乘务人员的工作,乘务人员就责怪顾客。

根据英航对顾客所做的调查,如果对顾客的抱怨处理得当,67%的抱怨顾客会再度搭乘英航班机。平均一个商务顾客,一生如果都搭乘英航,能创造约 150 万美元的营业额。照这么算,那么任何能改善服务的做法,都是最好的投资。所以,英航公司针对顾客的抱怨做了以下补救措施。

第一,英航公司装设了录影房间,不满意的顾客可以走进该房间,直接通过摄影机向英航总裁马歇尔本人抱怨。

第二,耗资 679 万美元,安装了一套计算机系统,来研究顾客的喜好。英航公司针对顾客的喜好提供理想的服务方式。

第三,设立品质服务专员。英航公司设定服务品质标准,由专门的服务人员监督和实行。品质服务专员的任务就是搜集顾客的抱怨、分析顾客的抱怨、解决顾客的抱怨。他们不仅讲究服务的速度,更讲究服务的品质。

经由以上的措施,英航公司的客户满意度从 45%提升到 60%,空载率明显减少了。

资料来源:http://www.doc88.com/p-0963765886683.html。

任务1　民航运输质量管理基础

一、过程

根据 ISO 9000：2015 术语解释，过程是利用输入实现预期结果的相互关联或相互作用的一组增值活动，也就是说，过程是一组活动。输入是指活动开展前一些必要的条件，主要是指为满足或实现客户需求输入相关资源、硬件、信息、技术、规范与标准等。预期结果是输出——产品（包括硬件、软件、流程化材料和服务四大类），输出是过程的结果。从宏观角度分析事物的发展变化过程，每个过程中包含的各种活动是相互联系、相互作用的，过程本无原始的起点，也不可能有最后的终点。从微观的角度和事物发展的阶段来分析，一个过程可以包括以输入为起点、以输出为终点的一组活动。因此，可以认为过程的划分是人为的，是为实现一定的目的服务的。一个微观的过程，就是配备适当资源实现一定目的和明确要求的一组活动。每个过程的活动只有利用资源（包括人力资源、物质和环境等），才能使输入转化为输出，因此，资源是实现过程的条件。各种过程因其输入不同、输出不同，包括活动的不同和资源利用的不同，导致了过程的多样化和复杂化。

一般而言，一个过程主要包括以下主要特征。

（1）任何一个过程都有输入和输出，输入是实施过程的基础、前提和条件；输出是指开展一系列活动所要实现的目标，是完成过程的结果。

（2）完成过程必须输入适当的资源、技术、规范与标准等。例如，民航运输生产过程必须投入飞机等客货运输设备，需要飞行员、乘务员、货运员等人力资源，机场等基础设施，需要操作标准、服务标准等技术规范。

（3）过程结束产生的输出可能是有形产品，也可能是无形服务，如软件。

（4）过程本身是增值转换，过程的目的是为了增值，不增值的过程没有意义。例如航空公司及机场等航空运输单位通过提供运输服务，实现旅客与货物的空间位移，从而创造超过运输成本的经济价值。

（5）所有的工作和活动都是通过过程来完成的。

二、产品

根据 ISO 9000：2015 定义，产品是在组织和顾客之间未发生任何交易的情况下，组织生产的输出，包括预期提供给顾客的商品和服务及运行过程所产生的任何预期输出。产品的特征是产品自身构造所形成的特色，一般指产品的外形、质量、功能、商标和包装等，它能反映产品对顾客的吸引力。产品特征是影响消费者认知、情感和行为的主要刺激物，这些特征是消费者凭借自身具有的价值观、信仰和过去的经验来评价的。

ISO 9000：2015 指出，服务是至少有一项活动必须在组织和顾客之间进行的组织输出。通常服务是无形的，强调顾客的体验。同时，服务是在与顾客接触的活动中确定顾客的需求并进行输出，例如机场问询服务，是只有跟顾客接触后方可确定顾客所需要的问询内容，并据此提供相应内容的应答服务。

服务强调顾客体验，体验因人而异，因需求而异，服务本身涉及心理学问题，服务产生具有交互性，是行为主体和服务对象的一个互动过程。服务产生的结果通常分两类：一是物质形态发生了变化（如机舱清理员清理垃圾和打扫卫生）；二是精神形态上的变化（心情愉悦或者是认知方面获得了提升）。当然，多数情况是两者兼有。服务的提供或是服务结束一般涉及如下四个方面。

（1）在顾客提供有形的产品（如在飞机）上所完成的活动（维修服务）。

（2）在顾客提供的无形产品（电子客票）上所完成的活动（值机服务）。

（3）无形产品的交付（如问询信息的提供）。

（4）为顾客创造氛围（如提供娱乐服务，提供影像服务）。

与有形产品比较，服务具有以下几个方面的特性。

（1）服务的无形性。产品和服务之间最基本的，也是最易感知的区别是服务的无形性。服务不像有形商品，购买者在购买之前可以通过视、听、闻、尝、触等方法去感知其物理特征，看得见，摸得着。服务是由一系列活动所组成的过程，看不见，摸不着。从本质上讲，服务提供商出售给顾客的是一种承诺。

（2）异质性。服务的生产过程也是服务人员为顾客提供各种服务的过程。由于服务生产者自身的生长环境、社会阅历、个人修养等千差万别，同标准、同要求下提供的服务品质大相径庭。例如，有的微笑服务让人觉得自然温暖，而有的微笑服务可能给人僵硬、造作之感。其次，同一服务人员在不同的生理和心理状态下提供的服务也会有差异，如在心情较佳、积极向上状态驱动下提供的服务可能优于情绪不佳、消极怠慢状态被动提供的服务。再次，由于服务对象个体差异对服务需求内容、要求层次不同，从而导致其感知的服务质量也良莠不齐，如同时欣赏一台歌舞晚会，有人津津乐道，有人却味同嚼蜡；同是聆听一个老师的讲授，有的人茅塞顿开，有的人却不知所云。正如专家所言，消费者的知识、经验、诚实和动机影响着服务行业的生产力。

（3）生产和消费的同时性。服务是至少有一项活动必须在组织和顾客接触之中进行的输出。服务的生产和消费具有同时性，即服务的生产过程同时也是顾客消费过程，两者在时间上和空间上不可分割。而且，消费者必须直接参与服务的生产过程，与服务提供者发生联系。如民航服务的问询服务，在服务人员回答问询事项的同时，也是消费者消费服务的过程。

（4）易逝性。服务的易逝性是指服务不能被储存、转售或者退回的特性。例如，一个有 200 个座位的航班，如果在某天只有 160 个乘客，它不可能将剩余的 40 个座位储存起来留待下个航班销售。

三、质量

(一) 质量的概念

ISO 9000：2015 定义，质量是客体（产品、服务、过程、人员和资源等可以感知的或可想象到的任何事物）的一组固有特性满足消费者要求的程度。产品质量特性包括产品的内在特性与外观特性，产品的内在特性是指产品的内在属性，包括产品的性能、寿命、可靠性、安全性，经济性。产品的外观特性是指产品的外部属性，包括产品的光洁度、造型、色泽及包装等，如飞机的造型、色彩等。产品的内在特性与外观特性比较，内在特性是主要的、基本的，只有在保证内在特性的前提下，外观特性才有意义。

产品质量特性依产品的特点而异，表现的参数和指标也多种多样，反映用户使用需要的质量特性归纳起来一般有六个方面：性能、寿命（即耐用性）、可靠性与维修性、安全性、适应性、经济性。

(二) 服务质量

1. 服务质量的内涵

服务质量是指服务能够满足规定和潜在需求的特征和特性的总和，即服务工作能够满足被服务者需求的程度。有形产品的质量由具体的技术指标来衡量，而无形服质质量是顾客对服务过程的一种"感知"，是一种主观质量。服务质量是一个复杂的体系，其质量的评估是在服务传递过程中进行的。

顾客对服务质量的评价可以定义为：将对接受的服务的感知与对服务的期望相比较，当感知超出期望时，服务被认为具有特别质量，顾客会表示非常满意；当服务没有达到期望时，服务质量表现为不合格，服务注定表现为不满；当期望与感知一致时，质量是满意的，服务表现为满意。服务期望受口碑、个人需要和过去的经历的影响。

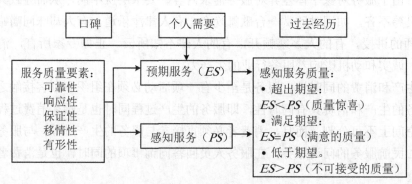

图 6-1 服务质量评估

图 6-1 给出了影响服务质量的要素，包括五个方面：可靠性、响应性、保证性、移情性、有形性。

（1）可靠性。可靠性是可靠地、准确地履行服务承诺的能力。可靠的服务行为是顾客所期望的，它意味着服务以相同的方式、无差错地准时完成。可靠性实际上是要求企业避免在服务过程中出现差错，因为差错给企业带来的不仅是直接意义上的经济损失，而且可能意味着失去很多潜在顾客。

（2）响应性。响应性是指帮助顾客并迅速有效提供服务的愿望。让顾客等待，特别是无原因的等待，会对质量感知造成不必要的消极影响。服务失败时，迅速解决问题会给质量感知带来积极的影响。对于顾客的各种要求，企业能否给予及时的满足将表明企业的服务导向，即是否把顾客的利益放在第一位。同时，服务传递的效率还从一个侧面反映了企业的服务质量。研究表明，在服务传递过程中，顾客等候服务的时间是一个关系顾客的感觉、顾客印象、服务企业形象以及顾客满意度的重要因素。所以，尽量缩短顾客等候时间，提高服务传递效率，及时响应顾客需求，将大大提高企业的服务质量。

（3）保证性。保证性是指员工所具有的知识、礼节以及表达出自信和可信的能力。它能增强顾客对企业服务质量的信心和安全感。当顾客同一位友好、和善并且学识渊博的服务人员联系时，他会认为自己找对了公司，从而获得信心和安全感。友好态度和胜任能力两者是缺一不可的。服务人员缺乏友善的态度会使顾客感到不快，而如果他们的专业知识懂得太少也会令顾客失望。保证性包括完成服务的能力、对顾客的礼貌和尊敬、与顾客有效的沟通、将顾客最关心的事放在心上的态度等。

（4）移情性。移情性是设身处地地为顾客着想和对顾客给予特别的关注。移情性有以下特点：接近顾客的能力、敏感性和有效地理解顾客需求。

（5）有形性。有形性是服务性企业借助服务过程中的各种有形要素使无形服务及企业形象具体化和便于感知的一种方法。有形要素一般指有形的设施、设备、人员和沟通材料的外表。服务有形性能有效传递服务本身的品质，证实公司服务内容的优越性，可以让消费者更容易理解购买该服务所能得到的利益，比如机场装潢、区域设计，服务人员的言行、素质、态度等可传递服务本身的品质、服务的优劣等。

顾客从这五个方面将预期的服务和感知的服务相比较，最终形成自己对服务质量的判断，期望与感知之间的差距是服务质量的量度。

2. 服务质量的差距分析

测量服务期望与服务感知之间的差距常用服务质量差距模型分析方法。它是 20 世纪 80 年代中期到 90 年代初，由美国营销学家帕拉休拉曼（A. Parasuraman）、赞瑟姆（Valarie A. Zeithamal）和贝利（Leonard L. Berry）等人提出，也称 5GAP 模型，此模型专门被用来分析服务质量问题的根源。感知服务质量差距（差距 5）即顾客期望与顾客感知的服务之间的差距——这是差距模型的核心。要弥合这一差距，就要对以下四个差距进行弥合：差距 1——不了解顾客的期望；差距 2——未选择正确的服务设计和标准；差距 3——未按标准提供服务；差距 4——服务传递与对外承诺不相匹配。如图 6-2 所示。

差距 1 是质量感知的差距，即企业管理者对顾客期望感知与顾客期望之间的差距。此差距指管理者对期望质量的感觉不明确。导致这一差距的原因是：管理者对市场研究和需求分析的信息不准确；对顾客期望的解释信息不准确；未进行有效需求分析；组织机构臃肿等导致管理者收到的信息失真或丧失。缩小这一差距的战略包括加强市场调查、改进需求分析,增进管理者和员工间的交流,优化组织结构,缩短与顾客的距离,等等。

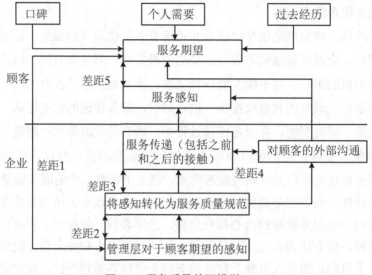

图 6-2 服务质量差距模型

差距 2 是质量标准差距,即管理层对于顾客期望的感知与将感知转化为服务质量规范之间的差距,也就是管理者没有构造一个能满足顾客期望的服务质量目标并将这些目标转换成切实可行的标准。主要原因是:缺乏管理者对服务质量的支持;服务质量管理计划失误;计划管理混乱;等等。可通过促进服务生产者和管理者对服务质量达成共识,加强计划过程管理等方式缩小质量标准差距。

差距 3 是服务交易差距,即服务质量规范与服务传递的差距。这一差距指在服务生产和交易过程中员工的行为不符合质量标准。主要原因是:标准太复杂或太苛刻;员工对标准理解有偏差;服务生产管理混乱;企业未按照标准为工作提供技术支持;等等。引起服务交易差距的原因是错综复杂的,很少只有一个原因在单独起作用,因此治理措施应综合考虑。

差距 4 是营销沟通的差距,指营销沟通行为所做出的服务承诺与实际提供的服务不一致。主要原因是:外部营销沟通的计划与执行没有和服务生产统一起来;在广告等营销沟通过程中往往存在承诺过多的倾向;等等。治理这一差距需要建立外部营销沟通活动的计划、执行与服务生产统一的制度,确保市场沟通中的承诺准确、符合实际,做到言出必行,避免夸夸其谈所产生的副作用。

差距 5 是感知服务质量差距,即顾客期望的服务与感知服务间的差距。顾客感知的服务小于期望的服务时,会导致产品口碑不佳、丧失顾客、影响企业形象等许多消极问题。顾客感知的服务大于期望的服务时,这个差距会产生高质量的结果。差距 5 大小依赖于与服务传递过程相关的其他 4 个差距的大小和方向。要弥合第五差距,以弥合前四个差距为基础。

质量差距分析模型指导管理者发现引发质量问题的根源,并寻找适当的消除差距的措施。以差距为基础制定保证期望质量和现实质量一致的战略、战术，这能让顾客给予质量积极评价，提高顾客满意度。

四、产品、过程与质量的关系

1．产品是过程的结果

产品是过程的结果，所有的工作和活动都是通过过程来完成的。过程是使用资源将输入转化为输出的任何一项或一组活动。根据过程的几个基本特征，产品是过程增值的结果。

2．过程控制是质量管理的重点

过程控制是质量管理的重点，通过过程形成产品、生产服务。产品、服务输出到顾客，顾客的满意情况及需求又决定过程输入，促进产品、服务质量的提升。

3．产品是质量的载体

产品是质量的载体，质量表示产品的相对品质满足消费者需求的程度，是衡量产品的一个重要指标。组织通过过程输出产品的最终目的是输出优质的产品。

五、质量管理

ISO 9000：2015 标准中指出质量管理是包括制定质量方针和质量目标，以及通过质量策划、质量保证、质量控制和质量改进实现质量目标的过程，并说明质量管理是各级管理者的职责，但必须由最高领导者来推动，实施中组织全员参与，同时要兼顾经济因素。简单说质量管理是产品全寿命周期的质量保障和质量持续改进的组织性过程和管理，包括质量目标设定、质量标准制定、质量控制、质量评价机制与质量改进机制等，并通过质量保障体系，实现产品各环节的质量指标的管理过程。

六、民航运输服务

民航运输属于第三产业，主要提供民航运输服务，是指民航运输企业使用飞机通过空中航线运送货物或者旅客的运输业务活动。民航运输服务工作是一个极其复杂的系统工程，其服务生产涉及不同的组织行为主体，服务项目繁多。根据服务生产主体不同，民航运输服务一般包括机场服务、航空公司服务、空管服务、其他保障企业服务四大块服务内容。

（一）机场服务

机场服务泛称机场地面服务，是指从旅客离港之前或到达之后，航空公司、机场管理部门、联检单位等在机场内为旅客提供的所有服务。机场服务主要包括导乘服务、值机服务、问询服务、安检服务、联检服务、购物就餐服务、贵宾服务、登机服务、行李收运出港与到达交付服务、行李查询服务、货物收运出港与到达交付服务、货物查询服务等。

（二）航空公司服务

目前，不同航空公司提供的服务项目有所区别，大多航空公司提供的服务主要包括客票销售服务、货舱销售服务、机舱服务、客货运输服务及机务维修服务等。部分航空公司同时还会提供机场地面服务。例如，我国南方航空公司在基地机场自行承担地面服务。

（三）空管服务

空管服务即空中管制服务，是指空中交通管制单位利用通信、导航技术和监控手段对飞机飞行活动进行监视和控制，保证飞行安全和有秩序飞行的服务，包括空中交通管制服务（塔台管制、近进管制、间隔管制、区域管制）、飞行情报服务（交通的情报、气象情况、机场条件和航路设施等）和告警服务。

（四）其他保障企业服务

其他保障企业服务是保障民航运输有效运行的相关企业提供的服务，主要包括民航油料供应服务、航材供应服务、民航运输信息服务、民航餐食服务等。

七、民航运输服务质量

我国《公共航空运输服务质量标准》（GB/T16177－2007）对民航运输服务质量做出了明确规定，该标准要求航空公司运输服务以"安全第一，飞行正常，优质服务"为总方针，并对仪表仪容、服务语言、服务态度、业务技能、职业道德、设施设备等方面提出了基本质量规范与要求。另外，《民用运输机场服务质量》（MH/T 5104－2013）规定了运输机场的通用服务要求，以及旅客、行李、货邮和航空器等服务质量要求。同时《中国民用机场服务质量评价指标体系》（MH/T 5114－2017）针对旅客满意度、航空公司满意度以及专家评审几个方面对机场服务指标进行了说明。通过制定行业服务标准，为行业的服务规范与管理提供了依据与参照。

有关民航运输服务质量的国际标准，在《国际民用航空公约》及其附件中对民航服务、机场规划与设计等方面都有相应规定。国际机场理事会（ACI）制定了有关机场服务质量的标准和测评机制。国际航空运输协会（IATA）和 ACI 等国际组织通过进行服务质量调查，制定机场设计参考手册、机场运行手册、地面服务协议标准等方式，对航空公司和机场等民航运输服务组织的服务质量提出了基本要求。

根据服务质量影响五要素，结合民航运输服务自身的行业特点，民航运输服务质量具体表现为以下几个方面的特性。

（1）安全性。民航运输服务质量最为根本的要求是服务的安全性。安全性是指在民航运输过程中对旅客的生命、精神和财产安全以及货邮安全等方面的保障程度。安全性是民航运输服务质量提升的首要条件。

（2）时效性。是指民航运输在服务过程中对于客户关于时间维度上需求的满足程度，具体包含了服务的及时性、准时性和省时性。例如航班延误的情况、托运值机手续办理时间情况、交运行李或货物的速度等。如果企业出现时效性不良的情况会直接影响民航运输服务的质量，造成客户的不满情绪。对比其他运输方式，快捷是航空运输工具无可比拟的优势，也是顾客选择航空运输的关键因素，如果航班经常出现延误的状况，就会严重削弱这一优势。

（3）经济性。是指客户需要核算为所得到的服务付出的费用是否划算，收费标准是否公平合理。

（4）舒适性。是指在接受民航运输服务过程中体验的舒适程度，包括干净舒适的候机环境、整洁舒适的客舱设施和客舱环境、可口的客餐以及友好舒心的接待服务等。

（5）功能性。是指企业提供的是不是旅客所需求的，其满足旅客需求的程度有多少，发挥的作用和效果如何。民航运输服务质量的保障需要民航运输各相关单位能够开展有效的协作，即航班的运营除了航空公司之外，还需要与机场、地勤和空管等单位协调沟通，彼此按照协商一致的服务规范和要求开展运营，才能为客户提供高质量的民航运输服务。

（6）文明性。是指在民航运输服务的过程中服务者的文明程度，具体包括地面保障与空中运输过程中服务人员的礼仪举止、文明用语及附加服务等。

任务 2　民航运输质量管理体系

一、ISO 9000 质量管理标准体系

（一）ISO 9000 质量管理标准体系介绍

ISO 是一个国际标准化组织的英语简称。其全称是 International Standards Organization。ISO 为一非政府的国际科技组织，是世界上最大的、最具权威的国际标准制订、修订组织。它成立于 1947 年 2 月 23 日，宗旨是"发展国际标准，促进标准在全球的一致性，促进国际贸易与科学技术的合作"。现已制定出国际标准共 10 300 多个，主要涉及各行各业各种产品（包括服务产品、知识产品等）的技术规范。ISO 9000、ISO 14000、ISO 18000 系列标准就是其颁布的关于质量管理、环境管理、职业健康安全管理方面的标准，其管理原理已被世界贸易组织普遍接受。

ISO 9000 标准是由国际标准化组织质量管理和质量保证技术委员会（TC176）颁布的关于质量管理的系列标准。ISO 9000 作为质量管理体系的标准，它不是一个标准，而是一族标准的统称。该标准族可以帮助组织实施并有效运行质量管理体系，是质量管理体系通用的要求和指南。目前 ISO 9000 标准体系在全球范围内得到该组织 100 多个成员国家和地区的认可。我国于 20 世纪 90 年代将 ISO 9000 系列标准转化为国家标准。随后，各行业也把 ISO 9000 系列标准转化为了行业标准。

（二）ISO 9000 质量管理族标准系列的产生与发展

ISO 9000 族标准体系问世以来，历经多次修订，现在已经成为评估和认证产品质量的

国际标准体系。ISO 9000 族标准每 5~7 年修订一次，首次标准已于 1987 年面世，先后公布了修订版 1994 版、2000 年版、2008 版和 2015 年版。

ISO 9000 族标准大致经历了如下发展过程。

（1）1979 年 ISO 成立了质量管理和质量保证技术委员会（TC176），负责制定质量管理和质量保证标准。

（2）1987 年首次发布了 ISO 9000 标准体系。其体系主要包括：

① ISO 9000：《质量管理和质量管理保证标准——选择和使用指南》。
② ISO 9001：《质量体系——设计、开发、生产、安装和服务的质量保证模式》。
③ ISO 9002：《质量体系——生产和安装的质量保证模式》。
④ ISO 9003：《质量体系——最终检验和试验的质量保证模式》。
⑤ ISO 9004：《质量体系——质量管理和质量体系要素指南》。

ISO 9000 是其他标准的基础，是其他标准使用的总指南。而 ISO 9001、ISO 9002、ISO 9003 是根据组织经营业务差异提供的不同质量保证模式。ISO 9001 是针对集设计、开发、生产、安装和服务于一体的综合企业提供的质量管理标准指南。ISO 9002 是针对仅从事生产与安装业务的企业提供的质量管理标准指南。ISO 9003 是为从事最终检验和试验业务的企业质量管理提供范式。ISO 9004 提供适用于建立和实施全面有效的内部质量体系的质量体系要素。

（3）1994 年首次对原标准进行了修订，发布了 1994 版 ISO 9000 族标准。ISO 9000 标准体系依然由五部分组成，ISO 9000 是系列标准的总指南，ISO 9000、ISO 9001、ISO 9002、ISO 9003 仍根据企业经营业务差异提供相应质量保证标准。ISO 9004 提供全面内部质量体系的质量体系要素，修订版根据新的经济发展态势及质量需求对相应要素内容进行了完善。

（4）2000 年，颁布了 ISO 9000 第二次修订版。ISO 9000 标准体系的构成有了较大的变动，由原来的 ISO 9000、ISO 9001、ISO 9002、ISO 9003、ISO 9004 五个标准归集成 ISO 9000、ISO 9001、ISO 9004 三个，原来的 ISO 9001、ISO 9002、ISO 9003 的内容合为 ISO 9001。

① ISO 9000：《质量管理体系——基础和术语》，此标准为质量管理体系（QMS）提供了基本概念、原则和术语，并为质量管理体系的其他标准奠定了基础，旨在帮助使用者理解质量管理基本概念、原则和术语，以便能够有效和高效地实施质量管理体系，并实现其他质量管理体系标准的价值。

② ISO 9001：《质量管理体系——要求》，此标准规定了质量管理体系总的要求，可以作为组织内部审核的依据，也可以用于认证或合同目的。从满足顾客的需求出发，关注的是质量管理体系的有效性。

③ ISO 9004：《质量管理体系——业绩改进指南》，此标准不仅给出了质量管理体系的通用内容和实施的详细指南，重点强调通过对质量管理体系的活动和过程进行不断改进，以达到组织业绩不断改进的过程方法，为组织选择超出 ISO 9001 标准要求的质量管理方法提供指南。ISO 9004 特别关注持续改进一个组织的总体业绩和效率，但不可以用作

审核、认证和合同的依据。

(5) 2008 年，2015 年 ISO/TC176 分别对 ISO 9000 标准体系进行了第三次、第四次修订。标准延用 2000 年版的三个标准组成及名称，2008 年修订主要对一些规范性文件内容的特定部分进行修改、增加或删除。2015 年新修订版本在 2008 版基础上增加了风险等要素，根据当前内外环境的变化及质量要求进行相关内容的删减与拓展，更能符合当前企业质量管理的需求。其标准使组织使用过程方法，并结合 PDCA 循环和基于风险的思维，将其质量管理体系要求与其他管理体系标准要求进行协调或整合。

(三) ISO 9000：2015 标准体系的质量管理原则

ISO 9000 质量管理的标准体系列出的不仅是一种产品或服务的质量管理规范，而且也是一种构建质量管理体系的基本指南，以指导组织进行产品全寿命周期的质量管理。组织应根据 ISO 9000 标准体系所给的建议、标准及指南，结合组织自身产品、服务及条件制定质量管理标准，实施并持续改进质量管理体系，使组织持续获得成功。ISO 9000：2015 质量管理标准系列所倡导的质量管理原则由原来的八项更改为七项，具体内容如下。

1. 以客户为关注焦点

质量管理的首要关注点是满足顾客当前与未来的需求。组织依存于顾客，组织只有赢得和保持顾客的信用才能获得持续成功。因此，组织在制定质量方针、质量目标，设计、开发、生产及交付产品与服务等过程中，都应围绕顾客当前及未来的需求，并争取超越客户的期望。

2. 领导作用

领导是质量管理的标杆与典范，各级领导应建立组织统一的质量管理宗旨及方向，并且创造全员积极参与的环境，使组织战略、方针、过程和资源协调一致，以实现组织的质量目标。

3. 全员参与

在整个组织内各级人员胜任、积极参与是提高组织创造能力和提供价值能力的必要条件。因此，各级领导通过认可、授权、员工自我发展等方式鼓励和促进全员积极参与某些决策和过程改进（如质量控制小组、合理化建议、质量改进等活动），促使其在质量管理过程中主动积极、自我提升、相互协作，有效与高效完成组织的质量管理任务。

4. 过程方法

将活动作为相互关联的连贯系统进行运行的过程来理解和管理，能更加有效和高效地得到一致的、可预知的结果。质量管理体系是由相互关联的过程组成的，理解质量管理体系是如何产生结果的过程，并对其进行有效控制，能够使组织优化其质量管理体系与绩效。

5. 持续改进

成功的组织总是致力于持续改进。改进对于组织保持当前的绩效水平，对内、外环境变化迅速做出反应并创造新机遇都极其重要。质量管理持续改进须重点关注组织各层质量目标、员工能力、全员参与、项目监控、新产品开发等方面的持续改进以及 PDCA 持续改进。

6. 循证决策

基于数据、信息分析和评价的决策,更有可能产生期望的结果。决策是一个复杂的过程,且包含着许多不确定性。另外,决策经常会涉及各种各样的输入及其可能的主观解释。因此,决策相关人员应获取足够准确、可靠、安全、全面的数据,并选择科学适宜的方法进行分析与评价,依据证据、经验和直觉进行决策并采取措施。

7. 关系管理

为了持续成功,组织需要管理影响组织绩效相关方(供方、员工、顾客、投资者、合作伙伴等)的关系,通过确定组织和相关方的关系,需要优先管理的关系,与相关方共享信息、专业知识和资源,与供方、合作伙伴及其他相关方共同开展开发和改进等活动,最大限度地发挥相关方在组织绩效方面的作用,互惠互利,合作共赢。

七项质量管理原则是质量管理理论和实践的系统总结,它们之间相互关联、相互作用,应将其作为一个集合系统加以认识理解。

(四)ISO 9001:2015——质量管理体系要求

ISO 9001 标准质量管理体系是组织为保障质量获得持续改进和提高的战略性措施,其使组织能够使用过程方法,并结合 PDCA 循环和基于风险的思维,将其质量管理体系要求与其他管理体系标准要求进行协调或整合。ISO 9001:2015 标准对组织如何构建质量管理体系给出了具体要求和建议,主要内容包括如下几个方面。

1. 组织及环境分析

(1)理解组织及其环境。组织应使用 PEST、SWOT 等方法分析、评审、确定与组织战略目标、战略方向相关并影响其实现质量管理体系预期结果的各种外部因素(政治、经济、文化、社会、法律、技术、竞争、市场等)和内部因素(文化、愿景、使命、绩效等)。

(2)理解相关方的需求和期望。组织应确定质量管理体系的相关方及其要求,最大限度发挥相关方对组织绩效的积极作用。

(3)确定质量管理体系的范围。组织应结合内外环境、相关方要求、组织的产品与服务类型明确质量管理体系的范围和适用性。

(4)制定质量管理体系及其过程。组织应按照 ISO 9001 标准的要求,建立、实施、保持和持续改进质量管理体系,确定质量管理体系过程控制及其在整个组织内的应用。

2. 领导作用

(1)领导作用和承诺。最高管理者应对质量管理体系的领导作用做出管理承诺。

(2)以顾客为关注点。最高管理者应将满足顾客需求并不断增强顾客满意作为组织追求的目的。

(3)质量方针。最高管理者应通过正式发布质量方针,确定组织在质量方面的统一宗旨和方向。

(4)岗位、职责和权限。最高管理者应确定质量管理体系各职能层次、部门和岗位的设置,明确各职能层次、部门和岗位的职责和权限,并通过适宜的方式(如会议、培训等)使员工都知道并理解自己的质量职责和权限以及接口关系。

3. 策划质量管理体系

(1)确定应对风险和机遇的措施。策划质量管理体系时,组织应考虑内外环境因素与相关者的需求与期望,确定需要应对的风险和机遇,并策划应对风险与机遇的措施及如何在质量管理体系过程中整合并实施这些措施。

(2)质量目标及其实施的策划。组织应对质量管理体系所需的相关职能、层次和过程设定质量目标(质量方针一致,可测量,可监视,可以理解与沟通,增加顾客满意度)及策划如何实现质量目标(采取的措施、需要的资源、责任人、完成时间、评价方法)。

(3)变更的策划。当组织确定需要对质量管理体系进行变更时,要根据变更目的及其潜在后果、所需资源的可获得性、职责和权限的分配或再分配等因素策划变更并系统地实施。

4. 提供有力支持

(1)资源。组织应确保并提供为建立、实施、保持和持续改进质量管理体系所需的资源、人员、基础设施、过程运行所需环境、知识等。

(2)能力。组织应确定其质量管理不同层次参与人需要具备的能力,并采取适当的教育、培训、辅导、招聘等措施确保质量管理范围内人员具备所需能力。

(3)意识。组织应确保其质量管理体系中相关工作人员知晓质量方针、相关的质量目标、他们对质量管理体系有效性的贡献、不符合质量要求的后果,提高员工质量意识。

(4)沟通。组织应确定与质量管理体系相关的内部和外部沟通,包括:沟通内容、何时沟通、与谁沟通、如何沟通、由谁负责等。

5. 有效运行

(1)运行的策划与控制。为达到既定的质量目标,组织应采取相应的措施策划、实施和控制满足产品与服务要求所需的过程,并实施应对风险与机遇的计划措施。比如:确定产品和服务的要求,建立过程管理准则,按准则与标准实施过程控制,等等。

(2)产品和服务的要求。组织应通过宣传、广告等营销方式向顾客提供产品与服务信息,并在处理问询、合同或订单等沟通活动中,获取有关产品和服务的顾客要求,从而确定组织的产品和服务的总要求(顾客需求要求、组织规定要求、法律法规要求),并在产品与服务交付之前评审这些要求。若设计与开发方案发生更改,组织应识别、评审、控制产品和服务设计在开发期间以及后续所做的更改,以避免不利影响,确保其符合要求。

(3)产品和服务的设计和开发。组织应根据产品与服务设计和开发活动的性质、持续时间、复杂程度、所要求的过程阶段、所需内外资源、涉及的职责与权限、参与人员之间接口的控制需求等因素确定其各个阶段及其控制活动。然后针对具体类型的产品和服务,确定其设计和开发的基本要求,并对设计和开发过程进行控制,确保设计和开发输出满足输入的要求。针对设计与开发的更改,应识别、评审、控制产品和服务设计在开发期间以及后续所做的更改,确保其符合要求。

(4)外部提供过程、产品和服务的控制。组织应确保外部提供的过程、产品和服务符合要求。对下列外部提供的过程、产品和服务实施控制：①外部供方的过程、产品和服务构成组织自身的产品和服务的一部分；②外部供方替组织直接将产品和服务提供给顾客；③组织决定由外部供方提供过程或部分过程。确保外部提供的过程、产品和服务不会对组织稳定地向顾客交付合格产品和服务的能力产生不利影响，确保外部提供的过程保持在其质量管理体系的控制之中，规定对外部供方的控制及其输出结果的控制，评审稳定地提供满足顾客要求和适用的法律法规要求的能力的潜在影响，等等。

（5）生产与服务提供。主要包括以下几个方面的内容：

① 组织应该在可控的条件下提供生产与服务。

② 需要时，组织应在生产和服务提供的整个过程中采用适当的方法识别输出，以确保产品和服务合格，若要求可追溯，组织应控制输出的唯一性标识。

③ 对组织使用的或构成产品和服务一部分的顾客和外部供方财产，组织应予以识别、验证、保护和维护。若顾客或外部供方的财产发生丢失、损坏或发现不适用情况，组织应向顾客或外部供方报告。

④ 组织应在生产和服务提供期间对输出进行必要防护，以确保符合要求，防护可包括标识、处置、污染控制、包装、储存、传送或运输以及保护。

⑤ 组织应满足与产品和服务相关的交付后活动的要求。交付后活动可能包括担保条款所规定的相关活动，诸如合同规定的维护服务，以及回收或最终报废处置等附加服务，等等。

⑥ 当生产与服务发生更改时，组织应对其进行必要的评审和控制，以确保生产与服务稳定地符合要求。

（6）产品与服务的放行。组织应当在适当的阶段实施策划的安排，以验证产品和服务的要求已被满足。除非得到有关授权人员的批准，适当时得到顾客的批准，否则在策划的安排圆满完成之前，不应向顾客放行产品和交付服务。

（7）不合格输出的控制。组织应确保对不符合要求输出进行识别和控制，以防止非预期的使用与交付。对于交付前后的不合格产品与服务，应根据不合格的性质及其对产品和服务的影响采取适当措施，主要通过下列一种或几种途径处置不合格输出：①纠正；②对提供产品和服务进行隔离、限制、退货或暂停；③告知顾客；④获得让步接收的授权。对不合格输出进行纠正之后应验证其是否符合要求。

6. 绩效评价

（1）监视、测量、分析和评价。组织应通过顾客调查、交付产品与服务后的反馈、顾客座谈、分析市场占有率等监测活动，监测顾客对其需求与期望获得满足的程度的感受，并分析和评价通过监视和测量获得的适宜数据和信息，评价产品和服务是否符合顾客要求、顾客满意程度、质量管理体系的绩效和有效性、策划是否得到有效实施、应对风险和机遇所采取措施的有效性、外部供方的绩效和质量管理体系改进的需求等。

（2）内部审核。组织应按照策划的时间间隔进行内部审核，评审组织的质量管理体系是否符合组织自身的质量管理体系要求，ISO 9001 标准的要求是否得到有效的实施和保持。组织内部审核应依据有关过程的重要性、对组织产生影响的变化和以往的审核结果，策划、制订、实施和保持审核方案,审核方案包括频次、方法、职责、策划要求和报告;规定每次审核的审核准则和范围;选择可确保审核过程客观公正的审核员实施审核;确保相关管理部门获得审核结果报告;及时采取适当的纠正措施;等等。

(3) 管理评审。最高管理者应按照计划的时间间隔对组织的质量管理体系进行评审,以确保其持续的适宜性、充分性和有效性,并与组织的战略方案保持一致。策划和实施管理评审时应考虑下列内容:

① 以往管理评审所采取措施的实施情况。
② 与质量管理体系相关的内外部因素的变化。
③ 有关质量管理体系绩效和有效性的信息,包括下列趋势性信息:
　　Ⅰ. 顾客满意和相关方的反馈;
　　Ⅱ. 质量目标的实现程度;
　　Ⅲ. 过程绩效以及产品和服务的符合性;
　　Ⅳ. 不合格产品与服务以及纠正措施;
　　Ⅴ. 监视和测量的结果;
　　Ⅵ. 审核结果;
　　Ⅶ. 外部供方的绩效。
④ 资源的充分性。
⑤ 应对风险和机遇所采取措施的有效性。
⑥ 改进的机会。

管理评审的输出应包括与改进机会、质量管理体系所需的变更、资源需求相关的决定和措施。

7. 持续改进

(1) 组织应确定和选择改进机会并采取必要的措施,以满足顾客要求和增强顾客满意度。这应包括:
① 改进产品和服务以满足要求并关注未来的需求和期望;
② 纠正、预防或减少不利影响;
③ 改进质量管理体系的绩效和有效性。

(2) 不合格及其纠正措施。若出现不合格产品或服务时,包括投诉所引起的不合格,组织应评价并分析产品与服务不合格的原因,确定是否存在或可能发生类似的不合格品,并采取措施加以控制,纠正不合格,降低或消除质量的不利影响。

(3) 持续改进。根据分析和评价的不合格结果以及管理评审的结果,确定是否存在持续改进的需求与机遇。

二、民航运输服务质量管理体系

民航运输服务质量直接关系旅客或客户、航空公司、机场及相关企业的切身利益。自国际民航组织(ICAO)、国际航空运输协会(IATA)和国际机场理事会(ACI)成立以来,在各国政府的共同努力下,民航运输服务质量管理组织体系、法规体系逐步建立,不断推进着全球民航运输服务质量的改进与提升。

(一)质量管理组织体系

1. 国际民航运输质量管理组织体系

虽然国际上目前还没有专门机构对世界民航运输服务质量进行专门管理,但是 ICAO、IATA 和 ACI 等国际组织通过定期或不定期的大会决议,或建立行业标准,或进行审计评审,或采取行业准入等手段,强化对行业的影响力,从而加强和促进对世界民航运输服务质量的管理。例如,ACI 组织的"世界机场服务质量奖"评选、"航空公司服务质量奖"评选等活动,无形中提升了这些国际组织对航空公司和机场服务质量的监督及促进作用。另外,国际上已产生专注提供民航服务数据咨询及解决方案的第三方咨询公司与评定机构,通过对不同航空公司、机场的相关服务进行评定排名,对于民航运输企业服务质量起到间接的管理作用。例如 Skytrax、CAPSE 的测评结果,在行业内得到了广泛的认可,特别是 Skytrax 组织的"世界机场服务质量奖""航空公司服务质量奖""五星评定"等评选活动影响力很强。同时,国际标准化组织(ISO)为全球所有成员国服务,其影响力随着市场竞争而在全球不断提升,ISO 标准已经成为产品进入国际市场的"通行证",对世界民航运输服务质量管理发挥着越来越大的作用。

案例 6-1

中国多家机场入选 2017 年度 ACI 最佳机场

民航资源网 2018 年 9 月 14 日消息:当地时间 9 月 12 日,国际机场协会(ACI)根据如图 6-3 所示的机场评价指标对机场进行评定,按旅客吞吐量评出区域最佳机场,并在加拿大为 2017 年度机场颁奖。以下是各机场获奖详情。

一、区域最佳机场(年均旅客吞吐量 200 万级以上机场)

(一)非洲

1. 卡萨布兰卡穆罕默德五世国际机场
2. 毛里求斯普莱桑斯国际机场
3. 德班国际机场

(二)亚太区

1. 新德里英迪拉·甘地国际机场、孟买贾特拉帕蒂·希瓦吉国际机场
2. 北京首都国际机场、巴厘岛登巴萨努拉·莱伊国际机场、海口美兰国际机场、上海浦东国际机场
3. 三亚凤凰国际机场

(三)欧洲

1. 索契国际机场

ASQ AIRPORT SERVICE QUALITY

亲爱的旅客：

我们已随机选定您为这项调查的对象。您身处的机场力求借着这项调查不断改进，从而为旅客提供最佳服务。国际机场协会（ACI, Airports Council International）进行这项调查，目的是让各地机场了解顾客对他们表现的评价，这有助机场提升服务，以满足旅客的需要。

您就今天在机场的体验所给予的评价，对我们至为重要。请花几分钟时间填妥这份问卷，并在登机前交还调查员。

请填写您的意见，或在适当空格内划上「X」号

1. 航空公司：

航班编号（英文字母 / 数字）　起飞日期（日 / 月 / 2010）　起飞时间（本地时间）（24小时制，例如：19:30）

2. 今天您是否在这个机场转机？　是 ☐　不是 ☐

3. 您即将搭乘的航班将飞往哪个机场？

4. 您这次旅程的主要原因是什么？
公干 ☐　度假 ☐　其他 ☐

5. 您将乘坐哪种机位？
头等客位 ☐　商务客位 ☐　经济客位 ☐

6. 连这次旅程在内，您在过去12 个月共有多少次航空旅程？
（来回航班视为一次旅程）
1-2 次 ☐　3-5 次 ☐　6-10 次 ☐　11-20 次 ☐　21 次或以上 ☐

请填写您的意见，或在适当空格内划上「X」号

7. 请根据您今天的体验，评价这个机场的各项服务

	? 不知道或未使用	5 极好	4 很好	3 良好	2 一般	1 不好
交通往来						
A. 往来机场的地面交通工具	☐	☐	☐	☐	☐	☐
B. 停车设施是否方便充足	☐	☐	☐	☐	☐	☐
C. 停车场收费是否物有所值	☐	☐	☐	☐	☐	☐
D. 手推行李车是否方便充足	☐	☐	☐	☐	☐	☐
办理登机手续（在这个机场）						
E. 办票排队的等候时间	☐	☐	☐	☐	☐	☐
F. 办票人员的工作效率	☐	☐	☐	☐	☐	☐
G. 办票人员是否有礼貌和乐于助人	☐	☐	☐	☐	☐	☐
护照 / 身份证检查						
H. 护照 / 身份证检查的等候时间	☐	☐	☐	☐	☐	☐
I. 检查人员是否有礼貌和乐于助人	☐	☐	☐	☐	☐	☐
安检						
J. 安检人员是否有礼貌和乐于助人	☐	☐	☐	☐	☐	☐
K. 安检是否彻底	☐	☐	☐	☐	☐	☐
L. 安检的等候时间	☐	☐	☐	☐	☐	☐
M. 是否感到安全和安心	☐	☐	☐	☐	☐	☐
方向指示						
N. 在机场内是否容易找到要去的地方	☐	☐	☐	☐	☐	☐
O. 航班信息荧幕	☐	☐	☐	☐	☐	☐
P. 候机楼内的步行距离	☐	☐	☐	☐	☐	☐
Q. 转机是否方便容易	☐	☐	☐	☐	☐	☐
机场服务 / 设施						
R. 机场职员是否有礼貌和乐于助人（不包括办理登机手续人员、护照检查人员与安检人员）	☐	☐	☐	☐	☐	☐
S. 餐饮设施	☐	☐	☐	☐	☐	☐
T. 餐饮设施收费是否物有所值	☐	☐	☐	☐	☐	☐

请填写您的意见，或在适当空格内划上「X」号

机场服务 / 设施	? 不知道或未使用	5 极好	4 很好	3 良好	2 一般	1 不好
U. 银行 / 取款机 / 找换店是否方便充足	☐	☐	☐	☐	☐	☐
V. 购物设施	☐	☐	☐	☐	☐	☐
W. 商品价格是否物有所值	☐	☐	☐	☐	☐	☐
X. 互联网 / Wi-fi	☐	☐	☐	☐	☐	☐
Y. 商务 / 行政人员候机室	☐	☐	☐	☐	☐	☐
Z. 洗手间是否方便充足	☐	☐	☐	☐	☐	☐
AA. 洗手间是否清洁	☐	☐	☐	☐	☐	☐
BB. 候机处 / 登机闸口是否舒适	☐	☐	☐	☐	☐	☐
机场环境						
CC. 候机楼是否清洁	☐	☐	☐	☐	☐	☐
DD. 机场环境	☐	☐	☐	☐	☐	☐
对机场的整体满意程度	☐	☐	☐	☐	☐	☐

8. 在这个机场，您认为问题 7 所列的项目中哪几项对您最重要？
（请填上所选项目的代表字母，并以大楷填写。）
最重要：____（例如 P）　第二重要：____（例如 K）　第三重要：____（例如 V）

9. 您今天在这个机场的最好和最坏体验是什么？
最好：
最坏：

10. 这个机场的入境服务：
（在过去三个月的经验）

	? 不知道或未使用	5 极好	4 很好	3 良好	2 一般	1 不好
A. 护照 / 身份证检查	☐	☐	☐	☐	☐	☐
B. 行李送抵提取处是否快捷	☐	☐	☐	☐	☐	☐
C. 海关检查	☐	☐	☐	☐	☐	☐

11. 如果您不是转机旅客，您搭乘什么交通工具来到这个机场？
私人 / 公司的汽车 ☐　巴士 / 机场穿梭巴士 ☐　的士 / 豪华专车 ☐
火车 / 地下铁路 ☐　租用汽车 ☐　其他方式 ☐

12. 您在航班的预定起飞时间前多久到达机场？
不到30分钟 ☐　30-45分钟 ☐　45-60分钟 ☐　1小时 – 1¼ 小时 ☐
1¼ 小时 – 1½ 小时 ☐　1½ 小时 - 2小时 ☐　2小时以上 ☐

13. 您在这个机场办理登机手续时，曾否使用以下设施 / 服务？（可选多项）
自助式服务台 ☐　办理登机手续柜台 ☐　上网办理登机手续 ☐
电话办理登机手续 ☐　托运行李柜台 ☐　其他设施 / 服务 ☐

14. 您的国籍是：

15. 您所定居的国家是（如果与上述国家不同）：

16. 邮政编号：

17. 您的性别是：　男 ☐　女 ☐

18. 您属于哪个年龄组别？
16-21岁 ☐　22-25岁 ☐　26-34岁 ☐　35-44岁 ☐
45-54岁 ☐　55-64岁 ☐　65-75岁 ☐　76岁或以上 ☐

其他意见：

谢谢您填写问卷。请在登机前将问卷交还调查员。

调查员注意，请在下面的空格内注明进行这次调查的机场资料（I 或 D）、候机楼和登机闸口。

I 或 D	问卷编号	机场名称	候机厅名称	登机闸口号码
	83-40549	SHA		

图 6-3　机场评价指标

2. 马耳他国际机场、莫斯科谢列梅捷沃国际机场、波尔图机场

3. 罗马菲乌米奇诺机场、苏黎世机场

（四）中东

1. 阿布扎比国际机场
2. 安曼阿勒娅王后国际机场、麦地那国际机场
3. 迪拜国际机场

（五）北美

1. 印第安纳波利斯国际机场、杰克逊维尔国际机场
2. 埃尔帕索国际机场、渥太华麦克唐纳—卡蒂埃国际机场、比利·毕晓普多伦多市机场
3. 奥斯汀国际机场、哥伦布国际机场、拉夫菲尔德机场、哈利法克斯国际机场、匹兹堡国际机场、圣安东尼奥机场、圣何塞机场、坦帕国际机场、埃德蒙顿国际机场

（六）拉美、加勒比

1. 瓜亚基尔机场
2. 圣荷西得卡波机场
3. 拿骚国际机场、蓬塔卡纳机场

二、最佳机场（按规模大小）

（一）年旅客吞吐量 200 万～500 万级

1. 勒克瑙机场（印度）
2. 瓜亚基尔机场
3. 万隆国际机场

（二）年旅客吞吐量 500 万～1500 万级

1. 海得拉巴机场
2. 巴里巴班国际机场、呼和浩特白塔国际机场
3. 科钦国际机场、加尔各答机场、浦那国际机场

（三）年旅客吞吐量 1500 万～2500 万级

1. 巴厘岛登巴萨国际机场、海口美兰国际机场、三亚凤凰国际机场
2. 班加罗尔国际机场
3. 金奈国际机场、朱安达国际机场

（四）年旅客吞吐量 2500 万～4000 万级

1. 重庆江北国际机场
2. 首尔金浦国际机场
3. 东京成田国际机场

（五）年旅客吞吐量 4000 万级以上

1. 新德里英迪拉·甘地国际机场、孟买贾特拉帕蒂·希瓦吉国际机场
2. 北京首都国际机场、上海浦东国际机场
3. 台北桃园国际机场

三、最佳机场（区域和规模都考虑在内）

（一）亚太

1. 年旅客吞吐量 200 万～500 万级：勒克瑙机场
2. 年旅客吞吐量 500 万～1500 万级：海德巴拉国际机场
3. 年旅客吞吐量 1500 万～2500 万级：巴厘岛登巴萨国际机场
4. 年旅客吞吐量 2500 万～4000 万级：重庆江北国际机场
5. 年旅客吞吐量 4000 万级以上：孟买国际机场

（二）欧洲

1. 年旅客吞吐量 200 万～500 万级：纽卡斯尔机场
2. 年旅客吞吐量 500 万～1500 万级：索契国际机场
3. 年旅客吞吐量 1500 万～2500 万级：雅典国际机场
4. 年旅客吞吐量 2500 万～4000 万级：莫斯科谢列梅捷沃国际机场
5. 年旅客吞吐量 4000 万级以上：罗马菲乌米奇诺机场

（三）拉美、加勒比地区

1. 年旅客吞吐量 200 万～500 万级：瓜亚基尔机场
2. 年旅客吞吐量 500 万～1500 万级：蓬塔卡纳机场

（四）中东

年旅客吞吐量 500 万～1500 万级：麦地那国际机场

（五）北美

1. 年旅客吞吐量 200 万～500 万级：渥太华麦克唐纳—卡蒂埃国际机场
2. 年旅客吞吐量 500 万～1500 万级：印第安纳波利斯国际机场
3. 年旅客吞吐量 1500 万～2500 万级：坦帕国际机场
4. 年旅客吞吐量 2500 万～4000 万级：明尼阿波利斯－圣保罗国际机场
5. 年旅客吞吐量 4000 万级以上：多伦多皮尔逊国际机场

四、区域改善最大的机场

1. 非洲：乔莫·肯雅塔国际机场
2. 亚太：艾哈迈达巴德国际机场
3. 欧洲：萨格勒布机场
4. 拉美、加勒比地区：巴西坦克雷多·内维斯科芬奇国际机场
5. 中东：迪拜国际机场
6. 北美：克利夫兰国际机场

资料来源：中国多家机场入列 2017 年度 ACI 最佳机场[EB/OL].（2018-09-14）. http://news.carnoc.com/list/461/461935.html?f=mhs.

2. 我国民航运输质量管理组织体系

我国"国家质量监督检验检疫总局"是国务院主管全国产品（或商品）质量认证认可、标准化等工作并行使行政执法职能的中央政府直属机构。按照国务院授权，"国家质量监督检验检疫总局"与"国家认证认可监督管理局"和"国家标准化管理局"形成质量

管理、质量认证和质量标准制定的国家质量管理组织体系。

国家标准化管理委员会即国家标准化管理局，是国务院授权能够履行行政管理职能的标准化专业机构，统一管理全国标准化工作，代表国家参加 ISO 等国际标准组织活动。

民航局是我国负责监督检查民航运输服务标准及质量，维护航空消费者权益，以及起草和制定行业质量标准的行业管理最高行政机构。各民航地区管理局和各省民航安全监督局负责监督检查所辖范围内的民航运输服务质量标准实施，以及维护消费者权益。

民航局还通过定期公布各航空公司和机场等民航单位的服务质量信息及统计数据，对全行业服务质量进行监督，如不正常航班和旅客投诉等。

航空公司与机场是实施国际或国家质量标准的具体组织，通常分别设置专门部门负责本单位的质量管理与监控或制定本企业内的相关服务质量标准与质量管理规章，包括对各生产岗位落实质量标准情况的督查、客户反馈意见处理，形成自上而下的服务质量管理组织体系。在一些航空公司和机场，还采取"质量连带责任"管理措施，即"一人有错，大家有责"，其目的在于形成质量管理的集体监督机制。

案例 6-2

湖北监管局督导天河机场服务质量提升工作

根据湖北监管局统一安排，2018 年 8 月 14 日，湖北监管局副局长姜顺带队前往武汉天河机场，开展对天河机场的督导活动。这次督导是湖北监管局对 4 月初调研情况的回访。

督导中，湖北机场集团领导、实业公司领导班子向监管局调研组汇报了第一阶段服务质量体系建设专项行动的开展情况、重点工作进展情况、在开展专项行动工作过程中存在的问题、遇到的实际困难以及需要监管局协调工作的意见和建议。

姜顺副局长指出：当前，天河机场要着重在以下方面加大工作力度：一是各单位领导要高度重视，细化服务保障举措，进一步梳理各类保障、操作手册，对重要保障流程进行再造，制订周密的保障方案；二是以便民利民的服务举措为重点、为抓手，制订活动项目和措施，并加快推进；三是提升服务水平，做好特殊旅客的引导帮扶、值机服务，同时按要求做好行李运输，特别是基于 RFID 全流程跟踪的创新应用，让旅客出行顺畅满意；四是候机楼内商业网点的建设，突出湖北特色，体现荆楚文化，让旅客亲身体验感受到湖北文化特色；五是推进优化中转服务流程，促成空空中转更便捷，全面提升服务质量。

资料来源：湖北监管局督导天河机场服务质量提升工作[EB/OL]. (2018-08-17). http://www.caac.gov.cn/ZTZL/RDZT/2018MHFUZLHBZCGZH/FWZLGZDT/201808/t20180817_191304.html.

（二）质量管理法规体系

1. 国际民航运输法规体系

法规和标准是民航运输企业实施质量管理的依据，在国际上，从航空器及设施设备的设计、生产和维修，航班运行，机场保障，空中交通管制，到旅客或货物运输服务，

ICAO、IATA 和 ACI 都分别制定了相应的标准、法规或市场准入要求，作为服务质量管理的法律依据，以保障航行安全和服务质量。例如，ICAO 制定的《国际民用航空公约》及附件、《机场服务手册》和《安全管理手册》，IATA 制定的《机场开发参考手册》，以及货物及危险品运输服务等规定，为国际民航运输服务提供了统一的质量标准。

IATA、ACI 以及 Skytrax 等国际组织还通过设置不同的民航服务质量要求、评估项目和评审内容，对航空公司和机场的服务质量进行国际性审计或评奖。这些评审和评比虽不是法定的国际组织活动，但是从市场影响力角度确实促进了航空公司和机场服务质量的不断提升，以通过获奖增强自身在民航运输市场中的竞争力。例如，在 2018 年和 2019 年，中国香港国际机场连续荣获世界最佳机场前十。

2．我国民航运输法规体系

我国政府和国家民航管理机构依据 ISO 的质量管理标准系列和质量管理体系规范，先后制定了适合我国国情的民航服务质量标准和质量管理法规，以规范我国的民航运输服务。例如，全国人大通过的《中华人民共和国航空法》《中华人民共和国标准化法》《中华人民共和国计量法》和《中华人民共和国产品质量法》。国家质量监督检验检疫局和国家标准化管理委员会颁布的《公共航空运输服务质量》（GB/T 16177—2007）和《公共航空运输服务质量评定》（GB/T 1860—2007）等，民航局颁布的《中国民用航空危险品运输管理规定》（CCAR—276）、《中国民用航空旅客、行李国内运输规则》《中国民用航空货物国内运输规则》《民用机场服务质量标准》（GB/5104—2006）、《中国民用机场服务质量评价指标体系》《关于进一步提升民航服务质量的指导意见》（2018）等，为我国民航运输服务质量管理提供了法律基础，为企业质量管理提供了行为规范和标准，也为民航企业和民航消费者维护自身权益提供了法律依据。

（三）Skytrax 质量评定

Skytrax 成立于 1989 年，是一家以英国为基地，致力于向全球民航运输企业提供专业性调研和品质咨询服务从而改善顾客体验的企业，是全球颇负盛名的航空公司与机场服务调查、咨询机构与评定机构。Skytrax 通过对参评航空公司和机场的国际旅客服务进行问卷调查及现场实地评估，对机场服务设施、机场地面服务及各型号航班飞机机上各项服务情况进行多角度、全方位的审核评定，从而找出航空公司、机场的相关服务的顾客意见。除了进行意见调查外，Skytrax 的网页也设有航空公司讨论区，让旅客分享其旅行经验，以供其他旅客参考。另外，他们设立航空公司与机场评级制度并主持服务评估，最终评选年度的、区域的或全球的最佳航空公司和最佳机场，以及星级航空公司和星级机场奖，并定期公布体现服务质量的全球航空公司及机场排名等报告，备受业界及旅客推崇。

1．Skytrax 奖项

为了真实、客观地反映旅客对航空公司和机场服务质量的评价，Skytrax 质量评价设置了针对航空公司、机场整体服务水平或某一专项服务的评价奖项。Skytrax 奖项共分以下三大类：

1)航空公司类"全球最佳"奖项及评定

对于参评年度"全球最佳奖"的航空公司,Skytrax 会在约为期 10 个月时间对机上旅客服务与娱乐设备、座位舒适度、空中膳食等 40 多个维度进行网上测评及专家实地调查,且每隔 2~3 个月就要进行一次复查。Skytrax 的航空公司类奖项有全球最佳航空公司奖、全球最佳休闲航空公司奖、全球最佳客舱娱乐航空公司奖、全球最佳客舱服务奖、全球最佳航空公司联盟奖、全球最佳机场服务航空公司奖、全球最佳跨大西洋航空公司奖、全球最佳跨太平洋航空公司奖、全球最佳头等舱奖、全球最佳经济舱奖、全球最佳商务舱奖、全球最佳区域航空公司奖、全球最佳低成本航空公司奖、全球最佳服务航空公司奖。通过这些奖项的评比,反映旅客对各类航空公司服务质量的评价。比如 2018 年十大最佳航空公司排名如表 6-1 所示。

表 6-1 2018 年全球十大最佳航空公司排名

排 名	航空公司	排 名	航空公司
1	新加坡航空	6	国泰航空
2	卡达航空	7	汉莎航空
3	全日空航空	8	海南航空
4	阿联酋航空	9	印度尼西亚鹰航空
5	长荣航空	10	泰国航空

资料来源:2018 年全球十大最佳航空公司 [EB/OL]. (2019-02-08). http://www.sohu.com/a/293675970_806537.

案例 6-3

2018 年全球十大最佳航空公司排名

第 1 名:新加坡航空

在 2018 年的 Skytrax 世界航空大奖(Skytrax World Airline Awards)中,新加坡航空以其 60 多个目的地以及优质的服务,击败了 2017 年的最佳航空公司——卡达航空,荣获 2018 年 Skytrax 全球最佳航空公司。同时还获得了全球最佳头等舱、亚洲最佳航空公司、亚洲最佳商务舱等单项奖。

第 2 名:卡达航空

卡达航空以开辟众多国际航线著称,是全球现今少数几家航线能够涵盖 5 大洲的航空公司代表之一,航线遍及全球逾 150 座城市机场。分别于 2011 年、2012 年、2015 年、2017 年先后 4 次成为年度全球最佳航空公司。虽然在 2018 年 Skytrax 世界航空大奖中综合排名第 2,依然获得全球最佳商务舱的奖项。

第 3 名:全日空航空

全日空航空是日本第一大航空公司,也是星空联盟的成员之一,曾被英国顾问公司于 2013 年评为五星级航空公司。目前运营约 80 条国际航线和 110 多条国内航线,航点遍布全球。2018 年被 Skytrax 评为全球最佳航空第 3 名。

第 4 名：阿联酋航空

航点遍布六大洲，飞往超过 60 个国家、140 个目的地的阿联酋航空这次仍位居第 4 位，几乎每年都被誉为世界最佳航空公司之一。在娱乐方面，阿联酋航空连续 10 多年蝉联"全球最佳机内娱乐"大奖，更在 Instagram 上拥有百万追踪者，是社群媒体上人气最高的航空公司。

第 5 名：长荣航空

长荣航空是台湾排名最高的航空，自 2004 年以来，屡次被德国专业航空杂志 *Aero International* 评选为全世界十大安全航空公司之一；美国著名旅游杂志 *Travel & Leisure* 更于 2010 年及 2012 年评比长荣航空为全球十大最佳航空公司；2016 年、2017 年 Skytrax 长荣航空被评为全球最佳航空第 6 名，2018 年晋升为全球第 5 名。

第 6 名：国泰航空

2014 年位于"全球最佳航空公司"榜首的国泰航空，航点包括中国及亚洲各地，在 2018 年 Skytrax 世界航空大奖中由 2017 年的第 5 名下滑至第 6 名。

第 7 名：汉莎航空

汉莎航空创立于 1953 年，是世界上最享誉盛名的航空公司之一。目前在 4 大洲、73 个国家提供 165 个航点服务。2016 年"航空界奥斯卡"Skytrax 世界航空大奖评比中，入选"前十大全球最佳航空公司"，并荣获"最佳跨大西洋航空公司"和"最佳西欧航空公司"。2018 年 Skytrax 排名第 7，是此次唯一进入前十的欧洲航空公司。

第 8 名：海南航空

海南航空是世界上成长最快的航空公司之一，为中国第四大航空公司，此次海南航空第八次蝉联 Skytrax "五星航空公司"荣誉，排名在第 8 位。

第 9 名：印度尼西亚鹰航空

印度尼西亚鹰航空公司是由印度尼西亚政府全资所有的国家航空公司，以印度尼西亚国徽"金鹰（Garuda）"命名。曾获 Skytrax 选为"全球最佳区域航空公司""全球最佳经济舱""全球最佳机组人员"等多个奖项。此次位于 Skytrax 全球最佳航空公司第 9 名。

第 10 名：泰国航空

泰国国际航空公司创立于 1960 年，其国际航线主要覆盖欧洲、东亚及南亚。曾被 Skytrax 杂志评为 5 星级航空公司之一，2003 年及 2005 年获得 Skytrax 的年度最佳航空公司，2005 年被评为最佳候机楼，2006 年获得全球最佳航空公司的殊荣。2018 年再次获得 Skytrax 全球最佳航空公司第 10 名，同时获得全球最佳经济舱的荣誉。

全球各大区域的最佳航空公司排名如表 6-2 所示。

表 6-2 全球各大区域的最佳航空公司排名

排　名	地　区	航空公司
1	北欧	芬兰航空（Finnair）
2	西欧	汉莎航空（Lufthansa）
3	东欧	俄罗斯航空（Aeroflot Russian Airlines）

续表

排名	地区	航空公司
4	非洲	依索比亚航空（Ethiopian Airlines）
5	澳洲/太平洋	澳洲航空（Qantas Airlines）
6	中亚/印度	阿斯坦纳航空（Air Astana）
7	中国	海南航空（Hainan Airlines）
8	中美/加勒比海	巴拿马航空（Copa Airlines）
9	南美	哥伦比亚国家航空（Avianca）
10	北美	加拿大航空（Air Canada）
11	亚洲	新加坡航空（Singapore Airlines）
12	中东	卡达航空（Qatar Airways）
13	欧洲	汉莎航空（Lufthansa）

同时，Skytrax 也对全球北欧、西欧、东欧、非洲、太平洋、中亚、中国、中美、南美、北美、亚洲、中东、欧洲等区域评选出了该区域内的最佳航空公司，共有 13 家航空公司获得了该区域内的最佳航空公司，如表 6-3 所示。

Skytrax 是全球颇负盛名的航空公司与机场服务调查和咨询机构，每年定期公布全球航空公司及机场排名等报告，备受业界及旅客推崇。Skytrax（全球航空公司前十）榜单由 100 多个国家的 2 445 万游客投票得出，结合全球旅客对产品服务、机上娱乐、空中膳食等多个维度的评价调查进行综合分析，最终得出排名。

表 6-3 单项获奖榜单

奖项	上榜名单
最佳廉价航空	非洲—芒果航空（Mango）
	澳洲/太平洋—捷星航空（Jetstar Airways）
	亚洲—亚洲航空（AirAsia）
	中亚/印度—靛蓝航空（Indigo）
	中国—西部航空（West Air）
	南美—天合联盟航空公司（Sky Airline）
	北美—西捷航空（WestJet）
	中东—沙特航空（Flynas）
	欧洲—挪威航空（Norwegian）
最佳飞机餐	经济舱—泰国航空（Thai Airways）
	豪华经济舱—俄罗斯航空（Aeroflot Russian Airlines）
	商务舱—奥地利航空（Austrian Airlines）
	头等舱—法国航空（Air France）
最佳座位	经济舱—日本航空（Japan Airlines）
	豪华经济舱—新西兰航空（Air New Zealand）
	商务舱—卡达航空（Qatar Airways）
	头等舱—新加坡航空（Singapore Airlines）

续表

奖　项	上 榜 名 单
最佳线路	非洲—摩洛哥皇家航空（Royal Air Maroc）
	亚洲—曼谷航空（Bangkok Airways）
	南美—巴西阿苏尔航空（Azul Brazilian Airlines）
	中亚/印度—阿塞拜疆航空（Azerbaijan Airlines）
	欧洲—爱琴海航空（Aegean Airlines）
最佳休息室	头等舱—卡达航空（Qatar Airways）
	航空联盟休息室—洛杉矶星空联盟（Star Alliance Los Angeles）
	独立的机场候机厅—希思罗机场 2 号候机厅（Plaza Premium Heathrow Terminal Two）
	头等舱休闲餐厅—法国航空（Air France）
	航空休息室水疗设施—泰国航空（Thai Awards）
最佳空乘服务人员（按全球地区划分）	非洲—南非航空（South African Airways）
	澳大利亚/太平洋—澳洲航空（Qantas Airlines）
	中亚/印度—Vistara 航空（Vistara）
	中国—海南航空（Hainan Airlines）
	中美/加勒比海—巴拿马航空（Copa Airlines）
	南美—巴西阿苏尔航空（Azul Brazilian Airlines）
	亚洲—全日空航空（ANA All Nippon Airways）
	中东—阿联酋航空（Emirates Airlines）
	欧洲—奥地利航空（Austrian Airlines）

资料来源：2018 年全球十大最佳航空公司[EB/OL]．（2019-02-08）．http://www.sohu.com/a/293675970_806537.

2）机场类"全球最佳"奖项及评定

在机场评选方面，每年 Skytrax 举办的世界机场颁奖典礼中颁发 35 个奖项，Skytrax 的机场类奖项有全球最佳机场奖、全球最佳中转机场奖、全球最佳机场宾馆奖、全球最佳机场购物与餐饮奖、全球最佳机场员工服务奖、全球最佳机场安保与移民局服务奖、全球最佳机场休闲设施奖、全球进步最快机场奖、全球最佳低成本机场奖、全球最佳服务机场奖。此外分项奖还有全球最佳购物机场奖、全球最佳安保机场奖、全球最佳行李服务机场等奖项。通过这些奖项的评比，反映旅客对机场服务质量的评价。例如，2019 年，基于调查期间 100 多个不同国籍的航空公司客户完成的 1 373 万份机场调查问卷，覆盖全球 550 个机场，评估旅客在不同机场服务和产品关键绩效指标方面的经验，从办理登机手续、抵达、转机、购物，通过保安及移民手续。该调查提供英语、西班牙语和中文选项。评选出了 2019 年前 TOP 10 的机场。该奖项是根据数百万的乘客调查回复发布的，是年度 Skytrax 世界机场奖中最负盛名的奖项，被称为"航空业的奥斯卡奖"。

Skytrax 世界机场奖由航空旅客在全球最大的机场客户满意度调查中投票选出。该调查作为一项独立研究进行，没有任何机场的入场费或收费，颁奖仪式也免费提供给获奖机场。

案例 6-4

Skytrax2019 全球最佳机场榜单出炉

日前,素有航空界奥斯卡之称的 Skytrax 在伦敦举行了 2019 年度全球最佳机场大奖评选!超过 100 个不同国家的一千多万名旅客对全球 500 多家机场进行了综合满意度的投票,最后评价出来 10 家机场,如表 6-4 所示。

表 6-4 2018 年、2019 年 TOP10 机场排名

排 名	2018 年排名	2019 年排名
1	新加坡樟宜机场	新加坡樟宜机场
2	韩国首尔仁川国际机场	东京羽田国际机场
3	东京羽田国际机场	韩国首尔仁川国际机场
4	中国香港国际机场	卡塔尔多哈哈马德国际机场
5	卡塔尔多哈哈马德国际机场	中国香港国际机场
6	德国慕尼黑机场	日本名古屋中部国际机场
7	日本名古屋中部国际机场	德国慕尼黑机场
8	伦敦希思罗机场	伦敦希思罗机场
9	瑞士苏黎世机场	日本东京成田国际机场
10	德国法兰克福机场	瑞士苏黎世机场

新加坡樟宜国际机场已连续七年获得全球最佳机场的称号了,本年度继续蝉联第一。而日本也是本次的大赢家,即 2018 年的羽田、名古屋中部以外,东京成田国际机场也进入了 TOP10。

国内机场中国香港国际机场排名第一,广州白云国际机场获得了"世界最杰出进步机场"。

同时,Skytrax 也列出了一系列各地区和单项奖项,如表 6-5~表 6-9 所示,中国大陆地区也列为一个单独地区进行颁奖。

表 6-5 各地区最佳机场酒店

奖 项	获 奖 酒 店
亚洲最佳机场酒店	新加坡樟宜机场皇冠假日酒店
澳大利亚/太平洋最佳机场酒店	澳大利亚布里斯班机场铂尔曼酒店
中国大陆地区最佳机场酒店	广州白云国际机场铂尔曼酒店
欧洲最佳机场酒店	英国伦敦希思罗机场索菲特酒店
北美最佳机场酒店	加拿大温哥华国际机场费尔蒙酒店
最佳南美洲酒店	哥伦比亚波哥大万怡酒店

表 6-6 各地区最佳机场

奖 项	获 奖 机 场
非洲最佳机场	南非开普敦国际机场

续表

奖　项	获　奖　机　场
亚洲最佳机场	新加坡樟宜机场
澳大利亚/太平洋最佳机场	巴拿马托库门国际机场
中欧最佳机场	德国慕尼黑机场
中国大陆地区最佳机场	上海虹桥国际机场
东欧最佳机场	匈牙利布达佩斯国际机场
欧洲最佳机场	德国慕尼黑机场
印度/中亚最佳机场	印度德里英迪拉·甘地国际机场
中东最佳机场	卡塔尔多哈哈马德国际机场
北美最佳机场	加拿大温哥华国际机场
北欧最佳机场	丹麦哥本哈根机场
俄罗斯和独联体最佳机场	阿塞拜疆巴库盖达尔阿利耶夫国际机场
南美洲最佳机场	秘鲁利马豪尔赫查韦斯国际机场
南欧最佳机场	西班牙阿道夫苏亚雷斯马德里巴拉哈斯机场
西欧最佳机场	英国伦敦希思罗机场

表6-7　各区域最佳员工机场

奖　项	获　奖　机　场
非洲最佳员工机场	南非德班沙卡国王国际机场
亚洲最佳员工机场	日本东京机场
澳大利亚/太平洋最佳员工机场	澳大利亚黄金海岸机场
中美洲最佳员工机场	巴拿马托库门国际机场
中国大陆地区最佳员工机场	广州白云国际机场
欧洲机场最佳员工机场	奥地利维也纳机场
印度/中亚最佳员工机场	印度海德拉巴拉吉夫·甘地国际机场
中东最佳员工机场	卡塔尔多哈哈马德国际机场
北美最佳员工机场	美国西雅图-塔科马国际机场
俄罗斯和独联体最佳员工机场	俄罗斯喀山国际机场
南美洲最佳员工机场	厄瓜多尔基多国际机场

表6-8　各地区最佳区域性枢纽机场

奖　项	获　奖　机　场
非洲最佳区域性机场	南非德班沙卡国王国际机场
亚洲最佳区域性机场	日本名古屋中部国际机场
澳大利亚/太平洋最佳区域性机场	澳大利亚黄金海岸机场
中国大陆地区最佳区域性机场	海口美兰国际机场
欧洲最佳区域性机场	科隆波恩国际机场
印度/中亚最佳区域性机场	印度海德拉巴拉吉夫·甘地国际机场
北美最佳区域性机场	美国丹佛国际机场
俄罗斯和独联体最佳区域性机场	俄罗斯叶卡捷琳堡科利佐沃国际机场
南美洲最佳区域性机场	厄瓜多尔基多国际机场

表 6-9 2019 年世界最佳单项奖

奖　项	获奖机场
世界最佳机场	新加坡樟宜机场
世界最佳机场餐饮	中国香港国际机场
世界最佳行李寄送机场	日本关西国际机场
世界最佳机场酒店	新加坡樟宜机场皇冠假日酒店
世界最佳机场入境服务	中国香港国际机场
世界最佳机场休闲设施	新加坡樟宜机场
世界最佳机场安检处理	瑞士苏黎世机场
世界最佳机场购物	英国伦敦希思罗机场
世界最佳机场工作人员	日本东京羽田国际机场
世界最佳机场航站楼	英国伦敦希思罗机场 T5 航站楼
世界最佳国内机场	日本东京羽田国际机场
世界最佳低成本航站楼	日本关西国际机场 T2 航站楼
世界最佳 PRM/无障碍设施	日本东京羽田国际机场
世界最佳地区机场	日本名古屋中部国际机场
世界最佳交通机场	韩国仁川国际机场
世界最佳网站和数字服务机场	美国休斯敦机场系统
世界最干净的机场	日本东京羽田国际机场
世界最杰出的进步机场	广州白云国际机场

资料来源：Skytrax2019 全球最佳机场榜单出炉 [EB/OL]．（2019-03-29）．https://post.smzdm.com/p/and293o3/．

3）星级类奖

Skytrax 还对参评的航空公司和机场服务质量进行星级评奖。星级奖分为五级（见表 6-10），五星为目前最高服务质量奖项，意味着航空公司或机场在服务创意方面、设施餐食与安全性最为领先，是其他航空公司学习的榜样，标志其提供的服务品质优良。一星为最低（非常差），意味着航空公司提供的服务质量比较差，低于一般质量水平。直至目前，Skytrax 尚未开评"六星航空公司""六星机场"。2018 年，国泰航空公司、海南航空公司等曾先后被评为"Skytrax 五星航空公司"；2019 年 1 月 17 日，广州白云国际机场 2 号航站楼被 Skytrax 评为"全球五星航站楼"，这标志着白云机场的综合服务保障水平成功跻身世界一流机场行列。

表 6-10 Skytrax 五星评定体系

星　级	标准含义
★★★★★五星	非常好（Very Good）
★★★★四星	好（Good）
★★★三星	一般（Fair）
★★二星	差（Poor）
★一星	非常差（Very Poor）

Skytrax 对于颁发其五星评级似乎也非常审慎,到目前为止,只有 12 家航空公司获此荣誉,其中就包括我国海南航空。2019 年,两家日本航空公司——日本的全日空航空和日本航空也获得了五星评级的殊荣。

2. Skytrax 奖项评审方法

为了保障航空公司和机场的全球排名或星级评奖过程及其结果的公正性、独立性和权威性,Skytrax 开发了一套自己的航空公司和机场"服务质量评估系统"与指标体系,对参评航空公司或机场的服务质量直接派员进行一线调查和信息收集,不接收参评单位或任何第三方资助。

Skytrax 质量评审采取航空公司或机场自愿报名的方式,并根据参评奖项,选取不同的服务质量调查和评估方式。例如,对参评年度"全球最佳奖"的航空公司,Skytrax 要进行大约为期 10 个月的质量跟踪调查,调查范围遍及航空公司航班服务(不含航空公司的商业行为)的 800 个不同地点。为了调查航空公司服务质量的稳定性和一致性,Skytrax 每隔 2~3 个月就要进行一次复查,调查内容是对机场出发航班和到达航班的旅客、机上旅客服务与娱乐设备、地面服务设施设备、机上与地面候机舒适度、地面服务便捷程度等 40 多个维度进行测评与综合分析,重点是调查旅客感受。星级航空公司评审则需要对航空公司的 750 项指标进行评估。最终 Skytrax 根据调查结果运用其"服务质量评估系统"进行综合分析和评估,产生评价结果。

3. Skytrax 评审指标

Skytrax 采取多种方式对参评机场或航空公司的服务质量进行调查。调查人员在一线现场直接面对旅客询问、对旅客电话采访,还通过互联网或电子邮件等方式与旅客进行沟通以了解情况。

(1)"世界最佳机场奖"的网上调查内容。调查内容主要有机场内的指示标志明确程度、行走距离远近程度、航站楼环境舒适度、公共区域清洁程度、洗手间便利和卫生程度、互联网设施(包括无线)、安保隔离与移民局服务、航班信息显示、机场购物与餐饮服务、地面交通便利性等。

(2)"世界最佳中转机场奖"的网上调查内容。调查内容主要有发现中转通道的难易程度、行走距离远近、中转旅客候机环境、座椅舒适性、中转娱乐及休闲服务、餐饮服务、中转安保隔离、海关柜台服务、航班信息显示、登机广播清晰度等。

(3)"世界最佳航空公司奖"的网上调查内容。调查内容主要有机场值机效率、登机手续、客舱座位舒适性、客舱卫生间清洁程度、机上读物、机上娱乐、机上餐饮服务标准、客舱服务效率、客舱服务员的服务态度、机票性价比等。

(4)Skytrax 奖项的评审指标体系。关于 Skytrax 各类奖项的评审,Skytrax 拥有一套自己的独特评估系统和质量评估指标体系,不仅充分体现旅客的切身体验感受,同时还兼顾地区因素、航空公司或机场的规模因素、服务设施及人员服务因素,不仅与 ICAO、IATA、ACI 的通行标准一致,而且有 Skytrax 自己的特色评估指标,以充分、真实、客观、公正地反映参评机场或航空公司的服务质量水平。表 6-11 中部分摘选了 Skytrax 评审星级机场时使用的服务质量指标,以调查参评机场的地面服务质量情况。

根据 Skytrax 的"全球最佳"奖项和星级评审方法，Skytrax"全球最佳"奖项获得者通过参评机场或航空公司综合评审结果中最优者排名产生，具有一定的相对比较性和直接竞争性。星级评审则依据 Skytrax 设定的各等级星级评审标准的符合度产生，虽然没有参评者之间的对比性，实际上具有潜在竞争影响。从 Skytrax 的各类奖项评审过程来看，与 ISO 9000 质量标准体系推行的质量管理思想不同的是，后者强调的是"过程决定结果"，重点在于过程质量的管理。Skytrax 采用的质量评估思想是，通过较长时段跟踪旅客在旅途中对机场或航空公司的硬件设施、地面和机上服务等产生的感受（即舒适度和满意度）进行评估，强调的是服务效果。无论 IATA、ACI 还是 Skytrax 的评奖，其目标完全一致，重点关注客户满意度，树立了业界服务质量标杆，揭示了参评企业与世界上服务质量标杆之间的差距，明确了努力和持续改进的方向。

表 6-11 机场 Skytrax 评定的部分维度

岗 位	项 目	星 级	检 查 标 准
机场出发厅旅客服务柜台	柜台位置	★★★★★	位置明显，距离适中，旅客易于发现
		★★★★	位置较为明显，旅客较容易发现
		★★★	位置不太明显，旅客较难发现
		★★	位置不明显，旅客难以发现
		★	位置不明显，距离较远，旅客前往办理手续不方便
	工作人员仪容、仪表及工作纪律	★★★★★	所有人员符合《地服人员职业形象手册》要求，形象出众，妆容淡雅，制服整洁，熨烫平整，丝巾（根据季节）、领带佩戴规范，皮鞋干净无污迹，展现良好的服务形象和精神面貌；保持良好的工作纪律
		★★★★	所有人员符合《地服人员职业形象手册》要求，妆容淡雅，制服整洁，熨烫平整，丝巾（根据季节）、领带佩戴规范，皮鞋干净无污迹；保持良好的工作纪律
		★★★	仪容欠佳，如女员工妆容不够或未化妆
		★★	存在未戴姓名牌、领带、丝巾（根据季节）等着装不规范情况，或在工作场所补妆未回避旅客
		★	存在未穿工装或染发、留须等明显与航空公司服务形象不符的情况
机场普通值机柜台	柜台在机场的位置	★★★★★	位置明显，易于发现，距离适中，无须导乘人员指引即可方便找到
		★★★★	位置较明显，现场有导乘人员为旅客提供位置指引
		★★★	位置不太明显，旅客较难发现，现场无导乘人员为旅客提供协助
		★★	位置不明显，旅客难以发现，现场无导乘人员为旅客提供协助
		★	位置不明显，距离较远，无导乘人员，旅客前往办理手续不方便
	柜台的状况及外观	★★★★★	柜台整洁，设备清洁完好，工作用品摆放整齐有序，柜台内与工作无关的个人物品无外露；柜台前引导带摆放整齐；有鲜花摆放
		★★★★	柜台整洁，设备清洁完好，工作用品摆放整齐有序，柜台内与工作无关的个人物品无外露；柜台前引导带摆放整齐；有花饰摆放
		★★★	柜台引导带摆放不整齐或歪斜、破旧；工作用品摆放凌乱；可发现与工作无关的个人用品

续表

岗 位	项 目	星 级	检 查 标 准
机场普通值机柜台		★★	柜台无引导带
		★	柜台脏旧，有明显污迹
	工作人员仪容仪表及工作纪律	★★★★★	所有人员符合《地服人员职业形象手册》要求，形象出众，妆容淡雅，制服整洁，熨烫平整，丝巾（根据季节）、领带佩戴规范，皮鞋干净无污迹，展现良好的服务形象和精神面貌；保持良好的工作纪律
		★★★★	所有人员符合《地服人员职业形象手册》要求，妆容淡雅，制服整洁，熨烫平整，丝巾（根据季节）、领带佩戴规范，皮鞋干净无污迹；保持良好的工作纪律
		★★★	仪容欠佳，如女员工妆容不够或未化妆
		★★	存在未戴姓名牌、领带、丝巾（根据季节）等着装不规范情况，或在工作场所补妆未回避旅客
		★	存在未穿工装或染发、留须等明显与航空公司服务形象不符的情况
	排队时间	★★★★★	排队时间不超过 10 分钟
		★★★★	旅客排队时间 10~12 分钟
		★★★	排队时间 12~14 分钟
		★★	排队时间 14~16 分钟
		★	排队时间 16 分钟以上
	排队秩序维护	★★★★★	根据柜台实际情况优先设置 S 形排队引导带；柜台排队秩序井然
		★★★★	根据柜台实际情况优先设置 S 形排队引导带；柜台排队秩序较为井然
		★★★	排队秩序较乱，维持秩序人员对排队秩序缺乏有效控制
		★★	排队秩序乱，维持秩序人员缺乏主动性，态度生硬
		★	柜台前场面混乱

任务 3　民航运输质量分析方法

质量分析方法是保证产品质量并使产品质量不断提高的一种质量管理方法。它通过从生产过程中，系统地收集与产品质量有关的各种数据，对数据进行整理、加工和分析，进而绘制各种图表，推算某些数据指标，找出影响质量差异的原因，并采取相应措施消除或控制产生次品或不合格品的因素，使产品在生产全过程中每一个环节都能正常地、理想地进行，最终获得满足人们需要所具备的自然属性和特性。

在民航运输服务质量管理过程中，需要及时掌握服务质量动态，纠正服务质量偏差，保障和不断提升服务水平，以保持并增强客户满意度。常用方法如下。

一、Excel 分类统计法

Microsoft Excel 是 Microsoft 为使用 Windows 操作系统的计算机编写的一款电子表格

软件。直观的界面、出色的计算功能和图表工具，使 Excel 成为最流行的计算机数据处理软件。使用 Excel 软件进行质量管理分析能使一些很繁杂的数据直观表现出差异性及程度。由于民航运输服务质量影响因素较多，使用 Excel 进行统计分析，能够通过图形大小或曲线趋势直观显示各因素的影响程度。常用的 Excel 分类统计法是帕累托图与分类比例图分析。

（一）帕累托图（Pareto Chart）

帕累托图又叫排列图、主次图，是按照发生频率大小顺序绘制的直方图，表示有多少结果是由已确认类型或范畴的原因所造成的。它是将出现的质量问题和质量改进项目按照重要程度依次排列而采用的一种图表。帕累托图是用柱形图做出来的，一般来说，要创建"累积占总数百分比"这列辅助列，然后通过改变百分比图表类型来实现帕累托图。

如表 6-12 所示为某机场 2019 年 1～6 月货物不正常运输情况，通过绘制帕累托图（见图 6-4），不仅反映出货物不正常运输的总体趋势，还反映出货物不正常运输约 80%的原因是由货物破损、迟运、漏运造成的，累积百分比达到 76.14%。因此，机场应针对破损、迟运与漏运采取相应的措施进行有效防范。

表6-12　2019年某机场1～6月货物不正常运输情况

月份 货物不正常运输	1	2	3	4	5	6	合计	所占比率/%	累积所占比率/%
破损	15	16	9	9	13	16	78	37.86	37.86
迟运	13	13	2	3	5	15	51	24.76	62.62
漏运	5	6	5	3	4	5	28	13.59	76.14
错运	5	4	5	4	3	6	27	13.11	89.32
丢失	4	3	4	3	3	5	22	10.68	100.00

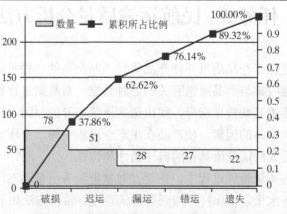

图6-4　分类统计分析方法——帕累托图法

排列图用双直角坐标系表示，左边纵坐标表示频数，右边纵坐标表示频率，折线表示累积频率，横坐标表示影响质量的各项因素，按影响程度的大小（即出现频数多少）从左到右排列绘制。

（二）分类比例图

分类比例图分析也称为饼状图分析，饼状图是 Excel 多种图表功能的一种。饼状图分析是通过每一块区域面积大小直观显示一个数据系列中各项的大小在各项总和中的比例。在民航运输服务质量分析中，分类比例图能分析影响质量的每一种原因在总类中的比例，并以图形的方式显示各个组成部分的百分比，根据图形显示的面积大小，能直观判断出谁是主要原因，谁是次要原因。

根据表 6-12 中的货物不正常运输各类型的合计栏与所占比例栏，绘制饼状图，如图 6-5 所示。从图中可以看出，货物不正常运输的主要原因是破损与迟运，次要原因是漏运、错运与遗失。

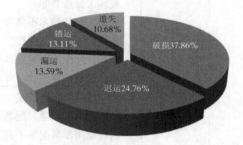

图 6-5 分类统计分析方法——分类比例图法

二、因果图和对策表

（一）因果图

因果图是由日本管理大师石川馨先生发明的，故又名"石川图"。因果图是一种发现问题"根本原因"的方法，其特点是简洁实用，深入直观。其主要通过深入剖析，找出影响问题的众多因素，并将它们与特性值一起，按相互关联性整理成层次分明、条理清楚，并标出重要因素、次要原因，能直观地描绘出问题与原因之间的关系的图形。因其形状如鱼骨，所以又叫鱼骨图。因果分析图如图 6-6 所示。

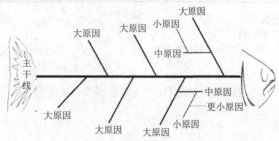

图 6-6 因果关系鱼骨图

表 6-13 为某航空公司 2017 年 1 月货物不正常运输情况及原因，表中反映的货物不正常运输的主要原因有包装、仓储、配载、卸载、天气，具体原因主要是货运工作人员的责任落实不严、业务能力不强、货运管理不善等导致货物拉货，破损较多。

表 6-13 某航空公司 2017 年 1 月货物不正常运输情况及原因统计表

序号	不正常运输原因	差错次数	具体原因	备注
1	包装原因	5	货运收运人员责任心不强，检查不严 货运收运人员对包装要求不熟悉	
2	仓储原因	5	管理员责任落实不明确 仓库货物摆放原因	
3	配载原因	20	预配人员责任心不强 对飞机载重与舱位限制要求不太熟练 未及时收取后方站的载重信息	
4	装卸原因	20	装卸工作不负责任 装卸工野蛮装卸 装卸工装卸技术不熟练 操作液压力车速度过快 拖车货物固定网绳配备不足 装卸速度过慢	
5	天气原因	7	装卸工作责任心不强 货物拖车遮雨器具配备不齐 机坪遮雨器具配备不齐 天气原因使航班延误	
6	其他原因	2		

根据表 6-13 因果关系分析，绘制图 6-7 所示的货物不正常运输因果关系鱼骨图，描绘了货运质量问题与原因之间的对应关系，直观表达了货物不正常运输情况与原因之间的关系，并能清楚地辨别主要原因及影响因素。

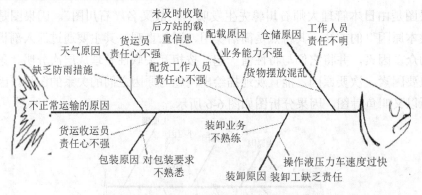

图 6-7 货物不正常运输因果关系鱼骨图

（二）对策表

对策表又名措施计划表，是指针对质量问题的主要原因而制定的措施计划表，可作为实施质量控制时的依据。对策表通常是在因果分析图的基础上，根据存在质量问题的原因制定适当措施、对策，以使质量问题获得解决。根据表 6-13 制定对策表，如表 6-14 所示。

表 6-14 某航空公司 2017 年 2 月货运部货物不正常运输质量整改措施

主要问题	对　　策	责 任 人	完成进度	整改效果
货运部质量管理问题	对所有货运人员进行质量管理教育，并制定相应的奖罚制度，落实岗位责任	货运部质管办/刘××	2017-02-15	
包装原因	加强包装要求培训 严格货物收运验收	销售科/李××	2017-02-20	
仓储原因	优化仓储规划	仓储科/吴×	2017-02-28	
装卸原因	加大员工技能培训，提高速度与熟练程度 监督装卸货人员 减慢操作液压力车车速	装卸科/陈×	2017-02-20	
	配备足额拖车货物固定网绳	设备科/刘×	2017-02-10	
配载原因	加大配载业务知识培训 制定飞机配载信息获取规定	预配科/李×	2017-02-20	
天气原因	货物拖车配备防雨布和网绳	设备科/刘×	2017-02-10	

民航运输企业在进行全面质量管理过程中，还会用到许多其他一些质量管理工具和图表，如甘特图、控制图、散布图、系统图、关联图等。

三、PDCA 循环法

PDCA 循环法针对品质工作按规划、执行、查核与改进来进行活动，以确保可靠度目标的达成，进而促使品质持续获得改善。它是全面质量管理的思想基础和方法依据，也是企业管理各项工作的一般规律。该理念由美国质量管理专家休哈特博士首先提出，由戴明采纳、宣传，并获得普及，所以又称"戴明环"。PDCA 循环将质量管理分为四个阶段，即计划（Plan）、实施（Do）、检查（Check）、改进（Action），如图 6-8 所示。

图 6-8 PDCA 持续改进

（一）四阶段八步骤

PDCA 循环是一个不断螺旋式循环上升的过程，主要可以划分为四个阶段、八个步骤，且每一个阶段都是循序渐进的，以促进项目质量水平的提升。民航服务质量分析可以根据 PDCA 的四个阶段、八个步骤进行（见表 6-16）。

1．计划阶段

计划阶段的任务是要通过市场调查、用户访问等，摸清用户对服务质量的要求，确定服务质量目标，制定服务质量标准，配备所需的资源，制订实施计划，规划管理措施。可大致分为以下四个具体的步骤。

（1）研究服务质量现状，找出其质量缺陷。

（2）分析服务质量缺陷造成的原因和所有影响因素。

（3）找出造成服务质量问题的主要原因和因素。

（4）针对实际运行的质量结果，制订出有针对性的质量完善措施，确定预期目标和详细的执行计划。

2．实施阶段

实施阶段就是实施计划阶段中所确定的工作计划，具体执行解决方案的过程。同时这也是 PDCA 循环中的第 5 步：实施质量改进计划，达成质量预期目标。实施阶段重点任务，按计划落实组织、物料、制度等方面的保障措施，确保所需的人员、机器、物资、项目管理制度能够按计划执行并正常运转，保证服务质量管理计划实施的准确到位。

3．检查阶段

该阶段的主要工作是进行检查，将实施阶段后的成果与计划阶段中的预期目标做对比，分析计划执行的情况，推断是否达成预期的目标，并通过对检查结果的分析，找出问题的原因。这也是循环第 6 步：检查并发现问题。

4．处理阶段

处理阶段也是改进阶段：主要是对检查阶段中发现的问题进行处理改进。这一阶段包括循环中的步骤 7 以及步骤 8。第 7 步是对这一轮的循环中的情况进行总结，汲取经验教训，总结出改进措施。对于实践过程中较好的质量提升措施，应形成相应的作业标准和规章制度，进行持续改进，新的问题或者遗留的问题将带入下一个循环中。第 8 步总结归纳循环中的过程，完善优化质量管理体系，如表 6-15 所示。

表 6-15 PDAC 循环的四个阶段、八步步骤

阶 段	步 骤	管 理 内 容
Plan	1	研究项目现状，找出项目质量缺陷
Plan	2	分析造成项目质量缺陷的原因和所有影响因素
Plan	3	找出造成质量问题的主要原因和因素
Plan	4	针对主要原因制订解决措施及改进计划
Do	5	实施质量改进计划
Check	6	依据计划的要求，检查并发现问题
Action	7	汲取经验教训，总结出改进措施，遗留问题进入下一循环
Action	8	总结归纳循环过程，完善优化质量管理体系

资料来源：陈荣秋，马士华．生产运作管理[M]．5 版．北京：机械工业出版社，2017．

（二）主要特点

（1）PDCA 管理循环具有大环套小环的特点，大到整个机场、航空公司整个服务质量，小到各级部门甚至员工个人的服务质量，都存在着自身的 PDCA 循环系统，大环和小环在层层循环中相互衔接，相互促进，推动整个 PDCA 质量管理循环向前发展，如图 6-9 所示。

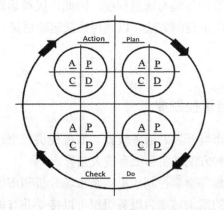

图 6-9　PDCA 嵌套循环持续改进法

（2）PDCA 管理循环是一个阶梯式上升、不断前进的过程。PDCA 四个阶段周而复始地循环，每循环一次都能解决一部分问题，上升一个阶梯。下一个循环是在前一个循环提高了的基础上进行的，是一个不断运转、不断提高质量水平的过程，如图 6-10 所示。

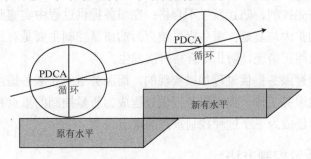

图 6-10　PDCA 循环的阶梯式上升

（3）PDCA 循环中最为重要的是最后的 A 阶段，该阶段是检验成果、纠正偏差、汲取经验的过程。通过这一阶段，将实践过程中较好的质量提升措施形成相应的作业标准和规章制度，避免相同的问题出现在下一个项目中。总结归纳循环过程，完善优化质量管理体系，从而确保项目质量及管理水平不断得到提升。

任务 4　民航运输质量控制

质量控制主要通过监视质量形成过程，发现各环节影响质量的因素，以便能够及时采取有效措施消除不利因素,防止质量问题延续到下一环节。

在有形产品生产过程中,顾客不参与产品的生产过程,且投入市场的产品都是企业质控的结果,产品生产过程及消费基本不会影响顾客的满意程度。而民航运输是一个无形服务生产过程,其生产过程就是产品对客户的交付过程,顾客能直接参与其大部分生产过程。另外,民航运输生产线长,服务项目多,影响服务质量的不确定因素也多。服务生产过程的优劣会直接影响顾客的体验与满意程度,因此,民航运输服务更需要依据一定的质量控制标准,采取科学的质量控制方法,以确保民航运输质量目标的实现。

一、过程控制

(一)服务过程的质量控制要点

服务过程,分为服务市场开发、服务设计、服务提供三个过程,但这三个过程的质量控制目的、控制重点和控制方法,实际上有较大差异。

(1)服务市场开发过程的质量控制。重点是市场分析和市场定位,以及在此基础上形成的服务提要。即将顾客的需求转变为服务组织可以接受并有能力实现的服务内容与服务要求。

(2)服务设计过程的质量控制。重点是明确服务规范和服务控制规范的内容和要求,确保这些内容和要求符合顾客的期望和要求,反映组织的战略、目标和政策。

(3)服务提供过程的质量控制。重点是以现场控制为主,结合服务产品特点,在服务准备阶段要进行事先控制,防止发生不合格;在服务提供过程中实施监测,及时发现不合格,防止不合格的扩大与蔓延;服务提供结束后的质量控制主要是对已经发生的不合格查找产生原因,采取纠正措施,防止不合格再次发生。

服务产品是通过服务提供过程加以实现的,而服务组织在服务提供过程中存在着大量的极其复杂的一线服务工作,使得服务提供过程成为质量控制的重点和难点,因此,服务提供过程中的控制已成为三个过程控制重点的重点。

(二)过程质量控制方法

ISO 9001 倡导在建立、实施质量管理体系以及提高其有效性时采用过程质量管理方法。过程质量控制方法是将相互关联的过程作为一个体系加以理解和管理,使组织能够对其体系的过程之间相互关联和相互依赖的关系进行有效控制,有助于组织有效和高效地实现预期结果。根据服务和服务生产过程的特点,民航运输服务质量过程控制主要包括下面几方面的内容。

1. 建立质量管理体系

有效的过程质量管理,首先需要建立基于 ISO 9000 的质量管理体系,进行有计划、有目标、有规范、有组织和不断进行的质量管理。从服务开发、服务设计、服务过程等整个服务的相关联过程提供质量保障,才能真正提高服务质量,满足顾客服务需求。

民航运输服务按服务对象主要分为两大部分：一部分是为运输对象的服务，通常称为前台或是窗口服务，主要包括旅客运输、货物运输及行李运输等，各项服务又包括机场提供的地面服务与航空公司提供的客舱服务；另一部分是为运输工具提供保障的服务，通常称为后台服务，主要指空管服务以及其他部分辅助服务。无论是前台服务还是后台服务，都需要建立完备的质量管理体系，以保障所有岗位都按照岗位职责、岗位操作规范、岗位工作计划及岗位工作质量标准等进行操作，完成航班服务所涉及的各项任务。

2．事前控制

事前控制又称前置控制，或前馈控制，是一种预防性控制，针对尚未发生，但有可能出现偏离作业标准的现象，制订预防措施。旨在对服务过程中每个环节，在制定操作标准与质量标准过程中，详细分析产生操作差错的可能性、差错可能带来的负面影响或不良后果、产生差错的原因，采取应对措施，以避免发生，或降低发生差错的可能性。前置控制法的具体实施步骤下如。

（1）分析操作流程。

（2）识别风险或是可能出现的差错。

（3）分析差错的原因及其影响。

（4）制定应对差错的具体措施。

（5）分析应对差错措施的有效性。

例如，通过对服务人员技能培训预防员工因服务技能问题引起的服务差错，航空器定期检修与维护预防航空器飞行的安全事故。另外，通过对恶劣天气，飞机备降、返航，航班延误、取消，货物或行李的错运、漏运等情况制定应急措施与操作标准，以避免或是最大限度地降低差错所造成的不良影响和损失。

3．事中控制

事中控制又称同期控制。对正在进行的整个运输生产过程的具体作业过程的质量进行现场监督、检查和控制，即可及时获得实际质量状况的信息反馈，以供控制者及时发现问题，采取措施，防错纠偏。由于服务是在顾客消费过程中交付，事先无法预知顾客的需求，面临的不确定因素影响较多，因此，事中控制不仅要求员工对照规范、标准进行自查，还需要专业督查、巡查或是监控现场进行监查，及时发现及掌握服务质量动态。例如，在航班延误过程中，航班延误很容易引起顾客群体不满，从而导致个别或部分乘客情绪失控，管理主体单位需要派专人加强对服务过程的巡查、指导、协调，以消除影响质量的因素，保证服务质量。对于一些重要的岗位，实行双复核制，有助于及时纠正差错，如配载平衡、飞机维修等涉及飞行安全的岗位。

4．事后控制

事后控制又称后置控制，或反馈控制。对已经发生的问题，应采取相应措施，最大限度地予以补救，以便减少损失，降低顾客的不满。例如，航班不正常情况下妥善解决旅客食宿的问题，及时给出货物、行李出现不正常运输的解决措施，及时给予旅客、货主的查询和赔偿等；针对旅客、货主等对运输服务的意见、要求等采取的改进措施。

5. 质量跟踪

质量跟踪是持续改进质量的重要举措之一，对于已完成运输服务，通过设立意见反馈平台（电子邮箱、意见反馈栏、质量评价栏等）、电话访问等方法，主动征询旅客或货主的评价和质量改进意见。另外，广泛听取一线工作人员与管理人员对质量管理方面的意见与建议，并进行综合分析，针对关键问题，采取改进措施，以提高管理质量和服务质量水平。

二、分类控制

整个质量控制可以分为对不同岗位、不同类别或是不同性质等关键因素实行分类管理。在民航运输服务的过程质量管理中，通常有以下几种分类控制法。

1．按服务对象分类

按照服务对象的性质，民航运输服务通常分为旅客运输服务、行李运输服务和货物运输服务。旅客运输服务和行李、货物运输服务存在本质的差异，机场和航空公司通常都设置单独部门进行专门管理。

在旅客运输服务过程中，服务对象是具有情感认知和优劣评判能力的人，旅客对机场和航空公司所提供的服务会有全程感受和评判，更为重要的是旅客的评判"标准"具有因人而异的离散性。因此，影响旅客运输服务过程质量的关键因素中，服务人员的服务态度与亲和力占有很重要的地位，直接影响旅客对产品的满意度。另一个重要的质量影响因素是航班正点率，由于影响航班正点率的因素涉及很多方面，情况复杂，这是国内外民航业界和航空业界共同努力加以改善的共同领域。

在行李和货物运输服务过程中，虽然直接服务对象是物，潜在的顾客是人，接收和交付行李货物环节具有与旅客运输服务相同的特点。另外，行李与货物的完好性与正点率是影响行李货物运输服务质量的因素，因此需要加强行李、货物装卸、仓储与运送过程中的服务质量。这也是国内外民航业界为之共同努力提高服务质量的领域。

2．按岗位分类

在民航客货运输服务流程中，岗位就是流程中的各个环节，如同产品的一个工序。流程中的岗位不同，则服务内容和质量要求都会存在差异。例如安检与安保、地面设施设备维修养护与机务维修、机场旅客候机区服务与机舱服务等，其服务内容、操作要求和质量标准存在着本质性的差异。因此，需要根据具体岗位内容分析质量风险、采取应对措施、制定质量标准、设定评价方法。

3．按航线性质分类

按航线性质分类进行质量控制，通常主要有国际航线和国内航线之分、干线和支线之分、远程和短程航线之分。

国际航线和国内航线运输服务的主要区别在于，国际航线运输需要提供海关、边防和商检服务，这些环节直接影响旅客通行的便利性。此外，根据国际法规和航线通航国法规及针对航线地域特点的国际旅客服务，都直接影响过程质量。

干线和支线运输服务的主要区别在于，干线运输涉及枢纽机场中转旅客或行李的换乘便利性和航班可衔接性。

远程和短程航线服务差异主要在于旅客运输服务，远程旅客更多地关注航班正点率、机上服务和机场候机期间的配套服务，而短程航线旅客更为关注航班频率和航班正点率。

由于航线差异，为保障运输服务过程质量，尤其是旅客运输，则需要针对航线特点设计产品，采取针对性措施，以保障过程质量。

4．按差异性分类

按照旅客或货物的重要性分类提供差异化服务，不仅是市场营销策略的需要，也是服务管理和质量控制的需要。例如，旅客按机票舱位等级差异分类服务，如要客、头等舱、公务舱、经济舱和特殊旅客等，提供的服务不仅候机环境、机上座位及机上服务等规格不同，而且在行程中受到的礼遇也有较大差异。要客、头等舱和公务舱旅客的服务规格、质量标准等要求相对要高。在机场候机服务中，如航空公司对常旅客和一些社会组织（如移动电话公司、旅行社、网购）的客户，都按其贡献进行分类，如钻石级、白金级、黄金级和普通客户等，提供不同的服务规格和标准，提供不同内涵、不同价值的服务，包括服务设施设备和服务人员等，理所当然的，服务质量要求和质量评估要求也不同。

行李和货物运输中通常按照货物的特点和价值进行分类，如鲜活易腐品、易碎品、危险品、快件、仪器设备和贵重物品等，进行分类处理、包装、仓储和运输，并按不同的质量标准进行评价。

项目拓展

重庆机场一举斩获国际机场协会三项服务质量大奖

华龙网 2018 年 9 月 20 日 18 点 20 讯（首席记者 徐焱）今日，记者从重庆机场方面了解到，9 月 12 日在加拿大哈利法克斯召开的国际机场协会（ACI）全球卓越客户峰会上，重庆江北国际机场凭借其服务品质一举斩获服务质量三项大奖，分别为 2017 年度旅客吞吐量 2 500 万~4 000 万层级亚太地区最佳机场、全球旅客吞吐量 2 500 万~4 000 万层级最佳机场第一名、总干事机场卓越服务质量奖。

据了解，国际机场协会（ACI）成立于 1991 年，是全世界机场的行业协会，是一个非营利性组织，也是当前国际最具影响力的机场组织。国际机场协会致力于帮助机场提升服务品质与运营管理能力，是全球机场行业规则、制度和标准的制订者，也是行业发展方向的引领者。国际机场协会在国际民航组织内享有观察员身份，并在联合国经济理事会担任顾问。

ACI 全球卓越客户峰会为业界最具影响力的年度盛会之一，议程包括机场服务质量论坛、ACI 服务品质会议、机场服务质量（ASQ）颁奖仪式等。其中，ACI 的机场服务质量（ASQ）测评项目是机场行业权威测评工具，该项目在全球范围内采用统一标准对旅客满意度进行测评，衡量当旅客乘坐飞机出行时对机场软硬件方面的满意度，便于全球机场开展旅客服务对标工作。

记者还从重庆机场方面了解到，2017 年，全球共有超过 80 个国家的 317 家机场，约 61 万名旅客参与了此项调查。2 500 万~4 000 万层级参评机场共 25 家，参与此层级测评的机场包括首尔金浦国际机场、东京成田国际机场等全球知名机场。

调查主要针对乘客关注的机场交通、登机手续、安检、卫生间、商店和餐饮等 34 项关键指标，时间、目的地、航空公司、抽样比例等所有抽样计划均直接来自于 ACI，所有调查问卷由 ACI 加拿大总部回收。ACI 每年会根据测评结果对全球参与机场按照区域和机场吞吐量规模进行满意度排名，并向在 ASQ 调查项目中表现突出的成员机场颁发奖项。因此，ASQ 是目前全球机场行业最权威、最专业、最具影响力的机场满意度调查评比项目。

据介绍，江北机场首度荣获的"总干事机场卓越服务质量奖"是国际机场协会的重要奖项之一。国际机场协会表示，江北机场之所以摘得此项荣誉，主要得益于近五年来在 ASQ 测评同层级排名中取得了前 5 名的优异成绩。成绩的取得与江北机场近年来在提升机场服务质量方面所做出的积极贡献密不可分，也标志着广大旅客以及国际机场协会对江北机场服务品质的认可和肯定。

新闻扩展：为什么江北机场能获三项国际大奖

弄明白了机场服务质量测评的规则，接下来就说一说江北国际机场在服务工作上是如何做的。重庆机场方面介绍，他们主要是从服务管理、服务效率、服务亮点、服务环境、服务文化五个方面在发力。

重庆机场方面称，近年来，机场集团稳步推进从功能式服务到平台式服务、从机场主导到集群发展、从主动服务到生动服务、从劳动密集到科技智慧、从满足需求到挖掘需求的五大转型升级，从而成功实现真情服务品质持续提升。

例如健全制度体系，积极对照国家、行业标准，修订完善了残疾人航空运输保障、人体捐献器官运输保障、患病旅客应急处置及投诉管理等制度。又如，发布的《货物运输服务质量标准（试行）》为推动国际航空物流枢纽建设提供了坚实保障，而这项工作的创新性已走在全国机场前列。

在服务效率方面，重庆机场启用了混合机位，优化国内、国际出发混合航班运行流程，大幅缩短旅客步行时长，让国际地区与国内航班拼接的混合航班旅客流程更顺、效率更高、体验更佳。同时还投用了组合机位，现阶段江北机场过站航班靠桥率平均在 98% 以上，部分时段达到 100%。此外还优化了运行流程，上线试运行协同决策系统（ACDM），提升航班正常率，实现了机场地面运行效率的全面提高，进一步推动了机场运行一体化、智能化。

统计数据显示，2017 年江北机场航班放行正常率达到 85.69%，在全国十大机场中排名第二、西南地区排名第一。2018 年上半年，江北机场航班放行正常率为 88.73%，与 2017 年同期相比提升了近 3%。

服务亮点方面可能是旅客感受最为明显的方面，近年来江北机场加强对"老、弱、病、残、孕"等特殊旅客的保障，为人体捐献器官航空运输、军人旅客、残疾旅客等开设"绿色通道"，去年江北机场共帮助残疾、突发疾病、意外伤害等特殊旅客超过 1 万余名，并成功完成 68 次人体捐献器官及特殊医药物品运输的急转保障。

与此同时江北机场在航站楼内设置了 26 个志愿者服务点位，并搭建了问讯、信息查询、帮扶、失物招领等一系列的异地机场延伸服务平台，联动西安咸阳国际机场、广州白云国际机场、厦门高崎国际机场、海口美兰国际机场试点"真情服务+"共享服务。

此外，"全岛式"自助行李托运服务、临时身份证明自助办理系统、国际及港澳台地区自助值机服务、"无纸化"便捷乘机服务、"预安检"通道、随身行李人包对应系统、旅客安检人脸识别系统、智能手推车、出入境边检自助查验通道、进港行李保障可视化系统、停车场"无感支付"系统、反向寻车系统等一系列智能服务更是让越来越多旅客耳熟能详，为旅客带来了极大方便。

重庆机场方面介绍，在服务环境方面，江北机场立足创新、协调、绿色、开放、共享的发展理念，提升航站区环境品质，打造 T3 航站楼大型绿植景观，升级公共区域景观，创建了环境友好型机场。同时在服务文化方面，江北机场也通过举办文化体验活动，与图书馆、博物馆合作等方式，积极推进了人文机场建设，将打造最具人文关怀的体验式机场。

资料来源：一举斩获国际机场协会三项服务质量大奖 重庆机场是怎么办到的[EB/OL].（2018-09-20）. http://news.iqilu.com/meitituijian/20180920/4056557.shtml.

项目小结

本项目主要涉及民航运输服务质量管理的基础知识，阐述了过程、产品、质量的概念及其关系，分析了民航运输服务的内容、特性、民航运输质量管理的基本概念与特点，重点介绍了民航运输质量管理体系，民航运输质量分析方法、控制方法。通过本项目的学习，学生将对过程、产品、质量、民航运输服务内容、民航运输服务质量的内涵、民航运输质量管理体系及民航运输质量分析与控制方法有一定的认识和了解，为以后从事民航运输服务工作打下一定的理论基础。

项目训练与测试

一、思考题

1. 比较有形产品与无形服务的区别。
2. 民航运输服务内容包括哪些？
3. 分析民航运输服务质量的概念与特点。
4. 影响民航运输服务质量的因素有哪些？
5. 民航运输服务质量分析方法主要有哪几种？其基本思想是什么？
6. 如何进行民航运输服务质量过程控制？

二、自我测试

单选题

1. 产品与服务最基本的区别是服务的（　　）。
   A. 有形性　　　　C. 无形性　　　　C. 异质性　　　　D. 不可储存性
2. 下列哪项不是机场的主要服务内容？（　　）
   A. 值机服务　　　B. 安检服务　　　C. 货物运输服务　　D. 飞机进近服务
3. ISO 9000：2015 由原来八项基本原则改为七项，下列哪一项原则未列入新七项原则（　　）。
   A. 过程管理　　　B. 持续改进　　　C. 系统管理　　　D. 全员参与
4. PDCA 循环中 P 表示（　　）。
   A. 执行　　　　　B. 改进　　　　　C. 检查　　　　　D. 计划
5. 因果图法一般在（　　）进行质量分析的基础上进行。
   A. 帕累托图法　　　　　　　　　　B. 分类比例图法
   C. PDCA 循环法　　　　　　　　　D. 对策表法
6. 制定民航运输服务质量标准与规范属于（　　）。
   A. 前置控制　　　B. 过程控制　　　C. 后置控制　　　D. 分类控制
7. 对航班延误滞留旅客的安置和补偿属于（　　）。
   A. 前置控制　　　B. 过程控制　　　C. 后置控制　　　D. 分类控制
8. 机场现场领导巡查属于（　　）。
   A. 前置控制　　　B. 过程控制　　　C. 后置控制　　　D. 分类控制
9. 对已经发生的质量问题，采取相应的补救措施以减少影响或降低影响的控制方法为（　　）。
   A. 前置控制　　　B. 过程控制　　　C. 后置控制　　　D. 分类控制
10. 民航运输按旅客机票舱位提供等级差异分类服务属于（　　）质量控制类型。
    A. 服务对象分类　　　　　　　　　B. 岗位分类
    C. 差异性分类　　　　　　　　　　D. 工序分类

参考答案　（见二维码）

课件　（见二维码）

项目七

民航运输安全管理

知识目标

- 掌握民航安全的相关概念。
- 了解民航安全管理体系的框架。
- 掌握影响航空安全的人为因素、环境因素以及管理因素中的致灾因素。
- 掌握突发事件的一般处置程序。

能力目标

- 能正确理解民航安全管理理念。
- 能学会分析航空事故发生的各种因素。
- 掌握民航运输中各类突发事件的应急处置程序。

引导案例

5·14 川航航班备降成都事件

2018 年 5 月 14 日，四川航空公司（以下简称"川航"）3U8633 航班在成都区域巡航阶段，驾驶舱右座前风挡玻璃破裂脱落，机组实施紧急下降，飞机于 2018 年 5 月 14 日 07:46 安全备降成都双流机场，所有乘客平安落地，有序下机并得到妥善安排。备降期间右座副驾驶面部划伤，腰部扭伤，一名乘务员在下降过程中受轻伤。

四川航空公司 3U8633 航班由重庆飞往拉萨，飞机型号为空中客车 A319，飞机编号为 B-6419，于 2011 年 7 月 26 日首次交付给川航。机龄为 6.8 年，为单通道飞机，飞行次数达 1 859 次，次数超过约 87% 的中国民航运营客机。

2018 年 5 月 14 日，四川航空公司 3U8633 航班在成都区域巡航阶段，驾驶舱右座前风挡玻璃破裂脱落，机组实施紧急下降。瞬间失压一度将副驾驶吸出机外，所幸他系了安全带，在驾驶舱失压，气温迅速降到零下 40 多摄氏度（监测显示，当时飞机飞行高度为 9 754 米，气温应该为零下 40 摄氏度左右），仪器多数失灵的情况下，机长刘传健凭着过硬的飞行技术和良好的心理素质，在民航各保障单位密切配合下，机组正确处置，飞机于 2018 年 5 月 14 日 07:46 安全备降成都双流机场，所有乘客平安落地，有序下机并得到妥善安排。

据川航介绍，5 月 14 日，3U8633 重庆至拉萨航班因机械故障备降成都，机组按照标准程序应急处置，航班于当日 07:42 安全落地。航班备降后，川航工作人员协助旅客做好航班改签、送医就诊等相关工作。川航表示，因机械故障造成航班备降，由此给旅客带来的身体不适和出行不便，川航作为航空承运人，向该航班全体旅客深表歉意；感谢所有乘坐本次航班旅客的理解和包容，也感谢所有关心关爱川航发展的旅客朋友们长期以来对川航的厚爱。川航指出，机组在应急情况下沉着应对、妥善处置，尽到了航空从业人员的安全职责，受到了社会各界的充分肯定。机组表示保障航空安全是职责所在，感谢社会各界的关心,这将鞭策他们继续做好安全工作。目前,机组成员状态良好,充分休息后,将继续履行安全飞行的神圣职责。

资料来源:https://baike.baidu.com/item/5.14 川航航班备降成都事件.

任务 1　航空安全管理基础

一、我国民航安全的发展现状

近年来,中国民航坚守飞行安全底线,坚持持续安全发展,进一步健全安全法规体系、队伍管理体系、安全责任体系和安全管控举措,行业基础进一步被夯实。自党的十八大以来,我国民航安全水平大幅提高,全行业未发生运输航空重大安全事故,安全水平世界领先,百万架次重大事故率均低于世界平均水平。

2013—2017 年,我国民航运输航空百万小时重大事故率为 0,同期世界平均水平约为 0.087 2,其中美国为 0.022 0;我国民航百万架次重大事故率为 0,同期世界平均水平为 0.174 5,其中美国为 0.048 0;我国民航亿客公里死亡人数为 0,同期世界平均水平为 0.007 4,如图 7-1 所示。

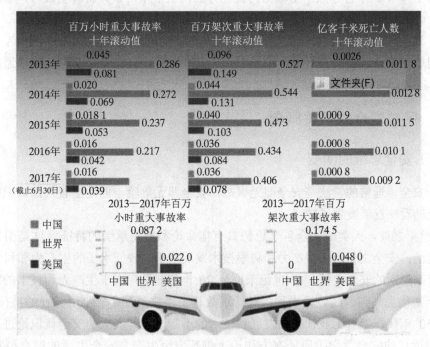

图 7-1　我国航空运输事故率

2017 年上半年,民航运行稳中有进,主要发展数据如下。

(1)航空运输安全。上半年,全行业共完成运输飞行 509.3 万小时、209.3 万架次,同比分别增长 11.3%、10.0%,实现持续安全飞行 82 个月、5 132 万小时。责任原因事故征候万时率同比减少 17%，其中责任原因严重事故征候万时率同比减少 32%。

（2）运输生产情况。上半年，全行业完成运输总周转量 513.4 亿吨千米、旅客运输量 2.63 亿人次、货邮运输量 329.2 万吨，同比分别增长 12.5%、13.4%、5.1%；国际航线运输总周转量 181.1 亿吨千米、旅客运输量 2 670.9 万人次、货邮运输量 100.5 万吨，同比分别增长 12.5%、6.1%、10.6%。民航旅客周转量在综合交通运输体系中的比重达 28.2%，同比提升 2.3 个百分点。全国运输航空公司共 59 家（其中客运 51 家、货运 8 家）。截至 6 月底，民航运输飞机 3 065 架，通用航空器 2 205 架，比 2016 年年底分别增加 115 架和 109 架。1—6 月，民航全行业飞机日利用率为每日 9.4 小时，同比增加 0.2 小时；正班客座率为 83.3%，同比提升 0.2 个百分点；正班载运率为 74.5%，同比提升 0.1 个百分点，航班效益保持在较高水平。

（3）运输机场规模。全国颁证运输机场数量 224 个，比 2016 年年底增加 6 个。1—6 月，全国机场完成旅客吞吐量、货邮吞吐量、起降架次分别为 5.49 亿人次、762.8 万吨、487.5 万架次，同比增速分别为 13.5%、8.9%、10.4%，分别高于 2016 年同期 3.8、4.5、3.9 个百分点，机场生产情况整体好于去年。

（4）航班正常。上半年，在运行十分复杂的情况下，实现了 71.18%的航班正常率，天气因素占到延误原因的 50.35%，军事活动占到 27.78%，空管、航空公司、机场等民航自身原因下降 1.5 个百分点。空域结构优化方面，上半年，累计新辟航线 17 条，新增航线里程 3 658 千米，调整城市对班机走向 614 条，每日惠及航班 1 170 架次。

（5）通用航空。全国持有通用航空经营许可证的通用航空企业共 345 家，新增 31 家；通用航空器 2 205 架，比 2016 年增加 109 架；新增通航机场 6 个。完成通用航空生产飞行 37.3 万小时。

二、民航安全的相关概念

（一）安全思维的演变

对于安全，通常的看法是安全即无事故，安全即无危险。但是随着人们认识的提高，对于安全的看法已经发生了转变。

17 世纪之前，人类的安全哲学思想具有宿命论和被动承受的特征，这是由古代安全文化决定的；安全文化源于生产力和科学技术发展水平，较低水平的生产力和科学技术不可能孕育高层次的安全文化。17 世纪末期至 20 世纪初期，由于生产力和技术的发展，人类的安全文化提高到了经验论水平，对待事故有了"亡羊补牢"事后弥补的特征。20 世纪初至 50 年代，随着工业社会的发展和技术的不断进步，人类的安全认识论进入了系统论阶段和近代的安全哲学阶段，在方法论上推行安全生产与安全生活的综合型对策。20 世纪 50 年代以来，科学技术迅猛发展，人类的安全认识论进入了本质论阶段，超前预防型的安全管理是这一阶段的主要特征。同时，随着高科技领域的层出不穷，安全的认识论和方法论也在推动传统产业和技术领域安全手段的进步，并极大地丰富人类的安全哲学思想，推进了现代工业社会安全科学技术的发展。由此，以本质论与预防型为主要理论内涵的现代安全科学原理孕育而生。人类安全思维的演变进程如图 7-2 所示。

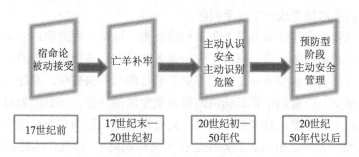

图 7-2 人类安全思维的演变进程

（二）安全的概念

看问题的角度不同，人们对航空安全的概念有不同的理解，例如：

（1）安全即无事故。这是大众普遍的看法。

（2）没有危险存在，即没有可能导致危险发生的因素存在。

（3）员工遵守规章，避免差错，即认为是安全的。

不管这些含义如何，它们都有一个共同点：就是绝对要控制危险发生的可能性。也就是说，要通过一些管理和干预手段，完全消除事故或者事故征候的发生，并且实现绝对的控制。但是，我们生活和工作的这个环境是开放的、动态的，它每时每刻都在变化，你不可能完全控制它，也就是说，你不可能把所有的不安全因素都去除掉，所以完全消除事故和事故征候的发生是不可能的。由此可见，安全不是一个绝对的概念，安全是一个包括若干相对情况而非绝对情况的概念。

国际民航组织对安全的定义是："安全是一种状态，即通过持续的危险识别和风险管理过程，将人员伤害或财产损失的风险降低至并且保持在可接受的水平或以下。"

这个定义里边包含三个含义：第一，安全是相对的，不是绝对的。这个我们刚才解释了。第二，安全风险是可控的。也就是说，通过人的主观努力，掌握规律，加强管理，运用新技术或新设备，增强风险防控能力，认真汲取事故的教训，事故是可以预防的。第三，要以实事求是的态度对待安全事故。没有事故不等于没有问题，不等于是安全的，但出了问题也不能对工作全盘否定，要具体问题具体分析，要看事故的发生是不是在可接受的范围之内。

（三）危险的概念

危险的整体概念可以分为两个构成部分：危险本身以及危险的后果。

危险被界定为可能导致人员受伤、设备或者结构物被毁、材料损失，或者使执行一项指定功能的能力降低的一种情况或者一物体。人们须积极地与技术密切互动，通过提供服务来完成生产目标所处的系统，被称为社会和技术系统。因此，所有航空组织均是社会和技术系统。危险是社会和技术系统的正常构成部分或者要素。它们是社会和技术生产系统提供服务时所处环境的组成部分。危险单独或本身并不是"坏事"。危险不一定是一个系统的破坏性或者负面的构成要素。只有在危险与以提供服务为目的的系统运行相互作用时，其破坏潜力才可能变成一个安全问题。

例如，将风视为自然环境的一个正常构成要素。风是一种危险：它是一种可能导致人员受伤、设备或者结构物被毁、材料损失，或者使执行一项指定功能的能力降低的一种情况。十五节的风，其本身并不一定可能在航空运行期间带来破坏。实际上，十五节的风如果直接沿着跑道刮，会有助于在离场期间提升航空器的性能。但是，如果十五节风的风向与预订起降跑道呈九十度，则变成了侧风。只有在危险与目的在于提供服务（需要按时运输乘客或者货物往返特定机场）的系统运行（飞机起降）相互作用时，风的破坏潜力才成为一个安全问题（横向跑道偏离，因为驾驶员可能由于侧风而不能控制飞机）。这个例子说明了我们不应总是将危险视为"坏事"或者具有负面含义的事情。危险是运行环境的一个组成部分，其后果可以通过控制危险破坏性潜力的各种缓解战略加以解决。

后果被界定为某一次危险的潜在后果（一个或者多个）。危险的破坏性潜力通过一种或者多重后果显现出来。在上述"侧风"例子中，"侧风"这种危险的其中一种后果可能是"失去横向控制"。其他更为严重的后果可以为"横向跑道偏离"。而更为严重的后果则可能是"损坏起落架"。因此，在危险分析中对危险的各种可能后果而非仅仅对最为明显或者眼前的后果进行描述是重要的。

（四）事故的概念

事故是指人们不期望发生的或与人们愿望不一致的意外事件。

在民航上，事故可以分为四类：运输航空飞行事故、通用航空飞行事故、航空地面事故和民用航空事故征候。

飞行事故是指民用航空器在运行过程中发生人员伤亡、航空器损坏的事件。它可以分为三个等级：特别重大飞行事故、重大飞行事故、一般飞行事故。

航空地面事故是指在机场活动区内发生航空器、车辆、设备、设施损坏，造成直接损失人民币 30 万元（含）以上或导致人员重伤、死亡的事件。它也是分为三个等级：特别重大航空地面事故、重大航空地面事故、一般航空地面事故。

民用航空事故征候是指航空器飞行实施过程中发生的未构成飞行事故或航空地面事故，但与航空器运行有关，影响或可能影响飞行安全的事件。

三、民航安全管理理念

（一）民航安全管理的发展历程

安全是民航永恒的主题，民航安全管理和认识先后经历了技术因素、人的因素和组织因素三个发展阶段，如图 7-3 所示。

可以将航空早期阶段，即第二次世界大战前后至 20 世纪 70 年代这段时间定性为"技术时代"，当时安全关切问题大部分与技术因素相关。航空当时正在作为一种公共交通业兴起，而保障其运行的技术并未得到充分发展，技术故障是反复出现安全事故的因素。安全努力的侧重点当然放在了调查及技术因素的改进上。

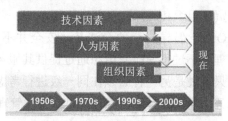

图 7-3　民航安全管理的发展历程

20 世纪 70 年代见证了重大技术进步，开始使用喷气式发动机、雷达（机载和地基）、自动驾驶仪、飞行指引仪，机载和地面导航与通信能力及类似的性能提升技术获得了完善。这预示着"人的时代"的到来，并且随着机组资源管理（CRM）、航线飞行训练（LOFT）、以人为中心的自动化和其他人的行为能力干预的出现，安全努力的侧重点转移到了人的行为能力和人的因素。就航空业进行大量投资，将难以捉摸且无处不在的人的差错置于控制之下而言，20 世纪 70 年代中期至 90 年代中期被称为航空人的因素的"黄金时代"。但是，尽管大量投入资源以减少差错，但是截至 20 世纪 90 年代中期，人的行为能力仍继续被选定为反复出现导致安全事故的因素。

在"黄金时代"的大部分时间里，人的因素方面的努力的消极面是这些努力倾向于着眼于个人，而很少注意个人完成其使命所处的运行环境。直到 20 世纪 90 年代初，才首次承认个人并不是在真空中，而是在一个限定的运行环境中作业。尽管之前可以获取科学文献，了解有关一个运行环境的特征能够如何影响到人的行为能力与造成事件和结果，但是直到 20 世纪 90 年代，航空业才承认这个事实。这标志着"组织时代"的开始，即开始从系统化的视角审视安全，从而涵盖组织因素、人的因素和技术因素。也正是在那个时候，航空业接受了组织事故这一观念。

（二）民航安全管理理念

在航空业，不管航空组织可能提供的服务的性质如何，在航空组织所追寻的一系列目标中，按照优先排序，安全究竟处于什么位置，在这一问题上，一直普遍存在着一种错觉。这种错觉已演变成了一种普遍接受的老一套固定观念：在航空业，安全是第一位的。尽管由于安全本来就承认人的生命具有至高无上的价值，因而安全从社会、伦理和道德上看是无可挑剔的，但是如果从安全管理是一种组织过程这样一个视角来考虑，安全所传递的这种老一套固定观念和看法是站不住脚的。

所有航空组织不管其性质如何，均或多或少地具有商业要素。因此，可以将所有航空组织视为商业组织。这样，下面这样一个简单的问题对弄清楚这老一套安全固定观念是否符合实际是有重大意义的：一个商业组织的基本目标是什么？这个问题的答案很明显：首先是提供作为组织创立初衷的各项服务，从而完成生产目标，并最终给利害攸关者带来收益。

没有哪个航空组织的创建目的仅仅是为了提供安全。即使是作为航空安全守护者的组织也要受到其利害攸关者所规定的内部或者外部效率的限制。这包括国际民航组织、国家及超国家民航当局、国际贸易组织和国际安全促进组织。

国际民航组织（ICAO）所倡导的一种看法是：安全并不是航空组织的第一优先事项。更确切地讲，安全管理只不过是使航空组织通过提供其服务完成其商业目标的另一组织过程。因此，安全管理只不过是另一种必须在同一级进行考虑，且与其他核心业务功能具有同等重要性的核心业务功能，并且安全管理通过专门的管理体系来进行。

（三）民航安全管理战略

根据启动安全数据获取过程的触发事件后果的严重性，可将航空组织使用的操控手段分为三种类型：被动型、主动型和预测型。

被动操控手段需要发生非常严重且通常会带来极大破坏性后果的触发性事件，以启动安全数据获取过程。被动操控手段基于这样一种概念：等到"事情发生之后再去处理"。它们最适合于包括技术故障和/或异常事件的各种情形。被动操控手段是成熟的安全管理不可或缺的一部分。但是，被动操控手段对安全管理的作用取决于它们所生成的信息超出事件的触发性原因以及责任的分配的程度，而且还包括安全风险的连带因素和调查结论。事故和严重事故征候的调查是被动操控手段的例子。

主动操控手段需要可能具有几乎不会带来或者根本不会带来破坏性后果的不那么严重的触发事件，以启动安全数据获取过程。主动操控手段基于这样一种概念：通过在系统出现故障之前查明系统内的安全风险，并且采取必要行动缓解此类安全风险，能够最大程度减少系统故障。强制和自愿报告系统、安全审计和安全调查是主动操控手段的几个例子。

预测操控手段无须发生触发事件，以启动安全数据获取过程。日常运行数据得到实时、连续的获取。预测操控手段基于这样一种概念：通过努力找寻毛病，而不是仅仅等着它出现，可以最好地实现安全管理。因此，预测安全数据获取系统积极地挖掘安全信息，以便可以显示出正在出现的来自多方面的安全风险。

被动型、主动型和预测型安全数据获取系统为等同的被动型、主动型和预测型安全管理战略提供安全数据，这反过来又影响到具体的被动型、主动型和预测型缓解方法。图7-4中提供了以上段落中所述的一个安全管理战略简图。

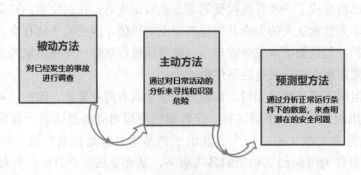

图7-4　安全管理战略

成熟的安全管理要求被动型、主动型和预测型安全数据获取系统一体化，将被动型、主动型和预测型缓解战略合理地结合起来，并制定被动型、主动型和预测型缓解方法。

四、民航安全管理体系

（一）安全管理体系（SMS）的概念

国际民航组织从 2001 年开始陆续颁布和修订各种文件，规定各缔约国强制要求其公共航空运输企业、民用机场、空管单位、维修企业和培训组织实施成员国认可的民航安全管理体系（Safety Management System，SMS）。

2007 年 10 月 23 日，中国民用航空局发布了《中国民用航空安全管理体系建设总体实施方案》，并陆续修订了相应规章，制定发布了相应的咨询通告或实施指南，用于规范和指导民航企事业单位安全管理体系的建设。有关安全管理体系的教育、培训、建设试点和研讨也在中国民航陆续展开。

安全管理体系的定义：安全管理体系是有组织的管理安全的方法，包括必要的组织结构、责任制度、政策、程序以及工具。国际民航组织于 2009 年出版的《安全管理手册》把安全管理体系比作一个工具箱，其中装有一个航空组织为了能够控制其在提供其行业服务过程中必须面对的具有危险后果的安全风险而需要具备的各种工具。在很多情况下，航空组织本身在提供服务的过程中便会产生危险。重要的是承认，安全管理体系本身既不是一种工具，也不是一种程序。它是我们所说的工具箱，在这种工具箱里，保存有用于进行两个基本安全管理过程（危险识别和安全风险管理）的实际工具。安全管理体系对于一个组织的作用是，提供一个在规模和复杂程度上与该组织的规模和复杂程度相应的工具箱。

航空组织设计和建立安全管理体系的过程，也就是为自己打造和配置工具箱的过程。这个工具箱应该量身定制，与本组织的规模、复杂程度、生产运行特点和管理特点相适应。为了满足安全管理的需要，工具的种类和数量应该足够，工具的存放应该及时、正常，工具本身应该可用、好用，工具应该可以很容易地被找到，等等。

虽然不同航空组织的工具箱应该量身定做，但工具箱本身和里面的主要工具必须满足法规要求，也就是安全管理体系的建立和运行必须符合管理当局的要求。

（二）安全管理体系（SMS）的特征

安全管理体系有三个特点，这三个特点是系统性、主动性和明确性。

（1）安全管理体系是系统化的，因为安全管理活动要依照预定计划并以统一的方式在整个组织内进行。要制订、批准和天天不停地执行和运作一项使具有危险后果的安全风险得到控制的长期计划。由于安全管理体系活动的系统性和战略性，它们旨在取得逐步的，但是持久的改进，而不是瞬时的巨变。安全管理体系的系统性还使人们注重过程而不是结果。虽然要适当考虑结果（即有害事件），以便得出支持控制安全风险的结论，但是安全管理体系的主要着重点是，在一个组织提供服务的日常运营活动（过程）中发现危险，危险是有害事件后果的前兆。

（2）安全管理体系是主动性的，因为它基于的方法强调在影响安全的事件发生前就采取危险识别和安全风险控制及缓解措施。它包括战略规划，谋求将安全风险置于组织的不断控制之下，而不是在经历有害事件之后采取修补行动，然后转向"休眠模式"直到再次经历有害事件，再进行修补行动。为了维持对危险的有效识别，要对提供服务所需进行的运营活动持续进行监测。这反过来为收集有关危险的安全数据创造了条件，使组织可以根据数据做出关于安全风险及其控制的决定，而不是根据意见，更糟糕的是根据偏见或成见做出决定。

（3）最后，安全管理体系是明确的，因为所有安全管理活动都是有文件佐证的、可见的，因而也是可辩解的。一个组织的安全管理活动和随之产生的安全管理专门技术知识都会载入正式文件，可供任何人查阅。因此，安全管理活动是透明的。

（三）ICAO 安全管理体系框架

SMS 中有四个组成部分，包括代表 SMS 两个核心运行程序和支持这两个核心运行程序的组织安排，具体包括安全政策和目标、安全风险管理、安全保证和安全促进。

SMS 的四个组成部分共有十二个要素，它们共同构成了 ICAO 安全管理体系框架，该框架是一个组织的安全管理体系实施和维持的框架。实施这一框架需要与组织的规模和提供服务的复杂程度相适应。框架中的四个组成部分和十二个要素代表 SMS 实施的最低要求，具体如下。

（1）安全政策和目标，包括管理者的承诺与责任、安全责任义务、任命关键的安全人员、协调应急预案的制订、安全管理体系文件。

（2）安全风险管理，包括危险识别、风险评估和缓解措施。

（3）安全保证，包括安全绩效监控与测量、对变更的管理、安全管理体系的持续改进。

（4）安全促进，包括培训与教育、安全信息交流。

1. 安全政策和目标

1）管理者的承诺和责任

在任何组织内，管理均控制着人员活动，并控制着对与提供服务直接相关或者对提供服务必不可少的资源的使用。组织暴露于安全危险之下，是由与提供服务直接相关的各项活动所造成的。通过人员的具体活动及资源的利用，管理者可以积极地控制与危险后果有关的安全风险。举例来说，这些活动可涉及管理者雇用、培训和监督雇员，以及购置用于支持提供服务活动的设备。管理者必须保证雇员遵从组织的安全指令和控制措施，并且确保其设备处于可用状态。因此，管理者在安全管理方面的主要责任是明确的，而且是通过运行一个包括必要安全风险控制措施的专门组织系统来履行该职责的。服务提供者的安全管理体系是管理者履行这些责任的手段。安全管理体系是一个确保组织安全有效运行的管理体系。

要确保组织安全管理体系的效力与效率，最为基本的就是组织的安全政策。高层管理者必须制定组织的安全政策，由责任主管签署。安全政策必须反映出组织对安全的承诺，必须包括为实施安全政策提供必要资源的明确声明，并须大张旗鼓地传达给整个组织。安全政策包括安全报告程序，须明确说明哪些类型的运行行为是不可接受的，并且须包括在哪些情况下不适用纪律处分。须对安全政策定期审查，以确保其对本组织始终适用和适当。

高层管理者还必须设定安全目标，以及为安全管理体系，并因此也是为整个组织的安全绩效设定标准。安全目标必须确定组织想在安全管理方面达到的目标，并拟定组织实现这些目标所需采取的步骤。

组织必须确定责任主管，责任主管必须是身份明确、对组织安全管理体系的有效和高效运行负最终责任的个人。根据组织的规模和复杂程度，责任主管可以是首席执行官（CEO）、董事会主席、合伙人或业主。

责任主管可以将安全管理体系的管理指派给另一个人，前提是这种指派要适当地形成文件。然而，责任主管的责任义务不会因为将安全管理体系的管理指派给另一个人而受到影响：责任主管保留着对组织安全管理体系绩效的最终责任义务。

知识链接 7-1　（见二维码）

2）安全责任义务

管理者在安全管理体系组织方面的安全责任义务，指的是规定与运行的规模、性质和复杂程度相称，且与提供服务所需的各项活动相关的危险和安全风险相符的安全管理体系的结构。管理者在安全管理体系组织方面的安全责任义务还包括为安全管理体系的切实高效运行配置所需的人力、技术、财政和任何其他资源。

虽然不管职级如何，所有雇员的职务说明均应包含安全责任义务与责任，但是关于规定关键人员的安全责任与权力的安全责任义务，指的是除了部门/职能单位运行方面的具体职责之外，还应酌情将安全管理体系运行方面的责任纳入每一高层管理者（部门领导或某职能单位负责人）的职务说明之中。根据将安全管理视为一项核心业务职能这一看法，每一部门领导或职能单位负责人都要在一定程度上参与到安全管理体系的运行及其安全绩效的实现之中。与辅助职能（人力资源、行政、法律和财务）的那些负责人相比，提供组织各项基本服务（运行、维修、工程、培训和签派，下文用"一线管理者"这一通称来指代）的各运行部门或职能单位的那些负责人，其参与的程度当然更深。

安全管理体系已经将安全办公室这一名称变更为安全服务办公室，以反映出它在将安全作为一项核心业务过程进行管理方面，向组织、高层管理者和一线管理者提供服务。安全服务办公室从根本上说是一个安全数据采集和分析单位。通过将预测性、主动性和被动性三种方法相结合，安全服务办公室可以通过持续和定期在提供服务活动期间采集有关危险的安全数据，捕捉到运行偏离期间发生的情况。

一旦危险被识别，危险的后果得到评估和具有危险后果的安全风险得到评价（即一旦从安全数据中提取到安全信息），安全信息即被送交一线管理者，用来解决根本性安全关切。一线管理者是各自领域中真正的行家里手，因此最有能力设计出切实有效的解决办法，并将之付诸实施。此外，一线管理者能够采取安全数据分析过程的最后一个步骤，将安全信息转化为安全情报，并且提供安全服务办公室所提炼出的有关危险信息的来龙去脉。

安全信息送达适当的一线管理者之后，安全服务办公室重新开始其例行的安全数据采集和分析活动。在安全服务办公室和有关一线管理者之间商定的一段时间间隔之内，安全服务办公室会向安全关切所属领域的一线管理者提出有关安全关切的最新安全信息。安全信息将会指出一线管理者实施的缓解方案是否已经解决了安全问题，还是安全问题仍旧存在。如果为后者，则要采取进一步的缓解方案，商定新的时间间隔，采集和分析安全数据，发送安全信息，此循环视需要重复多次，直至安全数据分析证实安全问题已得到解决。

3）任命关键的安全人员

安全服务办公室有效启动运作的一关键点就是任命负责该办公室日常运行的人。大多数组织中，安全经理是责任主管任命的担负安全管理体系日常管理职责的人。安全经理是开发和维护一有效安全管理体系的负责人和协调人。安全经理还向责任主管和一线管理者就安全管理事宜提出建议，并负责在组织内部，并酌情与外部组织、承包人和利害攸关者就安全事项进行协调和沟通。

安全经理可能是运行安全服务办公室的唯一一个人，也可能得到其他工作人员，主要是安全数据分析师的协助。这将取决于组织的规模和支持提供服务的运行活动的性质和复杂程度。不管安全服务办公室的规模和人员配备水平如何，它的职能都是相同的。安全经理直接与一线管理者（运行、维修、工程、培训等）联系。

4）协调应急预案的制定

应急预案（ERP）以书面形式概述事故发生后应采取的行动以及每一行动的负责人。应急预案的宗旨是确保有序并有效地从正常状态过渡到紧急状态，包括紧急情况下的权力下放和紧急状态下的责任划分。预案中还包括由关键人员授权采取的行动，以及协调应对紧急状态的工作。整体目标为维持安全运行或尽快恢复至正常运行。

5）安全管理体系文件

安全管理体系的一个明显特征就是所有的安全活动均要求形成文件并是可见的。因此，文件是安全管理体系的一个基本要素。

安全管理体系文件必须包括并酌情提及所有相关的和适用的国内和国际规章。还必须包括安全管理体系所特有的记录和文件，例如危险报告表、责任义务关系、关于运行安全管理的责任和权力，以及安全管理组织的结构。此外，它还必须以文件形式说明记录管理的明确指导方针，包括记录的处理、存储、检索和保护。

2. 安全风险管理

1）危险识别

安全风险管理首先将对系统功能的描述作为危险识别的基础。在系统描述中，对系统的构成部分及其与系统运行环境联系的相互关系界面进行分析，以找出危险的存在及查明系统中已有或缺失的安全风险控制机制。在描述的系统中，分析危险，查明其潜在的破坏性后果及从安全风险角度评估此种后果。在具有危险后果的安全风险评定为过高而无法接受时,则必须在系统中增加安全风险管制机制。因此,评估系统设计,即证实系统足够控制危险后果是安全管理的基本要素。

2) 风险评估和缓解

危险一经识别,便应对危险潜在后果的安全风险进行评估。安全风险评估是对已经确定对一组织的能力产生威胁的具有危险后果的安全风险进行分析。安全风险分析通常将风险分解为两个部分:一破坏性事件或情况发生的概率和如果发生,该事件或情况的严重性。通过使用风险可容忍度矩阵来确定安全风险的决策和接受度。虽然需要矩阵,但是也需要斟酌判断。矩阵的确定和最终结构应由服务提供者组织进行设计,并经其监督组织同意。这旨在确保每一组织的安全决策工具与其运行和运行环境相适应,承认该领域的广泛多样性。

通过上述步骤对安全风险进行评估后,必须将安全风险消除和/或缓解到合理可行的低的程度。这称作安全风险缓解。必须设计和实施安全风险控制。这些可以是新增的或改变了的程序、新的监督控制、培训的变更、新增或改进的设备或任何一些消除/缓解的备选措施。这些备选措施几乎总是涉及三种传统航空防护机制(技术、培训和规章)的任何一种或三者结合的部署或重新部署。在设计了安全风险控制机制后,而在将系统"联机"之前,必须对管制机制是否为系统带来新的危险做出评估。

3. 安全保证

1) 安全绩效监控和测量

安全保证的首要任务是控制。为此要采取安全绩效监控和测量,这是依照安全政策和批准的安全目标验证组织的安全绩效的过程。安全保证控制必须通过监控和测量运行人员为提供组织的服务必须从事的活动的后果来进行。

安全绩效和监控信息有各种不同的来源,包括正式的审计和评估、与安全相关的事件的调查、与服务提供相关的日常活动的持续监测、通过危险报告系统的来自雇员的投入。

2) 变更的管理

由于对现有系统、设备、方案、产品和服务的扩展、压缩、变化,以及新设备或程序的引入,航空组织会经历不断地变化。每当发生变化时,便可能不经意地将危险带到运行中。安全管理实践要求对作为变化的产物的危险应系统地主动地加以识别,并制定、实施和随后评估那些管理具有危险后果的安全风险的战略。

变化可能引入新的危险,可能影响现有安全风险缓解战略的适用性,和/或影响现有安全风险缓解战略的有效性。变化可以是组织外部的或是内部的。外部变化的例子包括监管要求的变化、保安要求的变化和空中交通管制的改组。内部变化的例子包括管理变化、新设备和新程序。

3) 安全管理体系的持续改进

安全管理体系持续改进的目的是确定低于标准绩效的直接原因及其在安全管理体系运行中的影响,通过安全保证活动纠正查明的低于标准绩效的情况。通过内部评估,内部和外部审计达到持续的改进。只有当组织对其技术运行和其纠正的行动保持持续的警觉时才会出现持续的改进。实际上,没有对安全控制和缓解行动的持续监控,就无法说明是否安全管理过程正在实现其目标。同样,也无法测量某一安全管理体系是否在有效地实现其目的。

4. 安全宣传

1）教育和培训

安全管理者提供与组织的特定运行和运行单位相关的安全问题有关的当前信息和培训。对所有工作人员，不管其在组织的级别如何，提供适当的培训表明管理者对建立有效的安全管理体系的承诺。安全培训和教育应包括以下内容。

（1）有文件佐证的确定培训要求的过程。

（2）测量培训有效性的验证过程。

（3）初始（一般安全）职务专门培训。

（4）纳入安全管理体系的教育/初始培训，包括人的因素和组织因素。

（5）安全复训。

应以文件形式记载组织内的每一活动领域的培训要求和活动。应为每一雇员（包括管理者）制定培训档案，以协助查明和跟踪雇员的培训要求并核实人员已经接受了计划的培训。应使培训方案适合组织的需要和复杂性。

一个组织内的安全培训必须确保人员得到培训并有能力执行其安全管理职责。安全管理体系手册（SMSM）应为运行人员、经理和主管、高级管理者和责任主管规定安全初训和复训标准。安全培训量应与个人的责任和参与安全管理体系的情况相适应。安全管理体系手册还应规定安全培训责任，包括内容、频次、验证和安全培训记录管理。

安全培训应遵循结构砌块方法，如图 7-5 所示。对运行人员的培训应涉及安全责任，包括遵循所有运行和安全程序，识别和报告危险。培训目标应包括组织的安全政策和安全管理体系的基本内容和概况。内容包括危险、后果和风险的确定，作用和责任的安全风险管理过程和非常基本的安全报告和组织的安全报告系统。

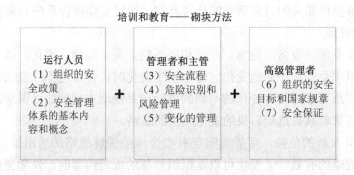

图 7-5　安全培训与教育砌块方法

对管理者和主管的安全培训应涉及安全责任，包括宣传安全管理体系和使运行人员进行危险报告。除了为运行人员制定的培训目标外，为管理者和主管制定的培训目标应包括安全过程、危险识别、安全风险评估和缓解以及变化管理的详细知识。除为运行人员规定的内容外，对主管和管理者的培训内容还应包括安全数据分析。

对高级管理者的安全培训应包括符合国家和组织安全要求的安全责任、资源分配、确保有效的部门间安全信息交流和对安全管理体系的积极宣传。除了以上两类雇员的目标外,对高级管理者的安全培训应包括安全保证和安全宣传、安全作用和责任,以及确定可接受的安全水平。

最后,安全培训应包括对责任主管的特殊安全培训。此种培训的时间应适当简短(不应超过半天的时间),应使责任主管全面了解组织的安全管理体系,包括安全管理体系的作用和责任、安全政策和目标、安全风险管理和安全保证。

2)安全信息交流

组织应向所有运行人员通报安全管理体系的目标和程序,在支持提供服务的组织运行的所有方面均应突出安全管理体系的位置。安全管理者应通过公告和简报宣传组织安全管理体系方案的绩效。安全管理者还应确保从内部或来源于其他组织的调查和案例记录或经验吸取的教训得到广泛宣传。在整个组织中安全管理者和运行人员之间应该沟通。如果积极鼓励运行人员识别和报告危险,安全绩效会更高。因此,安全信息交流的目的有以下几方面。

(1)确保所有员工充分了解安全管理体系。
(2)传达安全关键信息。
(3)解释为何采取特殊行动。
(4)解释为何引入或修改安全程序。
(5)传达"引人注意"的信息。

任务 2　影响航空安全的因素

一、人为因素与民航安全管理

航空安全的人为因素中,人指航空运输参与者,主要包括机组人员、维修人员、空管人员、机场工作人员等。由于人为差错和工作失误等人为原因,影响到航空安全,导致航空事故或航空灾害发生的致灾因素为航空安全的人为因素。

人是航空安全中最积极、最活跃、最主动的影响因素。机组成员对飞行安全起决定性作用,处在核心位置;与飞机运行安全相关的其他人员主要指空中乘务员、航空安全员、工程机务人员、商务人员、各类保障人员和各级管理人员。导致航空灾害的关键人员是机组人员,其他人为因素则通过飞机及相关设备、飞行环境而发生作用。

(一)机组人员致灾因素

机组是一个在空中飞行的非常特殊的工作群体,机组管理相对独立于航空组织的管理,故将机组管理因素放在本章进行综合分析。机组人员致灾因素如图7-6所示。

1. 机组个体行为因素

20世纪80年代,高科技的飞速发展使现代飞机设计日臻完善,机械故障减少,但飞行高度、速度、巡航时间的增加,以及显示系统、操作系统的高度自动化,使飞行员的生理、心理负担增大。对飞行失事的调查系统显示,飞行员正逐渐成为飞行安全环路中的重要限制因素。机组人员的个体心理是群体行为的形成基础，其社会心理品质、感知过程、动机、情绪、气质、性格、能力和生理状况等都与机组行为差错有着内在的联系。

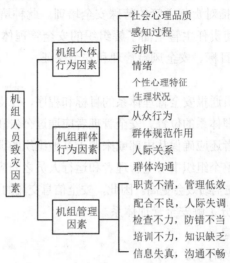

图 7-6 机组人员致灾因素

1）社会心理品质与行为失误

社会心理品质涉及价值观、社会态度、道德感、责任感等，直接影响机组行为表现，与飞行安全密切相关。在飞行环境中，大多数机组成员具有良好的社会心理品质，对人民的生命财产负责，注重飞行安全，遵守飞行规则，较少出现行为失误。但少数机组成员社会心理品质不良，缺乏社会责任感，漠视飞行规则，以自我为中心处理与他人的关系，行为轻率，容易出现失误。

2）感知过程与行为失误

飞行员失误涉及感知错误、判断错误、动作错误等，是造成飞行事故的直接原因。感知错误的原因主要是心理准备不足、情绪过度紧张和麻痹、知觉水平低、反应迟钝、注意力分散和记忆力差等。感知错误、经验缺乏和应变能力差，往往导致判断错误，而感知错误、判断错误会导致操纵错误。在特定的飞行阶段，随着工作负荷加重，飞行员的感知过程也发生了一系列变化。

注意是一种始终伴随认知过程的心理状态，它好像一种过滤器，具有选择性和集中性，使人有选择地输入信息，并将注意的焦点聚集在所要输入、加工、提取和输出的信息上。然而，人在同一时刻加工信息的能力有限，如果输入信息量过大，人的思维就会处于混沌状态；若再加上信息质量不高或受到客观条件干扰，注意的集中性就会受到破坏。在特定的飞行阶段，由于信息量激增，注意容量有限，使飞行员在高负荷的工作条件下注意力的分配和转移产生困难，注意范围狭窄以及受到无关刺激的干扰，使信息量超出了飞行员的注意容量。显然，处在这样的状态下，人的认知过程便会受到破坏。注意力过于集中于某一方面而忽视其他方面所诱发的飞行员错误，也是导致飞行事故的重要原因。

高负荷工作会使飞行员产生紧张和焦虑情绪，这会给飞行员的正常操作带来一定困难。当具有突发性、意外性、复杂性、紧迫性和危险性的应急情况出现时，不仅会增大飞行员的工作负荷，更会增大他们的心理负荷。此时，飞行员的精神往往会过于紧张，情绪会变得极不稳定；一旦应急情况超出驾驶员的应对能力，飞行员的工作能力会急剧下降，通常表现为感知能力下降，注意范围缩小，出现不应有的遗漏现象，如找不到常用的仪表或电门开关，甚至不知道看什么或对要执行的操作"视而不见"。思维能力、记忆力下降，主要表现为综合接收各种信息的能力下降，误判率明显增高，操纵动作出现遗漏；动作反应迟缓，操纵动作失误，如本该收襟翼而将起落架收起；常出现不假思索的冲动性动作。动作的可靠性大为降低，甚至出现行为倒退现象等，这些现象对飞行安全造成了极大的威胁。

3）动机与行为失误

动机是决定机组人员是否追求安全目标的动力源泉。有时，安全动机会与其他动机产生冲突。当主导动机是安全动机时，会驱使机组人员把安全放在第一位，避免违章行为；而当其他动机占优势时，就可能导致忽视安全飞行。例如，飞行员可能会出于强烈的自我表现动机，通过超速或强行降落等冒险举动，表现自己超群的技术和本领，炫耀自己的能力。机组成员的动机存在个体差异，而各种动机的冲突是造成人际失调和配合不当的内在原因。出于某种动机，机组成员可能产生畏惧心理、逆反心理或依赖心理。畏惧心理表现在机组成员技能水平低，缺乏自信，但却怕事，遇到紧急情况手足无措。逆反心理是由于自我表现的动机、嫉妒心导致的抵触心态或行为方式对立。依赖心理是由于对机组其他成员的期望值过高而产生的。这些心理障碍影响机组成员的配合，极易造成机组行为失误。

4）情绪与行为失误

情绪是人对客观事物是否满足自身需要的态度的反映，对于能满足自身需要的事物，就会引起积极的情绪；反之，就会引起消极的情绪。同时，情绪具有感染力，每个成员的情绪对机组群体气氛都有影响。在良好的氛围下，机组人员感知敏锐，判断准确，操纵得当；而在不良的氛围下，就可能使机组人员情绪低落，容易产生违章行为。此外，在特殊情况下，由于情绪过度紧张使大脑神经兴奋或抑制，系统失调，注意力突然中断，表现出知觉的狭窄和行为的死板倾向，造成正常动作程序发生"短路"错误，决策和操纵行为失误，最终导致飞行事故。过分自信、骄傲自大的情绪是飞行安全的陷阱，国外的经验是拿到执照 300～500 飞行小时的飞行员，最易产生过分自信情绪，失事也较多。稳定的安全飞行状态会使驾驶员产生麻痹情绪，形成一种满不在乎的心态，一旦出现特殊情况就可能会惊慌失措，导致判断和操纵行为失误。另外，情绪上的长期压力和适应障碍也会使心理疲劳频繁出现而导致失误。

5）个性心理特征与行为失误

个性心理特征主要包括气质、性格和能力。飞行员的个性心理特征对机组行为失误有明显的影响，是决定机组整体表现的重要因素。

按照希波克拉底的"体液说"，气质可分为多血质、胆汁质、黏液质和抑郁质。

多血质型的人，热情活泼，反应灵敏，善于人际交往，明显外倾，兴趣广泛，但情绪不够稳定，注意力容易转移。这种类型的飞行员在有变化的飞行条件下表现良好；但在工作单调乏味时情绪不稳定;长途飞行时,甚至容易打瞌睡。

胆汁质型的人精力充沛,情绪冲动而难以克制。反应速度快,明显外倾,但工作缺乏条理性。这种类型的飞行员,固执己见,脾气急躁,态度直率,语言动作快,情绪冲动时难以克制。但通过安全教育和监督管理,可以使之成为不错的飞行员。

黏液质型的人安静沉着,行动迟缓,情绪平和,不外露,自制力强,不善于交际。这种类型的飞行员能遵守飞行规则,很少违章,担任长途飞行任务时耐力强,能出色地完成任务;但遇到特殊情况时反应慢,应变能力较差。

抑郁质型的人敏感、多疑,感情脆弱,反应速度慢,感受性强,情绪体验深刻,严重内倾,这种类型的人不适合从事飞行工作。

根据卡特尔的性格因素理论,乐群性、情绪机动性、有恒性、独立性和自律性因素低分者的行为特征,会对安全飞行产生不利影响。例如,情绪稳定性高分者的特征是情绪易激动,难以应付现实中的挫折,易受环境影响而动摇。这类人常感到烦恼不安,身心疲乏,甚至失眠等。幻想性、忧虑性和紧张性因素高分者会对安全驾驶产生负面效应。例如,忧虑性因素高分者的特征是忧虑烦恼,常觉得人生暗淡渺茫,患得患失,缺乏自信,一旦遇有险情便会惊慌失措。

一个优秀的飞行员应该具备熟练的驾驶技术、丰富的知识和卓越的判断能力。熟练的驾驶技术是指熟练掌握飞机的驾驶技巧及机上设备的使用,这在训练中必须达到。理论考核成绩优异的驾驶员仍然会在事故中丧生,原因在于知识只有在正确地使用时才能有价值。飞行的学习过程实际上包括熟练地掌握驾驶技巧和正确决策能力的培养,而具有卓越的判断能力才能产生正确的决策。在民航事故中,大约 2/3 的事故与机组有关,而其中的 50%与飞行员的错误决策或错误判断有关。飞行员在空中最重要的任务就是综合分析各种情况,适时做出正确决策。飞行员都受过严格的训练,实际上很少有人不知道如何操纵飞行,例如飞行员都知道着陆前如何放起落架,但相关事故及征候却时有发生。由此看来,飞行员决策能力差是导致行为失误的关键。

作为机组的核心人物,机长必须具备驾驶能力、组织能力、决策能力、沟通能力和应变能力,而驾驶能力主要受素质、知识、技能以及实践活动的影响。

案例 7-1

8·24 黑龙江伊春坠机事故

8·24 黑龙江伊春坠机事故指的是 2010 年 8 月 24 日发生的坠机事故,2010 年 8 月 24 日 21:38:08,河南航空有限公司机型为 ERJ-190,注册编号 B-3130 号飞机执行哈尔滨至伊春的 VD8387 班次定期客运航班任务,在黑龙江省伊春市林都机场 30 号跑道进近时距离跑道 690 米处(北纬 47°44'52″,东经 129°02'34″)坠毁,部分乘客在坠毁时被甩出机舱。机上乘客共计 96 人,其中儿童 5 人。事故造成 44 人遇难,52 人受伤,直接经济损失 30 891 万元。该事故属可控飞行撞地,事故原因为飞行员失误。

《河南航空有限公司黑龙江伊春"8·24"特别重大飞机坠毁事故调查报告》已经国务

院批复结案，2012年6月28日予以发布。报告指出了此次事故的直接与间接原因。

三点直接原因：

一是机长违反河南航空《飞行运行总手册》的有关规定，在低于公司最低运行标准（根据河南航空有关规定，机长首次执行伊春机场飞行任务时能见度最低标准为3 600米，事发前伊春机场管制员向飞行机组通报的能见度为2 800米）的情况下，仍然实施进近。

二是飞行机组违反民航局《大型飞机公共航空运输承运人运行合格审定规则》的有关规定，在飞机进入辐射雾，未看见机场跑道、没有建立着陆所必需的目视参考的情况下，仍然穿越最低下降高度实施着陆。

三是飞行机组在飞机撞地前出现无线电高度语音提示，且未看见机场跑道的情况下，仍未采取复飞措施，继续盲目实施着陆，导致飞机撞地。

四点间接原因：

一是河南航空安全管理薄弱。

（1）飞行技术管理问题突出。河南航空部分飞行员存在飞行中随意性大、执行公司运行手册不严格等突出问题。根据河南航空飞行技术管理记录，机长齐全军飞行超限事件数量大、种类多、时间跨度大，特别是与进近着陆相关的进近坡度大、偏离或低于下滑道、下降率大、着陆目测偏差较大等超限事件频繁出现。河南航空对机长齐全军长期存在的操纵技术粗糙、进近着陆不稳定等问题失察。

（2）飞行机组调配不合理，成员之间协调配合不好。飞行机组为首次执行伊春机场飞行任务，增加了安全风险；成员之间交流不畅，没有起到相互提醒验证、减少人为差错的作用。

（3）对乘务员的应急培训不符合民航局的相关规定和河南航空训练大纲的要求。负责河南航空乘务员应急培训的深圳航空乘务员培训中心没有E-190机型舱门训练器和翼上出口舱门训练器，乘务员实际操作训练在E190机型飞机上进行，且部分乘务员没有进行开启舱门的实际操作训练。河南航空采用替代方式进行乘务员应急培训，没有修改训练大纲并向民航河南监管局申报，违反了民航局《客舱训练设备和设施标准》和《关于合格证持有人使用非所属训练机构乘务员训练有关问题》等相关规定，影响了乘务员应急训练质量，难以保障乘务员的应急处置能力。

二是深圳航空对河南航空投入不足、管理不力。

（1）2006年7月至2010年4月，汇润投资控股深圳航空期间，深圳航空对河南航空安全运行所需的资金和技术支持不够，注册资本一直未到位，且频繁调动河南航空经营班子，影响了员工队伍稳定和安全、质量管理。

（2）2010年5月国航股份控股深圳航空后，深圳航空新的领导班子虽意识到河南航空安全管理上存在问题的严重性，专门进行了安全督导，但未能在短时间内有效解决河南航空安全管理方面存在的诸多问题。

三是有关民航管理机构监管不到位。

（1）民航河南监管局违反民航中南地区管理局相关规定，在河南航空未取得哈尔滨至伊春航线经营许可的情况下，审定同意该航线的运行许可，不了解、不掌握该航线的具体运行情况；对河南航空安全管理薄弱、安全投入不足、飞行技术管理薄弱等问题督促解决不到位。

（2）民航中南地区管理局对河南航空主运行基地变更补充运行合格审定把关不严，未发现客舱机组配备不符合《大型飞机公共航空运输承运人运行合格审定规则》相关规定，缺少1名乘务员的问题。

（3）民航东北地区管理局在审批河南航空哈尔滨至伊春航线经营许可时，批复电报落款日期在前、领导签发日期在后，且未按规定告知民航黑龙江监管局等相关民航管理机构，向河南航空颁发哈尔滨至伊春《国内航线经营许可登记证》程序不规范。

四是民航中南地区空中交通管理局安全管理存在漏洞。

2009年7月27日，民航中南地区空中交通管理局（以下简称"中南空管局"）气象数据库系统管理员误将伊春机场特殊天气报告的地址码ZYLD设置为ZYID，致使机场特殊天气报告无法进入中南空管局航空气象数据库。虽然事发前伊春机场管制员已向飞行机组通报了当时机场的天气实况，但是河南航空不能通过中南空管局航空气象内部网站获取伊春机场特殊天气报告，导致河南航空运行控制中心无法按照职责对飞行机组进行必要的提醒和建议。

2014年12月19日，伊春空难案机长齐全军在黑龙江省伊春市伊春区人民法院接受宣判。2010的伊春空难中，有44人遇难。事发后，齐全军被以涉嫌重大飞行事故罪起诉，这是中国首例飞行员被指控重大飞行事故罪的案件。作为中国飞行员入刑第一案，该案受到国际民航组织及最高院高度关注。上午九点钟，法院宣判齐全军有期徒刑3年。

资料来源：http://baike.baidu.com/item/8·24黑龙江伊春坠机事故/10336646?fr=alddin.

6）生理状况与行为失误

飞行员的生理状况也是致灾因素之一，受到疲劳、健康状况、饮酒及药物等因素的影响。

（1）疲劳。疲劳是严重威胁飞行活动的隐患之一，据1988年美国航空航天局航空安全委员会报道，在已公布的飞行事故中，约有21%的事故与疲劳有关。导致疲劳的主要因素是缺乏睡眠和昼夜节律混乱。由于航班跨时区飞行和轮班制作业，飞行员的体内环境与外部环境的同步活动被打破，表现出昼夜生物节律混乱。飞行员休息时不能很快入睡，睡眠质量差，导致疲劳的加深。而睡眠缺乏和疲劳积累又反过来加重昼夜生物节律的混乱，在高度紧张的工作环境中，或在从事仪表监视等单调无聊的工作中，飞行员会感到脑力疲劳，警觉性和注意力严重下降，造成思维迟钝和操作缓慢。

（2）健康状况。一般来说，飞行员的生理素质较好，并进行定期的身体检查，但长期的超负荷工作，会导致健康状况出现一些小问题，如感冒、胃溃疡、失眠等困扰着他们。此外，其他生理不适也可能造成不良的后果。

（3）饮酒。虽然酒后飞行是绝对禁止的，但由于飞行员高风险的工作性质，个别飞行员产生了"今朝有酒今朝醉"的思想，有时会忍不住饮酒；尽管有的飞行员能克制自己不在飞行前饮酒，但由于休息时饮酒过量导致酒精慢性中毒，也会对其意识状态产生消极影响。

(4)药物。有些药物存在潜在的副作用,会导致飞行员意识不清、头昏脑涨或嗜睡等,对飞行安全威胁极大。此外,生物节律理论认为人的身心状况取决于体力曲线、智力曲线和情绪曲线。有关研究表明,当飞行员的体力曲线处于低潮时,其精力不济;当人的智力曲线处于低潮时,记忆能力、判断能力和分析能力会下降;当人的情绪曲线处于临界状态时,情绪波动大,自制力下降,容易导致工作失误。但这一方面的实证研究尚有待深入探索。

2. 机组群体行为因素

航空飞行要求多工种协同操作,因而飞行组和乘务组之间、各机组成员之间必须具有高度的协调性,这使得群体心理的作用十分突出。机组群体心理的影响主要表现在群体意志影响成员的行为。

1)从众行为的影响

个体在群体中,往往不知不觉地受到无形的影响,表现出与群体内多数人的感知、判断和行为相一致的现象,即从众行为。在一个遵纪守法的机组中,个别倾向冒险的人会在群体的压力下注重飞行安全;如果在一个漠视安全的机组里,少数平时遵守规章制度的人也会顺从群体的违章行为。机组成员在彼此相互影响下,会发生一种认同效应或同化现象,个体差异会明显缩小。

2)群体规范作用的影响

群体规范作用的强弱取决于群体意识的强弱。在安全意识较强的机组里,成员大多能保持安全的操作行为;相反,在安全意识薄弱的机组里,成员们为了抢时省力或自我表现,往往会做出不安全行为以致产生失误。机组群体规范行为可以满足成员个体的心理需要使个体增加勇气和信心,有助于消除单调和疲劳,激发工作动机,提高工作效率,产生社会助长作用;反之,则产生社会抑制作用。

3)人际关系的影响

大量的飞行事故调查表明,现代飞行失事,尤其是自动化座舱的飞行事故,多由座舱秩序混乱、缺乏正确的领导机制和集体决策失误导致,这暴露了机组成员的人际关系问题。机长和机组成员之间、机组成员之间的关系失调,会直接影响机长领导和指挥的有效性,影响机组成员的协作性,影响个人工作能力的发挥与机组整体效率。当机长指挥不力,而机组成员的参与意识差时,发生飞行事故在所难免。

4)群体沟通的影响

机组的群体沟通渠道不畅,沟通不及时或效果差,是导致航空灾害的重要因素之一。若不能让每名机组人员都感到自己的价值和责任,缺乏良好的沟通机制和气氛,就无法使他们积极收听、反馈以及及时表达自己的观点,自觉提供所掌握的重要信息。例如,副驾驶在对机长的行为有疑问时,怕自己提醒出错而不提醒;双机长飞行时,双方都认为对方该知道的都知道而不进行交流;信息沟通的过程中产生误解却未及时发现或纠正,都是十分有害的。

3. 机组管理因素

机组群体行为失误的成因错综复杂,但其共性是由于人的机能不确定性与飞机或航空环境等因素相互作用而产生的，民航机组的群体规范、分工协作、人际关系和信息沟通等群体行为，直接影响机组整体功能的发挥。以下主要分析机组管理不善对群体行为失误的影响。

1) 职责不清，管理低效

现代民航业的机组管理，已从机长命令成员服从的阶段，转变为机组自觉执行飞行手册的规定、机长分权给其他成员的机组密切协作阶段。然而，我国航空公司存在机组分工不明、职责不清的现象。如主控飞行员将操纵飞行、通信工作独揽一身，旁人无法判断其操纵是否符合航管意图，发生错误的可能性将大大增加；对某些紧急情况没有明确预案，以致无人监控飞机状态，不能及时发现参数超限和事故征兆，从而不能进行有效的事前控制。

2) 配合不良，人际失调

在飞行过程中，机组成员团结协作、配合默契，就会产生"1+1>2"的效应；反之，机组成员各行其是，互不协作，就可能导致群体行为失误，甚至酿成飞行事故。要从根本上解决问题，应当建设安全文化，形成全员安全意识；强化驾驶舱资源管理，协调机组的人—机—人环境关系；开展机组配合训练，如敏感性训练、组队训练等，促进机组团队建设。

3) 检查不力，防错不当

机组资源管理（CRM）强调机组成员作为一个整体进行工作，它能保证机组不会因个人失误而导致整体出差错。例如，除非是主控飞机的飞行员、非主控飞机的飞行员、空中交通管制员、近地警告系统这几个独立的安全系统同时失效，否则，是不会发生飞行员操纵飞机撞地事件的。交叉检查是检查主体充分利用尽可能的判断手段，对检查客体进行证实性核查，力求找出不妥之处，及时加以弥补，以确保飞机安全运行。假如飞行员个人飞错高度的可能性为 1/500，若副驾驶参与交叉检查，则同类错误率可降为 1/250 000；如若驾驶舱内的观察员也加入这种检查程序，经三人共同"过滤"，错误发生率将下降到 1/125 000 000。然而在飞行中，由于防错不当、交叉检查不力而导致机组失误时有发生。例如，副驾驶输入 MC 数据出错，机长没有进行交叉检查，特别是航路数据临时有变时，若按原有航路飞行，后果是非常危险的；检查单落实不到位，主控与非主控飞行员之间没有落实"要求/相应"程序，若出现人为差错就无法挽回。

4) 培训不足，知识缺乏

随着自动化程度的提高，机组功能已从操作型转变为管理型，知识和信息对航空安全的作用越来越重要。在简单的重复性操作中人犯错误的概率为 1/100～1/1 000；但经过学习和训练，错误率可下降到 1/1 000～1/10 000，也就是说，人为失误是不可避免的，但能通过学习或训练得到控制而减少。然而，由于对机组人员的在职培训不到位，导致原有的知识和技能难以适应工作的需求。

1994 年 4 月 2 日，中国台湾中华航空公司的一架客机在名古屋机场准备着陆时，飞行人员发生感知和判断错误，误用了"起飞程序"使用自动驾驶仪，导致飞行失速坠地。在发生误操纵的情况下，假如飞行人员知识丰富，积极采用应变措施，是完全可能避免灾难发生的。

此外，经验对飞行安全也是至关重要的，1994年1月7日，美国联合捷运航空公司一架喷气式41飞机，在向哥伦布港机场进近着陆时撞在附近的建筑物上失事。事故原因是机长和副驾驶都缺乏驾驶这种机型的经验，对该机型的驾驶舱仪表及自动驾驶仪了解不够，对飞机失速警报反应迟缓且操纵失误。针对以上问题，短期对策是飞行组成员改机型前必须接受严格的知识技能培训和考核，规定副驾驶由经验丰富的飞行员带飞若干小时后才能正式上岗，副驾驶具有某机型的飞行经验后才能转为机长。长期对策是优化机组人员结构，进行持续性的岗位培训和心理训练，提高机组人员的业务和心理素质。

5）信息失真，沟通不畅

群体沟通的障碍主要表现在语义的障碍、知识经验的局限性、需要和动机等心理因素的影响、知觉的选择性等方面。例如，民航用英语通话是同国际接轨的有效步骤，但英语有一词多义和不同单词读音相同的情况，存在着造成误解的可能性。20世纪90年代初，国外一架波音747飞机，因飞行员将"Descent two four zero zero"误认为"Descent to four zero zero"，导致毁灭性的空难。由于飞行组和乘务组之间缺乏沟通、了解和尊重，也可能导致飞行事故的发生。国外一架双发喷气客机进入夜间巡航阶段不久，飞行组突然感到飞机抖动并闻到烟味。飞行组认为右发动机提供驾驶舱的空气，而且它曾发生过故障，于是在慌乱中错误地判定右发动机出现故障，关掉右发动机并广播通知乘客。然而，客舱中的乘务组和乘客却清楚地看到左发动机在冒烟喷火。因飞行组通告后不要求乘务组反馈，而乘务组发现异常后未主动与飞行组沟通，使飞行组没能纠正失误并重新启动右发动机，结果导致机毁人亡。因此，消除信息沟通中的发信、编码、传输、译码、接受及反馈各环节的障碍，减少信息失真或失效，将单向沟通改为双向沟通，是达到有效的群体沟通的基本途径。

航空飞行是一项复杂的系统工程，来自150多个工种的信息流源源不断地流向驾驶舱，只有发挥机组的总体力量，明确分工，密切合作，才能全面地处理纷繁复杂的信息并转化为合理的行动。针对当前我国民航机组管理的问题，关键在于建立民航灾害预警系统，构建一种能对同质性民航事故具有免疫功能，并能预防和矫正各种民航灾害现象的"自组织"机制。对机组行为进行过程监测与信息处理，并运用机组因素预警指标对监测信息进行识别、诊断和预控，从而有效地预防和矫正机组行为错误。

（二）维修人员致灾因素

机组是决定航空安全的一项最重要的因素，但维修人员对航空安全的影响作用也不容忽视。如果机务维修人员的整体素质好，能够及时发现问题，并给予快速、高质量的维修，就能给飞行人员提供适航、安全、可靠的飞机。否则，会提高机械故障发生的概率，增加飞行人员的压力，加大机组出错的可能性，甚至会酿成飞行事故。

1. 维修人为差错的内在因素

1）人员素质缺陷

维修人员的素质包括思想素质、业务素质、心理素质和身体素质等。思想素质和业务素质缺陷，是造成维修人为差错的重要原因。思想素质主要指价值观、思想品德、职业素养和工作态度等。一个责任心不强、工作态度消极的维修人员，难免出错频繁。业务素质主要指维修工作所需的知识、技能和能力，以及所受训练、个人智商和经验。一个专业基础差、理论素养低、知识陈旧、业务能力跟不上技术发展的维修人员，是无法胜任本职工作的。此外，英语水平低，看不懂国外飞机的一些工艺规程、维修程序等，也是导致工作失误的原因之一。心理素质不佳，过于自卑或自满大意，过于自我表现，缺乏人际沟通能力和合作意识，都会影响维修工作质量。

2）操作违反规范

工作随意，不按规章制度办事，操作违反规范，是导致人为差错的主要原因。1988年阿罗哈航空公司的一架波音737飞机在夏威夷发生事故，就是由于没有按程序检查维修，未能及时发现机体结构恶化的情况，而导致飞机在飞行中机体的上部损毁。1985年8月12日，日航波音747DR飞机的坠毁造成机上520人死亡，4人受伤。事故原因就是该机候补承压隔板发生的故障修理不当，造成其强度下降。最终导致这一起航空灾害。

3）心理负荷过重

任务进度、工作压力、工作责任所造成的心理负荷过重，也是导致人为差错的因素。航空公司对机务维修人员的工作考核，非常看重是否造成了航班延误或取消，考核成绩不仅与维修人员的收入有关，而且与其主管的工作业绩和收入有关。为了保证航班正点运行，维修人员不得不在一定的时间内抢修飞机，心理压力很大。

4）生理压力过大

生理压力包括疲劳、病痛、因倒班引起的生理节律紊乱。航空公司开通"红眼航班"之后，机务维修人员倒班所造成的持续工作时间过长、生物钟紊乱等现象，对维修工作的质量保证产生了消极的影响。当飞机出现严重故障时，维修人员连续高强度的工作，难免造成生理疲劳，导致工作中出现错漏遗忘。如果出现疲劳或身体不适而造成不适宜工作时，仍然坚持工作，就容易造成失误。

2. 维修人为差错的外在因素

1）工作条件的影响

工作条件是导致人为差错的重要因素，如设备、工具、照明、温度、管理、换班和规章制度的影响。例如，盛夏季节，有的机场地面温度近50℃，维修人员在户外作业时汗流浃背，身体不适难免心情烦躁不安，容易引起注意力分散，丢三落四，造成一些失误。工作条件与人的内在因素相互作用会导致工作失误。某机场机务工作人员在做飞机航后工作时，误将液压油加入发动机滑油箱中，幸好加了一半时发现错误，报告车间及部值班经理后，连夜放掉了所有的滑油，并对油罐进行清洗，否则后果不堪设想，根据《民航航空安全严重差错标准》规定，这是一起严重差错引起的不安全事件。分析其原因，一是维修人员安全意识不强，加上当时已近深夜身体比较疲劳；二是油品保管及存放不当，没有设立专人保管工具和用具；三是与夜间照明条件有关。为此，机务部按要求立即进行安全整顿，查找安全隐患，加强员工的业务学习，制定有效措施，防止类似差错再次发生。

2)工作指示的影响

工作指示包括书面和口头通报、维修程序和实际操作。工作指示不明确,内容不具体,甚至不合理或操作性差,直接影响维修人员的工作质量。

3)任务和设备特点的影响

任务和设备特点对人为差错的影响也不容忽视。任务计划不当、重复单调、复杂烦琐、突然变更或无章可循,以及设备性能、运转情况、人机接口问题等,都有可能造成维修中的差错。

4)机务管理的影响

飞机的机务维修工作频度高、体能强度消耗大,若某项目存在出现差错的可能,差错发生的概率就会较其他维护项目大。在多次反复操作下,一旦操作者大意就有可能出错。通过对维护同种飞机、任务大致相同的几个维修单位的统计数据进行比较,发现出现差错少的单位都有一套好的管理办法并取得管理成效。随着航空器越来越复杂,对技术条件要求越来越高,各部门及专业界线已越来越模糊。发生航空灾害的原因往往是几个环节都存在缺陷,问题隐患虽经过两个甚至更多检查关,但最终的引发事故还是难以避免。主要原因是组织管理薄弱,计划控制缺少防错措施,质量检验的方式、内容和时机不合理,某些检查人员本身的业务水平低或工作不负责任,使检查流于形式。各航空公司的机务维修人员,通过在公司内部的横向比较,在待遇上或重视程度上存在相当大的差距,而维修人员思想不稳定、心理不平衡是造成人为差错的重要原因之一。

案例 7-2

英国航空 5390 号班机事故

英国航空 5390 号班机是英国航空一条由伯明翰前往西班牙马洛卡的定期航班。1990年 6 月 10 日,飞机在飞行过程中驾驶室中的一块挡风玻璃突然飞脱,并将机长吸出机外。但凭着副机师的努力,航机安全降落于南安普敦,而且正机长亦奇迹般生还。

当天的 5390 航班由正机长添·兰开斯特(Tim Lancaster)及副机长艾奇森(Alastair Atchison)负责。飞机机型是英国宇航公司生产的 BAC-111,机身编号 G-BJRT。于当地时间早上 7:20 起飞,载着 81 名乘客及连驾驶员在内共 6 名机组人员。飞机起飞程序由艾奇森负责,直至飞机爬升至设定高度,才转由机长兰开斯特负责往后航段。两位机长于飞机到达指定高度后,都松开了安全带。

7:33,机组人员准备用餐,当时飞机已爬升至 17 300 英尺(5 300 米)的高度,位置于牛津郡迪考特市(Didcot)上空。突然,驾驶室发出巨响,机身立即在高空失压。当时,位于驾驶室左方,即正机长位置的挡风玻璃脱落,兰开斯特立即被气流从座位扯出驾驶室外,脚部被缠在控制盘上,这令他的上半身都在机外,只有双腿仍在驾驶室内。驾驶室门亦被无线电等仪器冲破,客舱内包括纸等杂物全被涌进驾驶室中。这时,飞机的高度急剧下降,客舱内一片恐慌。空中服务员柯登(Nigel Ogden)立即上前搂着兰开斯特的脚踝。另一位空中服务员佩丝(Susan Price)及其他空中服务员则负责安慰受惊的乘客,并收拾凌乱的机舱。同一时间,兰开斯特在机舱外冰冷低温、稀薄的空气及时速每小时500千米的冲击下,明显已失去意识。艾奇森开始进行紧急着陆程序,开启了暂时失效的自动驾驶系统,并向塔台宣告进入紧急状态。不过机上向外涌出的气流,令艾奇森听不清楚塔台的回复。而一直搂着兰开斯特双腿的空中服务员柯登,此时已开始承受着冻伤、冲击及疲劳的压力。艾奇森最后收到塔台给予优先降落许可,于南安普敦机场降落。7:55,航机安全降落于02跑道上,乘客立即撤离,机长兰开斯特立即被送往当地医院。

调查员发现,该飞机于出事前27小时曾被更换挡风玻璃,而且被维修部通过。可是,在安装在挡风玻璃里的90颗螺丝钉中,84颗的直径为0.026英寸(1毫米),要比标准的小;其余的6颗的长度是0.1英寸(3毫米),则比标准的短。调查员透露,早前被更换了的挡风玻璃已经被安装上了不合规格的螺丝钉,当时的维修部门以"尽量相似"为准则,而没有参考飞机的维修档案。当机舱内及机外的气压有异时,挡风玻璃最终承受不了这股气压而导致爆炸性减压。这次事件也令人关注到飞机挡风玻璃的设计瑕疵,是否应该安装更大的螺丝钉以抵受强大的气压。

调查员批评英航位于伯明翰国际机场的维修部门,因为他们没有按照英航的维修程序,并使用了不合规格的零件。同时,他们也发现英航的维修程序亦存在缺点:飞机维修完毕后,英航没有一个独立部门负责检验及确认。最后,调查局亦谴责伯明翰国际机场管理层没有好好监督维修部门的工作制度。

资料来源:http://baike.Baidu.com/item/英国航空5390号航班事故.

(三)空管人员致灾因素

空中交通管制是一项高风险高工作负荷的智力劳动,空管人员就像乐队的指挥一样,指挥每一架进入本管制区的飞机。空管人员一方面要不断地获取信息,分析评估动态,果断做出判断决策,发出指令信息,随时为运行中的航空器配备安全的管制间隔,及时处理各种突发特情;另一方面空管人员可利用的思考时间很短,而发出的指令直接影响航班空中飞行状态和航空安全,管制活动是在空管员、飞行员和有关设备的共同作用下进行的。任何一个环节出现问题都可能引发飞行冲突甚至航空灾害。如调度工作的差错,容易造成飞机在空中相撞的悲剧。

1. 空管人员素质缺陷

空管人员的思想素质、业务素质和心理素质等方面的缺陷,是严重威胁航空安全的致灾因素。

空管人员思想素质差,缺乏责任心,安全观念淡薄,纪律松弛,是飞行安全的大忌。从国内1999年以来多起空管不安全事件分析可以看出,麻痹大意、责任心不强、主观臆断和违规操作是其主要原因,其根源在于思想混乱,意识不清,缺乏理性思维。事实上,技术全面的空管人员也会犯错误,人为差错与空管人员的管制作风和敬业精神密切相关。

业务素质缺陷,主要表现在空管人员与空中交通管制相关的专业知识储备不足,缺乏必要的工作技能。其原因主要有两个:一是天赋不足,从事管制工作的基本素质有很大的缺陷;二是缺乏良好的培养和培训,空管理论不扎实,业务技能薄弱。这类空管人员在空管指挥中能力有限，出现人为差错的概率高。一旦遇到特殊情况，往往不能处置得当，使管制工作陷于被动与混乱。

心理素质缺陷主要指空管不具备从事管制工作所需的能力，包括评估决策能力、情绪控制能力、应变创造能力、语言表达能力、情境意识能力、精力分配能力、预测统筹能力、立体感知能力、记忆和心算能力等。例如，情绪控制能力差的管制员，当飞行流量大时，就会思绪混乱，语调失控；当飞行流量小时，则精力难以集中。此外，空管人员还可能将生活中的消极情绪带到工作中，对自身的失误过分自责或对自己的管制能力过分自信，对机组的配合情况不满而产生厌烦情绪等不良心理状况。

语言表达能力不足的空管人员，口齿不清，词不达意，容易造成信息失真和管制差错。情境意识能力是指管制工作中时刻保持高度的警觉性和洞察力，清楚管制区内所有的航态，了解目前形势、未来形势和处置措施。由于管制工作是一种纯脑力劳动，没有实体刺激，易产生厌倦感。空管人员如果产生厌倦情绪，理解能力降低，行为控制能力减弱，随意性大，反应迟钝，神情恍惚，冲突意识减弱，不能准确全面地获得必要的信息，易错、易忘、易漏，非常危险。

2．空管人员操作违规

有章不循是导致空管人员人为差错的关键因素。有的空管人员在管制工作中不按规范行事，凭自己的想象，断章取义，形成错误的管制概念和管制行为准则，以致遇到问题时造成混乱；或者凭经验、想当然，形成了思维定式，而忽略了规范，从而引发管制冲突甚至事故。

3．空管人员身心状况不佳

由于社会对空管行业重视不够，淡化了空管人员专业性强、责任大及风险高的行业特点，使空管人员缺乏职业的自豪感、崇高感和神圣感；而空管行业内部竞争和激励机制不健全，高风险的劳动投入和相对低的经济收入不协调，使空管人员心态不平衡，不公平感强烈。空管人员的心理状况不佳，如情绪低落、情感郁闷、愤愤不平或焦虑不安等，都会使其在工作中出现异常，不但不能发挥其主观能动性，而且容易导致差错。此外，空管人员的生理状况，如健康情况、疲劳情况、用药情况、酒精和错觉等，都在一定程度上影响航空安全。

人的生理和心理状况往往是密不可分的，实践证明，身体疲劳、心理负担重、生病等不良身心状态，是导致在工作中发生无意识状态并出现差错的主要原因。空管人员在工作中长期监视显示屏，容易产生心理和视觉疲劳，如果不能分析和掌握空管人员注意力的广度、集中性、稳定性以及注意力分配和转移的特点，采取增强空管人员注意力的有效办法，则难以防范注意力分散导致的人为差错。

有些人为差错是在无意识状态下发生的，如管制工作中的"口误"现象，即头脑中想的是对的，说出来的指令却是错的；又如已经发现相对或汇聚飞行有潜在的冲突，已经制定出调配预案，但发出的指令却与预案截然相反，并且没有察觉到错误；更严重的是，处于无意识状态的空管人员可能完全没有意识到明显的冲突。几年前某地发生过车辆上了机场跑道，塔台管制员却忘记这一动态而指挥飞机落地，幸亏机长及时发现后复飞，如果当天能见度较差，机长不能及时发现道面上的车辆，将导致严重的航空灾害。

4. 空管班组配合不当

虽然个人难免出错，但集体的智慧、团队的力量及多层次安全防护系统可以弥补个人的失误。空管人员个人的沟通协调能力很重要，而加强班组资源管理更为重要。

人工的空管系统对监督检查是开放的，督察员和同事可以检查空管员的行为，可以对其能力进行判断，在他超负荷工作时提供帮助，在他忽视重要问题时进行提醒。现实中曾多次发生过由于空管班组交叉检查不到位、配合不当所导致的事故。

应建立空管人员技术档案，合理搭配值班力量，营造一个配合默契、分工协作、相互监督提醒、取长补短的管制氛围，实现"1+1>2"的管理效果。

5. 空管工作负荷影响

随着航空运输业的飞速发展，空中流通量增长很快，相比之下，现有的空域结构、航线、航路的网络布局、通信导航设备等管制条件难以适应空中交通流量的快速增长，导致一些机场、航路交叉点出现较为频繁的飞行冲突，空管人员的工作变得紧张而繁重，工作压力增大。机场终端区交通拥挤和空管人员工作负荷过重已成为现实问题。

在工作负荷过重和心理紧张加剧的情况下，感情交流和慰藉非常重要。如果空管人员缺乏与他人的感情交流，缺乏合理的释压和宣泄渠道，就可能造成一系列的思想或心理问题。工作负荷一旦超过了极限，空管人员就难以保证安全；但工作负荷太小，又会导致厌倦、注意力不集中或技能丧失等问题，这些在交通密度低的时段显得十分突出。

6. 空管通话信息失真

空管人员因素对航空安全的影响，除了其自身的因素以外，更重要的是在飞行过程中与机组成员间的相互作用问题。据美国运输安全委员会所做的一份报告显示，造成信息缺乏而引发的事故所占比例已达 70%。而美国国家航空航天局（NASA）根据航空安全报告制度（ASRS）的资料研究分析后得出的如下统计，更能说明陆空通话信息失真。在事故中所占的比例：通话内容不正确，如数据、判断、解释错误等约占 14.8%；航空用语含糊不清，如使用非标准用语等，约占 9.9%；内容不充分，如在通话理解方面提供必要信息不充分，约占 5%；接受者无监控，约占 10.3%。其他因素所占比例也不小。这些因素导致通话信息缺失，产生隐患，致使机组做出错误决策，从而出现飞行事故。2002 年 3 月 12 日晚，法国一架空客 A320 飞机从图卢兹飞往巴黎途中，当飞机驾驶员向地面的空管人员发出"机上着火"（Fire on Board）的信息时，空管人员听成了"机上有 5 人"（five men on board），以为飞机被人劫持了，立即通知了有关部门。不久，两架战斗机前去"拦截"这架客机。法国总理闻讯后，误以为法国也要遭遇"9·11"恐怖袭击事件，匆忙赶回办公室。客机后来被迫返回图卢兹，机上乘客不得不转换其他航班飞往目的地。这起事件虽然造成的有形损失不大，但无形的损失是难以估计的。

7. 空管人员自动化适应不良

空管自动化是航空技术进步的体现，但也给空管人员带来了新的问题。数据自动化会减少空管人员所需的一些重要信息，如许多口头传达的信息不能以数字表达，在自动化过程中就会被省略；数据自动化可以包含重要的定量信息，但不再包含定性信息，空管人员使用这些信息时,不能掌握它的可靠性和持久性。与传统的纸质进程单相比,电子进程单减少了防止差错的手段。在自动化形式中,外形相同的字母或数字认错、相邻行间数据的读错、外形相似的数据块看错、含糊的功能键标牌的误解等,都容易造成视觉差错和认读差错。

自动化系统会抑制人的灵活性,强制实行标准化,可能会导致新的人为差错和误解。当解决问题、决策和预测有了自动化协助,空管人员更加自主,更多的任务将是通过人机交互完成,而不是通过与同事或飞行员的交互监督和确认来完成,因此可能制约团队功能的发挥。一些任务在自动化系统中自动完成,空管人员不必了解和记忆管制下的交通状况,然而一旦系统失效,管制员将无法接替系统工作。虽然,我国的空管自动化尚在探索开发之中,但由此带来的新问题,有必要引起足够的警惕。

案例 7-3

乌柏林根空难

事发当晚苏黎世空中管制中心只有皮特·尼尔森一名空管人员指挥着这一空域的往来航班。而其他的空管人员在另外一个屋子里面休息,这是不符合规定的,但空管人员这一习惯性行为数年来得到了相关管理机构的默认和忽视。由于空管站处在检修期,当晚有另外几位空管人员及部门主管随时准备着换班,而尼尔森并没有意识到这一点,也可能是他不想让同事冒疲劳工作的风险。

另外,一个位于地面的用来提示空管人员避免撞机的光学碰撞预警系统在事发前因例行检修而被关闭,而尼尔森并没有留意这一状况。另一部安装在空管中心内的音频防撞预警系统事发当晚 21:35,在碰撞发生前 32 秒发出了声响警报,但并没有被任何人听到,事后对此设备的技术检查也证实其工作状态良好。空管中心的 Skyguide 专线电话也因检修工作而暂时被切断,这部电话本可接收到德国境内卡尔斯鲁厄空管站的空管人员对事发空域异常情况的报警。

在空难发生前一分钟,尼尔森指挥着一架已经晚点的劳埃德航空公司的班机飞往腓德列斯哈芬机场(Friedrichshafen Airport)。他使用着有故障的电话系统,同时忙于两个控制台之间,直到撞机发生前约 1 分钟他才通知俄国飞行员降低高度。如果他能够早一点发出警报及时使两机航线分离,就不会引发两机防碰撞系统的开启。当他预感到自己已经无法同时应付两台控制台的工作而召唤其他空管人员帮助时已经太晚了。

在德方调查报告基础上,瑞士声称事件中 Tu-154 客机低于瑞士空管人员要求的航线高度 33 米,并以每分钟 580 米的速度下降,如果俄方飞行人员不顾瑞士空管人员给出的错误方位和警告信息而遵照防撞系统的提示执行就可避免灾难。基于同样的调查报告,俄方声称事发时俄国机组曾在飞机降落至 10 800 米后遵照了防撞系统的警告提示执行,但当时空管人员没有成功地使另一架飞机飞行在 11 000 米的高度。而且事件中的 DHL 货机也完全有机会避免碰撞,因为他们能够听到俄国机组同地面空管人员之间的无线电对话。

资料来源:https://baike.baidu.com/item/乌柏林空难/3618518? fr=Aladdin.

（四）机场工作人员致灾因素

1．安检人员的工作失误

安全检查是为预防危害民用航空安全的非法行为发生而采取的一种防范措施，由机场安检部门依据国家有关规定实施，其对象为：乘坐国际、国内民航班机的中外籍旅客及其携带的行李物品；进入机场隔离区的人员及其携带的物品；货主委托民航空运的货物（经国家特别准许者除外）；等等。目的是防止将枪支、弹药、武器、易燃易爆、剧毒、放射性物质及其他危害航空安全的危险品带上或装载上飞机，保障民航飞机和乘客的生命财产安全。安检人员的工作失误是导致航空灾害的重要因素，下面对安检人员致灾因素进行简要的分析。

（1）岗位适应性不良。安检工作是一项责任重大的工作，要求从业人员具有高度的政治责任感和高尚的职业道德；具备相应的知识和技能，能熟练地操作仪器，了解仪器的特性和局限性；有稳定的心理状态和旺盛的精力；还要胆大心细，善于察言观色，及早发现可疑分子的蛛丝马迹。然而，有的安检人员没有经过严格的培训，尚未满见习期便独当一面，这会造成工作效率低下和工作失误。

（2）工作规范性欠佳。安全检查的方法有两种：一种是技术检查，旅客必须通过安全门或接受手提式金属探测器的检查。行李货物则必须接受 X 射线安全仪器检查，即通过 X 射线冲击荧光屏，从观察窗上显示出物品图像，检查员由此判断物品是安全的还是可疑的。对可疑物品，要开包检查或用其他方法检测。另一种是手工检查，旅客人身由同性别的安全检查人员用手触摸检查，必要时可进行搜身，并对其随身携带物品开包检查。这两种方法可以单独采用，也可以兼用，都有严格的工作程序和操作规范。但现实中，有的安检人员却违章操作，工作规范性差。

（3）工作时间过长。操机工作时间过长，易造成操作人员视力模糊和精力不集中，发生错读、漏读图像事件，漏检危险、违禁物品等，造成严重的安全隐患。

总之，许多劫机事件都是因为安检漏洞而造成了严重的后果。1988 年的洛克比空难是第一起由于保安措施不力造成大批人员死亡的航空灾害。安检人员没有检查出藏在行李中的炸弹，而且在发现旅客未登机后没有将其行李卸下来。安检人员的责任重大，必须杜绝工作中的差错。

2．地面指挥人员的工作失误

地面指挥人员负责机场日常生产运行指挥协调、施工与生产运行的协调与管理、专机保障、Ⅱ类仪表着陆系统运行指挥协调、机场重大活动和异常天气的指挥协调、紧急情况处置以及机场运行情况通报等。地面指挥人员的工作失误，严重威胁航空安全。

国内一架航班飞机停在某机场一座廊桥，得到推出许可后，机组按正常程序与地面联系推出，推出过程中与另一航空公司一架停在相邻廊桥的飞机发生碰剐，造成该飞机左水平尾翼尖和左升降舵翼尖的放电刷折断，另一架飞机右水平尾翼下方及升降舵下方被刮伤。这起事件就是由于机场地面指挥失误而造成的。

3. 机场配载人员的工作失误

飞机的配载工作是重要的地面保障工作，如果货物实际配平超限，则有可能导致飞机在空中失衡或失控，甚至造成机毁人亡的后果。

一架航班飞机在到达机场落地后，机长发现飞机前货舱内有 1 吨多货物在舱单上没有注明。尽管货物预配及实际配平在允许范围内，但这是一起机场配载中心工作人员工作失误的严重差错事件。分析事件原因，主要是工作人员安全意识淡薄，没有按规章制度操作；而其他工作人员没有按照规章进行检查，监督不力。

4. 机场监护人员的工作失误

机场监护人员的工作失误，会造成严重的安全隐患。一次，一个精神病人从国内某机场行李转盘钻入机场隔离区，混上摆渡车并登上某航班，直到工作人员在机上清点客人时才发现他无票登机，立即将其送交公安部门处理。这起严重差错事件的主要原因是：一是行李转盘通道监护责任没落实；二是航空公司更换飞机未通知机场公司；三是监护人员对先行登机客人未及时清查；四是航空公司服务人员未在登机口验票清点人数。表面上看，这是一起令人哭笑不得的意外事件，但暴露出地面安全保障的漏洞。一个精神失常的患者可以轻易地混上飞机，可以想象，若是经过训练的恐怖分子，更会有机可乘。因此，必须改善机场监护工作的薄弱环节，及时消灭安全隐患。

二、环境因素与民航安全管理

（一）社会环境因素

我国民航从业人员认为对航空安全影响最大的社会环境因素是民航体制改革，其次是恐怖主义，其余依次为市场竞争激烈、民航发展速度、国家政策法规、国际关系及国际相关法规等，如表 7-1 所示。

表 7-1 影响航空安全的社会环境因素

结果排序	影响航空安全的社会环境因素	百分比/%
1	民航体制改革	69.20
2	恐怖主义	46.01
3	市场竞争激烈	35.74
4	民航发展速度	34.60
5	国家政策法规	20.91
6	国际关系	4.56
7	国际相关法规	3.80
8	其他	2.28

1. 政治环境因素

政治环境全方面地影响着整个世界，也影响着航空安全，并存在一些可能导致航空灾难的因素。

（1）政治局势动荡。一个国家是否政局稳定，直接影响着民航业和航空企业的发展，影响着人们的社会文化生活。统计资料表明，我国民航发展史上有三次事故高峰期，其中两次都与当时的社会状况有关。第一次是 1956—1958 年，当时正是我国"肃反"和"反右"运动的后期和"大跃进"前期；第二次是 1970—1977 年，当时正处于"文化大革命"的中期和后期。这说明政局不稳定，造成了人们思想波动和管理混乱，是重要的致灾因素。

（2）政策法规影响。相关政策法规也会对航空安全造成影响。例如，国际上的有关法律和条约，使劫机犯得不到政治庇佑，从而有效地减少了个人的空中劫持行为。20 世纪 80 年代，中国大陆刑事犯劫机去中国台湾，台湾当局出于政治目的予以"优待"，结果造成劫机去台湾的事件频发，两岸达成互相遣返劫机犯的协议之后，劫机去台湾的事件迅速减少。

（3）非法干涉破坏。由于世界各国政治、经济发展不平衡，国际社会存在着种种矛盾和冲突，使民航飞机成为以政治为目的的个人或恐怖组织的威胁工具或攻击目标。多年来，非法干涉破坏导致了大量的航空灾害，危害巨大。

① 空中劫持。从 20 世纪 60 年代中期开始，解放巴勒斯坦人民阵线把劫机作为政治武器。恐怖行动一直针对国家挂旗航空公司进行袭击。几年来，航空运输业保安系统面临着恐怖组织的严峻挑战。1994 年之后的 5 年，出于政治目的的劫机事件曾一度中断。然而 1999 年 12 月，印度航空公司客机被劫持事件中，劫机犯杀害 1 名旅客后要求释放关押在印度监狱中的克什米尔伊斯兰教激进组织游击队员。印度被迫释放了 3 名游击队员，劫机犯获得了一辆汽车后迅速逃离。这起事件使劫机犯觉得有机可乘，在一定程度上助长了恐怖分子劫机以乘客为人质的倾向。自从恐怖分子以劫机作为实现政治目的的手段以来，劫机事件愈演愈烈。

② 人为破坏。社会上有些反政府、反社会倾向的极端分子，出于种种动机在飞机上安放炸弹，造成人为破坏导致的航空灾难。人为破坏有时与劫机是联系在一起的。初期的劫机并不伤害旅客，只是在着陆后炸毁飞机，后来发展到在飞行的飞机中放置炸弹，最严重的情况就是以满载旅客的飞机作为"炸弹"攻击高层建筑物，如骇人听闻的"9·11"事件。

③ 违法行为。旅客携带易燃、易爆等危险品，接听手机，擅自打开舱门，打架等违法行为，都可能成为致灾因素。

（4）军事力量攻击。军事力量攻击的情况有军方误伤和拦截失当等。

① 军方误伤。民航飞机被军方误伤的主要原因，一是机组管理失误，如过分接近战场或航线确定失误；二是军方识别错误。例如，1988 年 7 月 3 日，美国军舰"文森斯"号在霍尔木兹海峡用导弹误击伊朗民航空中客车 A300，导致机上 290 人全部遇难。

② 拦截失当。拦截是受命于国家的军用飞机将未经许可进入本国领土的外国航空器驱逐出境，或令其在本国机场着陆进行检查的合法行为。尽管国际民航组织对拦截做出了有关规定，缔约国也清楚拦截不是攻击，但拦截失当的悲剧仍然会发生。1983 年，韩国航空公司的一家波音 747 客机因偏航误入苏联领空，被苏联用军用飞机拦截并且击毁后坠入大海，机上 240 名旅客和 29 名机组人员无一生还。

案例 7-4

中国历史上的劫机案：1993 年劫机潮震惊世界

1993 年，我国的劫机曾达到高峰，有资料显示，这一年中国大陆民航共发生劫机事件 21 起，劫机成功的 10 起，劫机目的地均为中国台湾，海峡上空出现了令整个世界都为之瞠目的劫机潮。

每当发生劫机事件，旅客和机组人员是最直接的受害者。劫机事件频繁发生，给民航机组人员和乘客的心理造成了极大的压力，同时航空公司还要承担巨额的经济损失，中国民航的声誉也严重受损。下面介绍的是在 1993 年被歹徒成功劫持飞往中国台湾的 10 起劫机事件的基本情况。

4·6 南航波音 757 劫机事件

1993 年 4 月 6 日，中国南方航空公司一架执行深圳——北京的航班 CZ3157（机型：B757-200）被刘保才、黄树刚劫持。被劫持飞机于当天上午 10:00 左右降落于台湾桃园国际机场，无人员伤亡。随后两人即被台湾有关方面羁押。1993 年年底，被台湾地区的司法机关判处 10 年徒刑，刘保才二审时改判 7 年，刑满后不得在台湾居留。

6·24 厦航波音 737 劫机事件

1993 年 6 月 24 日，厦门航空公司一架执行常州——厦门的航班 MF8514（机型：B737-200）被张文龙劫持。下午 3:31，被劫机降落在桃园中正国际机场。乘务长被张文龙用刀刺伤。此后台湾地区的司法机关以强暴胁迫劫持航空器罪判处张文龙有期徒刑 9 年。1999 年 2 月，张文龙被假释。

8·10 国航波音 767 遭遇劫机

1993 年 8 月 10 日，中国国际航空公司一架执行厦门—雅加达的航班 CA973（机型：B767-200ER）被师月坡劫持，被迫飞往台湾。飞机于中午 12:23 降落在台北桃园机场，师月坡被台湾警方带下飞机。到台湾后，师月坡一直称他劫机是出于政治原因，丝毫没敢透露其真正动机是逃避债务。台湾地区的司法机关判处师月坡有期徒刑 9 年。

9·30 川航 TU154 劫机事件

1993 年 9 月 30 日，四川航空公司一架执行济南—广州的航班 3U592（机型：TU154）被杨明德、韩凤英劫持，要求飞机改飞台湾，15:35 飞机安全降落在台湾桃园机场，人机均安全。除劫机犯杨明德、韩凤英和其子杨洋被台湾警方扣留在台北外，其余 54 名旅客和 11 名机组成员均随飞机于当晚安全返回。台湾地区的司法机关判处杨明德有期徒刑 9 年、韩凤英有期徒刑 6 年。

11·5 厦航波音 737 劫机事件

1993 年 11 月 5 日，厦门航空公司一架执行广州—厦门的航班 MF8301（机型：B737）被张海劫持，胁迫转飞台湾。航班被迫降落在台湾桃园机场。下机后，张海当即被台湾警方扣押，台湾桃园地方法院判处张海有期徒刑 10 年。

11·8 浙江航空冲八劫机事件

1993 年 11 月 8 日，浙江航空公司一架执行杭州—福州的航空 F65903 被王志华劫持,王志华用纸包肥皂,外缠电线伪装为爆裂物,在飞往福州的航班上威胁机组将飞机改飞台湾,14:43 飞机安全降落台北中正机场。台湾地区的司法机关判处王志华有期徒刑 10 年。

11·12 北航 MD82 劫机事件

1993 年 11 月 12 日,中国北方航空公司一架执行长春—福州的航班 CJ6353(机型:MD82)被韩书学、李向誉劫持,强迫飞机飞往台湾,后降落台湾桃园机场。乘务长的脖子被刀割伤。韩书学和李向誉被台湾方面以违反民用航空法为由分别判处有期徒刑 11 年和 13 年。

12·8 北航 MD82 再遇劫机

1993 年 12 月 8 日,中国北方航空公司一架执行沈阳—青岛—福州的航班(机型:MD82)被高军劫持。当日,高军途中持手术刀挟持空姐,并称身上带有炸弹,劫持该航班降落在台湾台北桃园机场。高军被台湾方面判刑 10 年,2001 年 2 月被假释。

12·12 厦航波音 737 劫机事件

1993 年 12 月 12 日,厦门航空公司一架执行哈尔滨—厦门的航班 MF8606(机型:B737-200)被祁大全劫持。当日,祁大全以引爆炸药为威胁,要求飞机飞往台湾,飞机于当日下午 4:04 降落在台湾中正机场,祁大全被台湾警方带走。祁大全被台湾桃园地方法院以强暴胁迫航空器罪判处有期徒刑 12 年。

12·28 福建航空劫机事件

1993 年 12 月 28 日,福建航空公司一架执行赣州—厦门的航班 IV518(机型:Y7)被罗昌华、王玉英劫持。当日,罗昌华将 3 支雷管藏匿于掏空的五号电池内,携妻子、儿子躲过安检。当飞机飞至福建省漳浦县空域时,罗昌华以雷管相威胁,将飞机劫持到台湾桃园中正国际机场。飞机降落在台北桃园机场后,台湾警方羁押了罗昌华、王玉英。罗昌华、王玉英两人于 1994 年 6 月被台湾方面以劫持航空器罪分别判处有期徒刑 9 年和 7 年。

资料来源:1993 年震惊世界的中国"劫机潮":十架被劫客机均飞往台北[EB/OL].(2014-03-17).http://history.People.com.cn/n/2014/0317/c372327-24653784.html.

2. 经济环境因素

(1)经济体制改革。1985—1993 年是我国民航史上第三次事故高峰期,这时期正是我国民航体制改革的时期。体制改革是我国民航发展的必由之路,在促进民航企业发展的同时,也带来了一些负面影响,如原有的政治关系必然改变,大量的人事变动使员工形成思想波动,进而影响到工作效果。此外,民航管理体制实行政企分开后,民航体系分为航空公司、机场、空管、油料等实体,它们自主经营,进行市场竞争,出现了经济利益的冲突。机场划归地方管理,有些原地方领导进入机场领导层,不了解民航工作性质,认为机场不直接管飞机,安全责任不大,甚至人事干部不了解民航专业工种,对机场专业工作岗位从机构设置到人员编制都不能正常配备。一旦民航企业完全进入市场经济,航空企业的安全问题会更加尖锐。

(2)市场竞争激烈。随着航空市场竞争日益激烈,导致国内航空公司争客源和货源,纷纷开通"红眼航班";当经济效益和安全发生冲突时,有的领导往往以经济利益为重心,导致漠视安全的短期行为;有的航空企业为了降低成本,减员增效,减少安全管理人员、机务维修人员等关键岗位人员,聘用劳务工过多,压缩培训费用,延长设备使用和维修周期。这些对市场竞争不良应对的"高招",严重威胁着航空安全。

(3)经济发展水平。一个国家的经济环境直接影响着民航业的发展,影响着民航的基础设施建设和技术水平。1987—1996 年,西方国家制造的大喷气机事故率(每百万架次)最低的地区和国家有北美洲(0.5)、欧洲(0.9)、日本(0.6)和澳大利亚(0.2);非洲的事故率最高(13.0),是美国的 26 倍,世界平均事故率的 8.67 倍,其次是南美洲(5.7)、东南亚(3.8)。由此可见,一个地区和国家的经济发展水平与航空事故率具有一定的关系。

(二)自然环境因素

航空安全生产系统必须考虑自然环境中地形、地貌、风雨、雷电、温度等因素对安全生产的影响。大雾、大雪、冻雨、大雨、雷暴、大风、风切变、低云、沙尘暴、冰雹、高温等自然变化,一般被认为是人力难以改变的,甚至是人力难以抵抗的力量。因此,航空安全生产具有一定的不确定性。航空灾害的发生往往与人类认识自然、掌握自然及利用自然不力有关。必须充分注意自然环境中各因素对安全生产的影响,加强和发挥安全生产体系功能。

1. 天气条件恶劣

恶劣天气条件是一种客观的自然环境因素,它包括风切变、雷暴、飞机地面结冰、飞行结冰、颠簸、积雨云和低云、高温天气、跑道污染及火山灰等。

民航从业人员认为对航空安全影响较大的天气、环境因素是风切变、雷雨,其余依次为鸟害、大雾、沙尘暴和机场净空等,如表 7-2 所示。

表 7-2 影响航空安全的天气环境因素

结果排序	影响航空安全的社会环境因素	百分比/%
1	风切变	82.13
2	雷雨	79.85
3	鸟害	27.38
4	大雾	25.10
5	沙尘暴	16.35
6	机场净空	10.65

从近年的事故统计数据来看,我国航空公司因天气原因直接导致的事故只有一次,但在飞行机组原因造成的事故中,曾有多次是在恶劣天气条件下发生的。在运输飞行事故中,涉及雷雨、风切变、结冰等恶劣天气事件占 11.00%,对我国航空公司 1949—1999 年的 38 次航空公司交通灾害(不含通用航空公司)按月份统计发现 1 月、11 月和 12 月是事故高发期,这说明冬季的气候条件与航空灾害具有一定的相关性。此外,云、雾、降水、烟、风沙和浮尘等现象可使能见度降低,当机场的水平和倾斜能见度降低到临界值以

下而造成视程障碍时，飞机的起飞和着陆就会发生困难。

（1）风切变。风切变是指相邻（上下或左右）两部分空气间的风向和风速都有显著差异的现象。风切变是风的不连续性造成的，具有时间短、尺度小、强度大的特点。大约20%的航空事故与风切变有关。根据风场的空间结构不同，风切变分为垂直的风切变、水平的风切变和垂直风的切变。低空的风切变通常发生在600米高度以内，即飞机的起飞和着陆飞行阶段。雷暴等不稳定的强对流天气、锋面过渡带和低空逆温层，是最易产生低空风切变的天气背景和环境，机场周围山脉较多或复杂地形也是风切变形成的诱因。机场上空的风切变风向、风速突然发生急剧变化，会使驾驶员难以控制航速和航向以保持机身平衡，容易造成航空事故。1994年7月2日，风切变导致美国合众国航空公司的一架DC-9-31飞机坠毁，机上57人中37人死亡。

（2）雷雨。雷雨是在强烈垂直发展的积雨云内所产生的一种剧烈天气现象，它发生时电闪雷鸣，并伴有疾风骤雨和强烈的湍流，有时还会夹杂着冰雹。如果飞机不慎进入积雨云中，强烈的气流会造成飞机中度以上颠簸，如果极为强烈的话，可以使飞机的飞行高度在瞬间上升或下降几十米甚至几百米，剧烈震动时飞机上的仪表指示往往滞后，不能准确地反映飞机瞬间的飞行状态，如果飞行员的操作稍有不慎，飞行事故便可能发生。同时，积雨云中的雷电对飞机的威胁更大，轻则无线电罗盘失灵、电源损坏，重则机毁人亡。1997年10月10日，阿根廷一架DC-9-32飞机在飞行途中遭遇强烈的雷电袭击，飞机在避开雷暴和剧烈的湍流时失控坠毁，造成机上74人全部遇难。2000年武汉"6·22"空难的元凶主要是雷雨天气。

（3）大雾。机场的能见度对飞行安全至关重要。大雾天气地面能见度太低，使飞机无法正常起降。飞机是高速行驶的运输工具，若飞行人员在决断高度和范围时看不清跑道，飞机则无法着陆，甚至可能与地面建筑物相撞。

（4）云。机场上空高度较低的云会使飞行员看不清跑道，直接影响飞机的起降。其中，危害最大的云是对流云，飞机一旦进入其中，易遭到电击，使仪表失灵，油箱爆炸，或者造成强烈颠簸、结冰，使操纵失灵，发生飞行事故。

（5）吹雪。吹雪也是造成机场低能见度的原因。当地面有积雪，强风将积雪吹起飞舞在近地面空中，使得能见度小于10千米。如果雪片被风吹起，高度超过2米，称为高吹雪；如果高度不超过2米，称为低吹雪。

（6）结冰。飞机结冰是指飞机机体表面某些部位聚集冰层的现象，它主要由云中过冷水滴或降水中的过冷雨碰到飞机机体后结冰形成，也可由水汽直接在机体表面凝结而成。飞机结冰会使飞机的空气动力性能变坏，使飞机的升力减小，阻力增大，影响飞机的安全性和操作性。在旋翼和螺旋桨叶上结冰，会造成飞机剧烈颤动；发动机进气道结冰，可能会损坏飞机；风挡结冰，妨碍目视飞行；天线结冰，会影响通信，甚至造成通信中断。机翼结冰严重威胁飞行安全，已经造成了多起重大事故。1989年3月10日，加拿大安大略航空公司的一架福克28飞机坠毁，24人死亡；1994年10月31日，美国的一架ATR27短程客机坠毁，机上68人全部死亡。

（7）地形波。地形波是气流经过山区时受地形影响而形成的波状运动。气流较强时运动也比较强烈。根据气流和风的垂直分布,地形波可分为层流、定常涡动流、波状流和滚转状流四种类型。地形波中的垂直气流可使飞机的飞行高度突然下降,严重的可造成撞山事故;地形波中强烈的湍流,可造成飞机颠簸;在地形波中垂直加速度较大的地方,可使飞机的气压高度表的指示产生误差,当飞机在机场附近低空飞行时,更容易发生航空事故。

(8)气温和气压。这些因素影响飞机起飞和着陆时的滑跑距离,影响飞机的升限和载重以及燃料的消耗。专家指出,飞机的准确落地和高空飞行离不开场压和标准大气压,而气温对飞机的载重和起飞、降落过程的滑跑距离影响较大。随着气温的升高,空气的密度变小,飞机产生的升力变小,飞机载重减少,同时使起飞滑跑距离变长。此外,风沙、浮尘等也会造成机场的低能见度,直接影响着飞机的安全起降。

2. 地理环境复杂

机场的地理位置对航空器的安全起降非常重要。机场位于地理环境较复杂的地带,如机场周围有高地、山脉等,航空器发生事故的可能性会更大。

统计得出,我国下列机场附近曾发生了 2 次或 2 次以上航空灾害:重庆白市驿机场 4 次;乌鲁木齐机场 2 次;昆明机场 2 次;贵阳磊庄机场 2 次;沈阳东塔机场 2 次;长沙大托铺机场 2 次;桂林奇峰岭机场 2 次。这些机场大多具有较复杂的地形和气象条件,有些机场进近着陆设备和服务设施较差,有些机场几方面的隐患都有。

(三)人工环境因素

人工环境涉及机场、航路以及通信、导航、雷达等设施的设计配置。不良的人工环境与其他致灾因素相互作用,会共同导致航空灾害的发生。

1. 机场环境因素

在航空器整个飞行过程中,进近着陆阶段和起飞阶段是最容易发生事故的阶段,其中进近着陆阶段被航空运输界称为"航空杀手",在众多致灾因素中,机场环境因素尽管不是主要因素,但这些因素却构成了航空事故链中的重要一环。

(1)鸟害。鸟害是指飞机飞行过程中与飞行中的鸟类发生相撞,引起飞机机械损伤、飞机动力装置受损、失去动力,进一步引发飞机失去控制,在起飞和进近着陆阶段造成起飞中断、偏离和冲出跑道,甚至造成航空器坠毁的严重事故。鸟击事故较多发生在机场附近的 600 米高度以下的空域,具体形式有:飞鸟突然被吸入发动机,造成发动机损坏甚至停止工作;飞鸟撞击飞机驾驶舱的玻璃,直接影响飞行员的工作;还有飞鸟会撞进飞机的起落架,使起落架工作失灵。鸟击飞机、撞坏飞机雷达天线罩、阻塞飞机起落架以及鸟被风扇和涡轮切碎吸入发动机等都会对飞机造成不同程度的损害,甚至造成机毁人亡的事故。

1993 年,国际民航组织的 41 个成员国共发生鸟击飞机事故 3 427 起。全世界民航运输业每年因鸟击大约造成 1 300 台发动机毁坏。1995 年 9 月 22 日,美国一架波音 707 飞机在起飞抬前轮时撞上一群加拿大鹅,造成 2 台发动机毁坏,飞机坠毁,机上 24 人全部遇难;2000 年 4 月 19 日,非洲航空公司一架安-8 飞机起飞后不久一台发动机遭到鸟击,飞机在返回机场时没有能够保持住高度而坠毁，机上 20 名旅客和 4 名机组人员全部遇难。

我国不少机场附近发生过鸟击飞机现象多起，造成了不安全事件甚至事故。可见，鸟害是非常严重的致灾因素。

（2）机场净空。机场净空是指按照国际民航组织规定，以机场为中心，在半径为几千米的范围以内，对建筑物高度限制的飞行空间。机场净空是机场的生命线，是保障航班安全的基本适航条件。机场净空影响到机场的天气标准，机场净空条件好，天气标准就低；反之，机场净空条件差，天气标准就提高，航空器的起降变得复杂，飞行事故随时都可能发生。

（3）场道条件。

① 障碍物。场道两端有障碍物，如停放的车辆、航空器、其他设备、行进和滞留的人员、牲畜等没有在规定安全范围内，致使航空器起降时有撞上障碍物的可能性。

② 道面清洁。道面有金属物、石子、纸屑、树枝等杂物没有被清理掉，在航空器起降时，容易被吸入发动机或其他部位，轻则造成机身划伤，重则破坏航空器动力系统，造成严重事故。

③ 道面强度。跑道使用时间较长，经冰冻或水泡，容易造成道面强度不够，如不及时修复，就会成为安全隐患。

④ 道面积水、积冰。不及时清理道面积水或积冰会降低跑道的摩擦因数，航空器在湿跑道和积水跑道上着陆时，经常发生滑水事故。据统计 1983—1992 年美国各种飞机发生滑水事故 32 起。大多数的滑水事故是由于跑道结构不好或跑道设计错误造成的。

（4）助航灯光。机场助航灯光系统由进近灯光系统、跑道灯光系统和滑行道灯光系统组成，各具有不同的功能和作用。下滑灯属于进近灯光系统，在跑道两边各一路，对飞机进近和着陆起着关键的作用，是飞机降落的引导标识。如果机场没有导航灯，将直接导致夜航无法保障，会对航空安全构成极大的威胁。

（5）飞行物干扰。机场一般位于城市郊区，周边是空阔的地带，有些人喜欢到机场附近放风筝，飞翔的风筝干扰了驾驶员的视线，影响飞机的安全起降；若风筝被卷入发动机，航空事故甚至灾害的发生将难以避免。此外，气球对安全飞行的危险也很大。2002年"五一"前夕，不明巨大气球挡住了武汉天河机场飞机飞行下降滑道，导致 4 个到达航班和 4 个出发航班延误。

（6）烟雾。很多机场的周边是农村，农民可能在机场附近燃烧秸秆、稻草、树叶等，燃烧时产生的滚滚浓烟会降低机场周围的能见度，形成安全事故的隐患。

（7）鞭炮、烟花。如果有人在机场周围燃放鞭炮和烟花，在夜晚降落的航班，将无法区分机场地面导航塔的灯光和焰火的火光，导致飞机难以安全降落。

2. 空中管制环境因素

（1）航路空域环境。航线设计不合理、空域管理不当、空中交通流量过大，都会对航空安全产生影响。

（2）通信导航环境。通信环境差，如通信设备落后或出现故障、信号干扰导致信息失真、通信中断等，可能会成为致灾因素。例如，某区域雷达发生故障（只能收，不能发），5 分钟后雷达死机。使得 4 架飞机盘旋等待，1 架备降，3 架地面等待，造成了一起不安全事件。

（3）空中交通冲突。空中交通活动相互占用或相互作用特定飞行安全保护空间的情况被称为空中交通冲突。空中交通冲突直接威胁着空中交通活动的安全，其具有多种冲突形式，不同的冲突形式对应着不同的空中交通危险等级。依据空中交通活动所在的多维空间特性，冲突情况可以分为下列不同的几种形态。

① 空中交通垂直冲突。它是指在不符合水平间隔标准（或时间间隔标准）的情况下，空中交通活动之间小于或即将小于垂直间隔标准的情况。

② 空中交通水平冲突。它是指在不符合垂直间隔标准的情况下，空中交通活动之间的水平方向上小于或即将小于水平间隔（纵向或横向）的情况。

③ 空中交通时间冲突。时间间隔通常是水平间隔的另一种非精密表达方式，它是指空中交通活动之间在不符合垂直间隔的情况下，小于或即将小于规定时间间隔的冲突情况。空中交通冲突处理是现代空中交通管理的重要环节。处理冲突应根据空中交通的发生可能和发展趋势，采用不同的冲突处理方法。

（四）飞行工作环境因素

飞行工作环境因素是影响机组行为失误的外因，是造成航空灾害的间接原因。飞行工作环境因涉及的方面较多，这里主要从以下两个方面进行分析。

1. 时间压力的影响

统计资料表明，有相当数量的飞行事故是由于飞行员的时间分配和管理不合理，造成时间压力而导致的。飞行员一旦对时间管理出现异常，便可能进入高应激状态和过高工作负荷状态，进而引发事故。

航班大部分飞行阶段都采用了精心设计的标准程序，如起飞前检查单、请示起飞许可等一系列的项目和动作。但在飞行前阶段则不然，飞行员需要查看飞行计划、气象信息，同时要注意燃油装载、派遣单与放行、飞机维护和最低设备清单项目等，所有这些工作都在很短的时间内进行，因此飞行员常常因为怕航班晚点而感到时间紧迫，压力很大。在进近着陆阶段，尽管大多数工作和计划是程序设计好的，但盘旋等待、复飞、天气突变等现象却是临时出现的，容易使飞行员感到焦虑不安，更会给那些飞行准备不充分、经验很少或心理承受能力低的飞行员带来沉重的心理压力。

时间压力的影响因素可分为自我因素和环境因素类。自我因素往往会导致自我时间压力，是指由于飞行准备不充分或工作安排、时间分配不合理而造成的飞行员主观上的时间紧迫感。环境时间压力是指外部环境和条件带给飞行员的时间紧迫感，它是客观存在的，环境时间压力在飞行中表现得很频繁，例如不良的气象条件、飞行计划安排太紧、飞机故障、空域拥挤、等待旅客或货物等。环境时间压力与自我时间压力往往相伴而生，它们互相作用的后果是使飞行员进入高应激状态，判断、决策能力和操纵能力严重下降，很可能导致事故征候或事故。

2. 工作负荷的影响

工作负荷与飞行事故关系密切，工作负荷过高或过低都会对飞行员的行为产生不良影响，导致错误率的增大，从而诱发飞行事故。

高负荷的工作条件会对飞行员的身体和心理造成极大压力，当工作负荷超过了飞行员的工作能力极限时就会引发飞行事故。在"起飞、爬升""进近、着陆"的前后两分钟内，机场区域 1.5 千米范围内的飞行阶段中，由于驾驶员的操纵增多，工作负荷大，极易增加驾驶员出错概率。飞机着陆阶段的事故率占 43.4%，高居整个飞行过程事故率之首，其主要原因正是飞行员操纵工作量的激增和长途飞行的疲劳，形成飞行阶段中最高的工作负荷。

机载设备的自动化程度增高，造成工作负荷过低，随之而来的飞行员新型差错，是造成航空灾害的重要原因之一。随着自动化技术的应用，驾驶员操纵飞机的方法发生了极大变化。飞行员不仅是操纵员，而且是系统监督员和管理员。自动化技术有许多优点，但大量新设备的使用、多功能的仪表和复杂的信号都给飞行员带来了新问题。

三、管理因素与民航安全管理

通过对人为致灾因素和环境致灾因素的分析，可以发现造成航空灾害的关键因素，实际上是航空组织安全管理波动和航空组织安全管理失误所导致的。对各因素的分析有各自不同的相互关系的重点。其中，驾驶员操作、判断因素主要涉及人—机—环境关系；维修人员因素主要涉及人—机关系；空管人员及航空组织的管理则主要涉及人—人关系。当然，人—机系统所需考虑的因素还包括其他许多方面，如人—机关系方面涉及的人—机界面的设计。这些关系的失调，是导致航空灾害的根源，只有从管理角度对这些进行协调和控制，才能有效地防范航空灾难。

（一）民航安全的管理致灾因素

1. 航空公司的管理致灾因素

对航空公司工作人员的调查结果表明，被调查人员认为航空公司最容易出漏洞的安全管理环节依次为机组管理、机务维修管理、飞行安全管理、高层安全管理决策、信息安全管理、安全监察和航行安全管理等，如表 7-3 所示。

表 7-3 易出漏洞的航空公司安全管理环节

结 果 排 序	易出漏洞的安全管理环节	百分比/%
1	机组管理	45.25
2	机务维修管理	44.11
3	飞行安全管理	42.59
4	高层安全管理决策	36.88
5	信息安全管理	27.76

续表

结果排序	易出漏洞的安全管理环节	百分比/%
6	安全监察	25.48
7	航行安全管理	12.93
8	其他	0

2. 机组的管理致灾因素

对机组工作人员的调查结果表明，被调查人员认为民航机场最容易出漏洞的安全管理环节依次为对重要岗位人员的安全监督、旅客登机安全检查、信息安全管理、机场设施管理和场道安全管理等，如表7-4所示。

表7-4 易出漏洞的机场安全管理环节

结果排序	易出漏洞的安全管理环节	百分比/%
1	对重要岗位人员的安全监督	70.83
2	旅客登机安全检查	57.64
3	信息安全管理	47.50
4	机场设施管理	28.47
5	场道安全管理	25.69
6	其他	5.56

（二）民航安全管理波动的原因

航空管理组织的运行，首先反映出组织中人和人的交往关系。通过人和人的、有目的的和有秩序的交往活动，实施完成安全管理活动。所以民航安全管理波动的原因主要表现为人—人关系的失衡状态，其次是人—机关系的失衡状态。

1. 人—人关系的失衡状态

民航安全管理波动的成因征兆，表现为人—人关系的失衡状态。具体表现为航空组织中管理矛盾现象和管理系统运行的不稳定特征。

1）航空组织运行中的管理矛盾

由于现行航空组织结构是依据分工原则而构建的，整个组织按照功能分成不同的部门，不同部门或群体存在局部利益及认知方式和水平的差异，不可避免地导致组织管理中的各种矛盾，从而引发安全管理波动。这些矛盾主要表现在以下几方面。

（1）管理集权化和职能部门职权分散化的矛盾。

（2）组织领导层与一般管理人员在利益取向与实现方式上的矛盾。

（3）管理纪律的保证和发挥与中层管理人员主动精神的矛盾。

（4）管理部门的任务与管理者个人劳动成果奖惩失调的矛盾。

（5）管理创新与管理稳定性的矛盾。

（6）管理部门之间在组织目标实现上的合作与职权竞争、资源竞争上的矛盾。

2)航空组织运行的失衡特征

航空组织管理系统的运行,实质上是不同组织成员按照一定的规范而发生相互交往关系的过程。如果这种人—人关系在一定的组织规范下未能实现预期的交往状态,则说明组织运行发生了波动而处于失衡状态,表现为以下六种安全管理波动现象的特征。

(1)失序特征。它是对安全管理活动必须有序运行的规范的违背,主要表现为各管理部门和管理者个人在职权活动中的交叉、越权、互不合作等现象。这种失序现象有纵向领导关系的失序、横向职能关系的失序,或两者失序在时间与空间上的相互作用等形式。

(2)信息匮乏特征。在安全管理过程中,人与人之间的职能活动离不开各种信息的支持,这是安全管理系统正常运行的前提与规范。而信息的缺乏或差异,往往导致人与人的职能活动失去行动依据或行动目标,由此产生安全管理行为的盲目或不合理,导致安全管理波动。

(3)失控特征。安全管理活动的可控,是人—人职能关系基本规范的要求。对它的违背,主要表现为安全管理系统在控制方式上的强权化、非民主化方式和对安全管理人员的单向控制。

(4)非理性特征。安全管理组织活动中人—人关系的重要特征,应当是理性化的交往方式。安全管理活动的理性成分增加,意味着安全活动获取成功的可靠性增加,而对它的违背,如过分情感化(以人情作为衡量安全管理工作结果的标准)和经验化取向(凭借个人的经验知识,采用模糊的、低信息量的或专断的工作方式),会降低航空组织安全运行的可靠性程度。

(5)非流动性特征。安全管理系统中各子系统、各职能部门间的要素流动,有利于整体系统的优化及其安全活动过程的有序化,这些要素涉及管理部门的职权、人员、信息、奖金及设施等。对各种合理流动的违背,主要表现为各管理群体在各要素的使用上搞"独立王国",认为其他职能是次要的、服从性的,由此导致组织中职能冲突、职能对抗、互不合作等现象,使整体的安全管理运行不稳定。

(6)僵化特征。安全管理系统的结构与功能是相对于特定组织环境而设定的,组织环境一旦改变,如民航体质不断深化改革,航空安全管理系统也要随之调整和优化。而对这种改革特征的违背,是拒绝改变原有的职能机构和职权关系,拒绝改变人—人关系和交往规范,其结果常常导致安全管理系统的运行紊乱和功能不足,造成严重的安全管理波动。

安全管理系统运行失衡的特征,在航空组织管理实践中相互联系,互为因果、互相作用于安全管理过程。这种表现为人—人关系违反管理科学规范的状态,就是安全管理波动对组织功能造成破坏的过程状态。

2. 人—机关系的失衡状态

航空组织管理系统的运行,一方面要表现为组织活动中的人—人交往关系;另一方面,这种交往关系的活动结果是技术系统的运转。安全可靠性的提高,要以机器系统本身所能达到的可靠性为前提。而机器系统能在多大程度上提高其安全可靠性,又取决于一个重要的中介要素——人—机关系。因此,安全管理波动的原因也来自于人—机关系的失衡状态。航空组织的技术系统,在安全生产活动中也会发生一些难以避免的矛盾。如果这些矛盾得不到解决，就会产生安全管理波动而使生产无法安全实现其既定目标。从人—机关系的综合角度看，这些矛盾现象主要反映在以下四个方面。

（1）安全管理行为的素质与现代化技术设备的矛盾。

（2）技术设备老化与管理技术进步的矛盾。

（3）运输生产现场管理与技术装备之间的矛盾。

（4）管理分工、协作与技术设备的矛盾。

（三）民航安全管理失误的原因

航空组织的正常运转，应是不同组织成员按照一定的规范而发生相互交往的过程。假如安全管理主体在工作中出现失误，则会使安全管理出现偏差，从而引发安全管理波动。如在安全管理行为中的职权交叉、越权及互不合作，以及过分情感化和经验化取向等，都会影响安全管理的功能发挥。

造成安全管理失误的主要原因有三个：一是安全管理主体的素质低下，安全意识淡薄和安全知识匮乏，或存在安全管理误区；二是安全管理体系存在缺陷，对安全管理主体监督不力；三是航空组织气氛的消极影响。

1．安全管理主体的素质缺陷

安全管理主体的素质缺陷，主要表现在安全意识不强。当经济压力增大时，航空安全常常与经济效益产生矛盾，而航空组织的管理层在大多数情况下会屈从于经济利益。

美国大多数大型航空公司的安全管理都有较大的安全裕度，因此根据航空市场变化进行调整后仍能达到安全标准，而不会造成大的事故。然而许多小航空公司没有较宽的安全裕度，因此经济压力可能使他们的管理工作只能勉强达到安全标准，甚至不能达到标准，从而无法保证航空安全。美国某航空公司因为在两年内出现了5次大事故，政府对其进行了严格调查，发现该航空公司为了使更多的飞机准时离港而取消了两次飞行前检查。另外还发现曾经有9次飞机离港时所带的燃料不够飞到目的地的事件。由此可见，经济压力在这些管理失误中的确有不可小视的作用。航空组织的决策层必须坚持"安全第一"的理念和做法，航空安全决不能让步于经济压力。

从国内情况来看，安全管理主体的素质缺陷是客观存在的。某航空公司的一架飞机，在大连因发生故障，航班延误近两个小时之后，竟然瞒着100多名旅客带病冒险开往维修基地，然后让旅客在维修基地调换飞机再前往北京。该航空公司的算盘打得很精：反正飞机要去维修基地，派机来大连替换未免浪费油钱；若事先通知旅客飞机有故障尚未排除，必然有许多人要退票，公司将减少收入而蒙受损失。公司领导颇有"经济头脑"，他们非常看重眼前利益。然而，一旦发生航空事故则后果不堪设想，这种因小失大的算盘将会使航空公司信誉受损，人民的生命和财产受到巨大伤害。

由于我国机场企业并未真正进入市场，在很多方面受国家保护，航空事故造成的重大损失与机场没有形成强烈的利害关系，有些原地方领导进入机场领导层，使管理层的素质不能完全符合航空安全对管理人员的素质要求。

2. 安全管理体系的内在缺陷

（1）表现在管理体制不合理，系统内部关系不顺。例如，目前中国民用航空局在安全方面行使的行业管理对机场当局约束力不大，许多机场最关心的是对其经济方面发挥作用的上级主管部门，而忽视来自中国民用航空局、民航地区管理局以及市政府管理部门的安全文件及指令。

（2）表现在安全管理组织的内部缺陷，如组织结构设计不当、功能缺陷、管理流程不当等方面。由于组织本身存在的设计缺陷，组织中的人再怎么按标准、依程序进行管理，也不可能圆满地实现安全目标。

（3）缺乏有效的控制体系、责任体系和监督体系，成为导致安全管理失误的关键。

3. 航空企业的组织气氛影响

组织气氛是指有关航空组织的工作任务、管理策略、领导风格、企业信条以及职工态度等一系列企业文化因素所构成的整体印象。每个航空组织都有自己独特的组织气氛。它对员工的动机、态度和行为都有明显的影响。组织气氛无处不在，上至公司的决策，下至每一个部门的具体行为都受其影响。例如，谁负责某架飞机、所使用的设备类型、用于操作或训练的软件或手册的选择、故障的处理意见以及部门之间的联系，都反映组织气氛及与之相适应的航空运营环境。组织气氛既反映航空组织的企业文化，同时也反映管理层在安全、效益、投资、基建和维修等方面进行权衡后所做出的决策质量及决策水平。这些决策不局限于具体的工作，而是在更高的层次上为安全制定的标准。

1）组织气氛与航空安全

航空组织气氛与组织文化密切相关。当一个航空公司经过长时间发展而逐渐成熟后，它的一整套企业文化就会影响其所有决策的制定，也相应地会改变其组织气氛。然而，并非所有的航空公司都能在管理上体现出这种企业文化的变化并形成适宜的组织气氛。因循守旧、亦步亦趋的管理模式已经很难适应当今这样快节奏的时代。变化、竞争对现代航空公司的管理提出了新的挑战。

组织气氛反映了航空公司建立起来的政策体系及价值体系，并能够使航空公司中的每一位员工都感受到公司的规范和价值观。这些规范和价值观是通过一系列选择来表现的，包括对人员、目标、培训投资等方面的选择。这些明确的、高度透明的选择表达了航空公司在期望、价值和奖赏等方面的定位。一般情况下，航空公司用广告等形式向公众提供有关自己组织气氛的信息，以期望塑造良好的外部形象。而对公司员工来说，组织气氛的信息总是体现在日常工作中，并由决策层和管理层的一系列决定表现出来。

组织气氛对航空管理具有决定性的作用。美国一家航空公司的决策层，在某个驾驶员与另一个机组人员发生争吵后，听从医疗顾问的建议，让这名驾驶员停飞。该驾驶员在这一事件中所表现出来的行为具有很大的挑衅性，被 FAA 的心理专家描述为"顽固、自负、自私、好斗、盛气凌人，并且带有挑衅性"，但并非不能胜任工作。以前如果发生类似的情况，该驾驶员最终可以拿回执照；但是在重视机组资源管理的时代，美国航空公司注重安全的组织气氛，认为决不能接受这种个性和行为倾向。如果不坚持让这名驾驶员停飞，航空公司可能为航空安全留下隐患。

不健康的组织气氛会带来不利于飞行安全的气氛,容忍不安全行为则会使航空公司遭受严重的挫折。在美国某基地,当一架 B-52 飞机的驾驶员试图用这架巨大的飞机做横滚动作时,飞机失控坠毁。该驾驶员平时很受上司器重,由于自身的驾驶技能娴熟,且个性张扬,使他在飞行中经常做出危险动作,而且几名教官未阻止他。事故真正的根源在于管理人员容忍驾驶员进行那种危险的动作,并营造一种不利于良好的飞行技术发展的组织气氛。

2）组织气氛的基本类型

人力资源管理是航空组织管理的重要方面,政策的连续性会创造一种良好的气氛,在这种适宜的气氛中,员工对飞行安全的意见和建议将受到决策层和管理层的重视。观察组织气氛状况的一个有效方法就是考察对员工意见的处理情况。如果意见得到及时处理,则隐患会很快被发现和排除;而如果这些信息被忽视,则问题将得不到及时解决。对于有关飞行安全的信息,具有不同组织气氛的航空公司会做出不同的反应。根据对员工意见的不同反应情况,可将组织气氛分为三种类型:病态型、消极型和健康型,如表 7-5 所示。

表 7-5 组织气氛的基本类型

病 态 型	消 极 型	健 康 型
隐瞒信息	信息可能忽视	积极寻求信息
信息发现者被打击	信息发现者被默认	培训信息发现者
推诿责任	隐瞒责任	分担责任
问题发现被制止	能处理问题但不鼓励	问题的处理受到奖励
问题被掩盖	问题可能不会受到追究	问题会被调查
新观点被压制	新观点引出问题	新观点受到欢迎

病态型组织气氛的特征是拒绝对信息做出响应,发现问题的人受压制;消极型组织气氛能对信息被动地做出反应,只应付问题本身,"头痛医头,脚痛医脚",不会更进一步;而健康型组织气氛则以积极的态度对待各种意见,并采取彻底的措施以消除安全隐患。

病态型组织气氛是任何一家航空公司都竭力想规避的,但却不一定能做到;消极型组织气氛通常只能满足最基本的飞行安全标准,也不值得提倡;而健康型组织气氛不仅处理故障,还追查潜在问题,是最有利于航空安全的组织气氛。

美国联合航空公司的 DC-9 飞机由于指示灯故障,驾驶员为确认起落架是否放下并锁定,在波兰某机场上空环绕时用完了燃油。事后调查发现驾驶员所受训练较差,机组的协调和配合也出现失误。为纠正驾驶员普遍存在的问题,联合航空公司着手开展了"命令、领导及资源管理"课程。这种对潜在问题的积极响应就是一种典型的健康型组织气氛。

3）组织气氛恶化的消极影响

航空公司的组织结构不合理,规章制度不健全或落实不到位;管理松懈,缺乏管理力度和有效的激励约束机制;管理者指挥、管理低效或失误;沟通不畅,人际关系紧张等,都可能产生消极的组织气氛,使组织成员的行为出现差错,从而导致航空事故或灾害的发生。此外，组织经营状况、人事安排、福利报酬、工作任务等方面的变化，都会影响组织成员的思想、心理状态。工作人员的生理状况和工作条件，及其引起的心理波动或心理失衡，较易诱发航空事故或灾害。

航空公司组织气氛既受员工工作变化影响，也受公司机构调整的影响。在航空公司机构变化中，由于新部门、新人员或新设备的加入以及新工作的出现，即使管理层努力想为公司营造一种良好的组织气氛，也可能出现混乱局面，使公司员工超负荷工作，从而诱发致命后果。

工作和机构的变化极易使航空公司的组织气氛变化，因为变化会增加员工的精神负担。不仅是驾驶员的精神负担对飞行安全至关重要，管理人员的精神负担同样也很重要。航空公司的变化使管理者的思想负担、工作负担过重，容易忽视相关的飞行安全信息。工作的变化表现为新工作的出现或旧工作的重组，当员工面临这些变化时，可能会变得不知所措。而当机构发生变化时，旧的规章制度不得不相应地做出调整。例如，在一航空公司合并中，工人罢工，许多职工辞职，给公司留下了难以应付的工作和负担，扰乱了航空公司正常的组织气氛。当时，一架福克 28 飞机在机翼结冰的情况下竟然试图起飞，结果发生坠毁事故。这虽然是驾驶员工作失误造成的，但问题的根源却是导致这种人为失误的混乱组织气氛。

超速发展也会导致航空公司负担的加剧和混乱局面的出现。当一种新机型加入公司机队中时，会给航空公司造成巨大的压力，也会给发生事故创造条件。另外，劳资争议同样也会恶化航空公司的组织气氛。1981 年美国空中交通管制人员的罢工使众多航空公司处于非常困难的处境。幸亏 FAA 及时采取措施，使航空公司的组织气氛不至于继续恶化。由于劳资争议，澳大利亚航空公司的本国驾驶员罢工，组织气氛日益恶化。罢工结束后，劳资双方的隔阂仍不能完全消除，那些在罢工期间坚持工作或在事后顶替别人工作的驾驶员感到一种普遍的敌意；在罢工风波平息之后，很多问题仍然明显存在。

4）组织气氛改善的积极影响

实践证明，组织气氛的改善会产生立竿见影的积极影响。

中国新华航空公司自 1992 年成立，先后挂靠在国家经济委员会、国家计划委员会。1998 年，按照有关政策，新华航空公司与国家计划委员会"脱钩"，并入神华集团。作为一家传统的国有企业，新华航空也存在着经营机制僵化、管理粗放等毛病，加上资金严重不足，负债率高达 98%，使得经营上更是步履维艰，自营运以来一直亏损，组织气氛不佳。

2001 年 2 月，新华航空与以经营管理机制最具特色而闻名的海南航空公司合作重组，全面引入海南航空公司的经营机制，建立起现代企业制度，此后企业各个方面都处于历史上的最佳状态。新华航空改制的一项重要内容，是提高一线人员的工资待遇。本着"向生产一线倾斜，提高专业技术岗位待遇，拉开级别档次，形成合理的激励机制"原则，飞行员的收入增加近 3 倍，机务人员收入也增加了 50%，颇有特色的是飞行员的职业化，只要他能飞并且愿意飞，他可以飞到 60 岁退休。飞行员的职业化需要相应的组织机制的配合。最关键的是消除飞行员试图进机关的念头，通过提高待遇，让他安心飞行，让他不会想着跳槽、改行。公司取消了所有人的行政级别，对全员实行劳动合同制，而且大幅度地压缩了机构。原来公司二级部门 23 个，改革后只剩下 9 个，而飞行、维修、运行、市场等主要部门不仅没有精简，还得到了充实。通过这一系列的改革形成了良好的组织气氛，不仅提高了企业的经济效益，还提高了安全管理的成效，减少了安全管理的失误。

正如新华航空公司执行总裁赵忠英所说："中国航空公司的飞机是先进的，执行的标准也是和国际接轨的，但是我们的管理理念和手段却落后了。这与行业的先进性形成了一个矛盾。解决这个矛盾，行政手段不行，红头文件不行，单纯地做思想工作也不行，最终还是要依靠体制创新，依靠制度突破。因此，只有深化民航企业体制改革，真正建立起现代企业制度，优化组织结构，理顺各种组织关系，健全落实各项规章管理制度，才能从根本上减少导致航空灾害的管理致灾因素，有效防范航空灾害。"

任务 3　民航运输突发事件及应急处置

一、民航应急管理概述

应急管理是在应对突发事件的过程中，基于对突发事件的原因、过程及后果进行分析，有效利用社会各方面的资源，对突发事件进行有效预防、准备、响应和恢复的过程。这四个阶段前后相互关联、交织，共同构成一个循环系统。做好应急管理工作，就是为了预防和减少突发事件的发生，控制、减轻和消除突发事件引起的严重社会危害，规范突发事件应对活动，保护人民生命财产安全，维护国家安全、公共安全、环境安全和社会秩序。

根据 2007 年 11 月 1 日起施行的《中华人民共和国突发事件应对法》第三条的规定，突发事件是指突然发生，造成或者可能造成严重社会危害，需要采取应急处置措施予以应对的自然灾害、事故灾难、公共卫生事件和社会安全事件，其具有突发性和紧急性、高度的不确定性、影响的社会性等特点。按照社会危害程度、影响范围等因素，自然灾害、事故灾难、公共卫生事件分为特别重大、重大、较大和一般四级。自然灾害包括水旱灾害、气象灾害、地震灾害、地质灾害、海洋灾害、生物灾害和森林草原火灾等。如近年来比较重大的自然灾害：2008 年南方冰雪灾害、2008 年"5·12"汶川大地震、2010 年"4·14"玉树地震等。事故灾害包括工矿商贸等企业的各类安全事故、交通运输事故、公共设施和设备事故、环境污染和生态破坏事件等，如 2005 年吉林石化爆炸及水污染事故、2010 年"8·24"航空安全事故等。公共卫生事件包括传染病疫情、群体性不明原因疾病、食品安全和职业危害、动物疫情以及其他严重影响公众健康和生命安全的事件，如 2003 年 SARS 事件、2009 年甲型流感事件等。社会安全事件包括严重危害社会治安秩序的突发事件，如 2008 年拉萨"3·14"打砸抢烧事件、2009 年乌鲁木齐"7·5"事件等。

应急管理工作概括起来说，就是推行"一案三制"建设。所谓"一案"，就是突发事件应急预案；所谓"三制"，就是应急管理工作的体制、机制和法制。预案是依据宪法以及法律、行政法规规定的，预案中也包含了体制、机制的内容。"一案三制"相互联系、相互支撑，构成一个统一的体系，如图7-7所示。

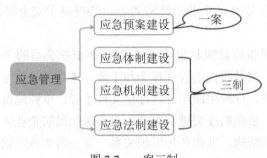

图 7-7　一案三制

应急预案是应对突发事件的原则性方案，它提供了处置突发事件的基本规则，是突发事件应急响应的操作指南。编制应急预案，是把应对突发事件的成功做法规范化、制度化，明确今后如何预防和处置突发事件。

应急管理体制是开展应急管理工作的组织体系。我国应急管理体制的特点是：以统一领导、分级负责、综合协调、分类管理、条块结合、属地管理为主。国务院是突发事件应急管理的最高行政领导机构，国务院办公厅是国务院应急管理的办事机构，国务院有关部门是国务院应急管理的工作机构，地方各级政府是本行政区域突发事件应急管理的行政领导机构。

应急管理机制是对突发事件应对工作运行程序的规定，它是一项复杂的系统工程。应急管理机制根据突发事件的应对经过，一般包括预防、预测预警、信息报告、信息发布、应急响应和处置、恢复重建。

应急管理法制是应急管理工作所依据的各项法律、法规、制度等的总和。法律手段是应对突发事件最基本、最主要的手段。近年来，我国不断完善应急管理法律法规，依法规范了突发事件应对工作。特别是《中华人民共和国突发事件应对法》总结提炼了应急管理实践创新和理论创新成果，集中体现了对应急管理工作的一些规律性认识，进一步明确了政府、公民、社会组织在突发事件应对中的权利、义务和责任，确立了规范应对各类突发事件共同行为的基本法律制度。

二、突发事件的一般处置程序

航空公司突发事件的一般处置程序包括信息报告、启动应急程序、现场救援、善后处理等。

1. 信息报告

在发生突发事件后，首先收到信息的人员要立即向主管部门报告事件的概要。签派员收到信息后，要核实信息，并立即报告运行主任。

2. 启动应急程序

根据事件等级，运行主任启动相应的公司应急处置程序，并行使临时指挥权进行应急救援行动。各应急处置小组紧急到应急指挥中心集结,在应急总指挥的指挥下行动。

紧急调配飞机运送应急指挥相关人员、应急处置人员或其他相关专家和人员到达事发地;事发地无法安排旅客行程时,由航空公司调机运输旅客至目的地。

3．现场救援

在突发事件现场救援中,航空公司各处置小组按照应急处置的原则和各自的职责进行处置,具体内容如下。

(1)运行签派:确定事件的具体位置;与事故所在地应急部门联系,对事故动态进行详细了解;通知应急处置各小组成员紧急集结,利用一切手段与航班机组、空管部门取得联系,获取相关信息;建立与现场应急救援间的通信联系;收集、封存该航班的签派放行原始材料。

(2)协调指挥:整理保存各小组收集的飞机、航班的资料;与飞行机组、空中交通管制部门、飞机降落机场、事发地应急部门及有关部门保持密切的联系;负责组织应急救援调机工作;收集事件航班的全部伤亡情况;协调各部门间的行动。

(3)地面服务部门、飞行部门、机务部门、客舱部门:收集、封存所有该航班的原始材料及所有相关情况;选派相应机型的飞行技术专家、机务专家。

(4)安全保卫部门:立即组织人员赶往事故现场,组织应急指挥中心及应急处置的保卫工作;建立与当地警方的联系;负责对应急指挥中心、旅客及旅客家属安置场所的保卫工作;负责协助警方维护事故现场的保卫工作;负责信息发布现场的保卫工作,对事故航班的财产进行保护。

(5)信息保障部门:保证应急指挥中心应急系统的使用,保证应急指挥中心应急电话的畅通,为应急救援小组准备移动的通信工具,保障应急指挥中心与应急现场的通信联系、信息传递。

(6)航空器处置:提供关于飞行技术、机务方面的技术支持;提供调机机组,准备急救飞行;组织人员负责接待机组家庭成员;完成飞机的准备工作。

(7)客货处置:对事件中的未受伤旅客进行集中、组织、安排;负责对旅客身份的鉴别工作;负责安排事故航班旅客家属的联系工作;实施家庭救援计划的前期准备;按照计划开展家庭救援工作。

(8)信息发布:保持与外界媒体的联系、协调;负责事故现场的摄录像、拍照;收集外界媒体对事故情况的报道及社会反应情况,向应急总指挥报告。

(9)家属援助:开展家庭救援;对航班旅客进行精神安抚;接待、安置航班旅客、旅客家属;继续进行航班旅客的身份鉴别工作。

(10)事故调查:相关人员赶往事件现场,配合相关部门进行事故的调查取证。

4．善后处理

根据现场救援情况,应急总指挥宣布解除应急处置程序,各小组继续实施旅客的家庭救援计划,参加事故调查。

三、危险品泄露事件应急处置

危险品泄漏事件是指航空器上运载的具有严重放射性、污染性的危险品，因航空器颠簸、失压、包装不严、破损等原因造成危险物质泄漏、挥发，致使航空器上的人员出现身体不适、昏迷、失去知觉，或对飞机造成大面积的污染，设备受到严重腐蚀。危及飞行安全的事件分为空中危险品泄漏和地面危险品泄漏两种情况。

1．空中危险品泄漏事件应对措施

空中危险品泄漏事件应对措施中的重点工作包括以下几方面。

（1）运行控制部门应查明飞机上有无危险物品，机组准备采取的措施；查明危险物品造成机上设备失效、飞机受污染情况，是否危及飞行安全，事件是否得到初步处理并得到控制。

（2）客货小组人员参与抢救机上的旅客，将旅客安排到现场临时救治地点或安全地带，并做好安置服务。

（3）航空安全保卫值班人员应迅速到达出事现场参与处置。航空器落地后，尽快用绳索或明显标志划定临时警戒区域，安排人员对飞机停放区域进行警戒。

2．地面危险品泄漏事件应对措施

地面危险品泄漏事件应对措施中的重点工作包括以下几方面。

（1）运行控制部门立即查明发生事故的区域位置、交通线路情况；及时与机场应急部门或附近的医疗、环保、防疫部门取得联系，请机场及有关部门参与处置或救援工作。

（2）客货小组人员组织实施对现场受伤人员、货物、邮件及行李的抢救保护；调动旅客摆渡车、行李传送带车、集装箱板、装卸平台车等车辆或设备，装卸人员到达指定位置；对抢救出来的货物、贵重物品及时清点。安排专人进行警戒或看管，并对货物进行检查，防止发生失火及泄漏。

（3）安全保卫人员及时与公安、消防部门取得联系，说明事件地点、现场状况、危险物品性质、可用消防器材情况，请求支援；配合交通部门疏导事故现场周围交通，协助道路管制，引导救援车辆通行。

四、航空器发现爆炸物或受到爆炸物威胁事件应急处置

航空器发现爆炸物或受到爆炸物威胁事件是指嫌疑人以口头、书面或其他途径警告航空公司经营人，某一航空器上有爆炸装置，以此来满足其目的的行为，致使航空器上的旅客、机组人员生命安全受到严重威胁。分为空中发现爆炸物和地面发现爆炸物。

在航空器发现爆炸物或受到爆炸物威胁事件应对措施中应遵循以下原则：任何部门和个人在接到航班有爆炸物品的信息后，应立即报告应急指挥中心；在任何情况下，任何非专业人员不要接触、移动被认为是爆炸物品的可疑物。航空器在空中发现有爆炸物或受到爆炸物威胁时的处置原则：选择就近的合适备降机场降落，争取在地面处理；航空器在地面时，应紧急撤离旅客；航空器在空中时，应尽量使旅客远离该可疑物品，但不要引起机内恐慌；爆炸物的检查、排除必须要由专业人员完成，任何非专业人员不得进行

此项工作。

在航空器发现爆炸物或受到爆炸物威胁事件应急处置中,航空安保部门的具体职责有以下几方面。

(1)警戒组立即以停机位置为中心在100米外设置警戒圈实施戒严,严禁无关人员、车辆接近飞机。

(2)制敌防爆调查组按计划登机,组织机上旅客迅速疏散到安全地带,注意观察发现混在旅客中的犯罪分子和形迹可疑的人,一旦发现当即扣留,进行突击审问,重点查找其同伙及放置爆炸物的部位和数量;协调安检站及客运部对机上旅客及其随身携带的行李物品实施安全检查;协调安检站把旅客托运行李转运至安全地带,点清件数。为防止发生问题,以手工就地检查为主进行详细检查,并详细记载检查件数及发现的问题,负责检查后行李的监管和交接工作。

(3)由警戒组监视,将机上货物运至安全地带。

(4)制敌防爆组协助爆破专家和有关部门对飞机各部位进行搜查,发现和排除藏匿在机上的爆炸物。如爆炸物可整体移动,要立即将爆炸物移至安全地带。

(5)警戒组要维护好场内的秩序,注意发现可疑的人员、车辆,一旦发现立即扣留。

五、航空器紧急迫降事件应急处置

航空器迫降是指航空器在空中由于设备故障、失火、燃油不足、发现爆炸物等原因,必须采取紧急迫降措施的事件,分为机场内迫降和机场外迫降。

航空器紧急迫降事件应对措施中的重点工作包括以下两方面。

(1)运行签派人员了解飞机的情况、迫降机场的天气情况、航行通告、预计到达迫降机场的时间、使用的跑道、飞机剩余的油量。

(2)协调指挥人员收集保存各小组收集的飞机、航班的资料;保持与飞行机组、空中交通管制部门、飞机迫降机场、迫降机场应急部门、政府相关部门的联系;协调各部门间的行动。

当航空器存在起落架故障的时候,如果强行着陆,很有可能会导致航空器结构损坏或发生着火,但为了保证旅客的生命安全,又不得不采取迫降的方式降落,这就要求机场要在第一时间做好相应的防护措施。

航空器迫降一般采取草地迫降、跑道迫降或者先跑道后滑向草地。从保护航空器结构的角度来看,航空器在跑道迫降时,机身和跑道的摩擦系数要远远小于在草地上迫降时的系数,同时,由于草地碾压不良容易造成航空器翻滚等事件,因此目前各国一般都采取在跑道上迫降的做法,要尽量避免在草地上迫降。在航空器迫降过程中,跑道喷施泡沫的方法能够有效地降低航空器发生火灾或者造成结构损伤的概率,是国际通行的飞机迫降应急救援防护措施之一。

具体而言,跑道喷施泡沫有以下几个方面的好处:一是可以减少机身和跑道摩擦引起的火花,从而减少火灾发生的危险;二是可以降低航空器的结构损伤;三是可以降低机身和道面的摩擦系数，减少泄漏燃油起火的危险。

国际民航组织的推荐措施中规定，由于常见泡沫排放时间的长短不同，在跑道上喷施泡沫时只能使用蛋白质泡沫。同时，机场在喷施泡沫后，必须保证车辆和泡沫储备量能够达到机场运行消防等级的要求。从理论上看，泡沫厚度越高，对于减少航空器起火越有利，但是由于泡沫有可能受到当时气温和风的影响，所以厚度不可能太厚，国际民航组织推荐的泡沫厚度为 35～50 mm。

为了保证机场能够有效迅速地完成跑道喷施泡沫工作，一般释放泡沫宽度的原则是，对于 4 发喷气式飞机，泡沫宽度大于内侧发动机宽度；对于螺旋桨飞机，应该大于外侧发动机宽度。泡沫的长度根据起落架失效的位置和飞机的构型不同而有所区别。

起落架处于收起状态的航空器迫降时，由于机身和道面之间的地效作用，航空器机身接地点同正常接地点不同，根据故障起落架位置和航空器构型不同，接地点要在正常接地点的后部。

在实施航空器紧急着陆应急救援工作时，应当控制好喷施泡沫的时间。在喷施泡沫以后，应当给所喷施的泡沫一段老化时间，一般为 15 分钟，使泡沫中的水分能够充分浸湿道面，为随后实施迫降的航空器提供保护。

六、航空器被劫持事件应急处置

航空器被劫持是指航空器在地面或空中飞行期间，遭到恐怖分子、犯罪嫌疑人用武器、爆炸物、危险物品等，以暴力或其他方式胁迫机组改变原定所飞航线、降落机场；或以暴力方式挟持机上所载人员要求飞机飞往预定降落机场以外的其他境内、外机场降落；或以暴力手段侵害机上旅客、机组人员，致使航空器上的旅客、机组人员生命安全受到严重威胁；或以报复国家、社会、故意制造事端为目的，用飞机当作炸弹来袭击地面要害部位、重要设施航空器被劫持事件分为空中被劫持和地面被劫持。

航空器被劫持事件应对过程中应遵循尽最大努力在地面解决的原则。如航空器在地面时，应设法阻止被劫持飞机起飞或再次起飞；如航空器在空中时，应设法争取飞机降落，争取地面解决。

航空器被劫持事件的应对措施的重点工作包括以下几方面。

（1）运行主任指挥各部门应急工作，如果被劫持航空器在地面，应立即使此飞机远离周围的其他航空器，或根据机场的应急方案将飞机拖到机场的指定区域。

（2）运行签派通过与飞机机组或航行管制部门通信联系，了解劫机者的人数、性别、手段、目的、国籍，劫机者的意图，可能降落的机场，并将应急指挥中心的指示设法传达给机组成员。

（3）航空器处置人员组织机务部门向专业警方人员介绍飞机的结构；准备备份飞行机组、乘务组、随机机务人员、随机的器材；完成飞机的准备工作。

（4）安全保卫人员建立与当地警方、国家反劫机办、反恐机构的联系；负责应急指挥中心、旅客安置场所的保卫工作，协助警方维护事故现场的保卫工作；负责信息发布现场的保卫工作。

航空器被劫持事件具体的应急处置程序有以下几种情况。

（1）当飞机上劫机犯罪分子尚未被制服时。当获悉遇劫飞机可能在本机场迫降时，应立即按照本单位应急预案做好各项准备，封锁机场控制区，撤离无关车辆和人员，视情况疏散候机旅客等人员，及时向上级机关报告。

各应急小组按预案立即进入各自岗位，现场指挥员时刻保持与指挥中心的联系，尽量弄清犯罪嫌疑人的人数、位置及作案工具等有关情况，及时调整行动方案，并争取与机组取得默契。

当遇劫飞机迫降后，应建议将其引导停放在远离机群、候机楼、居民聚居区、油库，并有利于随时采取行动的地点；各警种应按分工迅速隐蔽包围飞机，封锁跑道。制敌组可借给飞机加油、补充电源、清洁卫生、提供食品、检修飞机等为掩护接近飞机，随时待命出击。

当劫机犯罪分子挟持人质或确实携有爆炸物品时，不得盲目发起攻击，应通过谈判等手段规劝、麻痹犯罪分子，以寻找战机。当犯罪分子残害人质或欲爆炸飞机时，在现场指挥员请示上级领导并得到批准后，制敌防爆组应立即发起强攻，消灭劫机犯，解救人质。强攻应尽可能地做到出其不意，力争首次突击奏效，把伤亡和损失减少到最低程度。

发起攻击的同时，要迅速组织旅客撤离飞机并做好灭火、救护准备。劫机犯被制伏后，各组应立即行动，搜查、排爆和现场勘察、调查取证。

（2）当飞机上劫机犯罪分子已被机组制服时。当飞机降落后，制敌防爆组立即登机将犯罪分子押解下飞机，同时各组密切配合迅速疏散旅客，随后登机开展工作。

（3）当遇劫飞机降落后。遇劫飞机落地，犯罪分子被制服后，或遇劫飞机从境外返回落地后，要在指挥中心和上级公安机关的统一指挥下，积极同民航内外有关单位密切协作，竭尽全力完成分管任务。

① 对劫机犯实施拘留，立即进行审讯。审讯的主要内容为：劫机的目的、动机，空中劫机的过程、时间、手段，作案工具如何带上飞机，预谋的时间、过程、知情人，作案工具的来源，有无前科、同谋等。在审讯过程中，重要情节要录音、录像。

② 勘查现场，搜集罪证。彻底清查犯罪分子在作案现场的遗留物；查清其携带武器、爆炸物或利器等犯罪工具的（包括真假、数量、型号）详细情况；清理其行李物品及随身携带物品，逐件进行登记；检查飞机受损情况。在勘查中应进行录像、拍照。

③ 询问旅客，访问机组。按照民航局公安局制发的笔录项目逐项填写，并交本人检查无误后签名。

项目拓展

新时代，如何坚持安全第一

1. 坚持安全第一，就是要坚守中国民航的安全自信

目前，中国民航已经连续保障运输航空安全飞行 94 个月 25 天，6 310 多万小时，安

全运送旅客近 31.76 亿人次;在严峻的空防形势下,连续 15 年保证了空防安全;百万小时事故率,2000—2009 年为 0.11,2010—2018 年为 0.02,年代提升达 82%;党的十八大以来,民航运输航空百万小时重大事故率和亿客千米死亡人数双双为"零"。这组数据不仅体现了中国民航全面坚持安全第一的指导思想、科学把握安全规律、超前管控安全风险、精准实施安全措施、狠抓"三基"建设的务实求真精神,还体现了中国特色社会主义制度在民航安全管理上的内在自信。四川航空"5·14"事件的成功处置,更加强化了这个自信。这个自信就是集中力量抓体系、落实责任破难题!我们既要跟进 ICAO 步伐,狠抓 SMS(安全管理系统)、SSP(国家航空安全纲要)建设,又要针对民航从高速发展转入高质量发展的转型升级期,坚持一系列符合国情、带着泥土芳香的中国民航安全管理模式,风险防控抓隐患,闭环管理抓落实。

2. 坚持安全第一,就是要对当前面临的安全风险保持清醒的头脑

我国民航安全运行正处于风险隐患交汇期,除了要关注专业队伍建设、安全基础投入和管理体制机制跟不上发展变革的节奏所带来的安全风险外,还应对以下五种风险保持高度戒备。

(1)快速发展带来的风险。按 6 月底的统计数据,我国拥有运输飞机 3 402 架。目前,年旅客吞吐量居前 50 位的机场处于饱和状态,新进运力大量向中西部及中小机场转移,使中小机场运输量同比增长了 11.20%。自 2000 年以来,民航飞行量年均增速为 11.6%,但民航固定航线年均增长仅为 1.7%。目前,我国东部繁忙空域和航路航线密度是美国的 1.47 倍。国际上繁忙航路通常每天飞行 400 架次,而我国日飞行架次在 500 以上的航段有 13 条,最高达到 1 169 架次。据预测,2020 年,我国民航年旅客运输量将达到 7.2 亿人次,航班保障量将达到 1 300 万架次,与 2018 年相比,运行规模将扩大 20%。运行增量溢出保障能力,就可能出现"十锅九盖"的情况。

(2)中小机场安全基础"锣齐鼓不齐"带来的安全风险。在全国 231 个机场中,年旅客吞吐量 200 万人次以下的为 171 个(占 3/4)。其中,124 个分布在西北部地区,很多属于气候环境较为复杂的机场。中小机场跑道侵入事件和事故征候的万架次率,明显高出千万级机场 30%和全国平均水平 80%。

(3)高高原运行持续增长带来的安全风险。我国运行的高高原机场 18 个(占全球 40%)。2016 年的"5·1"康定机场场外接地事件,说明高高原运行的复杂性和困难性远高于常规运行。民航局副局长李健指出,必须加强在高高原运行中的飞机性能管理和适航维护,切实抓好典型故障,特别是发动机空停的工程预防和飞行员特殊情况的处置训练。在高高原运行中,不能单纯地看故障率,要盯住每一起事件不放。

(4)一线运行人员尤其是机组人员的累积疲劳风险。近年来发生的典型不安全事件,人为责任原因占相当高的比例,表面上看是某个人的原因,实际上是把人员用到了极限、累积疲劳运行等问题所致。有的航空公司大量开通境外偏、远、小机场航班,下半夜"红眼航班"成为常态,由此带来的疲劳风险是一个必须正视的大问题。

(5)机组手控操纵能力下降。中国民航飞行员的成长之路,缺少国际发达国家通常需要经过的通航 1 500 小时飞行的阶段,从航校直接进入运输航空并直接开上大型飞机。加

上航班运输飞行模式和 QAR 监测，副驾驶成长过程中的手控飞行机会尤显珍贵。每个航段 3 分钟，大型机机长需要 400 个航段，手控时间总共才 1 200 分钟，也就 20 小时。风平浪静时，手控操纵能力不强的问题带来的衍生问题还不明显，外界稍稍复杂一点儿，就会成为一种挑战。国际民航界普遍认为，必须采取有效的训练措施遏制人工操纵技能下降的趋势。

3. 坚持安全第一，就是要坚持科学的安全运行标准

在保证安全的前提下，努力提高运行效率，这是我们的历史责任。

（1）充分尊重客观规律。正确处理安全与效率的关系，进一步提高运行效率，关键是要尊重客观规律，坚持科学的安全标准，从大局出发，全面清理站在本系统本单位局部利益角度制定的"内部标准"，确保运行标准和安全裕度均衡，努力实现全行业安全和效率双赢、多赢和共赢。

（2）完善安全标准，积极释放运行空间。为进一步提高运行效率，结合民航安全运行实际，民航局对《民用航空器事故征候》部分条款及适用范围做出调整。如将非雷达管制区域空中小于规定间隔的危险指数评估方式调整为："在非雷达管制区域，垂直间隔和水平间隔同时小于 1/5 规定间隔为运输航空严重事故征候；垂直间隔和水平间隔同时小于 1/3 但未同时小于 1/5 规定间隔为运输航空一般事故征候。"原条款规定，小于 1/3 即为严重事故征候。科学调整此款，便为运行释放了 13.3%的空间。

（3）飞行机组要积极配合空管的指挥调度。新版《空中交通管理规定》已经生效，这部规章的亮点之一就是大幅度缩小飞行间隔。因此，航空公司要力推这部规章的宣传贯彻学习。飞行员要主动配合管制员的指挥调配，同时将空中遇到的实际情况精练准确地报告管制员。在实际运行中，机组在有条件的机场、天气适合的时段，应积极申请目视进近着陆。要力争做到快速起降。李健副局长在 7 月 2 日民航局月度安全形势分析预备会上下达了"运行效率提升行动"的任务，这是做好"安全第一、效率优先"工作的突破口，借助统筹原理，优化机场 38 个专业保障程序，尽可能多地采用"并联模式"，形成齐头并进的保障局面。

4. 坚持安全第一，就是要积极探索适合中国民航安全发展的新思路新举措

（1）必须时刻高举安全第一的大旗不动摇。进入 7 月份以来，连续发生了 3 起人为责任原因的运输严重事故征候，给我们敲响了安全警钟。我们必须围绕管理、作风、运行和培训，抓好安全大整顿、大检查，切实扭转下滑的安全形势。

我们必须贯彻落实习总书记"首先要坚持民航安全底线，对安全隐患零容忍"的重要批示精神，进一步强化安全红线和底线意识，增强安全工作的紧迫感和责任感。把党的十九大提出的"树立安全发展理念，弘扬生命至上、安全第一的思想"落实在"四个关系"的正确把握上，体现在科学发展、量力而行上。以铁的纪律、铁的手段，一手抓"三基"建设，一手抓工作作风整肃，将"把准备做细致、把动作做标准、把程序做规范、把要求做到位"贯穿到民航职业道德教育的全过程。围绕"运控要控制风险"这一核心功能，加强运控签派系统的能力建设。

（2）将隐患管控与"重点精准差异性监管"结合起来。在安全监管上，我们要把隐患

排查整治作为安全管理的重要手段。在开展重点精准差异性监管的基础上，继续抓好安全监管工具箱建设、无后果违章、工作作风、规章底线和诚信红线管理。在差异性监管中，突出数据驱动、风险管控和绩效监测。

（3）采用课题攻关方式解决高危风险问题。根据我国民航实际，举全民航之力，采用课题制，重点减少"可控飞行撞地""空中相撞（军民、民民）""跑道侵入""低高度进近不稳定及着陆'偏''冲''掉''擦'""高高原运行风险""累积疲劳""飞行操纵能力普遍下降"等风险。同时，还要积极推进人为因素研究和运用工作。

（4）完善安全标准。中国民航事故征候标准是各运行系统确定"安全关口"前移的基准。该标准前后已经实施了 5 个版本，目前正在使用的是 2015 版。适时启动修订，使其更能引领安全工作。首先是引入飞行品质监控数据，借助数学模型，定量与定性结合，缩小自由裁判空间，这既能提高调查报告的终报效率，又做到了"一碗水端平"。针对可控飞行撞地等安全风险值比较高的安全问题，借全民航之力，民航局航安办前期已经开展了 5 个课题研究。可控飞行撞地项目组建立了 19 组安全监测参数指标，用历史上发生的可控飞行撞地不安全事件验证了各指标的权重，与各调查结论基本一致。研究制定低高度不稳定进近的监控指标和判定标准，通过管控低高度不稳定进近，以减少着陆偏、冲、掉、擦等不安全事件的发生。拟在新版事故征候标准中，增加可控撞地和低高度不稳定进近两种计算模型。

（5）抓好数据驱动安全工作。在局领导的强力推动下，中国民航飞行品质监控基站完成了一期建设，开辟了"大数据+飞行安全"监控新模式。不论是安全趋势、典型不安全事件获取，还是行业诚信体系建设，都收到了显著效果。单从信息报送量来看，2016 年为 12 748 件，2017 年达 20 745 件，一年净增 7 997 件，增幅达 62.7%。这主要得力于局方基站的监督效应。海量的报告信息，使数据驱动安全成为可能。

积极开展基于数据驱动的高效能安全监管，在扩容提速、精准监管、智能分析、实时数据、数据质量、信息安全、数据共享、标准体系和机构队伍几个维度上深度挖掘。数据传输要完整，应用要同步。在保证数据安全的前提下，积极引入具有相应资质、具有较高技术水准的科研团队参与开发。抓好信息共享平台建设，各运行单位通过自愿报告系统，收集到大量涉及行业、其他系统的安全运行信息，汇总起来加以开发，供局方或其他用户决策参考。

资料来源：新时代，如何坚持安全第一？[EB/OL].（2018-07-19）. http://news.carnoc.com/list/454/454959.html.

项目小结

本项目主要涉及民航安全的相关知识，重点对民航安全的相关概念、航空安全管理理念、民航安全管理体系、影响民航安全的因素以及民航运输突发事件的应急处置进行了详细阐述和介绍。通过本项目的学习，学生可以对民航安全管理的基本知识有一定的认识和了解，为以后的学习打下坚实的基础。

项目训练与测试

一、讨论分析题

1. 简述安全的定义。
2. 简述民航安全管理的理念。
3. 影响民航安全的因素有哪些?
4. 简述突发事件的一般处置程序。
5. 简述航空器被劫持事件的应急处置程序。
6. 影响民航安全的自然因素有哪些?

二、自我测试

(一)单选题

1. 安全管理体系的英文缩写是（　　）。
   A. ATM　　　　　B. SMM　　　　　C. ATC　　　　　D. SMS
2. 各类航空突发事件应急处置的最高原则是（　　）。
   A. 减少财产损失　　　　　　　　　B. 将公司损失降至最低
   C. 保证旅客和飞机的安全　　　　　D. 保证机组人员的安全
3. 航空器受爆炸物威胁时，（　　）。
   A. 立即将爆炸可疑物移至安全地方
   B. 任何非专业人员不要接触、移动被认为是爆炸物的可疑物
   C. 工作人员立即进行排爆
   D. 由机长进行排爆
4. （　　）是一种状态，即通过持续的危险识别和风险管理过程，将人员伤害或财产损失的风险降低至并且保持在可接受的水平或以下。
   A. 危险　　　　　B. 风险　　　　　C. 安全　　　　　D. 事故
5. 突发事件是指突然发生，造成或者可能造成严重社会危害，需要采取应急处置措施予以应对的自然灾害、事故灾难、公共卫生事件和（　　）。
   A. 交通安全事件　　　　　　　　　B. 社会安全事件
   C. 重大群体性事件　　　　　　　　D. 航空安全
6. （　　）决定机组人员是否追求安全目标的动力源泉。
   A. 动机　　　　　B. 情绪　　　　　C. 性格　　　　　D. 能力
7. （　　）是指相邻（上下或左右）两部分空气间的风向和风速都有显著差异的现象。
   A. 地形波　　　　B. 积雨云　　　　C. 风切变　　　　D. 雷雨
8. 在航空器迫降过程中，（　　）的方法能够有效地降低航空器发生火灾或者造成结构损伤的概率，是国际通行的飞机迫降应急救援防护措施之一。
   A. 草地迫降　　　　　　　　　　　B. 水上迫降
   C. 空中放油　　　　　　　　　　　D. 跑道喷施泡沫

（二）多选题

1. 下列关于安全的说法正确的是（　　）。
   A. 安全是绝对的　　　　　　　　B. 安全是相对的
   C. 安全是一种状态　　　　　　　D. 安全就是没有危险的存在
2. 在民航上，事故可以分为（　　）。
   A. 运输航空飞行事故　　　　　　B. 通用航空飞行事故
   C. 航空地面事故　　　　　　　　D. 民用航空事故征候
3. 安全管理体系具有（　　）特点。
   A. 系统性　　　　B. 主动性　　　　C. 明确性　　　　D. 相对性
4. 维修人员的素质包括（　　）。
   A. 思想素质　　　B. 业务素质　　　C. 心理素质　　　D. 身体素质
5. 应急管理工作概括起来说，就是推行"一案三制"建设。所谓"三制"，就是（　　）。
   A. 应急体制建设　　　　　　　　B. 应急机制建设
   C. 应急预案建设　　　　　　　　D. 应急法制建设

参考答案　（见二维码）

课件　（见二维码）

项目八

国际民航运输管理

 知识目标

- 了解航权的概念及性质。
- 掌握九大航权的经营范围。
- 了解国际航空运输公约。
- 掌握国际航空运输中民事赔偿的相关规定。
- 了解国际航空运输中刑事责任的相关规定。
- 了解国际民航运输市场准入要求。
- 了解国际民航运输管理体制。

 能力目标

- 会根据航权种类判断其经营范围。
- 能根据民航运输公约的最新规定处理旅客、行李与货物不正常运输的赔偿事宜。

引导案例

海南航空开通首条温哥华国际航线

2018 年 5 月 25 日，海南航空 HU7959 航班从深圳起飞，在天津滨海国际机场短暂经停后，继续飞往加拿大温哥华国际机场。至此，海南航空首条温哥华航线正式开通，新航线由波音 787 豪华宽体机执飞，每周两个往返航班。

近年来，海南航空积极响应国家"一带一路"倡议，勇担建设"一带一路"空中桥梁使命，对国家地区间的交流发展源源不断地贡献自己的力量。截至 2017 年年底，海南航空运营的国际和地区航线已超过 230 条，其中"一带一路"沿线国家及相关地区的国际航线逾 100 条。此次深圳—天津—温哥华航线的开通，将进一步助力深圳、天津国际航空枢纽建设，推动深圳、天津的"海陆空"立体化交通网络建设进程，为粤港澳大湾区和环渤海经济区对外开放及经贸发展增添新动力。

10 年前，海南航空开通了北美洲第一条航线。10 年后，海南航空已开通了中国内地至洛杉矶、拉斯维加斯、西雅图、圣何塞、芝加哥、波士顿、纽约等 12 条美国航线；加上此次新开的深圳—天津—温哥华航线和前期已开通的北京至多伦多、卡尔加里、墨西哥城的 3 条北美洲航线，海南航空在北美地区已累计开通 16 条国际航线，形成了快速中转、联运协同的航线网络布局，为旅客出行北美提供更加便捷的选择。

资料来源：海南航空开通首条 温哥华国际航线[EB/OL]．（2018-05-27）．http://news.sina.com.cn/c/2018-05-27/doc-ihcaqueu8593110.shtml．

任务1 国际航权

一、航权的概念

航权（Traffic Rights）的概念起源于1944年芝加哥会议，其法律根据是1944年的《国际航班过境协定》（通称《两种自由协定》）和《国际航空运输协定》（通称《五大自由协定》）的规定。是指"每一缔约国给予其他缔约国定期国际航班的空中自由"，即国际航空运输中的过境权利和运输业务权利，也称国际航空运输业务或空中自由权（Freedoms of the Air）。具体讲是航空公司根据两国签订的航空运输协定，在缔约国所取得的飞跃、经停或上下旅客、货物、邮件的权利。航权是国家重要主权之一，并具有排他性，是一种国家性质的航空运输权利，也是一国民航业的法权基础。

二、九大航权

在国际民航运输事务中，虽然两国政府双方商定同意有条件或无条件向对方开放民航运输市场，并向指定航空公司开放航权，但准许对方航空公司采取什么经营方式经营指定航线，这就关乎航权种类的问题。目前，世界上国际航空运输活动中主要有九类航权，其中前五类航权已在《国际航空运输协定》中得以确定，随着全球经济一体化的加速和各国航空运输业的发展，国际航权类型增加了第六、第七、第八、第九航权，航权从最初的五大逐步扩充到了目前的九大。

第一航权：领空飞越权，是指市场准入权授权国授予一个国家的定期或不定期国际航班不降停此地，而飞越授权国领空的特权。飞出国界的第一个问题就是要飞入或飞越其他国家的领空，允许不允许，就形成了第一种权利。只有取得他国领空飞越权，在不着陆的情况下，本国航机可以在授权国领空上飞过，前往其他国家目的地。如图8-1所示，A国的航机只有获得B国授予的第一航权，才能飞越B国上空到达C国或是从C国返回A国。第一航权是许多国家的重要航权资源，它不仅是一个国家经济收入，特别是空管建设资金的主要来源，同时也是外交与民航航权（特别是航权互换技术）谈判的重要筹码。

A国：承运人国籍国或"航权国"　　B国：双边协议另一缔约国或"授权国"

图8-1 飞越权

例如，中方承运人在经营欧美航线时多数飞越俄罗斯领空，须获得俄罗斯授予领空飞越权。经营北京—旧金山航线，中途飞越日本领空，须与日本签订领空飞越权，否则都只能绕道飞行，增加燃料消耗和飞行时间。

第二航权：技术经停权（降落权），是指市场准入权授权国给予一个国家的定期或不定期国际航班在授权国的领土上降落的权利。国际航线涉及许多远程航线，由于飞行距离较远，无法从始发地直接飞到目的地，需要选择一个地方进行中途加油、维修等工作，需在这个地方的起降就叫作技术经停。技术经停只允许被授权国家航班在授权国做非商业的技术处理，不得做任何商业性工作。例如，允许加油、维修或清洁客舱等，但不允许上下客、货。如图 8-2 所示航线，拥有 B 国授予第二航权的 A 国航班只能因加油、维修等非商业活动在 B 国降落，不能进行上下客、货、邮等商业活动。随着现代机型航程越来越远，第二航权的意义将变得越来越小。

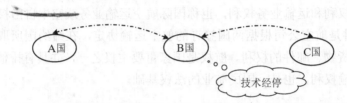

A国：承运人国籍国或"航权国"　　B国：双边协议另一缔约国或"授权国"

图 8-2　技术经停权

例如，东航曾经执行过 PEK—BRU—MAD 航线，飞机在 BRU 技术经停，不允许上下客、货、邮。

第三航权：目的地下客权，也称卸载权，是指市场准入权授权国允许承运人的定期国际航班在授权国的指定机场卸下来自承运人所在国的客、货的权利。如图 8-3 所示，A 国取得 B 国授予的第三航权，可以在 B 国相关机场卸下来自 A 国的客、货及邮件等。

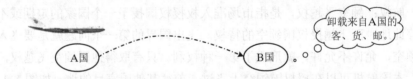

A国：承运人国籍国或"航权国"　　B国：双边协议另一缔约国或"授权国"

图 8-3　目的地下客权

例如，CA 从 PEK 载运客、货到 TYO，在 TYO 卸下客、货及邮件，空机返回 PEK。

第四航权：目的地上客权，也称装运权，是指市场准入权授权国允许承运人的定期国际航班回程从授权国指定机场装载前往承运人所在国的客、货的权利。如图 8-4 所示，A 国获得 B 国授予的第四航权后，A 国航班可以从 B 国装运客、货飞返回 A 国。例如，如 CA 获得第四航权，CA 飞机能在 TYO 装上客、货、邮，飞回 PEK。

第三、第四航权是一对孪生兄弟，也是最基本的国际航权。航空公司只有获得第三航权，才能行使第四航权，同时，也只有获得第四航权，才能保证国际飞行的经济效益，维持航线的正常经营。另外，加强各国交流，从事国际航线飞行，就是要进行国际客、货运输，将本国的客、货运到其他国家，将其他国家的客、货运到本国，这种最基本的商业活动权利就是第三、第四航权。

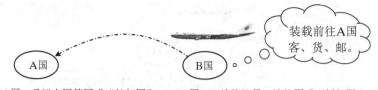

A国：承运人国籍国或"航权国"　　B国：双边协议另一缔约国或"授权国"

图 8-4　目的地上客权

第五航权：中间点权或延远权，又称第三国运输权，是指市场准入权授权国允许承运人的定期国际航班在授权国卸载来自第三国的客、货，或从授权国装载客、货飞往第三国的权利，即可以把第三国的地点作为中转站上下客、货。如图 8-5 所示，B 国授予 A 国第五航权后，B 国允许 A 国的定期国际航班在 B 国卸载来自 A 国航空公司从 C 国装运的客、货，或是从 B 国装载客、货飞往 C 国，可以将 C 国作为中转站上下客、货。

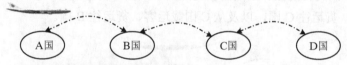

A国：承运人国籍国或"航权国"
B国：双边协议另一缔约国或"授权国"
C/D：其他缔约国（C：中间点；D：以远点）

图 8-5　中间点权或延远权

第五航权主要有两种情况。

（1）中间点业务权。是指承运人从本国运输客、货到另一国家时中途经过第三国（始发地国家和目的地国家以外的中间国家），并被允许将途经第三国拉的客、货卸到目的地国的权利。这种权利是第五航权的中间点业务权。如图 8-6 所示，A 国的承运人从 A 国飞往 C 国，在 B 国经停，并被允许从 B 国载运客、货、邮卸载到目的国 C 国，以及从 C 国载运客、货、邮到中间点 B 国。

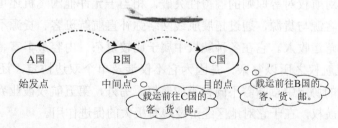

A：航权国　　B：中间点国　　C：授权国

图 8-6　中间点业务权

例如，CA 经营 PEK—MAD—SAO 航线，MAD 是 PEK 和 SAO 的中间点。CA 在 MAD—SAO 之间享有充分的第五航权中间点业务权，就可以装载 MAD 前往 SAO 的客、货、邮，也可装载 SAO 前往 MAD 的客、货、邮。如图 8-7 所示。

该航线涉及三个国家：中国、巴西、西班牙。
在中国—巴西航权中，对中方而言，中国是承运人国籍国，巴西是授权国，西班牙是第三国。
MAD 是中间点。

图 8-7　中间点 MAD 业务权

（2）以远点业务权。是指承运人将自己国家始发的客、货运送到目的地国家，同时又被允许从目的地国家上客、货，并被允许运往更远的另一国家的权利。如图 8-8 所示，A 国为起始国，B 国为目的国，C 国为以远点国，A 国将自己的客、货运往 B 国，同时允许从 B 国载运客、货运往 C 国，以及从 C 国载运客、货运往 B 国。

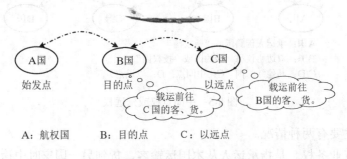

A：航权国　　B：目的点　　C：以远点

图 8-8　以远点业务权

例如，CA 经营 PEK—MAD—SAO 航线，SAO 是 PEK 到 MAD 的以远点。CA 在 MAD—SAO 间享有充分的第五业务权，就可以在 MAD 装载前往 SAO 的客、货，也可在 SAO 装载前往 MAD 的客、货，如图 8-9 所示。

第五航权是对航权对等原则的颠覆性突破，相当于允许他国飞机还可以获得本国与第三国之间的航线客源与货源，通过拓展航线网络弥补直航航班客、货源不足的问题，避免运力浪费，增加营运收入。它在各种航权中属于比较复杂，内容最丰富、最具经济实质意义的航权。第五航权之所以复杂，是因为它不仅涉及单个双边协定，还涉及多个双边协定，并且在不同的协定中意味着不同种类的航权。另外，第五航权被业界誉为"最具有经济实质意义"的航权，在于它对地区经济发展有极大的促进作用。

2003 年，我国首次开放第五航权。截至目前，北京、上海、广州、烟台、武汉、厦门、海口、天津、南京、银川、郑州、哈尔滨、满洲里、鄂尔多斯等 14 个城市已开放第五航权。但第五航权实际落地难度较大，目前实际使用第五航权的仅有 4 个城市，全货运航线仅郑州一家。

该航线涉及三个国家：中国、巴西、西班牙。
在中国—巴西航权中，中国是承运人国籍国，西班牙是授权国，巴西是第三国。
SAO是以远点。

图 8-9　以远点 SAO 业务权

第六航权：桥梁权，是指某国或地区的航空公司在境外两国或地区间载运客、货且中途经停登记国或地区的权利，其最大特点即航空公司所承运的客、货均非本国或地区的客、货，而是航线所连接的其他两国或地区的客、货，仅经停本国。如图 8-10 所示，A 国获得 B 国与 C 国的桥梁权后，A 国航空公司将 B 国客货经停本国转运到 C 国，或将 C 国客货经停本国转运到 B 国，客货全为 B 与 C 国所有，A 国只做经停。

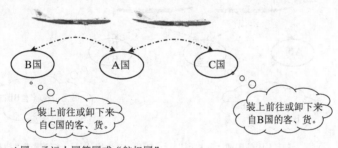

A国：承运人国籍国或"航权国"
B/C：双边协议另一缔约国或"授权国"

图 8-10　桥梁权

例如，通过伦敦（LHR）—首尔（INC）—东京（HND）航线，大韩航空将源自英国的客、货经停首尔后再运到东京，或是将东京的客、货经停首尔后运往伦敦，如图 8-11 所示。

图 8-11　LHR—INC—HND 航线桥梁权

第六航权实际是综合利用两对第三、第四航权来实现运输第三国之间的客、货。近几年来，桥梁权已成为国内航空公司抢占国际航空市场的利器。第六航权的利用不仅仅是航空公司的事情，还需要大量相关部门的支持。例如，签证政策（中转免签），机场设计、流程设计（方便中转），SLOTS 分配（支持航班衔接）。

第七航权：完全第三国运输权，是指某国或地区的航空公司完全在其本国或地区领域以外经营独立的航线,在境外两国或地区间载运客、货的权利。如图 8-12 所示,A 国航空公司在 B 国与 C 国之间经营客货的权利。例如,德国汉莎航空公司曾经承运英国伦敦—法国巴黎的与德国完全无关的运输活动。

A国:承运人国籍国或"航权国"
B/C:双边协议另一缔约国或"授权国"

图 8-12　完全第三国运输权

第八航权:境内运输权(连续的国内载运权),是指某国或地区的航空公司在协议国或地区领域内的两个或两个以上机场间载运客货的权利,须以本国为起点或终点,是本国一条国际航线在他国的延长。如图 8-13 所示,A 国取得 B 国授予的第八航权后,可以获得 A 国⇌B 国 A 点⇌B 国 B 点的上下客、货权。

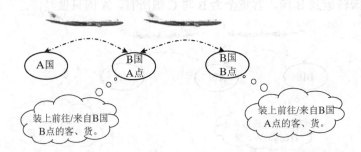

A国:承运人国籍国或"航权国"　　B国:双边协议另一缔约国或"授权国"

图 8-13　连续的国内载运权

例如,中国东方航空公司于 2003 年在境外首次使用了第八航权,可以在中国飞往澳大利亚的航班上中途分程经营墨尔本至悉尼的客、货运输,从而贯通了上海—墨尔本—悉尼—上海"空中环路",使运输组织更合理,方便了顾客,扩大了市场,如图 8-14 所示。

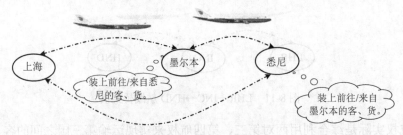

中国:承运人国籍国或"航权国"　　澳大利亚:双边协议另一缔约国或"授权国"

图 8-14　中国东方航空在澳大利亚的连续国内载运权

第九航权:完全境内载运权,是指市场准入权授权国允许某国或地区的航空公司在授权国领土内进行国内航线运营的权利。也就是说,可以完全在授权国开设航线,无须涉及本国。国内载运权是受到《芝加哥公约》保护的,授权国一般只有本国运输不足的情况下,才授权他国航空公司非连续的国内载运权。如图 8-15 所示,A 国航空公司可以经营 B 国的 A⇌B 航线。例如,2007 年非洲某国因为本国运力不足,曾邀请中国国际航空公司经营其国内航线。

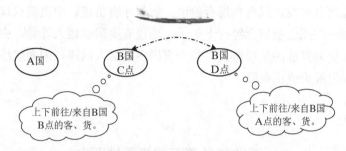

图 8-15　完全境内载运权

三、航权开放的价值

国际民航运输活动的有序开展,首先需要在国家间相互开放领空,相互许可对方的航空公司使用本国领空开展航空和运输活动,在互惠的基础上开放航权。航权开放不仅推动了航空资源的集聚化、规模化和区域化,更带动了航权经济的发展。在经济全球化的大背景下,航权开放所带来的更是区域经济融入全球经济的最佳通道,很多大型国际枢纽机场通过多种产业的有机结合,形成了具有很强辐射力和拉动力的航权经济。

1．可以刺激地区经济发展

随着经济的全球化、一体化,航权开放有利于促进地区经济的发展。国际机场协会(ACI)研究资源表明,每 100 万航空旅客可为周边区域创造 1.3 亿美元的经济收益和 2 500 个就业岗位。开放航权对地区经济有很大的刺激作用,例如,1995 年,菲律宾政府为了发展苏北克湾地区经济,开放了该地区的第五航权。随后,美国联邦快递公司用 5 年时间在此建了一座亚太营运中心,中心的建成迅速改善了苏比克地区的工业发展。1995 年该地区只有 2 000 多万美元的产值,到 2001 年时已增加到 10 亿美元。

2．推动产业规模的壮大

美国与世界上 60 个国家和地区签订了自主权开放协议,这些协议覆盖了美国国际航空业 60%的市场,同时也使得美国成为世界第一航空运输大国,美国 UPS 在亚太地区通过利用灵活的航权开放政策,使其在新加坡的业务量激增了 150%,在吉隆坡增长了 380%。航空运输自由化是一个渐进的、不可逆转的过程,只有主动顺应潮流,才能在国际市场立于不败之地,才能使中国民航业的行业规模迅速壮大。

3．带动航空公司等相关行业的发展

航空公司是最后实质承担航权协议的责权和义务的主体,所以航空公司受到航权影响是最大的,作为航权协议最核心的内容就是分配利益、交换航权,这就直接反映到航空公司的运营与收益中。航权开放有利于航空公司抓住机遇开辟新的国际航线，完善航线网络，意味着更大的市场和潜在的利润。开放航权同时也将引入境外航空公司开航，随着航空业务量的增加，将相应地扩大机场容量，增加空中航行的管制能力，与此相关的航空信息、航油供应、飞机维修业也将协调发展起来。

航权并不能盲目开发，只有市场有价值，航权才有价值。中美航权议定指定美方承运人开通美国大陆—广州的航权已经有十年了，还没有美国承运人开通。中国与智利、格鲁吉亚等都达成了更为开放的航权协议，却少有国内承运人问津。因为航线市场需求太少，因此，这些航权目前价值就有限。

案例 8-1

西北首条第五航权落地西安

2019 年 5 月 13 日，陕西首条第五航权货运航线首尔—西安—河内开航仪式在西安召开，该航线由大韩航空公司采用 B777 机型执飞，于 5 月 12 日凌晨成功首航，这也标志着西安成为西北五省第一个获得并使用第五航权的城市。据悉，该航线主要搭载三星电子产品配件或半成品等高科技、高附加值产品往返三地。计划每周一班，将进一步促进中韩、中越的商贸往来，提升西安咸阳国际机场国际货物中转比例，强化西安作为国际枢纽机场的地位和作用。

1. 航空自由化，拥抱新丝路

航空自由化是全球趋势，航空越发达的国家，航权也就越开放。1960 年，迪拜开始推行不带任何条件的"天空开放"政策，允许任何过境航班在任何时间降落迪拜机场，有效促进了旅游、物流、金融服务的繁荣，目前迪拜机场对当地 GDP 贡献率达到 32%。

对不沿海、不靠边、地处内陆的大西安而言，开放第五航权的积极作用将更加显著，意味着拥有了拥抱全球航空市场的"准入券"，将成为大西安打造国际航空枢纽的有力跳板，必将伴随货物中转量的提升。但与此同时，第五航权的成功落地也对承载平台要求颇高。

近年来，陕西不断拓宽对外开放大通道，让地处内陆的大西安通过"空中丝绸之路"站在了对外开放的前沿，空港新城枢纽集散能力不断提高，已布局起四通八达、辐射全球的国际客货运航线，枢纽集散能力不断增强——可以说拥有承接和发展"第五航权"航线的最优平台——2018 年，空港新城新开和加密 7 条货运航线，货运吞吐量完成 31.26 万吨，同比增长 20.3%，增速居全国十大枢纽机场第一；全年旅客吞吐量达 4 465 万人次，增长 6.5%，总量跃升为全国第 7 位。2019 年一季度，西安咸阳国际机场共完成货邮吞吐量 7.3 万吨，同比增长 13.2%，增速位居全国十大枢纽机场第一位，目前已累计开通 21 条全货运航线。

一条条航线的延伸，一架架货机的起降，在便利贸易往来、让这个"世界变小"的同时，也为城市经济发展搭建了新平台。近年来，空港新城乘着"一带一路"的东风，积极构架空中、陆上和网上丝绸之路，多层次立体化建设开放通道，高标准建设"一带一路"

核心区和内陆型改革开放新高地。

2018年,陕西省进出口总值达3 513.8亿元,其中空运进出口总值2 630.1亿元,占全省的74.9%;4月8日,陕西省跨境电商保税备货进口首单业务在空港新城顺利完成,打通了西北内陆地区联通世界贸易的"网上丝路"。从空港新城起步,"空中丝绸之路"并翼"网上丝绸之路",将为"买全球、卖全球"的开放大通道提供全新建设途径。

2. 乘胜追击,发力航权——打造全球航空中转站

对于大西安而言,此次开通的首尔—西安—河内第五航权航线仅仅只是一个开始,还有更大的发展机会和成长远景正等待开拓。

目前,西安咸阳国际机场客货运航线347条,其中国际航线68条,通达29个国家55个城市,其中"一带一路"沿线国家14个、28个城市,已初步形成"丝路贯通、欧美直达、五洲相连"的国际航线网络格局。

据了解,空港新城当前正在持续加大与外国航空公司的对接力度,积极争取开通莫斯科—西安—阿拉木图和伊斯坦布尔—西安—中亚国家等第五航权货运航线,乘势而上,加快打造陕西国际航空物流枢纽,持续增强西安在全国乃至全球的资源配置能力。

第五航权的开放意味着西安国际航空运输迈入新时代,空港新城在肩负着"大西安空中门户"职责的同时也必将升级成为联通中国与世界的枢纽所在。

资料来源:重磅!西北首条!第五航权落地西安[EB/OL].(2019-05-22).https://zhuanlan.zhihu.com/p/66596440.

任务2　国际航空运输公约

航空运输的快速、安全等特点适合跨国运营,因此,国际航空运输的产生、发展必然伴随着调整这种运输方式的统一实体法规范的国际公约的产生、发展。自1919年以来,在ICAO各成员国政府的共同努力下,就国际航空运输法定权力——航权、运输业务、安全等方面先后制定和通过了一系列国际民航公约,并随着国际政治、国际经济和国际航空运输业的发展不断丰富和完善,为世界航空运输业的安全、公平、有序提供国际规范与法律保障。

一、国际航空运输基本公约

国际航空运输基本公约主要是针对国际运输的基础——领空权的规定,主要包括《巴黎公约》与《芝加哥公约》。

(一)《巴黎公约》

自从有了飞机(确切地说,是有了载人热气球)以后,就有了"天"是谁的问题,即"领空权"的概念。《巴黎公约》也称作《空中航行规则公约》,是第一个航空领域内的国

际协定，于 1919 年在巴黎和会上制定，它为国际航空业的法规打下了基础。其主要内容包括 43 个条款和 8 个附件。《巴黎公约》是国际民航史上的第一部大法，对国际民航的发展产生了重要的影响，它第一次确立了领空主权原则，即承认各国对其领土和领水上空具有完全和绝对的主权和相应的拒绝外国航空器的权利；规定了无害通过领空的权利和限制以及国际航线的规则和条件，并对航空器的分类、国籍登记、适航性、出入境、机组人员执照以及禁运物品等做了具体的规定。

参加巴黎和会的 32 个国家中有 26 个在这第一个国际航空公约上签了字，并建立了国际空中航行委员会以监控民航业的发展。

（二）《芝加哥公约》

由于第二次世界大战对航空器技术发展起到了巨大的推动作用，使得世界上已经形成了一个包括客、货运输在内的航线网络，但随之也引起了一系列亟须国际社会协商解决的政治上和技术上的问题。因此，在美国政府的邀请下，52 个国家于 1944 年 11 月 1 日—12 月 7 日参加了在芝加哥召开的国际会议，产生了三个重要的协定——《国际民用航空公约》、《国际航班过境协定》和《国际航空运输协定》，为国际航空运输多边管理框架的形成奠定了基础。

《国际民用航空公约》（Convention on International Civil Aviation）因其在美国城市芝加哥签订，故又被称为《芝加哥公约》（Chicago Convention），是继《巴黎公约》以后世界上最重要的航空公约之一，它的内容涉及航空法大部分领域。本公约的缔结目的是使国际民用航空按照安全和有秩序的方式发展，并使国际航空运输业务能够建立在机会均等的基础上，健全、经济地经营。该公约为管理世界航空运输奠定了法律基础，被称为国际民用航空活动的宪章性文件，航空公法和航空民法等内容都以该公约作为基础。该公约于 1947 年 4 月 4 日生效，我国是《芝加哥公约》的签字国，1946 年 2 月 20 日中国政府批准该公约，1974 年 3 月 28 日公约正式对中国生效。根据公约规定：① 缔约各国承认每一国家对其领空具有完全的、排他的主权；② 航空器必须具有一国国籍，任何缔约国不得允许不具有缔约国国籍的航空器在其领空飞行；③ 国际航班飞行必须经缔约国许可并遵照许可的条件，非航班飞行则无须经事先获准即可不降停地飞入、飞经缔约国领空；④ 缔约国有权保留其国内载运权；⑤ 设立"国际民用航空组织"；⑥ 公约仅适用于民用航空器而不适用于国家航空器。《芝加哥公约》是有关国际民用航空最重要的现行国际公约，被称为国际民用航空活动的宪章性文件。

《芝加哥公约》是迄今为止最重要的有关国际航空的国际公约，它承认缔约国对本国的领空享有主权。国际民用航空组织的缔约国还签订了两项适用于国际定期航班的特别协议，即《国际航空过境协议》和《国际航空运输协议》。这两项协议规定，每一个缔约国应当给予其他缔约国五项权利，具体如下。

（1）不降停而飞跃一国领土的权利。

（2）非运输业务性（如加油、修理）降停的权利。

（3）卸下来自航空器所属国领土的旅客、货物和邮件的权利。

(4)装载前往航空器所属国领土的旅客、货物和邮件的权利。

(5)装卸前往或者来自任何其他缔约国领土的旅客、货物和邮件的权利。

二、国际航空运输业务类公约

国际航空运输业务类公约主要指就国际航空运输的旅客运输、行李运输、航空货物运输、赔偿限额等民事方面进行的相关规定。随着经济与国际航空运输业的发展,国际航空运输业务、国际民事赔偿等法律保障制度随之不断调整与完善,旨在保证国际航空运输符合时代发展的需要。

(一)华沙体系

华沙体系主要包括《华沙公约》《海牙议定书》《瓜达拉哈拉公约》《危地马拉城议定书》和蒙特利尔一号、二号、三号、四号协定书。整个体系中《华沙公约》是最基本的,随后的各项议定书都是对《华沙公约》的补充与修改。它们内容彼此相关却又各自独立,《华沙公约》的缔约国并不自然成为以后各类议定书的参加国,也不一定受其管辖。华沙体系中以《华沙公约》和《海牙议定书》的适用最为广泛,已经为世界大多数国家所认可。

1.《华沙公约》

《华沙公约》(Warsaw Convention)即《统一国际航空运输某些规则的公约》,1929年10月12日由德国、奥地利等23个国家在华沙签订,1933年2月13日生效。我国于1958年7月20日递交了加入通知书,同年10月18日起该公约对我国生效。《华沙公约》的调整对象是国际航空运输,其缔约主体是主权国家。作为政府间的国际公约,一个国家一旦加入,该国所有的航空经营人所经营的国际航线都要受到其约束。

《华沙公约》是有关航空运输规则的专题性公约,共有5章41条,这一公约主要对国际航空运输的范围、运输凭证和经营人的责任等都做了详细规定:统一国际航空运输私法制度;保护了旅客和经营人双方的利益;使旅客、经营人和保险人明确了其在法律关系中的地位和各自的权利、义务。该公约是国际航空运输私法领域的主要国际法文件。作为私法规范,它所规制的是法律上处于平等主体地位的经营人和旅客、托运人之间的民商事法律关系。该公约是实体法和程序法的统一,在实体法部分,主要规定了国际航空运输的运输凭证和航空经营人的责任制度;在程序法部分则对国际航空运输民商事纠纷的争议解决方式和诉讼管辖、赔偿理算的准据法等内容进行详细规定。实体法和程序法的统一,使《华沙公约》成为自成体系、相对完整的法律制度。

《华沙公约》虽然并没有完全囊括国际航空运输中的所有民事责任规则,但它却是相当完整的一整套规则体系。80多年的实践表明,《华沙公约》的基本规则对国际航空运输的发展发挥了积极作用,一向被誉为在国际私法领域实行国际统一规则的成功范例之一。包括我国在内的许多国家,把《华沙公约》移植到国内法中,使各国的国内航空运输私法制度与《华沙公约》基本保持一致。

2. 《海牙议定书》

《华沙公约》为国际航空运输提供了私法规范，取得了良好的效果。然而，随着时间的推移，公约中几个主要问题比较明显地暴露出来，具体如下。

（1）公约个别条文的用语含义不清，造成公约理解和解释上的不一致。

（2）公约只规定了经营人的责任，但并未规定经营人的受雇人和代理人的责任。

（3）公约对旅客伤亡的责任限额规定得太低。

鉴于上述原因，20 世纪 50 年代，国际上要求修改公约的呼声越来越高，1955 年 9 月 28 日在海牙召开的外交会议，通过了对《华沙公约》的修订，简称为《海牙议定书》，全称《海牙议定书》《修订 1929 年 10 月 12 日在华沙签订的统一国际航空运输某些规则的公约的议定书》。1963 年 8 月 1 日生效，共 3 章 27 条，我国于 1975 年 8 月 20 日递交了加入通知书，1975 年 11 月 18 日起对我国生效。

海牙协定的主要修订内容如下。

（1）《海牙议定书》主要在航行过失免责、责任限制及提出索赔的期限等问题上对《华沙公约》做了如下六个方面的修改。

① 在适用范围上做了修改。

② 对国际航空定义删去了主权、宗主权、委任统治权等字样。

③ 简化了客票和行李票。

④ 对免责条款做了修改。

⑤ 延长了乘客或托运人、收货人的索赔期限，把货物的索赔期限由 7 天延长到 14 天。

⑥ 对行李的索赔期限由 3 天延长到 7 天，由于延误引起的损害的索赔期限由原来的 14 天延长到 21 天。

（2）《海牙议定书》对经营人的责任限额如下。

① 在乘客运输中，经营人对每一位乘客的责任以 25 万金法郎为限。

② 在交运行李和货物运输中，经营人对行李或货物的责任以每千克 250 金法郎为限。

③ 乘客自己照管的物品经营人对每位乘客的责任限额以 5 000 金法郎为限。

3. 《瓜达拉哈拉公约》

在 1929 年草拟《华沙公约》时，国际航空运输中的包租航班为数极少，《华沙公约》并未包括非运输合同一方所办国际航空运输的专门规则。第二次世界大战后，包租飞机的协议大量增加，这就使专门为此目的而制定新规则成为一件刻不容缓的事情。1955 年以后，国际民航组织曾研究了包租运输问题，并提出了两个草案：① 1957 年关于包租和互换飞机的东京公约草案；② 1960 年的蒙特利尔草案。将这两个草案提交墨西哥瓜达拉哈拉外交会议讨论后，产生了 1961 年的《瓜达拉哈拉公约》。本公约不涉及修改华沙原规则，而是把华沙公约扩展到它本没有包括的全新领域的问题，所以这些新规则是用补充公约的方式，而不是用议定书的方式制定的。1961 年 9 月 18 日在瓜达拉哈拉签订的《统一非缔约承运人所办国际航空运输某些规则以补充华沙公约的公约》，也称《瓜达拉哈拉公约》，旨在使《华沙公约》中有关承运人的各项规定适用于非运输合同承运人，即实际承运人。

《瓜达拉哈拉公约》只适用于"湿租",《华沙公约》并未包括非运输合同一方所办国际航空运输的专门规则,本公约区别了订立合同的承运人与实际承担全部或部分运输的承运人,并规定了各自应负的责任。

4.《危地马拉城议定书》

1971 年 3 月 8 日在危地马拉城签订的《修改经一九五五年九月二十八日在海牙签订的议定书修正的一九二九年十月十二日在华沙签订的统一国际航空运输某些规则的公约的议定书》,也称为《危地马拉城议定书》,其主要修改内容有以下几方面。

(1) 对航行过失免责、责任限制及提出索赔的期限。

① 恢复《华沙公约》中客票与行李票作为运输凭证的"证据"本质,并规定运输凭证所载事项。

② 规定了不同原因导致旅客死亡与身体损害、航班延误时承运人的责任;行李、货物毁灭、遗失或损坏时承运人的责任。

③ 诉讼起诉地的规定。

④ 适应范围。

(2)《危地马拉城议定书》对经营人的责任限额,具体如下。

① 旅客运输中,承运人对每一位旅客赔偿金额总数以 150 万法郎为限。延误时,承运人对每一位旅客的责任以 6.25 万法郎为限。

② 在行李运输中造成毁灭、遗失、损坏或延误时,承运人对每一旅客的责任以 1.5 万法郎为限。

③ 在货物运输中,交运时办理声明价值并交付声明附加费的,最高按声明的价值为责任限度,未办理声明价值的货物,承运人的责任以每千克 250 法郎为限。

5. 蒙特利尔协定

蒙特利尔第一、二、三、四号附加议定书,以与《华沙公约》和经《海牙议定书》《危地马拉城议定书》修订的《华沙公约》接轨为目的,对《华沙公约》中以法国法郎为标准货币单位规定的损害赔偿金最高限额做出了变更。根据以上议定书的规定,《华沙公约》缔约国如为国际货币基金组织的成员国,或本国是可以使用特别提款权的国家,《华沙公约》中以法国法郎为货币单位规定的经营人损害赔偿金最高限额均改为以国际货币基金组织特别提款权表示。

蒙特利尔第一号附加议定书:于 1975 年 9 月 25 日在蒙特利尔签订。它只是将《华沙公约》中关于责任赔偿限额的法郎数改为以特别提款权(SDR)来表示,对责任限额没有改动。

蒙特利尔第二号附加议定书:于 1975 年 9 月 25 日在蒙特利尔签订。它对乘客的最大责任限额由 25 万法郎改为 16 600 特别提款权,对行李和货物每千克由 250 法郎改为 17 特别提款权,对乘客自理物品由 5 000 法郎改为 332 特别提款权。

蒙特利尔第三号附加议定书:于 1975 年 9 月 25 日在蒙特利尔签订,是海牙和危地马拉修改过的《华沙公约》,和第一号、第二号一样,主要是将责任限额的货币单位法郎改用 SDR 来表示。

蒙特利尔第四号附加议定书：于 1975 年 9 月 25 日在蒙特利尔签订。是对 1955 年海牙修改的《华沙公约》的修改，修改只限于邮运和货运。第四号附加议定书做出最重大举措，将客观责任原则适用于货物运输。

自 1981 年 1 月 1 日起，特别提款权由 16 种货币的一揽子改为以 5 种货币一揽子，这 5 种货币以及其各占的比重为：美元 42%、西德马克 19%、英镑 13%、法国法郎 13%、日元 13%。

（二）蒙特利尔公约

1. 1999 年《蒙特利尔公约》

随着世界航空业的发展，华沙体制中的一些规定已不能适应现代国际航空运输的需要。1999 年 5 月 10 日"航空法国际会议"外交大会在蒙特利尔召开，121 个国际民航组织成员国、1 个非成员国、11 个国际组织的代表参加了会议，大会于 5 月 28 日通过了《统一国际航空运输某些规则的公约》（简称 1999 年《蒙特利尔公约》），《蒙特利尔公约》正式生效后取代了现有的《华沙公约》文件。

我国于 2005 年 6 月 1 日批准了 1999 年《蒙特利尔公约》。2005 年 7 月 31 日《蒙特利尔公约》正式在我国生效。我国批准公约，有助于我国国际航空运输与国际接轨，有利于我国航空公司吸引旅客，融入市场，提高我国航空公司的国际竞争能力。

1999 年《蒙特利尔公约》以统一国际航空运输规则和国际航空运输经营人责任为主要内容，对华沙体制下的各项公约和议定书规定的国际航空运输规则和经营人责任制度进行了重大修改。《蒙特利尔公约》共有 7 章 57 条。根据其规定，国际航空经营人应当对旅客的人身伤亡、行李和货物损失以及由于延误造成旅客、行李或货物的损失承担责任并予以赔偿。《蒙特利尔公约》主要内容包括以下六个方面。

（1）规定了旅客、行李和货物运输的有关凭证和当事人的义务。

（2）规定了承运人的责任和赔偿范围。

（3）规定了任何保存所作运输的记录的方法，包括电子手段，都可以作为运输凭证。

（4）规定了承运人现行偿付的义务。

（5）规定了因旅客而产生的索赔诉讼管辖。

（6）规定了旅客、行李和货物的损坏、丢失、延误的赔偿责任。该公约只适用于国际航班和国际航班的国内段。

《蒙特利尔公约》的最大特点是其通过两步递进形式为旅客人身伤亡赔偿引进了无限制责任的概念。

（1）对旅客运输。第一步是不管有无过错，经营人必须对旅客的人身伤亡承担赔偿 10 万特别提款权，经营人不得免除或者限制其责任。第二步是如果旅客的人身伤亡是由经营人的过错造成的，则经营人承担的责任无限制。

但 10 万提款权以上的赔偿责任在下述情况下可以免除：

损失不是由于经营人或者其受雇人、代理人的过失或者其他不当行为、不作为造成的，损失完全是由第三人的过失或者其他不当作为、不作为造成的。

此外,事故发生后经营人应当按照国内法的要求,及时向索赔人先行付款,以应其经济需要。先行付款不构成对责任的承认,并可从随后的损害赔偿金中抵消。此规定可以使受害旅客家属不需要通过冗长昂贵的法律诉讼就可以获得初步的赔偿,更符合现代经济的赔偿需求。

(2)行李、货物。对托运行李,只要损失事件在航空器上或处于经营人掌管之下,经营人就应当承担责任,除非损失是由于行李的固有缺陷、质量或者瑕疵造成的。对非托运行李,即经营人对由其本身、受雇人或者代理人的过错造成的损失承担责任。行李损失的责任限额,以每名旅客 1 131 特别提款权为限,除非旅客在交运托运行李时特别声明其交付利益,并支付附加费。办理声明按声明的价值额度为责任限度。

对于货物来说,只要造成货物损失的事件是在航空运输期间发生的,经营人就应当承担责任。但由下述原因造成的,经营人可不承担责任。

① 货物的固有缺陷、质量或者瑕疵。
② 经营人或者其受雇人、代理人以外的人包装货物的,货物包装不良。
③ 战争行为或者武装冲突。
④ 公共当局实施的与货物入境、出境或者过境有关的行为。

经营人对货物损失承担每千克 17 特别提款权的责任限额,除非托运人在交运包件时特别声明其交付利益,并支付附加费。

旅客、行李或者货物延误时,只要经营人证明其为避免损失的发生,已经采取一切合理的措施或者不可能采取此种措施的,经营人不承担责任。否则,经营人应当承担责任,旅客的延误赔偿以每名旅客 4694 特别提款权为限。

2. 2009 年《蒙特利尔公约》

根据 1999 年《蒙特利尔公约》第二十四条规定,公约规定的责任限额由公约保存人(国际民航组织)在公约生效后每隔五年复审一次,并在复审结果表明通货膨胀因素已超过百分之十时,修改责任限额。国际民航组织于 2009 年完成了第一次复审工作,根据国际货币基金组织公布的数据,国际民航组织确定的通货膨胀因素为 13.1%。在经过默认生效程序后,国际民航组织发出通知,确定经修改的责任限额自 2009 年 12 月 30 日起对 1999 年《蒙特利尔公约》所有当事国生效。

修改后的责任限额主要涉及以下几个方面。

(1)特别提款权约合人民币 10.691 2 元。人民币对特别提款权的实时汇率,可参考国际货币基金组织网站公布的数据。

(2)旅客赔偿。根据公约第二十一条,对于因旅客死亡或者身体伤害而产生的损失,对每名旅客第一梯度的赔偿责任限额由 100 000 特别提款权(约合人民币 1 069 120 元)提高至 113 100 特别提款权(约合人民币 1 209 174.72 元);

根据公约第二十二条第一款,在人员运输中因延误造成损失的,对每名旅客的赔偿责任限额由 4 150 特别提款权(约合人民币 44 368.48 元)提高至 4 694 特别提款权(约合人民币 50 184.492 8 元);

（3）行李赔偿。根据公约第二十二条第二款，行李在运输中造成毁灭、遗失、损坏或者延误的，对每名旅客的赔偿责任限额由 1 000 特别提款权（约合人民币 10 691.2 元）提高至 1 131 特别提款权（约合人民币 12 091.747 2 元）；

（4）货物赔偿。根据公约第二十二条第三款，在货物运输中造成毁灭、遗失、损坏或者延误的，对每千克货物的赔偿责任限额由 17 特别提款权（约合人民币 181.750 4 元）提高至 19 特别提款权（约合人民币 203.132 8 元）。

根据公约保存人的通知，上述修改后的限额于 2009 年 12 月 30 日起对我国生效。

《蒙特利尔公约》的严格责任制度扩大了航空责任险保障范围，无限制责任和严格责任限额增加了高额保险赔付的可能性，另外，其规定加了诉讼地的范围，对航空事故的保险理赔都有重要的影响。

三、航空安全公约

航空安全公约是对危害国际民航安全的各种航空犯罪问题进行规定的主要公约体系。目前，航空安全公约体系主要包括 1963 年《东京公约》、1970 年《海牙公约》、1971 年《关于制止危害民用航空安全的非法行为公约》、1980 年《补充蒙特利尔公约议定书》、2010 年《北京议定书》《北京公约》六个文件，分别就危害国际民航安全的不同犯罪行为进行了规定。

1.《东京公约》

随着第二次世界大战后国际民用航空的飞速发展，在航空器内的犯罪和其他行为时有发生。由于这类非法行为发生地点的特殊性，其往往脱离了各国司法管辖范围，而这导致了犯罪嫌疑人逃避惩罚的可能。为解决这一问题，对危害国际航空安全的非法行为实施打击，61 个国家于 1963 年 9 月 14 日在东京签订了《关于在航空器内犯罪和其他某些行为的公约》（简称《东京公约》）。我国于 1978 年加入该公约。《东京公约》现共有 186 个成员国。

《东京公约》主要是规定航空器内的犯罪和犯有某些其他行为的公约，其规定下列行为属非法行为。

（1）各国刑法规定属于犯罪的行为。

（2）危害或可能危害航空器或其所载人员及财产的安全，或危害航空器上的良好秩序和纪律的行为。

《东京公约》适用于在缔约一国登记的航空器内犯罪或有非法行为的人，其主要解决了两个问题。首先，是机上犯罪案件中的刑事管辖权问题。作为整个公约的核心内容，《东京公约》确立了航空器登记国管辖权，要求缔约国采取必要措施，对在该国登记的航空器内的犯罪和非法行为，规定其作为登记国的管辖权。这是国际社会首次以国际条约的形式，确定了空中刑事管辖权的航空器登记国管辖原则，规避了在处于公海或者不属于任何国家领土的地区的航空器内犯罪的犯罪分子因管辖权问题逃脱处罚的可能。与此同时，《东京公约》中列举了五种非登记国对机上犯罪行使管辖权的情况。其次，是航空器机长对航空器犯罪和危害航空器安全的行为的权利和义务问题。《东京公约》可以看作是国际上首次对于航空器犯罪之管辖权的有关规定。

2.《海牙公约》

从20世纪60年代末起，劫持航空器的事件达到空前频繁和严重的地步，并且蔓延到全世界，仅1969年一年内就发生了91起劫持航空器的事件，这一现象引起了国际社会的广泛关注。虽然《东京公约》中包含"非法劫持航空器"的规定，但却已不足以应对当时日益高涨的劫持航空器的浪潮。因此，在联合国的敦促下，1970年12月1日，国际民航组织在海牙召开了外交会议，77个参会国家在会议上通过了《关于制止非法劫持航空器的公约》（简称《海牙公约》），1971年10月14日生效。目前，已有包括中国在内的185个国家加入该公约，中国于1980年9月10日交存加入书，并声明保留第12条第1款。同年10月10日对中国生效。

《海牙公约》共有14条，其主要内容如下。

（1）凡在飞行中的航空器内的任何人或其共犯，从事或企图从事用暴力或暴力威胁，或用任何其他恐吓方式非法劫持或控制该航空器即为犯罪。

（2）缔约国应对上述罪行给予严厉处罚，并将其看作是一种可引渡的罪行。

（3）缔约国遇下列情形应对被指控的罪犯行使管辖权：罪行是在该国登记的航空器内发生的，在其内发生罪行的航空器在该国着陆时被指控的罪犯仍在该航空器内；罪行是在租机时不带机组的航空器内发生的，而租机人在该国有主要营业地点，或无主要营业地点而有永久住所；缔约国在其境内发现被指控的罪犯，如不将此人引渡，应将此案提交主管当局以便起诉；在已发生或行将发生上述罪行时，缔约国应采取一切措施恢复或维护合法机长对航空器的控制，对旅客和机组继续其旅行尽速提供方便，并将航空器和所载货物不迟延地交还给合法的所有人。

《海牙公约》首先对非法劫持航空器的行为进行了解释，并将其定义为一种国际犯罪行为。以暴力或用暴力威胁，或用任何其他恐吓方式，非法劫持或控制该航空器的行为，无论既遂还是未遂，均构成本罪。对于这一犯罪，《海牙公约》要求各缔约国给予严厉惩罚。在我国，其量刑标准最低为10年有期徒刑。此外，《海牙公约》对于劫机犯罪确立了或起诉或引渡的原则，即要求缔约国在遇到劫机分子的时候，要么将此人引渡，要么应无例外地将此案件提交其主管当局以便起诉。这一原则的实施大大推动了国际社会在打击劫机犯罪措施上的协调一致。

3. 关于制止危害民用航空安全的非法行为公约

《海牙公约》主要惩治针对飞行中的航空器进行的劫机犯罪，然而如破坏航空器等其他一些危害国际民用航空安全的严重犯罪行为在世界各地也经常发生。针对这种情况，1971年9月8日国际民航组织在加拿大蒙特利尔举行了由60多个国家参加的外交代表会议，讨论并通过了《关于制止危害民用航空安全的非法行为的公约》（简称《蒙特利尔公约》）。我国于1980年9月10日加入该公约。目前，该公约共有188个成员国。

《蒙特利尔公约》规定了非法和故意实施以下行为属于犯罪。

（1）对飞行中的航空器内的人采取暴力行为，从而危及该航空器的安全。

(2) 破坏使用中的航空器或使其受损而不能飞行，或危及它的飞行安全。

(3) 在使用中的航空器内放置或使他人放置某种装置或物质，可能破坏该航空器；或使其受损坏以致不能飞行或危及其飞行安全。

(4) 破坏或损害航行设备或妨碍其工作，足以危及其飞行安全。

(5) 故意传送虚假情报，从而危及飞行中的航空器的安全。这些犯罪的未遂行为，以及实施这些行为或未遂行为的共犯行为均属犯罪。

《蒙特利尔公约》在《海牙公约》的基础上进一步对危害民用航空安全的各种非法干扰行为做出了详细而具体的规定，列举了除劫持民用航空器外的五种危害民航安全的行为。同时，《蒙特利尔公约》创立了"使用中"的概念，即从地面人员或机组为某一特定飞行而对航空器进行飞行前的准备时起，直到降落后的 24 小时止。"使用中"这一概念的引入，将危害航空安全的地面犯罪也包含在了《蒙特利尔公约》的打击范围中。此外，《蒙特利尔公约》明确了危害民航安全犯罪的构成要件，即必须是针对"飞行中"或者"使用中"的航空器所实施的，具有危害民用航空安全后果的故意犯罪行为。

4. 《补充蒙特利尔公约议定书》

《补充蒙特利尔公约议定书》是 1980 年《蒙特利尔公约》的补充，规定了危害国际民用航空机场安全的行为为非法，包括以下几方面。

(1) 对国际机场内的人采取暴力，造成或足以造成重伤或死亡，危及或足以危及该机场安全的行为。

(2) 破坏或严重损坏国际机场的航空设备及停放在机场未使用的航空器或中断机场服务。这些行为的未遂行为，以及这些行为或未遂行为的共犯行为。

5. 《北京议定书》与《北京公约》

《东京公约》《海牙公约》和《蒙特利尔公约》三大公约的制定，确定了国际民航安保与反恐公约体系的基本框架。然而，随着航空运输业的飞速发展，与民航相关的新型违法犯罪活动也层出不穷，例如将航空器作为武器，或实施生物、化学和核武器攻击等，2001年发生的轰动全球的"9·11"恐怖袭击事件就是一个典型案例。这些对于国际民航新的、正在出现的威胁暴露了当时航空安保公约存在的漏洞，因为当时已有的公约无法有效打击危害民航的新型犯罪行为。在这一背景下，2010 年 8 月 30 日至 9 月 10 日，国际民航组织在北京举行了航空安保外交会议，目的是更新《海牙公约》《蒙特利尔公约》及其议定书，共有 76 个国家的代表和 4 个国际组织的观察员与会。大会通过了《制止与国际民用航空有关的非法行为的公约》（简称《北京公约》）和《制止非法劫持航空器公约的补充议定书》（简称《北京议定书》），于 2018 年 7 月 1 日生效。

《北京议定书》主要对《海牙公约》中的两部分内容进行了修订。首先，《北京议定书》从三个方面修改了"劫持航空器罪"的定义：一是将"威胁劫持航空器"的威胁行为也纳入公约的打击范围；二是扩大了对劫持航空器犯罪的时间适用范围，将"飞行中"修订为"使用中"，这就意味着对飞行前准备期间或着陆后的航空器的劫持或控制行为也构成本罪；三是在劫持航空器犯罪的行为类型中增加了使用"任何技术手段"的新行为方式，目的是将新的犯罪手段纳入《海牙公约》的调整范围。其次，《北京议定书》在《海牙公约》的基础上增加了两种强制管辖权——犯罪行为地管辖权和犯罪人国籍国管辖权，以及两种选择管辖权——受害人国籍国管辖权和对无国籍犯罪人的居住地国管辖权，强化了对国际民用航空犯罪的追溯力度。

《北京公约》是对《蒙特利尔公约》和《蒙特利尔补充议定书》的修订。主要体现在以下几个方面：其一，在保留原有的七类危害国际航空安全的犯罪的基础上，根据"9·11"事件以来出现的新的和正在出现的威胁，《北京公约》又新增了包括以使用中的航空器作为武器造成死亡、严重人身伤害，或对财产或环境的严重破坏在内的四种犯罪行为。其二，对于犯罪的具体实施方式，《北京公约》又在原有的非法、故意的直接实施行为、预谋以及从犯行为的基础上，增补了主导行为、威胁行为与协助行为三个新的行为方式。其三，在个体之外，《北京公约》将法人也确定为非法行为的责任主体。其四，与《北京议定书》一样，《北京公约》也新增加了两种强制管辖权和两种选择管辖权。其五，《北京公约》修改了引渡条款，排除了政治犯不引渡原则的适用。其六，针对《蒙特利尔公约》中的某些原有概念，《北京公约》做出了更加符合惩治民航违法犯罪新形势要求的解释。最后，值得注意的是，《北京公约》中增加了包括军事豁免权在内的人道主义条款和包括公平和非歧视待遇在内的人权保障条款，这是其创新性和先进性所在。

任务3　国际民航运输市场准入管理

市场准入是国际民航运输管理制度的核心，是一国国际民航运输政策的主轴。市场准入对于双边、多边航空关系和航空承运人在国际民航运输中的成功经营至为关键。市场准入权的交换，体现国家的国际民航运输战略和策略，需考虑国家政治、经济、贸易、外交、旅游、民航运输需求和航空承运人实力等诸因素。

一、概念

市场准入是国家保障某一行业健康有序发展而设定的审核和控制机制，可谓是一个进入行业的"门槛"。国际民航运输市场准入指的是一个国家在其所拥有的领空主权基础之上，根据实际情况对他国的民航运输活动进行市场性活动开放，与别国开展民航运输业务的经济活动，也称为航权开放。当一个国家的航空公司计划开拓国际民航运输市场，准备开通到另一个国家某一城市的航班时，它必须获得对方国家授予的民航运输市场准入许可，即准入权。民航运输市场准入权是准入国政府授予的一项航班运营基本权利，有条件或无条件地允许外国航空公司进入本国民航运输市场开展民航客货运输业务。民航运输市场准入权的审批和施行，完全基于《国际民用航空公约》的国家领空主权原则和有关国际公约精神。《国际民用航空公约》中明确指出，"除非经一缔约国特准或其他许可并遵照此项特准或许可的条件，任何定期国际航班不得在该国领土上空飞行或进入该国领土。"中国民航局2008年6月11日颁布的《外国航空运输企业航线经营许可规定》中明确指出，

"外国航空运输企业申请经营外国地点和中华人民共和国地点间的规定航线，应当符合中外双方政府民用航空运输协定或者有关协议的规定，并先经其本国政府通过外交途径对其进行指定。"显然，开展国际航空运输业务，首先是国家政府之间必须达成共识。

2007年5月22日，中国民用航空总局与美国运输交通部就扩大两国航空运输市场准入达成协议：中国空运企业可以立即不受限制地进入美国航空运输市场；2011年两国航空货运市场将过渡到全面开放；中国中部地区（安徽、湖南、湖北、江西、河南、山西）至美国的直达航空运输市场完全开放；等等。这些都表明两国之间的航空运输市场相互开放，必须经过两国政府之间的正式协商和批准，并正式签署政府间的相关协议，航空公司才能开展具体的航空客货运输业务。

实际上，国际民航运输市场准入包含两项基本权利：一是民航运输业务经营许可权，又称运营权，需经两国政府商定，这是一个涉及国家主权的原则性权利；二是航班业务经营权，即经营业务范围，由指定的民航运输企业确定并向准入授权国正式提交文字申请，经授权国批准后实施。具有市场准入权的外国航空公司，必须具有准入授权国政府颁发的民航运输业务经营许可证。例如，我国政府规定，"外航应当在其本国政府通过外交途径对其正式指定后，依据本规定向（中国）民航局申请经营外国地点和中华人民共和国地点间规定航线的经营许可。"准入授权国政府通过审批市场准入权，并规定外国航空公司进入本国航空运输市场的业务范围，如航线、航班、飞机型号、业载限制、经停机场等。

对于一国来说，一方面，通过市场准入许可的审批控制，保护本国、本地区或经济联盟体的利益；另一方面，可以作为进入另一个国家、地区或经济联盟体民航运输市场的互利交换条件。

二、业务经营管理

国际民航运输市场准入许可的内容之一是业务经营权，是一国政府授予另一个国家指定航空公司在授权国的业务经营范围，即规定的指定承运人、每周航班次数、航班机型、航班经营方式等事项，并在相关的航空运输协定中加以明确说明。通过对业务经营权的管理，一方面体现双方平等互惠原则，另一方面保护本国民航运输市场和民航运输企业。业务经营权利范围还包括飞越权、技术性经停权、加班飞行权等一系列问题。获得、保护、保留或撤销这些权利，两国政府需要通过平等协商并在相关的航空运输协定中具体阐明。

三、运力管理

运力是民航运输企业运营能力的体现。在国际民航运输市场准入管理中，准入运力标志着授权国允许开放本国民航运输市场的程度。换言之，在两国的航空运输协定中，将明确说明准入航班在指定的授权运营航线上的机型和座位数或业载吨位。这种运力协定可以是对等的，也可以有差额，并且这种差额可以通过其他途径进行补偿。授权国还可以选择放弃自己的权利。

任务 4　国际民航运输管理体制

国际民航运输是一个系统工程，直接关系国家的领空主权，涉及两国或多国的国家主权与利益，要实现国际民航运输安全和有秩序地运行，合适的国际民航运输管理体制至关重要。

一、国际民航运输管理体制的概念与特征

（一）国际民航运输管理体制的概念

管理体制，是指管理系统的结构和组成方式，即采用怎样的组织形式以及如何将这些组织形式结合成为一个合理的有机系统，并以怎样的手段和方法来实现管理的任务和目的。

国际民航运输管理体制是指国家之间通过签订航空运输协定，规范它们之间的国际民航运输活动所形成的结构和组成方式。

（二）国际民航运输管理体制的特征

国际民航运输管理体制和一般国际管理体制相比，具有以下特征。
（1）参与者是国际法主体。
（2）以国家领空资源作为交换客体。
（3）以发展国家间关系为主要目的。

二、国际民航运输管理体制的法律基础

国际民航运输管理体制的法律基础是国际航空运输协定，国家之间通航，是以它们所签订的国际航空运输协定为基础的，根据缔结协定主体的数量，可将国际航空运输协定分为双边航空运输协定和多边航空运输协定，以双边航空运输协定为基础形成的管理体制就是双边模式；以多边航空运输协定为基础形成的管理体制就是多边模式。

到目前为止，国际运输管理体制形成的基础主要是双边航空运输协定。

1. 双边航空运输协定的概念

双边航空运输协定，是指两个主权国家为建立定期航空运输关系，在平等、公平和互惠的原则基础上签订的明确签约国的权利、职责和义务的运输协议。一般常在两国建立外交关系之后签订。其内容主要包括：① 双方互给业务权，并指定各自的航空公司经营。② 运力和运价的管理原则与办法，如航班、运价、载量的制定，机型的选定及审批程序。③ 实施协定所必需的行政性、程序性规定。协定的法律性规定，如协定登记，争端仲裁，协定的生效、修改和终止等。它是国家主权的体现，是世界范围内定期国际民航运输的最有效的管理体制之一，表现为"芝加哥模式""百慕大模式"等多种模式。

2. 双边航空运输协定的一般原则

双边民用航空协定的一般原则如下。

(1) 向旅行公众提供的民航运输便利应与公众对这种运输的要求具有密切关系。

(2) 两个国家的承运人在本协定所列的任何航线上应享有公平均等的机会。

(3) 任何一方政府的航空承运人经营附件所述干线航班航空时,应考虑到对方政府的航班航空承运人的利益,以免不适当地影响后者在同样航线的全线或某些航段上提供的航班。

(4) 指定航空承运人提供航班的主要目的,是为所属国与业务最后终点地所在地国之间的业务需要提供足够的运力并按有序发展的一般原则实施,其运力应当考虑业务发展需要。

(5) 如一国政府的某一个或几个民航承运人可能由于战争造成的困难,由暂时不能利用直接经营的机会到能够更多地经营时,双方政府应予审议,以便利必要的发展。

3. 双边航空运输协定授权的范围

双边民用航空协定除了给予指定航空承运人航权之外,还给予这些承运人一系列与运输有关的权利,这些权利如下。

(1) 在协定规定的航线上,"指定航空承运人"有权为国际旅客、货物和邮件业务做运输业务性的入境和离境,包括装上和卸下来自承运人所属国和第三国的业务的权利。

(2) "指定航空承运人"被授权使用机场和附属设施的权利,以及过境和做非运输业务性降停的权利。

(3) "指定航空承运人"的运价应当由缔约双方指定空运企业共同确定,在必要和可能时,应与在该航线或其航段经营的其他空运企业进行磋商。确定的运价应经缔约双方当局批准,并应当在合理水平上制定。

(4) "指定航空承运人"在协定规定的航线上,可以改换机型。

4. 市场、运力和运价管理

双边协定中,对国际航空运输的管理涉及的问题很多,但最值得注意的应当是市场、运力和运价的管理。

1) 市场管理

对市场的管理包括三个方面:一是承运人数目的限定,严格控制进入市场的承运人的数目并强调对等原则;二是控制经营航线和航班数目,按实际需要商定;三是控制包机飞行,以定期航班为主,严格控制包机飞行并将定期航班和不定期飞行作为一个整体来管理。

2) 运力管理

航空器的运力是指该航空器在某一航线或航段上的载运能力。航班的运力是用于该航班的航空器的运力乘以航空器在一定航线或航段上飞行的班次,涉及所用航空器的机型、航班和座位数。运力管理的办法也有以下三种。

(1) 事先确定运力,由双方指定承运人在开航之前根据业务需求商定在规定的航线上提供的运力,由两国民航主管部门批准。如业务需求有所变动,则应另行协议后才能修改。运力安排以第三、第四种航权"自由"为主,原则上一家一半。实践中有的承运人由于各种原因可能暂不利用运力。

(2) 自由确定运力,不限制航班数,不分配运力,各方根据市场需求自由确定运力,进行竞争。

(3) 事后审议运力,对运力未做硬性规定,承运人自行规定,按"公平均等"经营,双方民航主管部门对运力事后审议。提供的运力以第三、第四种航权(自由)为主,第五航权(自由)为辅。

3) 运价管理

运价是指为运输旅客、行李、货物和邮件所支付的价格以及采用这些价格的条件。关于运价管理的问题,有以下几种。

(1) 双批准原则。即双方指定承运人应向双方政府提交进、出其领土的运价。该运价需由双方政府批准才能生效。仍然是目前制定运价最常见的方法。举例:中加航空协定规定:"……所指运价应由缔约双方指定空运企业商定,并经缔约双方航空当局的同意。"

"按此协议的运价,应至迟在其拟议实行之日四十五天前,提交给缔约双方航空当局……"

"如缔约任何一方航空当局对运价有异议,则此项运价不能生效。"

双批准模式下,运价的生效程序较为复杂,时间长。

(2) 国际航协机制通过国际航空运输协会的多边协商确定。也就是说,利用国际民航运输协会的统一运价机制,但还须本国政府批准。

(3) 双不批准原则。不论运输业务的来源如何,缔约一方放弃单方面否决承运人提出的运价的权利。如要否决,只能由缔约双方协商一致,均不批准才能办到。该主张被称为"双不批准原则(Double Disapproval)",即承运人呈报的运价都将生效,除非双方政府都不批准。双方同意避免采取单方面的不批准行动,要双边协商一致后才分别予以不批准。

政府的不批准行为只限于对认为是掠夺性的或歧视性的运价或滥用垄断权制定的运价,或由于政府补贴而人为地降低的运价。除此以外,政府对运价不予干预。

例如,中美2004年议定书中的运价条款。自2008年3月25日起:各方应允许每家空运企业基于市场的商业考虑,制订定期航班的运价。双方的干预应限于:一是制止不合理的歧视性运价或做法;二是保护消费者免受因滥用支配地位造成的不合理高运价或限制性运价之害;三是保护空运企业免受直接或间接政府补贴或支持造成的人为压低票价之害。

双方境内地点间的定期国际航班运价不需申报。

任何一方不得采取单方面行动。如双方就已做出不满意通知的运价达成协议,应尽最大努力使该协议生效。如双方未达成协议,则该运价应生效或继续有效。

(4) 始发国原则。运价由业务始发国一方批准即可生效。包括从该国始发的单程和来回程运价。一般是哪一国的始发业务多,哪一国的管理权限就大,因此被称为"始发国原则(Country of Origin)"。

例如,中美2004年议定书关于运价的规定。自2004年8月1日至2008年3月24日:"各方空运企业可基于市场的商业考虑,在合理的水平制定定期航班的运价。一方有权对规定航线上自其境内始发的单程或来回程运输的运价予以批准或不予批准。任何一方不得采取单方面行动，对规定航线上自其境外始发的单程或来回程运输，阻止实施所建议的运价或继续实施有效的运价。"

我国现行的运价实行的是双批准原则，即由双方指定承运人商定，如有必要和可能时，应与其经营的航线或其航段上经营的其他承运人进行磋商并报缔约双方民航管理部门批准。

5．实质所有权和有效控制原则

根据双边协定而交换航权的最重要的前提是实质所有权和有效控制原则。如果无法达到航空运输协定所规定的实质所有权和有效控制原则，那么双边协定一方有权保留、撤销、中止、限制另一方指定的承运人的营运授权和技术许可。

关于实质所有权，法律上从来没有定义过。一般认为，控股权为股份的51%或以上。但是如果股东人数很多，即使35%也可以认为是实质所有权。但是，所有权的条件应当同有效控制的条件相区别，因为后者的组成人员主要是公司的管理层，决定公司发展的策略和发展方向。

6．杂项规定

双边航空协定中的杂项规定一般包括以下内容。

（1）缔约任何一方给予另一方的现有经营权利不予取消。

（2）如一项普遍性的多边航空运输公约对缔约双方都开始生效，那么应当对本协定进行修改，使它与这项多边协定规定相符。

（3）协定包含的以下条款与国际民用航空公约及两种自由协定相似：使用机场和设施的收费，对燃料、油料和零备件的关税或其他的税捐不得有区别对待。

（4）留置在航空器上的燃料、零备件、设备和供应品的关税和其他税捐的豁免。

（5）对适航证和执照的相互承认；对国家法律和规章的相互遵守。

（6）主要所有权和有效管理权以及协定赋予的权利的撤销或取消等。

（7）关于协商和合作、修正、解决争端和终止的规定。

（8）适用国际民用航空公约关于航班、国际航班和非运输业务性降停的定义等。

多边模式也是航空运输的主要模式。

三、国际航空运输管理体制的类型

国际航空运输管理体制的发展历程主要有以下三个基本阶段，每个阶段呈现不同的体制类型。

（一）单边主义管理体制

单边主义管理体制主要出现在第一次世界大战结束前，也称发展的第一阶段，当时国际民航运输管理体制是一种单边主义管理体制。在国际关系领域，单边主义是指举足轻重的特定大国，不考虑大多数国家和民众愿望，单独或带头退出，或挑战已制定或商议好的维护国际性，地区性，集体性和平、发展、进步的规则和制度，并对全局或局部的和平、发展、进步有破坏性的影响和后果的行为与倾向。

（二）双边管理体制与多边管理体制

双边管理体制与多边管理体制主要出现在第一次世界大战结束到 20 世纪 70 年代末，也称发展的第二阶段，该阶段国际民航运输管理体制呈现为多边管理体制和双边管理体制并存。具体包括以《巴黎公约》为基础形成的多边管理体制、以《芝加哥公约》为基础形成的多边管理体制框架内的双边管理体制以及华沙体制下的多边管理体制。

（三）自由化、区域化和全球化

从 20 世纪 70 年代末到现在，即发展的第三阶段，在航空自由化浪潮的冲击下，国际民航运输管理体制亦呈现出自由化、区域化和全球化的特点。

1. 自由化

在《芝加哥公约》主权原则的指导下，国家之间通过相互交换营运权或航权所形成的国际民航运输管理体制，基本上是限制型的。所谓限制型是指领空主权原则对国际民航运输经营方面的制约，这种制约一是要保护本国建立起来的民航运输企业以及参加国际营运的权利；二是根据本国政治、经济、文化等利益制定本国航空政策，在双边协定与对方国谈判中，使协议条款对等互利。但随着新自由主义思潮在欧美兴起，航空运输自由化迎合了航空发达国家开拓国际民航市场的需求，要求在双边民航运输协定中，扩大自由因素。

2. 区域化

随着经济全球化的发展，经济区域化也逐步加强，导致地区经济一体化不断地向纵深领域发展。地区经济一体化有三种类型：一是制度机制导向性的深度一体化，如欧盟；二是增长互补和贸易开放型的适度一体化，如北美自由贸易区；三是促进区内贸易、投资自由化和经济技术合作型的松散一体化，如亚洲太平洋经济合作组织，无论是何种类型的地区经济一体化，都在不同程度上导致了国际民航运输管理体制的区域化。

3. 全球化

经济全球化将民航运输业务纳入到世界贸易组织体制内的服务贸易总协定的呼声也逐步加强，为此，曾在世界民航运输讨论会对民航运输是否纳入到服务贸易总协定体制之中进行了谈论，会上以美国为首并得到荷兰、新加坡和英国不同程度支持的少数派，坚持将国际民航运输纳入服务贸易总协定体制之中，实行开放天空、在市场准入等问题上推行多边贸易自由化制度，认为这是提升航空运输企业效率和经济效益的唯一途径。而澳大利亚、日本和广大发展中国家在内的多数派则认为，服务贸易总协定体制是外在地附加给国际民航运输界的东西，不是从国际民航运输业实践中演化发展出来的制度，他们并不反对自由化的观念，但却认为，在未经谨慎地研究其利弊与风险的情况下，就贸然采取民航市场准入等无节制的全球多边自由化是不恰当的，在各国幅员大小各异、经济发展水平与实力悬殊的现阶段，仍应坚持双边或多边管理体制。国际民航运输管理体制全球化的重要表现之一，是国际民用航空组织事实上成为协调各国地区之间民航运输政策的最重要机构，真正成为国际民航运输领域中的"联合国"。

项目拓展

评多边航空运输协定的新动向

最近，国际民航组织启动了关于多边航空运输协定的起草工作，其目的在于体现国际民航组织在国际航空运输监管方面的指导性作用，同时，也在于进一步推进国际航空运输自由化的进程。就现阶段而言，尽管国际社会已经出现了航空运输多边化的趋势，但国际航空运输还主要是通过数以千计的双边航空运输协定来管制的，我国政府主张循序渐进地推进有保障的航空自由化。自 2005 年起，就运输总周转量而言，我国已经成为仅次于美国的第二航空运输大国，同时，连续四次当选为国际民航组织一类理事国，国际影响力不容忽视。因此，参与多边航空运输协定的起草工作，为我国航空运输企业保驾护航，并体现我国在国际规则制定过程中的话语权，应引起我国民航管理部门的重视。多边航空运输协定本质上是国际条约，依 1969 年《维也纳条约法公约》，"称条约者，谓国家间所缔结而以国际法为准之国际书面协定，不论其载于一项单独文书或两项以上相互有关之文书内，亦不论其特定名称如何"，由此可见，条约是确定国家间权利义务关系的载体，是维护国家利益的"利器"。

一、建议增加多边航空运输协定："互不适用条款"

1. 现实国家利益的考量

在国际航空运输领域，《芝加哥公约》体系只在有限范围内实行了多边法律体制，而且有限的多边法律规则只是处理国际航空运输的技术性问题，未能有效处理服务贸易本身，尤其是航权、主要所有权和有效控制原则、运力、运价等国际航空运输领域的核心问题。正如芝加哥会议上美国代表、国际民航组织理事会首任主席爱德华所说，芝加哥会议未完成的主要问题是进行贸易的权利。20 世纪 70 年代末以来，随着经济一体化、自由化的发展，国际航空运输自由化是历史发展的必然趋势。1978 年 6 月 8 日，美国民用航空委员会针对"国际航空运输协会"享受反托拉斯法豁免问题发布《陈述理由法令》，拉开了推行"不管制"政策的帷幕。美国通过双边谈判，实行"分而治之""各个击破"的策略，在国际上推行"航空自由化"。也就是说，在国际航空运输法律制度制定之初，多边交换航权体制没有被国际社会所认可，其原因是各国为了保护国家安全以及当时发展不成熟的航空业。但随着航空运输市场的成熟，现行有限的多边法律体制不能满足实践的需求，限制了航空运输的发展。对于航权交换目前尚有多边主义与双边主义之争，各国基于本国利益的考量在实践中的做法也不尽相同。例如，无论航空运输市场开放程度还是市场规模，中亚五国在我国周边地区中均排名最后。一方面，由于中亚国家本身经济发展相对落后，国际航空客货市场较小；另一方面，由于中亚国家航空运输政策保守，不愿开放市场。因此，各国在航权谈判之中，基于本国国家利益的考量，对航空自由化的政策采取不同的态度。如果强制要求各国接受统一的多边航空运输协定的范本，显然是不可能的。

目前，有限的多边航空运输协定只存在于区域范围内，2007 年 11 月，东南亚国家联盟成员国运输部长初步同意了航空旅行一体化路线图，并在 2008 年 11 月宣布了实施时间表。航空旅行一体化路线图进一步推动了东南亚国家多年的航空服务自由化计划。东南亚航空市场有希望于 2015 年成为类似于欧盟单一天空一样的市场。同时尽管中南美 6 国的安第斯协定、加勒比共同体航空协定、福塔莱萨协定、班珠尔协定的内容有所差别，但也在不断完善之中。

2. 国际立法例

《1994 年关税与贸易总协定》（GATT 1994 简称《关贸总协定》），是世界贸易组织管辖的一项多边协定，是关贸总协定通过乌拉圭回合谈判对 1947 年的《关贸总协定》进行了较大修改、补充后形成的。1947《关贸总协定》第三十五条规定："1. 如果两个缔约国没有进行关税谈判，且两缔约方中的任何一方在另一方成为缔约方时不同意对它实施本协定，本协定或本协定第二条在这两个缔约方之间应不适用。2. 经任何缔约方提出请求，缔约方全体可以检查在特定情况下本条规定的执行情况，并提出适当建议。"也就是说，当一个国家加入总协定时，允许该新的缔约方或任何一个原来的缔约方宣布不与任何一个原来的缔约方或新的缔约方建立总协定的关系，即尽管它们都是总协定的缔约方，但其间互不享有总协定的权利，也不尽任何义务。援用第三十五条的案例：① 1951 年古巴同意一些国家加入总协定，但援用了第三十五条宣布不与其建立总协定关系。② 1951 年美国同意菲律宾加入总协定，但不与其建立总协定关系。③ 1955 年日本取得了加入总协定所需的三分之二投票，但当时 33 个缔约方中的 14 个宣布不与其建立总协定关系。后来（主要是在 20 世纪五六十年代），又有 30 多个国家不与其建立总协定关系，前后共达 53 个国家。以后，多数国家又宣布撤销了它们原来的决定。

综上所述，无论是基于国际航空运输谈判的实际需求，还是现有的国际法先例，宜在多边协定中规定互不适用条款为妥。也就是说，这些援引互不适用条款的国家，不在多边框架下调整其航权交换机制，而在双边航空运输协定下交换其航权。

二、关于保留的问题

根据联合国国际法委员会在 2008 年的关于条约保留的《实践指南》（1.1）中的定义，"保留"是指一国或国际组织在签署、批准、正式确认、接受、核准或加入条约，或一国发出继承条约的通知时所做的单方面声明，不论措辞或名称为何，该国或该组织意图借此排除或更改条约中某些规定对该国或该组织适用时的法律效力。该定义是在吸收 1969 年、1978 年和 1986 年《维也纳条约法公约》的保留定义的基础上，对保留做出了一个全面、准确的定义。简而言之，条约中保留的条款对当事国不产生法律上的效力。

出于国内法律的规定和其他实际情况，一国签署和批准某个多边条约时会对该条约的某些规定提出保留，以排除或更改上述规定对其适用的法律效果。这是维护国家主权和利益、融入国际社会所必需的，也是为国际法所确认的国家权利。目前，中国已在签署、批准、加入或核准条约时先后对 90 多个多边条约发表了保留性质的单方声明。

国际法例中，中华人民共和国政府不受 1963 年的《关于在航空器内的犯罪和其他某些行为的公约》第二十四条第一款的约束（如缔约国之间对本公约的解释或引用发生争端而不能以谈判解决时，经其中一方的要求，应交付仲裁。如果在要求仲裁之日起六个月内，当事国对仲裁的组织不能达成协议时，任何一方可按照国际法院的法规提出申请书，将争端提交国际法院）。中华人民共和国政府 1997 年 6 月 5 日通知，中华人民共和国政府于 1978 年 11 月 14 日交存加入书的该公约将自 1997 年 7 月 1 日起适用于香港特别行政区。同时声明，中华人民共和国政府于 1978 年 11 月 14 日交存加入书时对该公约第二十四条第一款所做的保留也适用于香港特别行政区。中华人民共和国政府 1999 年 12 月 6 日通知，中华人民共和国政府于 1978 年 11 月 14 日交存加入书的该公约将自 1999 年 12 月 20 日起适用于澳门特别行政区。同时声明，中华人民共和国政府对该公约第二十四条第一款所做的保留也适用于澳门特别行政区。显然，我国政府历来对于司法和仲裁方式解决国际争端采取保留的态度，其详细资料可见于我国国家元首、政府首脑、外交部部长和外交部发言人的谈话。同样的保留也存在于 1971 年的《蒙特利尔公约》和 1988 年的机场议定书。此外，我国对外缔结的双边航空运输协定中，对争端主张通过谈判和协商等政治外交的手段解决，不主张通过司法和仲裁的方式解决。

因此，如果多边航空运输协定中规定了争端解决条款，建议对争端解决条款中关于司法和仲裁方式予以保留。至于多边航空运输协定中的其他内容是否可以保留，则可根据各国政府的实际情况来定。例如，我国政府加入 1982 年的《联合国海洋法公约》时，明确提出了声明，对于涉及领土等主权争议事项，不通过司法或者仲裁方式来解决争端。

三、关于条约的退出问题

国际法制度是建立在条约必须信守这一基本原则基础之上的。《维也纳条约法公约》第 26 条规定："条约必须遵守，凡有效之条约对其各当事国有拘束力，必须由各该国善意履行。"但是，无论是条约自身，还是条约所处的地缘政治外部条件，都不可能是静止不变的。当政治形势的变化或者各国外交偏好的变化使得条约的目的难以实现，或使得条约的条款略显过时，又抑或造成缔约方不均衡的负担时，国际法往往会引导有关缔约方更为可取地先与其他缔约伙伴进行重新谈判，并设法对条约进行修订。一旦变更条约未果，缔约方甚至会不惜行使条约退出权以实现其目的。

1997 年 5 月 9 日，全国人大常委会通过了关于中国加入《维也纳条约法公约》的决定。第八届全国人民代表大会常务委员会第二十五次会议决定，中华人民共和国加入《维也纳条约法公约》，同时声明如下："一、中华人民共和国对《维也纳条约法公约》第六十六条予以保留（对于司法和仲裁方式解决国际争端的保留）。二、台湾当局于 1970 年 4 月 27 日以中国名义在《维也纳条约法公约》上的签字是非法的、无效的（因中华人民共和国政府于 1971 年恢复了在联合国的合法席位，此前并未参加《维也纳条约法公约》的外交会议）。"《维也纳条约法公约》第五十四条："依条约规定或经当事国同意而终止或退出条约，在下列情形下，得终止条约或一当事国退出条约：（甲）依照条约之规定；或（乙）无论何时经全体当事国于谘商其他各缔约国后表示同意。"

国际民航公约的退出条款。1944 年《芝加哥公约》第九十五条："退出公约 一、任何缔约国在公约生效后三年，可以用通知书通知美利坚合众国政府退出本公约，美利坚合众国政府应立即通知各缔约国。二、退出公约从收到通知书之日起一年后生效，并仅对宣告退出的国家生效。"1999 年《蒙特利尔公约》第五十四条："退出 一、任何当事国可以向保存人提交书面通知，以退出本公约。二、退出应当自保存人收到通知之日后的第一百八十天起生效。"1963 年《东京公约》第二十三条："一、任何缔约国都可通知国际民用航空组织而退出本公约。二、退出应于国际民用航空组织接到退出通知之日起六个月后生效。"

需要特别指出的是，1952 年《罗马公约》第三十五条："一、任何缔约国可以退出通知书送交国际民用航空组织声明退出本公约。二、退出本公约应于国际民用航空组织接到退出通知书之日起六个月后生效。但是，对于在未满此六个月期限以前发生的事件造成了第一条所指的损害，本公约仍继续适用，如同未声明退出公约。"尽管我国政府并未签署本公约，但是在起草 1995 年的《民用航空法》时借鉴了本公约的有关规定。笔者在研究 1952 年《罗马公约》时，经查询，目前，有近四分之一的国际民航组织成员国批准了 1952 年《罗马公约》，许多重要成员国如丹麦、法国、希腊、荷兰、挪威、瑞典、瑞士、葡萄牙、菲律宾和英国等，都只是签署而没有批准该公约。德国和美国没有签署，澳大利亚、加拿大和尼日利亚甚至退出了该公约。

综上所述，基于维护本国国家利益的实际需求，宜在多边航空运输协定中规定退出条款。

四、关于有关议事规则问题

目前，在国际会议实际中形成的一般性规则，凡属于一般事项，则需出席会议的简单多数（过半数）成员通过即可，凡属于重大事项，则需要出席会议的 2/3 的多数成员通过方可。至于区分一般事项与重大事项的标准，则依据各自国际组织的实践或者惯例。

此外，针对条约的保存机构而言，多边航空运输协定的保存机构应为国际民航组织较为妥当。目前而言，1929 年《华沙公约》的保存机构是波兰政府，1944 年《芝加哥公约》的保存机构是美国政府，除此之外，大部分国际民航公约的保存机构是国际民航组织，现行大量的双边航空运输协定的保存机构也是国际民航组织。

资料来源：评多边航空运输协定的新动向[EB/OL]. （2019-07-11）. http://www.icscc.org.cn/content/details_97_1843.html.

项目小结

本项目主要涉及国际航空运输的基础知识，重点阐述了航权的概念、分类及价值；系统介绍了国际航空的三大法律体系、民航航空的准入权与管理体制。通过本项目的学习，学生将对国际航空运输管理的基础知识及相关规定有一定的了解和认识，为今后从事国际民航运输工作奠定理论基础。

项目训练与测试

一、思考题

1. 指出航权的种类及相应的经营范围？
2. 比较第五航权与第七航权的不同。
3. 航权开放的价值主要表现在哪些方面？
4. 简述国际航空运输双边协定的主要内容。

二、讨论分析题

1. 熟悉课本知识，利用网络资源，了解中国要开通中国—马来西亚—泰国—新加坡旅游航线，需要与新马泰开通哪些航权？

2. 利用网络资源，分析现在国际航班代码共享体现的是哪些航权。

三、自我测试

单选题

1. 仅允许市场准入国航班在授权国用于非商业（如添加燃料、飞机故障或气象原因备降）的经停、降落，但不得做任何商业性工作的航权是（　　）。

　　A. 飞越权　　　　B. 暂停权　　　　C. 技术经停权　　　D. 非技术经停权

2. 授权国允许被授权国承运人在授权国经营旅客或货邮搭载业务的权利叫作（　　）。

　　A. 目的卸载权　　B. 目的地装运权　C. 以远点业务权　　D. 本国经停运载权

3. 规定了领空主权的航空基础条约是（　　）。

　　A.《华沙公约》　　　　　　　　　　B. 1999年《蒙特利尔公约》

　　C.《海牙议定书》　　　　　　　　　D.《巴黎公约》

4. 不属于华沙体系的是（　　）。

　　A.《海牙议定书》　　　　　　　　　B.《华沙公约》

　　C.《蒙特利尔协定Ⅰ》　　　　　　　D.《蒙特利尔公约》（1999）

5. 不属于国际航空安全公约的是（　　）。

　　A.《东京公约》　　　　　　　　　　B.《北京公约》

　　C.《蒙特利尔公约》（1999）　　　　D.《海牙公约》

6. 2009年修改后的《蒙特利尔公约》对旅客死亡或是身体伤害的，第一梯度的赔偿责任限额为（　　）。

　　A. 100 000 SDR　　B. 113 100 SDR　　C. 25万法郎　　D. 20万法郎

7. 2009年修改后的《蒙特利尔公约》对旅客运输中因延误造成的损失，对每名旅客的赔偿责任限额是（　　）。

　　A. 4 150 SDR　　B. 4 250 SDR　　C. 4 694 SDR　　D. 4 964 SDR

8. 2009年修改后的《蒙特利尔公约》对行李运输中造成的毁灭、遗失、损坏或者延误的，对每名旅客的赔偿责任是（　　）。

　　A. 1131 SDR　　B. 1100 SDR　　C. 1000 SDR　　D. 1200 SDR

9. 2009修改后的《蒙特利尔公约》对货物运输中造成的毁灭、遗失、损坏或者延误的，对每千克货物的赔偿责任是（　　）。

　　A. 15 SDR　　B. 17 SDR　　C. 19 SDR　　D. 18 SDR

10. 市场准入主要包括运营权与（　　）。

　　A. 准入权　　　　　　　　　　　　B. 航班经营权

　　C. 运输业务经营许可权　　　　　　D. 飞越权

参考答案　（见左侧二维码）

课件　（见右侧二维码）

参 考 文 献

[1] 夏洪山. 现代航空运输管理[M]. 北京: 科学出版社, 2012.
[2] 孙继湖. 航空运输概论[M]. 北京: 中国民航出版社, 2009.
[3] 付超奇. 推进"一带一路"战略 发展现代航空运输[J]. 宏观经济管理, 2015 (4): 38-40.
[4] 赵桂红, 邓珺怡. 中国民航国际航空运输发展现状及政策建议[J]. 综合运输, 2016 (12): 23-26.
[5] 刘成. 民航运输系统运行解码[M]. 上海: 上海交通大学出版社, 2008.
[6] 吴威, 曹有挥. 长江经济带航空运输发展格局及对策建议[J]. 经济地理, 2018 (2): 98-103.
[7] 赵伟伟, 李广志. 航空运输与区域经济发展的关系及作用机制分析[J]. 地域研究与开发, 2018 (1): 16-19.
[8] 马晨星. 航空公司与国际航空货运联盟的合作激励研究[J]. 知识经济, 2019 (3): 75-76.
[9] 斯蒂芬·罗宾斯, 玛丽·库尔特. 管理学[M]. 13 版. 北京: 中国人民大学出版社, 2017.
[10] 彭本红, 吴桂平. 航空公司运营管理[M]. 2 版. 武汉: 武汉理工大学出版社, 2017.
[11] 汪泓, 周慧艳, 石丽娜. 机场运营管理[M]. 2 版. 北京: 清华大学出版社, 2014.
[12] 崔鹤鸣, 夏双双. 航空运输发展潜力分析: 以长三角地区非枢纽机场为例[J]. 中国市场, 2019 (12): 30-31.
[13] 潘卫军. 空中交通管理基础[M]. 2 版. 成都: 西南交通大学出版社, 2013.
[14] 胡成伟, 张亮, 卢娜. 空中交通管理基础[M]. 北京: 中国民航出版社, 2018.
[15] 陈肯, 何光勤. 航空情报服务[M]. 成都: 西南交通大学出版社, 2017.
[16] 李景. 国际航空运输协会 (IATA) [J]. 中国标准化, 2018 (3): 176-177.
[17] 赵宁宁, 赵宇婷. 航空公司运行控制中心保障能力评估模型研究[J]. 数学的实践与认识, 2016 (3): 36-43.
[18] 朱金福. 航空运输组织[M]. 北京: 科学出版社, 2018.
[19] 赵晓硕. 民航运输生产组织[M]. 北京: 科学出版社, 2016.
[20] 赵学学. 特殊天气下航班计划动态调整政策探讨[J]. 民航管理, 2017 (9): 36-38.
[21] 李国政. 航班时刻资源配置效率: 公共产品的视角[J]. 兰州交通大学学报, 2016 (5): 73-78.

[22] 谷润平，刘申申. 基于多种运行成本最小的机队优化配置研究[J]. 航空计算技术，2016（4）：9-12.

[23] 蔡汉英，陈玲飞. 基于企业战略规划的维修资源布局[J]. 航空维修与工程，2016（9）：112-114.

[24] 吴亮. 大流控下的航班运行监控[J]. 中国民航飞行学院学报，2017（6）：35-37.

[25] 卿红华. 机场地面服务全流程监控管理及其实施[J]. 企业改革与管理，2019（7）：217-218.

[26] 沈丽楠，董斌，谢晓妤. 基于流量运行特征的机场服务能力[J]. 指挥信息系统与技术，2019（1）：60-65.

[27] 黄建伟，林彦. 民航客运销售[M]. 北京：国防工业出版社，2013.

[28] 马广岭，王春. 民航旅客运输[M]. 北京：国防工业出版社，2011.

[29] 陈文玲. 民航货物运输[M]. 北京：中国民航出版社，2010.

[30] 张辉，樊春雷. 航空货物运输销售实务[M]. 北京：中国民航出版社，2012.

[31] 陈芳. 民航国内货运销售实务[M]. 北京：中国民航出版社，2010.

[32] 臧忠福. 民航常见机型货舱数据手册[M]. 北京：中国民航出版社，2017.

[33] 臧忠福. 航空货物装卸作业[M]. 北京：中国民航出版社，2017.

[34] 李振辉. 航空公司航班正常管理模式浅析[J]. 交通企业管理，2019，34（1）：61-63.

[35] 何伟强. 航班延误中的空管原因及对策探讨[J]. 中国民航飞行学院学报，2013，24（4）：35-37.

[36] 杨世超. 航班大面积延误情况下航空公司运行控制研究[J]. 空运商务，2018（9）：30-32.

[37] 宾云鹏，邵荃，姜柯，等. 基于旅客满意度与公平性的机场航班计划恢复[J]. 科学技术与工程，2018，18（14）：275-278.

[38] 李奎. 航空安全管理[M]. 北京：航空工业出版社，2011.

[39] 周长春. 航空安全管理[M]. 成都：西南交通大学出版社，2011.

[40] 孙佳. 民航安全管理与应急处置[M]. 北京：中国民航出版社，2012.

[41] 刁伟民. 航空保安[M]. 北京：中国民航出版社，2008.

[42] 钟科. 民航安全管理[M]. 北京：清华大学出版社，2017.

[43] ISO 9000 认证的作用[EB/OL]. http://www.seatone.cn/iso900013.asp.

[44] 赵凤彩，陈玉宝. 民航运输质量管理[M]. 北京：中国民航出版社，2009.

[45] 杨文锋. 民用航空质量管理理论与应用[M]. 成都：西南交通大学出版社，2015.

[46] 彭荣国. 试论航权开放的意义及与枢纽机场建设的关系[J]. 中山大学学报论丛，2007，27（11）：242-245.

[47] 吴建端．民用航空双边协定的法律规定[EB/OL]．（2016-02-05）．http://china.findlaw.cn/info/hangkongfa/swgxdflsy/1258970.html．

[48] 贺富永，王盛蕾．论国际航空运输管理体制发展历程及基本走向[J]．北京航空航天大学（社会科学版），2015（3）：60-69．

[49] 《北京公约》正式生效，国际航空安保体系升级[EB/OL]．（2017-07-02）．http://www.air-law.cn/nd.jsp?id=326．

[50] 中国民用航空局职业技能鉴定指导中心．民航货运员：基础知识篇[M]．北京：中国民航出版社，2015．